Elisabeth Brugger
Anita Schmid

Redaktion
Walter Bucher

1000 Spiel- und Übungsformen zum Aufwärmen

Bibliografische Information der Deutschen Nationalbibliothek
Die Deutsche Nationalbibliothek verzeichnet diese Publikation in der Deutschen Nationalbibliografie; detaillierte bibliografische Daten sind im Internet über http://dnb.d-nb.de abrufbar.

Bestellnummer 6402

12., überarbeitete Auflage 2007

www.hofmann-verlag.de

Titelbild: Andreas Ramsler, Päd. Hochschule St. Gallen PHS
Karikaturen und Kinderalphabet: Daniel Lienhard, Zürich
Skizzen: Anita Schmid

Redaktion: Walter Bucher

Gesamtherstellung: Druckerei Hofmann, Schorndorf
Printed in Germany · ISBN 978-3-7780-6402-3

Inhaltsverzeichnis

Vorwort

Das Warmlaufen und Einbewegen ist, unabhängig von der Sportart, zwingend für den Beginn der Sportstunde. Die Notwendigkeit und die Bedeutungsaspekte der Lektionseinleitung sind unumstritten. Die Inhalte der einzelnen Übungen sind den Rahmenbedingungen entsprechend auszuwählen.

Gerade diese Arbeit wird durch eine leicht zu handhabende und übersichtliche Aufmachung wesentlich vereinfacht. Die von den beiden Autorinnen Elisabeth Brugger und Anita Schmid gewählten Einteilungskriterien wie z. B. Zielsetzungen und Materialauswahl erlauben dem Benutzer, differenzierte und somit wirkungsvolle Aufwärmprogramme für den Unterricht zu entnehmen.

Gute Hinweise und Anregungen zur praktischen Realisierung sind in dem sowohl originellen wie auch didaktisch gut aufgearbeiteten „ABC des Aufwärmens" enthalten.

In der Tat haben sich seit der 1. Herausgabe dieses Bandes im Jahre 1988 einige neue Erkenntnisse und Erfahrungen aus der Theorie und der Praxis ergeben. Doch weitgehend ist aus dem klassischen „Aufwärmen" lediglich ein modernes „Warm-up" geworden.

Zum Schluss dieses Vorwortes gilt es dem verantwortlichen Herausgeber zu danken und zu gratulieren. Walter Bucher hat mit dem ihm eigenen Elan seine Mitarbeiterinnen und Mitarbeiter für seine Grundidee, Bewegung, Spiel und Sport auf spielerische Art und Weise zu vermitteln, begeistern können. Seine Impulse sind verstanden und aufgenommen worden. Die Anzahl der Bücher dieser Schriftenreihe (mittlerweile sind es 29 Bände), die Mehrfachauflagen der meisten Titel sowie die Übersetzung einiger Bände in andere Sprachen, sprechen für sich, respektive für ihn.

Zug, im Sommer 2007

Prof. Dr. Kurt Murer

Einleitung

Aufwärmen – ein eigenständiger Band
In der Reihe 1000 Spiel- und Übungsformen sind in den meisten Bänden spezifische Beispiele zum Aufwärmen für die jeweiligen Sportarten aufgelistet. Trotzdem besteht ein großes Interesse nach einer eigenständigen Sammlung von Spiel- und Übungsformen für das Einlaufen und Aufwärmen.

Die beiden Sportlehrerinnen Elisabeth Brugger und Anita Schmid unterbreiteten mir im Jahr 1987 eine Übungssammlung für das Aufwärmen. Diese Sammlung war Teil ihrer Diplomarbeit zur Erlangung des Eidg. Turn- und Sportlehrerdiploms II an der ETH in Zürich (Referent Prof. Dr. K. Murer). Ich entschied mich, diese vorliegende Sammlung zu redigieren und mit den beiden Autorinnen als eigenständigen Band „1000 Spiel- und Übungsformen zum Aufwärmen" der ganzen Reihe voranzustellen.

Aufwärmen – wozu?
Grundsätzlich ist die Zielsetzung des Aufwärmens für alle Alters- und Könnenstufen dieselbe, nämlich den Körper auf die bevorstehende Belastung vorzubereiten. Die Art und Weise, die Übungsauswahl und die Dosierung eines guten Aufwärmprogramms, sollten der entsprechenden Zielgruppe angepasst werden.

Aufwärmen – aber wie?
Wie, wann und warum sollen Akzente gesetzt werden? Gleich einem Puzzle geht es in der Vorbereitung einer Sportlektion – insbesondere auch für das Aufwärmen – immer wieder darum, für die jeweiligen Zielgruppen die entsprechenden Mosaiksteine herauszupicken und zu einem gewünschten, harmonischen Bild zusammenzusetzen. In Form eines kleinen „Didaktischen ABC des Aufwärmens" haben wir versucht, einige wichtige Überlegungen und Argumente aufzulisten, diese kurz zu erläutern und dadurch für eine gezielte Auswahl von Spiel- und Übungsformen eine Orientierungshilfe anzubieten.

Das Aufwärmen ist nicht nur ein physischer, sondern auch ein psychischer Prozess. Wenn es gelingt, durch eine geschickt ausgewählte Folge von Spiel- und Übungsformen eine Sportgruppe zu motivieren, sie „anzuheizen", dann ist dies schon eine wichtige Basis für eine gut gelungene Sportstunde. Das vorliegende Buch ist dazu eine wahre Fundgrube!

Die 12. Auflage – inhaltlich überarbeitet und formal neu gestaltet
Seit der Herausgabe der 1. Auflage „1000 Spiel- und Übungsformen zum Aufwärmen" hat sich in der Sportwissenschaft und in der Sportpraxis vieles „bewegt". Neue Inhalte wurden durch alte ersetzt, neue Trends kamen, doch viele sind schon wieder vergessen. Bewährte Grundsätze und Prinzipien – auch was das Aufwärmen betrifft – haben jedoch an Aktualität nichts eingebüßt.

Die nun vorliegende 12. Auflage wurde von Anita Schmid inhaltlich und vom Hofmann-Verlag formal total überarbeitet. Ich freue mich über das gelungene Werk!

Freidorf, im Sommer 2007

Walter Bucher, Pädagogische Hochschule Luzern

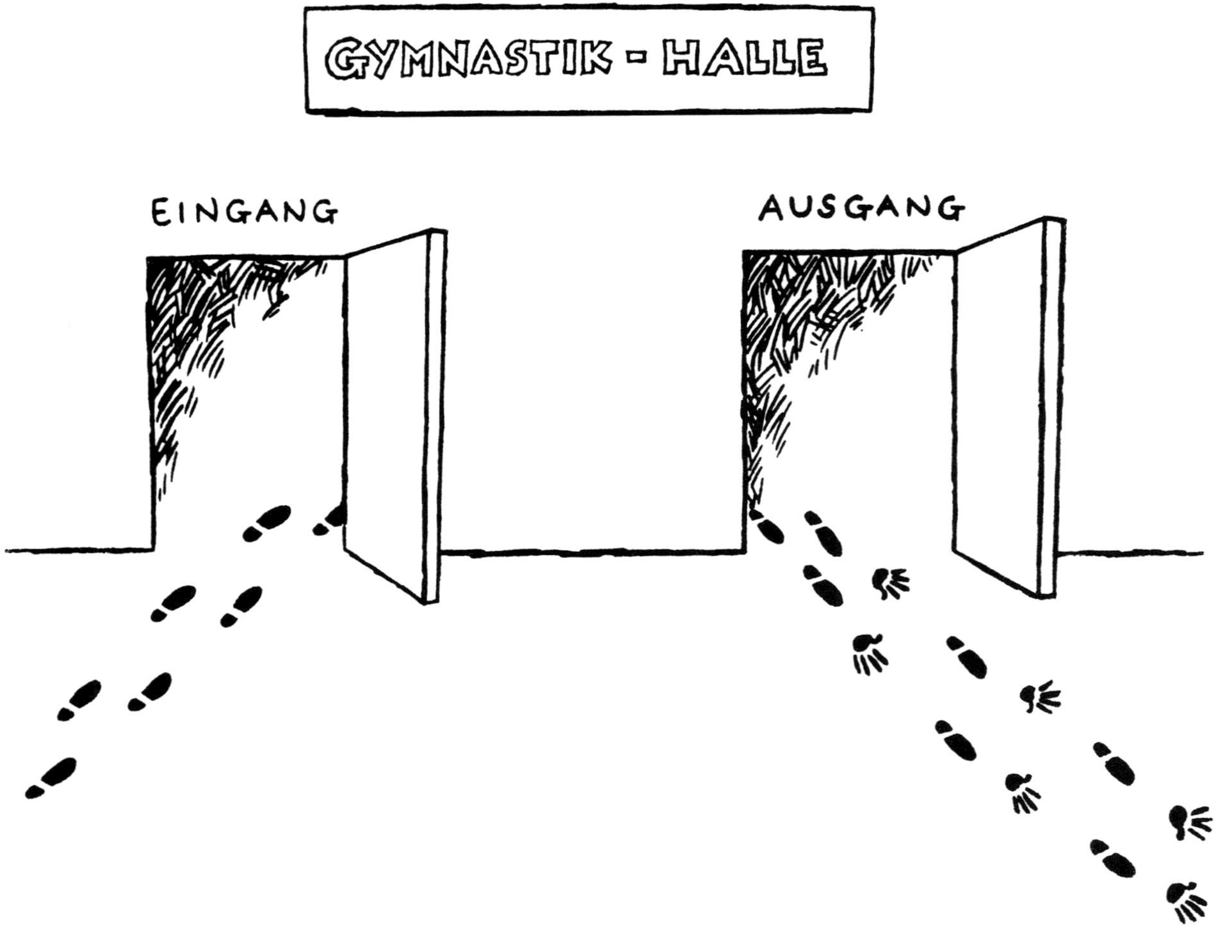

Ohne Fleiß .... kein „Preis"!

Ist ja ganz einfach!

WO finde ich WAS?

Die Übungen sind nach Bewegungsthemen sortiert: **Laufen, Werfen, Springen, Kräftigen, Dehnen, Koordinieren, Kooperieren.** Innerhalb dieser Themen wird jeweils nach Material oder evtl. nach Unterthemen unterteilt: **ohne Material, Bälle, Springseil, Gymnastikreifen, Gymnastikstab, Spielband, Langbank, Geräte, etc.**

Habe ich als Lehrperson den Hauptteil mit einem bestimmten Ziel vorbereitet, kann ich nach dem entsprechenden Thema oder in verschiedenen Themen nach dem Material suchen, das ich schon für den Hauptteil verwenden möchte. Innerhalb dieser Übungen kann ich mit Hilfe von **INHALT** und **VERHALTEN** noch feiner abstufen und spezifische Ziele (z. B. Kräftigen, Dehnen) verfolgen oder eben dieselben wie im Hauptteil.

Beispiel:
Hauptteil; Einführung Handball (Basketball, Volleyball) und Koordination mit dem Ball.
Nun suche ich im Bewegungsthema **Werfen** (Kapitel 2), **Werfen-Laufen-Fangen** (Kapitel 2.1.6) und im **INHALT** Koordination.
Evtl. nehme ich noch ein Spiel dazu (Kapitel 2.1.1. Schnappballformen) mit dem **VERHALTEN** Taktik.
Je nach Alter der Spieler nehme ich das Spiel an den Anfang (Kinder) oder nach den Übungen (ältere Schüler oder Erwachsene).
Ich verwende die gleichen Bälle, die ich auch für den Hauptteil brauche, so spare ich mir ein zusätzliches Materialverschieben.

Um die Übungen möglichst einfach zu halten, haben wir ein Schema gewählt, aus dem die wichtigsten Punkte einer Form rasch herausgelesen werden können. Oft reicht schon ein Blick auf die Zeichnung, um zu erkennen, um welche Idee es sich handelt. Und um die Beschreibung möglichst kurz zu halten wurde nur die männliche Form verwendet.

Nr.	**Name der Spielform** Ziele/Akzente	Idee/Beschreibung	Hinweise/Organisation
51	**Name der Spielform**		
Inhalt	Was soll geübt, trainiert werden (Kapitelthema wird nicht mehr genannt)	Kurze z. T. stichwortartige Beschreibung der Übung	Oft genügt die Bewegungsskizze, um eine Übung zu erkennen
Verhalten	Welches ist das beabsichtigte Verhalten. Was soll (nicht) geschehen		

Name der Spielform: Dient als Gedächtnisstütze. Kenne ich die Übung, so kann ich für die Vorbereitung nur noch den Namen verwenden. Ich kann auch neue, spannende Namen erfinden, das erhöht (vor allem bei Kindern) die Motivation.

Zeichenerklärung:

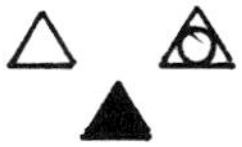	Spieler
	Spieler mit Ball
	Handfassung, Spielverbindung
	Laufweg, Bewegungsrichtung
	Ballweg, Flugbahn
	Korbwurf, Torschuss, Zieleinwurf
	Muskelspannung
	Atmung
	Sprossenwand
	Spielband
	Tor
	Bälle
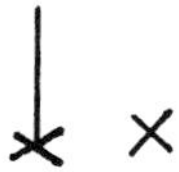	Malstab
	Bock
	Langbank
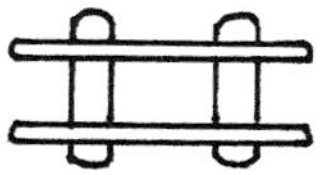	Barren
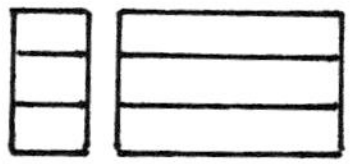	Kasten

Kapitel 1
Laufen

Nr.	Name der Spielform Ziele/Akzente	Idee/Beschreibung	Hinweise/Organisation
		Fangspiele Bemerkungen: Fangspiele sind eine beliebte Form, um ein Einlaufen lustbetont zu eröffnen. Wir meinen, dass es nicht grundsätzlich falsch ist, die Stunde mit einem Fangspiel zu beginnen, denken aber, dass etliche Formen zu intensiv (Schnelligkeit, „Stehvermögen") sind, um für den Stundenanfang geeignet zu sein. Wir erinnern daran: Je älter die Schüler sind, desto dosierter soll das Einturnen beginnen. Andererseits könnten viele Fangspiele durch kleine Veränderungen spannender und intensiver gestaltet werden: Z. B. ist die Anzahl Fänger ganz entscheidend, ob das Spiel läuft oder ob die halbe Klasse herumsteht. Auch leichte Veränderungen der Gangart können altbekannten Formen wieder neuen Reiz geben (z. B. nur noch rückwärts laufen ...). Besonders gut geeignet scheinen uns Fangspiele am Ende des Einturnens zu sein. Nach ruhigen Übungen kann die Gruppe mit einem intensiven Fangen wieder „in Stimmung" gebracht werden.	Gute Organisation und klare Spielregeln sind für ein gutes Gelingen von Fangspielen wichtig!
1	**Reaktions-Fangen** **Inhalt** Schnelligkeit (Aktion/Reaktion) **Verhalten** Fairness	Zu zweit: A und B laufen dicht hintereinander her (als Erschwerung mit den Händen über dem Kopf verschränkt, mit verschränkten Armen ...). Auf Pfiff hat B 5 (10) Sek. Zeit, A zu fangen, ansonsten bleibt B Fänger. • Nach dem Pfiff führen beide eine halbe Drehung aus, berühren den Boden und A verfolgt B. • Nach jedem Pfiff kann A irgendeine Körperstellung einnehmen, die von B ebenfalls eingenommen werden muss, bevor B weiterverfolgen darf.	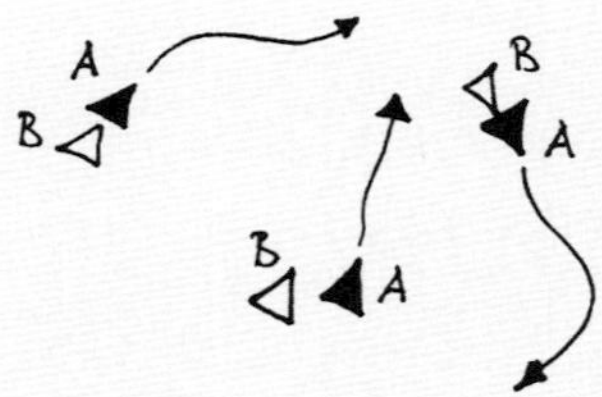

Nr.	Name der Spielform Ziele/Akzente	Idee/Beschreibung	Hinweise/Organisation
2	**Zweierfangen**	Zu zweit, Nr. 1 und Nr. 2: Die Paare laufen frei umher. Auf Zuruf der betreffenden Zahl (1 oder 2) muss der Aufgerufene versuchen, den anderen innerhalb 10 Sek. zu fangen, der andere läuft weg. (Nach 10 Sek. erfolgt wieder ein Pfiff). Jeder gelungene Fang ergibt einen Punkt. Wer von beiden hat nach x Durchgängen mehr Punkte? (Möglichst gleich starke Läufer zusammen). • Anstelle von Zahlen z. B. Tiernamen (Namen ständig wechseln).	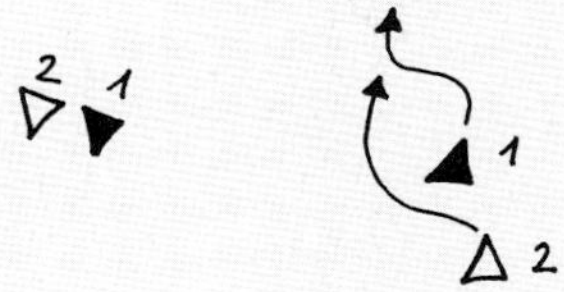
Inhalt	Reaktion Konzentration		
Verhalten	Bildet gleichstarke 2er-Gruppen		
3	**Intervall-Zweierfangen**	Zu zweit: A beginnt mit Fangen. Sobald B gefangen ist, wird B zum Fänger, z. B. 3 x 30 Sek. Dasselbe, jedoch nur auf einem Bein hüpfend. • Der Verfolger darf die Gangart bestimmen.	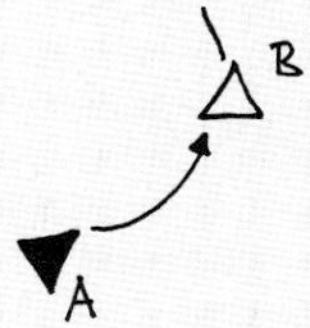
Inhalt	Schnelligkeit Kraftausdauer		
Verhalten	Rücksicht auf den Partner nehmen!		
4	**Melodien-Fangen**	Klasse in Zweiergruppen aufgeteilt; für Spieler A jeden Paares gilt die „Erkennungsmelodie 1“, für alle B gilt Melodie 2. Wird Melodie 1 gespielt, ist A Fänger (und verfolgt seinen Partner B), bei der zweiten Musik ist B Fänger. Rasche Musikwechsel. • Zwei Melodien selbst auf dem Klavier spielen. • 2 verschiedene Rhythmen. • Musikstück entsprechend mit 2 Melodien aufnehmen.	Melodie 1 
Inhalt	Schnelligkeit Konzentration		
Verhalten	Zur Mitarbeit animieren		
5	**Intervall-Dreierfangen**	3er-Gruppen mit möglichst gleich starken Läufern: A fängt B, C hat solange Pause. Dann fängt B C, und A erholt sich, bis C A fangen kann. Spätestens nach 30 Sek. erfolgt ein Wechsel, auch wenn der Fänger seinen Partner nicht erwischen konnte (Strafpunkte). Wer hat nach x Minuten am wenigsten Strafpunkte?	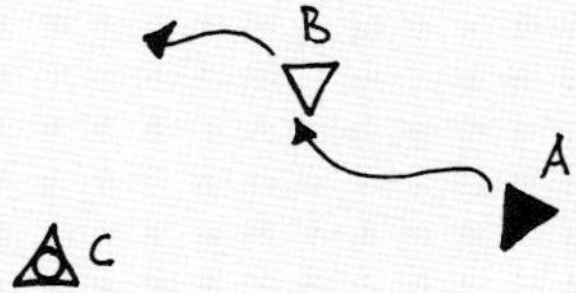
Inhalt	Schnelligkeit		
Verhalten	Ehrlich selber die Fangpunkte zählen		
6	**Verzaubern**	3 bis 5 Fänger. Wer gefangen wird, muss eine Stellung wie eine Statue einnehmen (starr und gespannt) und kann erlöst werden, indem ein freier Spieler diese Stellung kurz nachahmt. • Der gefangene Körperteil muss in der Stellung den Boden berühren • Es dürfen nur noch „offene“ oder „geschlossene“ Stellungen eingenommen werden.	
Inhalt	Schnelligkeit		
Verhalten	Helfen		

Nr.	Name der Spielform Ziele/Akzente	Idee/Beschreibung	Hinweise/Organisation
7	**Fangen mit Erlösen** **Inhalt** Schnelligkeits-Ausdauer **Ver-halten** Taktik Helfen	Gewöhnliches Fangen mit viel Platz; wer gefangen ist, wird zum Fänger (oder hilft dem Fänger). Kann der Verfolger einem Kameraden die Hand reichen, so muss der Fänger von ihm lassen und ein neues „Opfer" suchen. Man kann dem Verfolger zu Hilfe eilen.	
8	**Handstandfangen** **Inhalt** Schnelligkeit **Ver-halten** Fairness, auch als Fänger!	Gewöhnliches Fangen mit 3 bis 5 Fängern. Der Verfolgte kann sich retten, wen er einen Handstand an der Wand 5 Sek. steht (ohne Wand 3 Sek.). Der Fänger darf warten und schauen, ob das Vorhaben gelingt, andernfalls wird der Verfolgte zum Fänger. • Mit anderen „Rettungsaktionen": Hecht vw, Verteidigungsrolle sw, 2x Froschhüpfen, Liegestützstellung einnehmen etc. Spez. Hinweis: Sportartspez. Gesten in Drucksituationen.	
9	**Schattenfangen** **Inhalt** Schnelligkeit Koordination **Ver-halten** Ehrlichkeit	Im Freien bei Sonnenschein: Der Fänger versucht, auf den Schatten des Flüchtenden zu stehen (evtl. nur auf den Kopf). Gefangene werden zu Fängern oder helfen beim Fangen. Eigene Schatten-Spielformen suchen.	
10	**Parteifangen in zwei Feldern** **Inhalt** Schnelligkeit **Ver-halten** Taktik	Zwei Parteien befinden sich in je einer Spielfeldhälfte. Die Spieler beider Parteien versuchen, das gegnerische Freimal zu erreichen und gleichzeitig die eindringenden Gegner zu fangen (und somit zu verhindern, dass diese das Freimal erreichen). Als Freimal dient z. B. die ganze Hallenbreite. Auf dem Rückweg in die eigene Hälfte kann man noch (oder nicht mehr) gefangen werden. Gefangene Spieler müssen in ihr Feld zurück, um einen neuen Versuch zu starten.	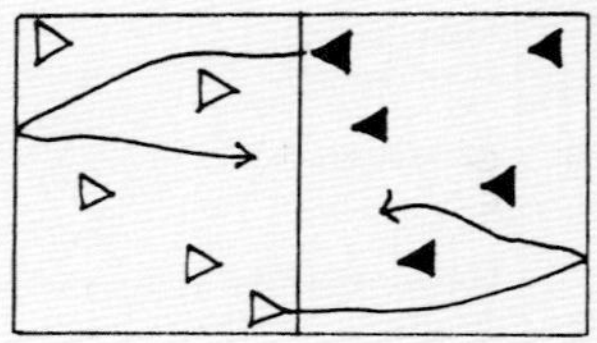
11	**Spital-Transport-Fangen** **Inhalt** Schnelligkeit **Ver-halten** Umsichtig helfen	1–3 Fänger. Wer gefangen wird, legt sich „verletzt" auf den Boden. 4 freie Läufer können den Verletzten an Armen und Beinen gehalten ins Spital tragen (markiertes kl. Feld). Solange 4 Träger am Werk sind, sind diese immun. Sind es aber erst 1–3, sind sie nicht immun und können gefangen werden. Die Verletzten werden im Spital gesund und können wieder mitspielen. Gelingt es den Fängern alle Freien zu „verletzen"?	

Nr.	Name der Spielform Ziele/Akzente	Idee/Beschreibung	Hinweise/Organisation
12	**Verkehrt-Fangen** **Inhalt** Koordination **Verhalten** Kooperation	Gewöhnliches Fangen, aber jeweils zwei Spieler haken sich je den rechten Arm ein, so dass sie in die entgegengesetzte Richtung schauen. Auch die Fänger sind solche „verkehrte Paare". • Spielfeld nicht zu groß wählen!	
13	**Geher-Fangen** **Inhalt** Koordination **Verhalten** Bewegungserfahrung	Normales Fangen, aber Fortbewegung nur wie Geher, d. h.: ein Fuß muss immer in Bodenkontakt sein. Fangen nur mit dem Oberkörper erlaubt (ohne Arme und Hände). • Kleines Spielfeld!	
14	**Kettenfangen auf Zeit** **Inhalt** Schnelligkeitsausdauer **Verhalten** Kooperation Taktik	Zwei Gruppen, Gr. A = Fänger, Gr. B = Gejagte: Die Fängergruppe bildet eine Kette und versucht, innerhalb möglichst kurzer Zeit 10 Fänge zu machen, wobei nur die beiden äußersten Kettenglieder fangen dürfen. Fänge werden laut gezählt. Welcher Gruppe ist es nach Rollenwechsel gelungen, in kürzerer Zeit die 10 Fänge zu machen? • Fänger-Gruppe ist in Paare aufgeteilt.	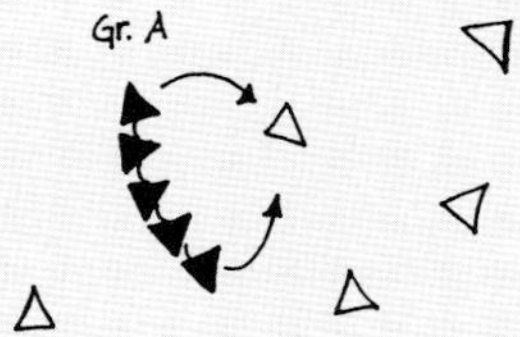
15	**Einmauern** **Inhalt** Geschicklichkeit Gewandtheit **Verhalten** Kooperation Taktik	Ein Spieler wird innerhalb der Gruppe (5 bis 8 Spieler) bestimmt, der durch geschicktes Laufen vor den anderen flüchtet. Die Verfolger haben die Aufgabe, den flüchtenden Spieler mit ihrem Körper (ohne Arme) so zu umzingeln, dass sein Bewegungsfreiraum immer mehr eingeengt wird, bis er eingeschlossen ist. • Der Spielleiter kann mitten im Spiel laufend neue „Flüchtende" bestimmen.	
16	**Das geteilte Paar** **Inhalt** Körpertäuschung **Verhalten** Kooperation Taktik	Freies Laufen in der Halle. Das „geteilte Paar" (A und B) steht einzeln in entgegengesetzten Ecken. Auf Zeichen versuchen diese beiden, sich zu vereinigen (Handfassung). Die anderen versuchen dies durch Sperren (ohne Körperkontakt) oder Kettenbildung zu verhindern. Gelingt dem „geteilten Paar" die Vereinigung, so versuchen sie als Paar, zwei Spieler zu fangen, diese bilden dann das nächst Paar.	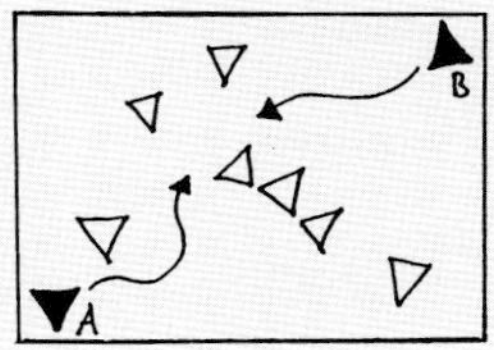

Nr.	Name der Spielform Ziele/Akzente	Idee/Beschreibung	Hinweise/Organisation
17	**Leibchenfangen** **Inhalt** Schnelligkeit Reaktion **Verhalten** Konzentration	Auf Zuruf „rot!" müssen alle Schüler, welche ein rotes Leibchen tragen, einen beliebigen anderen Spieler (außer einem roten) fangen. Der Lehrer wechselt sie Farben und damit die Fänger „in bunter Folge", er kann auch zwei oder mehr Farben auf einmal rufen. Spätestens nach 30 Sek. darf der Fangversuch abgebrochen werden. • Wer niemanden fangen konnte, erhält einen Strafpunkt.	
18	**3-Mann-hoch mit einhaken** **Inhalt** Schnelligkeit **Verhalten** Konzentration	Die Spieler stehen paarweise frei in der Halle verteilt, die Paare haken einander ein und stützen den anderen Arm in die Hüfte. 1 bis 4 Fänger verfolgen zudem ebenso viele Gejagte. Sobald ein Verfolgter bei einem Paar z. B. links einhängt, muss der Partner rechts fliehen. • Sobald ein Verfolgter z. B. links bei einem Paar eingehängt hat, wird der Spieler rechts zum Fänger, der bisherige Fänger zum Gejagten.	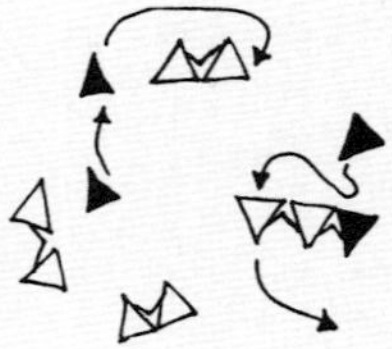
19	**3-Mann-hoch mit untertauchen** **Inhalt** Schnelligkeit **Verhalten** Konzentration	Die Spieler stehen sich paarweise mit Handfassung frei in der Halle gegenüber. Will ein Verfolgter sich retten, taucht er zwischen ein Paar. Jetzt muss der Spieler fliehen, dem er den Rücken zuwendet. (Oder dieser wird zum neuen Fänger und der Fänger zum Gejagten). • Alle Paare sind dauernd in Bewegung. • Mehrere Fänger!	
20	**Grenzwächter und Schmuggler** **Inhalt** Ausdauer **Verhalten** Taktik	Ein bis zwei Grenzwächter befinden sich in der Grenzzone. Die Schmuggler versuchen, möglichst viele Läufe durch die Grenzzone zu machen, ohne gefangen zu werden. Wer erzielt in 5 Min. am meisten Läufe? Gefangene müssen zur Grundlinie zurück und erhalten einen Minuspunkt. Welche Grenzwächter hatten die Schmuggler am besten unter Kontrolle (am meisten Fänge)?	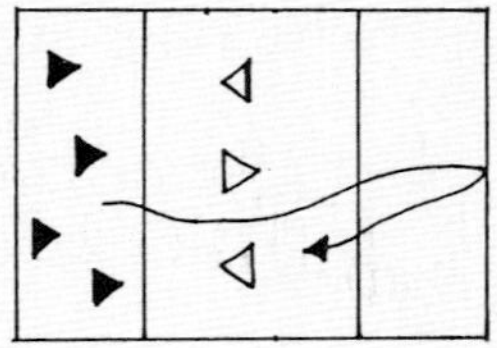
21	**Paarfangen** **Inhalt** Schnelligkeit **Verhalten** Kooperation	2 Fänger mit gefassten Händen beginnen mit Fangen. Sobald einer erwischt wird, schließt der sich dem Paar an. Wird ein weiterer Spieler gefangen, bilden sich zwei Paare usw., bis alle gefangen sind. • Die Paare halten sich so, dass jeder in die entgegengesetzte Richtung schaut (siehe Verkehrt-Fangen). • Mit ungewöhnlichen Gangarten.	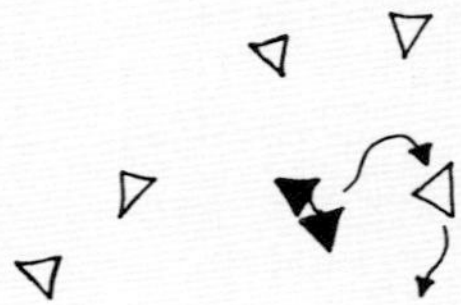

Nr.	Name der Spielform Ziele/Akzente	Idee/Beschreibung	Hinweise/Organisation
22	**Hin-und-her-Fangen**	Die Spieler laufen zwischen zwei Linien hin und her. Im Zwischenfeld fangen anfänglich 2 markierte Fänger. Wer gefangen wird holt ein Spielband und hilft beim Fangen. Wer erzielt am meisten Läufe?	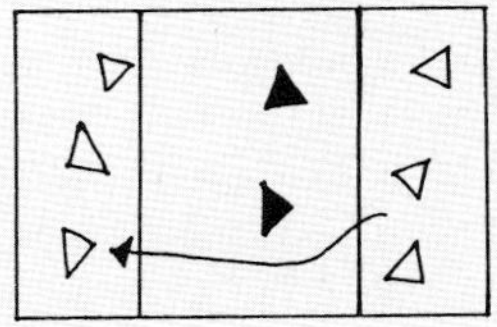
Inhalt	Schnelligkeit		
Verhalten	Taktik		
23	**Hase im Kohl**	Ein Jäger (Fänger), ein Hase . Die Anderen kauern sich verteilt im Feld hin (Kohl im Feld). Der Jäger verfolgt den Hasen. Der kann sich retten, indem er sich neben einen Kohl kauert. Der Kohl steht auf und wird zum Jäger, der vorherige Jäger wird zum Hasen. Fängt der Jäger den Hasen, werden die Rollen sofort vertauscht. (Evtl. 2 Hasen und 2 Jäger). • Der Kohl liegt bäuchlings, rücklings, sw, etc.	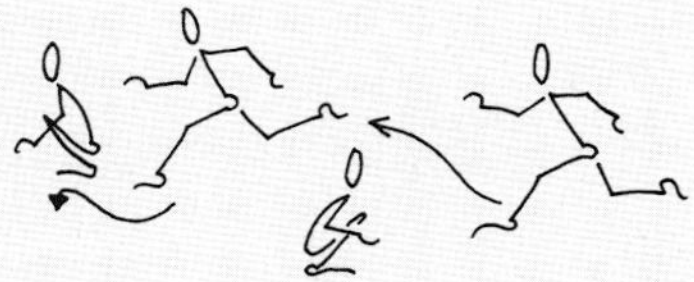
Inhalt	Schnelligkeit		
Verhalten	Helfen		
24	**Virusfangen**	3 bis 4 Fänger verfolgen die übrigen Spieler. Gefangene bleiben am Ort, stehen und halten die Arme in Hochhalte. Sie können erlöst werden, indem zwei freie Spieler sich vor und hinter den Gefangenen stellen und sich beide Hände reichen. • Können die Fänger alle anderen verzaubern? • Welche Fängergruppe schafft es in kürzester Zeit, alle zu verzaubern?	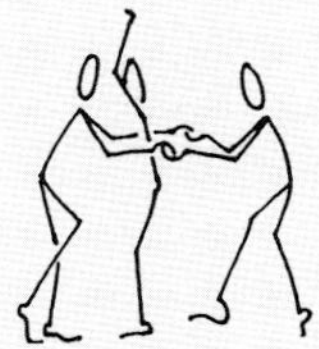
Inhalt	Schnelligkeit		
Verhalten	Helfen		
25	**Versteinern**	A versucht B zu fangen. Wenn B in Not gerät, kann er irgendeine Stellung einnehmen. Nun muss A zuerst auch dieselbe Stellung von B einnehmen, bevor er B weiterverfolgen, bzw. fangen kann. Rollenwechsel.	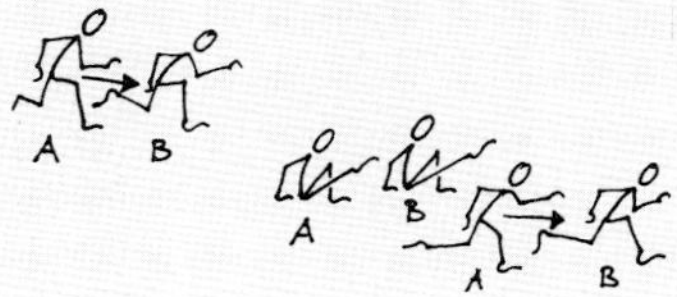
Inhalt	Reaktionsschnelligkeit		
Verhalten	Fairness		
26	**Gruppenfangen**	Die Klasse wird in 4 Gruppen aufgeteilt. Jede Gruppe (mit Spielbändern gekennzeichnet) ist während 1 Min. Fänger. Jeder Fänger zählt, wie viele Schüler der anderen drei Gruppen er während dieser Minute berührt. Nach 1 Min. wird die Anzahl Berührungen zusammengezählt. Welche Gruppe sammelt am meisten Punkte.	
Inhalt	Schnelligkeitsausdauer		
Verhalten	Fairness Ehrlichkeit		

Nr.	Name der Spielform Ziele/Akzente	Idee/Beschreibung	Hinweise/Organisation
27	**Krakenfangen** **Inhalt** Schnelligkeit **Verhalten** Kooperation	3 Spieler halten je mit einer Hand an einem Spielband fest, das nicht losgelassen werden darf. So versuchen sie die anderen Spieler zu fangen. Wer jemanden fängt, darf mit diesem die Rolle tauschen. Je nach Gruppengröße gibt es mehrere solcher Kraken. • Egal wer fängt, es wird der Reihe nach ausgewechselt.	
28	**Die Affen sind los** **Inhalt** Reaktion, Schnelligkeit **Verhalten** Spaß	2 Affen als Fänger auf einer Hallenseite auf allen Vieren. Die Anderen sind Touristen, die die Affen fotografieren und sich nahe heranwagen, die Affen sogar streicheln. Auf Zuruf „die Affen sind los", stehen die Affen auf und verfolgen die Touristen bis zur anderen Hallenhälfte (Linie). Wer gefangen wird, wird beim nächsten Durchgang zum Affen. Die letzten beiden Touristen werden fürs nächste Spiel zu den ersten Fängern (Affen).	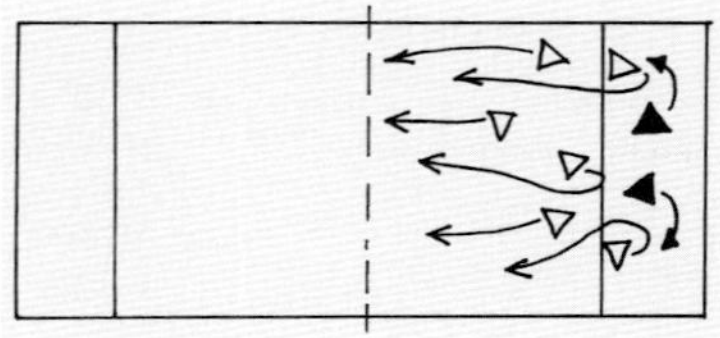
29	**Peter Pan** **Inhalt** Schnelligkeit **Verhalten** Taktik	3–6 Spieler sind Fänger. Von den anderen wird (insgeheim) ein Peter Pan ausgewählt. Es wird normales Fangen gespielt. Wer gefangen wird, muss steif stehen bleiben. Peter Pan hat magische Kräfte und kann gefangene Spieler durch Berührung befreien. Dies sollte er möglichst unbemerkt tun, damit er nicht gefangen wird, denn dann ist das Spiel bald fertig.	
30	**Der Bulle von Sambesi** **Inhalt** Schnelligkeit **Verhalten** Begegnung	Wie schwarzer Mann. Der Fänger startet das Spiel mit dem Ruf: „Der Bulle von Sambesi"! Und versucht einen anderen Spieler zu fangen. Diese versuchen, am Bullen vorbei, sich auf die gegenüberliegende Seite zu retten. Wenn der Bulle einen Spieler gefangen hat, muss er ihn hochheben und rufen: „Der Bulle von Sambesi." Erst so macht er ihn zum Mitfänger für die nächste Runde. Für einmal sind die leichten Spieler im Nachteil, da es für schwerere Spieler mehrere Fänger braucht um sie hochzuheben.	
31	**Gespenster-Fangen** **Inhalt** Schnelligkeit **Verhalten** Spaß, laut sein dürfen	1–4 Gespenster sind Fänger und versuchen laut stampfend und brüllend freie Spieler zu fangen, die vor Angst kreischend fliehen. Fängt ein Monster einen Spieler, werden die Rollen getauscht. Verteilt auf dem Feld gibt es einige Rettungsinseln (Paare, die sich an der Hand halten). Auf der Flucht kann man sich auf eine Rettungsinsel retten, indem man eine freie Hand des Paares festhält. Nun muss aber die andere Seite der Rettungsinsel fliehen.	

Nr.	Name der Spielform Ziele/Akzente	Idee/Beschreibung	Hinweise/Organisation
32	**Crocodile Dundee**	Ein Spieler wird – ohne Wissen des Krokodiljägers zum „Schwachen Krokodil“ bestimmt. Der Krokodiljäger jagt nun die Krokodile. Gefangene Krokodile scheiden aus oder machen eine Zusatzaufgabe neben dem Feld (z. B. Seil hüpfen, Kraftübungen, Dehnübungen, etc.). Die Krokodile können das Spiel gewinnen, wenn das „Schwache Krokodil“ zuletzt gefangen wird. Ablenken und sich opfern kann zum Sieg führen.	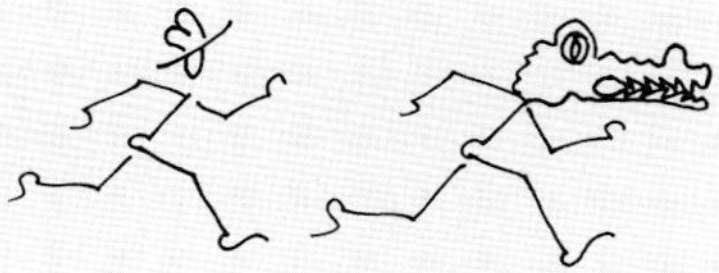
Inhalt	Ausdauer		
Verhalten	Sich für andere opfern		
33	**Fischer**	Variante von „Schwarzer Mann“. Die Gruppe fragt: „Fischer, wie tief ist das Wasser?“ Fischer: „Zehn Meter!“ Gruppe: „Wie kommen wir rüber?“ Fischer: „Rückwärts!“ (Auf einem Bein, Vierfüßlergang, einbeinig, beidbeinig hüpfend, etc.) • Der Fischer darf normal laufen/muss die gleiche Gangart benutzen.	
Inhalt	Schnelligkeit		
Verhalten	Fairness		
34	**Hasenjagd**	Die Hälfte der Spieler bildet Pärchen, sie sind die Füchse. Der Rest läuft einzeln, sie sind die zu fangenden Hasen. Wer als Hase von einem Pärchen gefangen wird, wird zum Fuchs und tauscht die Rolle. Beim ersten Fang wird der erfolgreiche Fänger ausgetauscht, nachher der „älteste“ Fuchs. Wer nach 3 Min. Hase ist, gewinnt. Mehrere Durchgänge mit verschiedenen Zeitvorgaben. Wer hat nach x Durchgängen am meisten Siegpunkte = Hasensieger.	
Inhalt	Schnelligkeit		
Verhalten	Kooperation Taktik		
35	**Kammerjäger**	Die Spieler stehen in vier Vierer-Reihen, mit seitl. ausgestreckten Armen. Eine Ratte wird vom Kammerjäger verfolgt. Um sich zu retten kann die Ratte rufen „Wechsel!“, worauf sich die stehenden Spieler um 90° drehen und die Gänge im Haus verändern. • Der Zuruf erfolgt vom Spielleiter, dem Kammerjäger, von einem Spieler. • Es gibt mehrere Verfolgungspaare (Zuruf von einem stehenden Spieler).	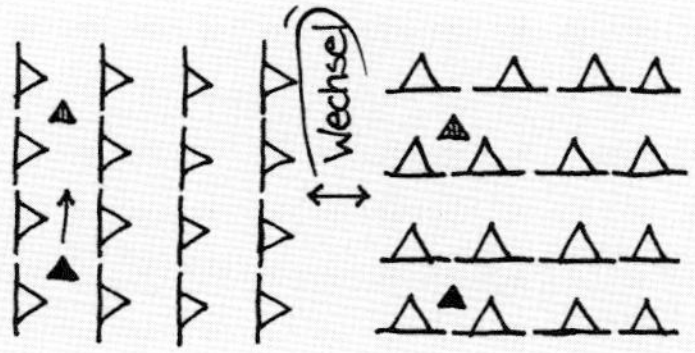
Inhalt	Schnelligkeit		
Verhalten	Reaktion		
36	**Kreuz-Fangen**	Pro Gruppe 1 Fänger. Wer verfolgt wird kann gerettet werden, indem ein anderer Spieler den Weg zwischen Verfolger und Gejagtem kreuzt. Sofort muss der Fänger den kreuzenden Läufer verfolgen und vom anderen Opfer ablassen. Wer wagt es, sich für einen anderen zu opfern? Wer gefangen wird, wird zum Fänger oder nach 2–3 Min. wird automatisch gewechselt. • Mehr als ein Fänger (je nach Gruppengröße).	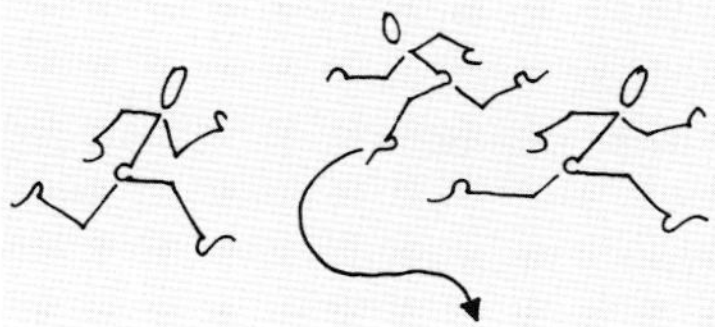
Inhalt	Schnelligkeit		
Verhalten	Helfen		

Nr.	Name der Spielform Ziele/Akzente	Idee/Beschreibung	Hinweise/Organisation
		Verfolgungsläufe Bemerkungen: Siehe auch unter Fangspiele! Je älter die Teilnehmer, desto langsamere Formen eignen sich für den Stundenbeginn (Verletzungsgefahr!).	Klare Anweisungen sind das A und O einer Spielform!
37 **Inhalt** **Verhalten**	**Schere – Stein – Papier** Schnelligkeit Konzentration	Je zu zweit an der Mittellinie gegenüber. Auf Kommando („Schere – Stein – Paper!“) hält jeder eines der drei Handzeichen auf. Das stärkere Zeichen verfolgt das schwächere. Bei gleichem Zeichen beider erfolgt Wiederholung. • Schere schneidet Papier. • Papier umwickelt Stein. • Stein macht Schere stumpf. • Zwei Gruppen kämpfen gegeneinander.	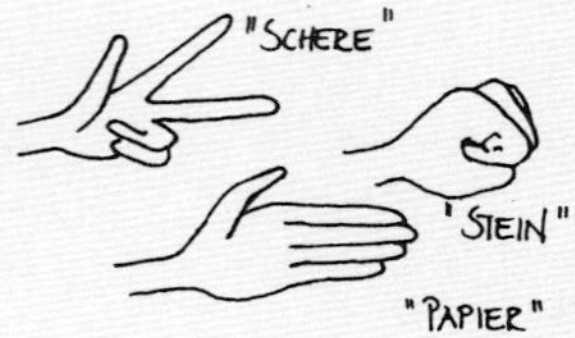
38 **Inhalt** **Verhalten**	**Erst nachahmen dann fangen!** Schnelligkeit Reaktion Fairness	Zu zweit: B läuft hinter A her. A ruft plötzlich irgendeine Tätigkeit, welche beide ausführen müssen, bevor B A verfolgen kann. (A erhält durch den Wissensvorsprung einen Zeitvorsprung).	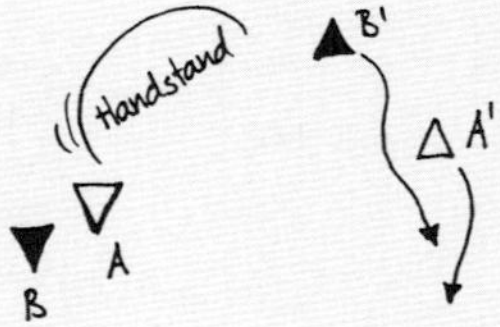
39 **Inhalt** **Verhalten**	**Neck-Fangen** Reaktionsschnelligkeit Konzentration	A und B stehen hintereinander. A streckt die Hand nach vorn (oder nach hinten, je nach Aufstellung), B schlägt in unregelmäßiger Folge dreimal darauf. Der dritte Schlag gilt für beide als Startzeichen: A flieht, B verfolgt. • Aus verschiedenen Startpositionen.	
40 **Inhalt** **Verhalten**	**Start-Fangen** Schnelligkeit Reaktion Gegenseitige Rücksichtnahme	A steht vor B und hält einen Fuß rw hoch. B schlägt irgendwann auf diesen Fuß. Dies gilt für beide als Startzeichen zur Verfolgungsjagd. • B stößt A irgendwann mit einem Fuß leicht in den Hintern. Dies gilt für beide als Startzeichen. • B hält ein Bein nach vorn in die Luft. A schlägt irgendwann darauf, dreht sich und flieht.	

Nr.	Name der Spielform Ziele/Akzente	Idee/Beschreibung	Hinweise/Organisation
41	**Verfolgung** **Inhalt** Reaktion Tiefstart **Verhalten** Zu eigenen Formen anregen	B steht hinter A, A in Tiefstellung. B überspurtet A (und gibt evtl. A einen Schlag auf den Rücken), A versucht, B noch einzuholen. • Diverse Verfolgungsläufe aus verschiedenen Positionen, z. B. Rückenlage, Bauchlage, Schneidersitz, Hürdensitz, Liegestütz ... • Auch im Sitzen, Liegen ... gegenüber. Der Fänger muss vor dem Verfolgen eine halbe Drehung ausführen.	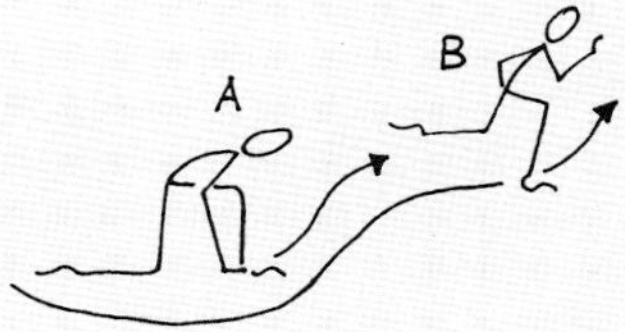
42	**Koordinationsstart** **Inhalt** Reaktion Koordination **Verhalten** Spielregeln einhalten	Paarweise hintereinander mit ca. 2 m Abstand. • Hüpfen am Ort und auf Signal verfolgen bzw. fliehen. • Wechselhüpfen am Ort (auch Hampelmann) und wegsprinten. • Hüpfen am Ort, auf Signal eine ganze Drehung und wegsprinten. • Wechselhüpfen in Liegestützstellung und auf Signal wegspringen. • 2–4 Aufgaben bevor die Verfolgung beginnt.	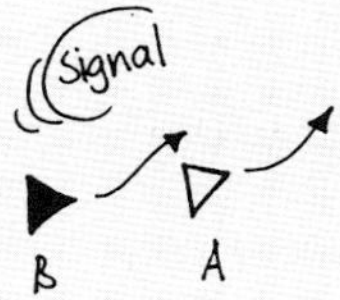
43	**Turnschuhraub** **Inhalt** Schnelligkeit **Verhalten** Taktik	Die Läufer stehen sich paarweise gegenüber. Zwischen ihnen liegt ein Turnschuh (oder sonst ein Gegenstand, z. B. Spielband). Wem gelingt es, den Schuh zu ergreifen und damit bis zur Grundlinie zu fliehen, ohne vom anderen gefangen zu werden? (Evtl. muss eine Hand auf dem Rücken gehalten werden).	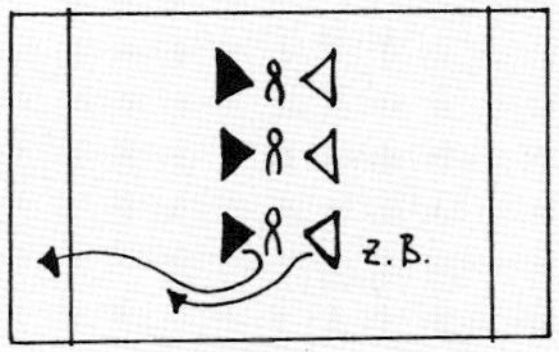
44	**Turnschuhraub mit Spiegelbild** **Inhalt** Schnelligkeit **Verhalten** Taktik	Aufstellung wie in Turnschuhraub. B ist das Spiegelbild von A und muss alle Stellungen und Bewegungen, die A ausführt, sofort nachahmen. In einem günstigen Augenblick packt A den Schuh, macht kehrt und versucht, ohne von B gefangen zu werden, seine Linie zu erreichen.	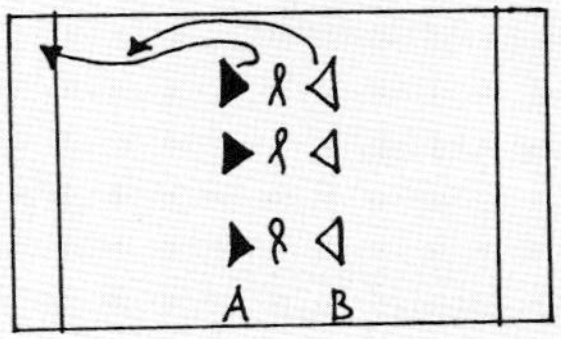
45	**Überlaufen** **Inhalt** Schnelligkeit **Verhalten** Taktik	A und B stehen sich gegenüber mit 1 bis 2 m Abstand. A läuft vorwärts, B rückwärts. A versucht, durch Täuschungen und Starts an B vorbeizukommen und diesen zu überlaufen. Gelingt dies, versucht B A noch vor der Linie zu fangen.	

Nr.	Name der Spielform Ziele/Akzente	Idee/Beschreibung	Hinweise/Organisation
46	**Ausreißen** **Inhalt** Schnelligkeit **Verhalten** Taktik	3er-Gruppen traben langsam hintereinander. Der Mittlere versucht plötzlich auszureißen und die Grenzlinie zu erreichen, bevor die anderen beiden ihn „stellen“ (berühren) können.	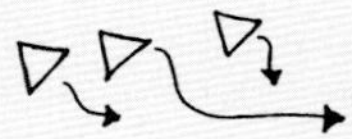
47	**Kreis gegen Kreis** **Inhalt** Schnelligkeit, Reaktion **Verhalten** Erst auf Signal „reagieren“	Zwei Kreise laufen (ineinander) in entgegengesetzter Richtung. Auf Pfiff flieht der äußere Kreis zum Freimal (z. B. Grundlinien), der innere versucht, sie vorher zu fangen. Nach jedem Durchgang Rollenwechsel. Welcher Kreis hat nach x Durchgängen mehr Fänge? • Gefangene wechseln den Kreis. Wer überlebt am längsten?	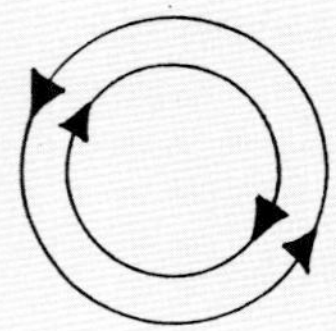
48	**Beißende Schlange** **Inhalt** Reaktion, Start **Verhalten** Begegnung	Eine „Schlange“ liegt in der Mitte des Feldes auf dem Bauch, alle anderen Spieler berühren sie mit einer Hand (necken). Wenn der Lehrer ruft „Schlange!“, versucht die Schlange, möglichst viele Flüchtende zu beißen (berühren). Gebissene werden ebenfalls zu Schlangen und hängen sich beim nächsten Durchgang an die Schlange an. Wer überlebt am längsten?	
49	**Zwillingsjagd** **Inhalt** Reaktion, Start **Verhalten** Exakte Ausführung ist Ehrensache!	A und B laufen locker nebeneinander. Der Lehrer ruft z. B. „Bauchlage!“. Beide versuchen, so schnell wie möglich zu reagieren. Wer ist nach der Ausführung zuerst beim vorherbestimmten Mal (Hallenwand, Linie ...)?	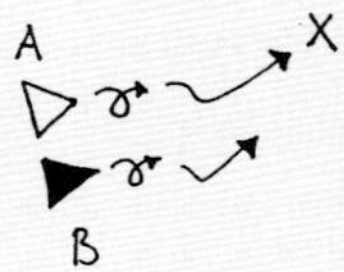
50	**Aufholjagd** **Inhalt** Schnelligkeit **Verhalten** Selbsteinschätzung	Zu zweit: A läuft in zügigem Tempo dem Ziel entgegen. B wartet so lange, bis er glaubt, A mit einem Sprint gerade noch vor dem Ziel fangen zu können. • Die Gangart von A wird von beiden Läufern bestimmt, B muss sprinten.	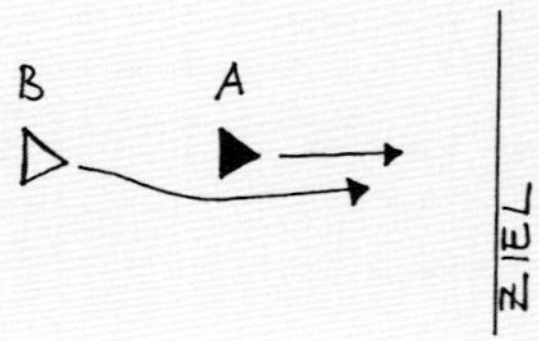

1.1.2 Ohne Material (Verfolgungsläufe)

Nr.	Name der Spielform Ziele/Akzente	Idee/Beschreibung	Hinweise/Organisation
51	**Steher-Rennen** **Inhalt** Schnelligkeit und Schnelligkeitsausdauer **Verhalten** Selbsteinschätzung Taktik	A und B traben auf einer festgelegten Strecke (Rundbahn) nebeneinander. Jeder kann das Tempo beliebig verschärfen oder gar Stillstandsversuche unternehmen. Plötzlich ergreift einer von ihnen die Initiative und zieht den Endspurt an. Wer von beiden erreicht das Ziel als Erster?	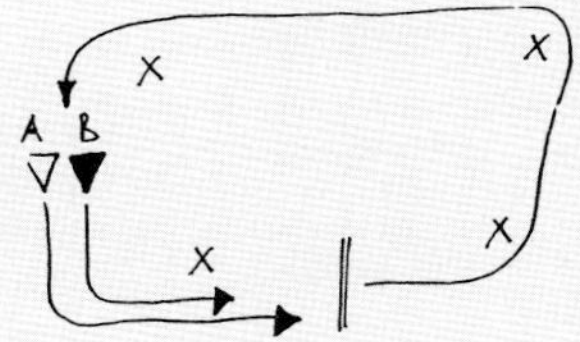
52	**Linienlauf** **Inhalt** Koordination **Verhalten** Kooperation Konzentration	Nur auf den Linien der Halle laufen. Beim Kreuzen übereinanderklettern, untereinander durchkriechen, umeinander herumsteigen ..., ohne die Linie zu verlassen. • Rw laufen, kriechen , robben ... • Jede Linienfarbe bedeutet eine andere Gangart, z. B. auf den roten Linien nur hüpfen, auf den weißen nur rückwärtslaufen ...	
53	**Linienlauf ohne Treffen** **Inhalt** Koordination **Verhalten** Taktik	Alle bewegen sich nur auf den Spielfeldlinien des Hallenbodens und versuchen, möglichst lange zu laufen, ohne jemanden zu kreuzen. Treffen sich trotzdem zwei, hängen sie zusammen und versuchen jetzt, möglichst schnell möglichst viele Glieder (durch Kreuzen) zu bekommen.	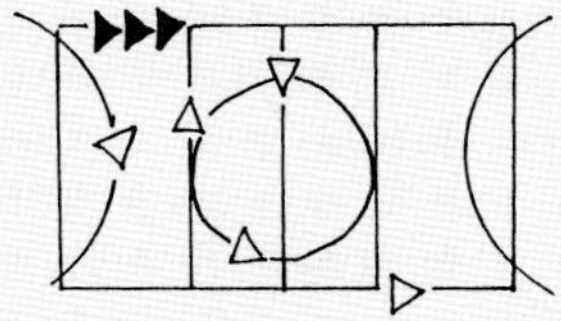
54	**Schlange bilden** **Inhalt** Ausdauer **Verhalten** Kooperation	Freies Laufen im Raum (evtl. auch um und über Hindernisse). Schaffen wir es, <u>eine</u> Schlange zu bilden, ohne abzumachen, wer die Spitze ist? (Einer hängt beim anderen an, bis schließlich alle in einer Kolonne laufen).	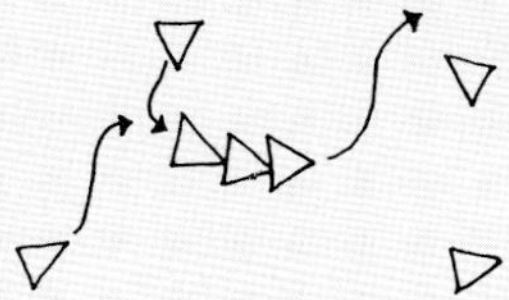
55	**Ja-Nein Verfolger** **Inhalt** Reaktion Schnelligkeit **Verhalten** Konzentration	2er Gruppe (A = Ja, B = Nein). Die Spieler laufen frei in der Halle. Der Spielleiter stellt eine Frage, die man mit ja oder nein beantworten kann (z. B. ist die Banane blau? = NEIN). B versucht also seinen Partner zu fangen (in 30 Sek.). Gelingt es, erhält er einen Punkt. Wer hat am Schluss am meisten Punkte. Paare immer wieder tauschen. • Jeder Spieler darf eine Frage stellen.	

Nr.	Name der Spielform Ziele/Akzente	Idee/Beschreibung	Hinweise/Organisation
56	**Rettungsdienst**	2 Gruppen; die Hälfte jeder Gruppe liegt als „zu Rettende" in der Mitte am Boden. Die „zu Rettenden" können nicht mehr laufen und müssen abgeschleppt werden. Die Retter beider Gruppen stehen an den Stirnseiten gegenüber, laufen auf Signal zur Mitte und tragen die „zu Rettenden" zu ihrer Grundlinie zurück. Welche Gruppe ist zuerst fertig mit dem Rettungsdienst? • Auch mit verschiedenen Trag- und Laufarten.	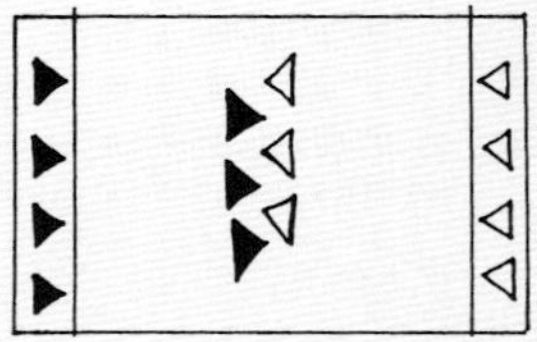
Inhalt	Schnelligkeit Kraft		
Verhalten	Kooperation		
57	**Heiratsvermittler**	A und B stehen Rücken an Rücken und beginnen, wie Roboter auseinander zu marschieren. Ein Heiratsvermittler tippt den einen oder anderen jeweils an der rechten oder linken Schulter an, was bedeutet: $\frac{1}{4}$-Drehung zur entsprechenden Seite ausführen! Welcher Heiratsvermittler kann sein Paar so dirigieren, dass A und B frontal aufeinander zulaufen und sich treffen?	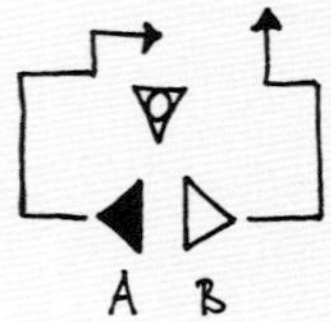
Inhalt	Taktik		
Verhalten	Erlebnis		
58	**„Pöperle" mit Laufen**	Einer übernimmt das Kommando. „Kommando Laufen!" = Laufen. „Kommando Flach!" = Bauchlage gespannt. „Kommando Bock!" = Bockstellung. „Kommando Fass!" = Rückenlage, Arme und Beine in die Luft. „Kommando Alle Vögel fliegen aus!" = Armschwünge. „Kommando Doppelbock, Doppelflach, etc.!" = Stellung nebeneinander. Wer eine Übung ausführt, ohne dass der „Kommandant" „Kommando ...!" gesagt hat (also z. B. nur „Bock!") oder, wer sich verführen lässt und eine falsche Übung nachmacht (z. B. statt einem Bock ein Fass nachahmt), wird zum neuen „Kommandanten". Je rascher die Kommandos erfolgen, umso eher fallen die anderen darauf herein. Zwischen den Kommandos wird frei in der Halle gelaufen.	
Inhalt	Taktik		
Verhalten	Konzentration		
59	**Variation Kreuzstafette**	3 bis 4 Gruppen bilden je liegend einen Kreis (evtl. müssen die Füße auf einer markierten Kreislinie liegen). Auf Pfiff laufen die Startläufer über alle Gruppenmitglieder hinweg bis zu ihrem Startplatz zurück und berühren den vor ihnen liegenden Mitspieler, der nun im Kreis herumläuft. Bei welcher Gruppe ist zuerst jeder 1x, 2x gelaufen?	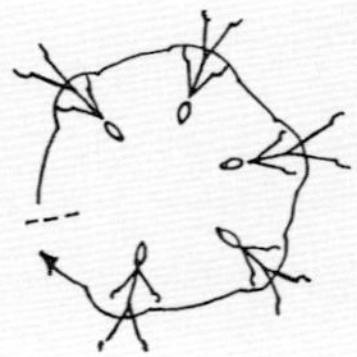
Inhalt	Schnelligkeit Koordination		
Verhalten	Rücksicht trotz Wettbewerb!		

Nr.	Name der Spielform Ziele/Akzente	Idee/Beschreibung	Hinweise/Organisation
60	**Sternschnuppe** **Inhalt** Reaktion auf spezielles Signal **Verhalten** Begegnung Erlebnis	Die Schüler bilden einen Kreis, und die Sternschnuppe saust ringsherum. Schlägt sie zwischen zwei Spielern ein, gibt es eine Explosion: Einer saust links-, der andere rechtsherum. Wer zuletzt am Ausgangsort eintrifft, wird neue Sternschnuppe. • Dieses Spiel wird intensiver, wenn mehrere kleine Kreise gebildet werden.	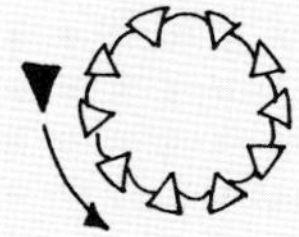
61	**Platzraub** **Inhalt** Reaktion auf akustisches Signal **Verhalten** Begegnung	Die Spieler sitzen in einem möglichst großen Kreis zu zweit hintereinander. In der Mitte des Kreises sitzen Rücken an Rücken zwei weitere Spieler. Auf Zeichen laufen alle inneren Kreisspieler sowie die beiden Mittelspieler los und suchen einen Platz hinter einem Außenspieler. Die beiden, die keinen Platz mehr gefunden haben, müssen als Nächste in die Mitte sitzen.	
62	**Wettlauf** **Inhalt** Schnelligkeits-ausdauer **Verhalten** Begegnung	Zu zweit: A läuft zur Wand, wendet, springt über B, welcher in Bockstellung dasteht, wendet hinter B und läuft wieder zur Wand, etc. Wer macht in 1 Min. mehr Läufe? Welches Paar erzielt in 2 Min. mehr Läufe?	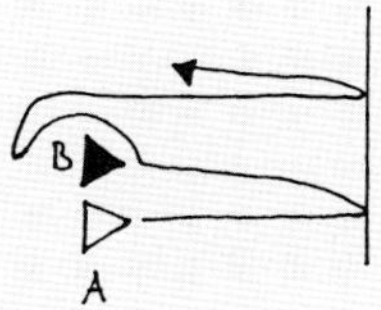
63	**Bummeln** **Inhalt** Ausdauer (Intervall) **Verhalten** Tempogefühl	Zu zweit auf einer Rundstrecke von 100 bis 200 m: A beginnt mit laufen, B mit spazieren (bummeln). A läuft auf der Runde, bis er B wieder eingeholt hat und spaziert dann weiter, während nun B läuft, biss er A eingeholt hat, etc. Jeder soll 4x laufen, 4x spazieren.	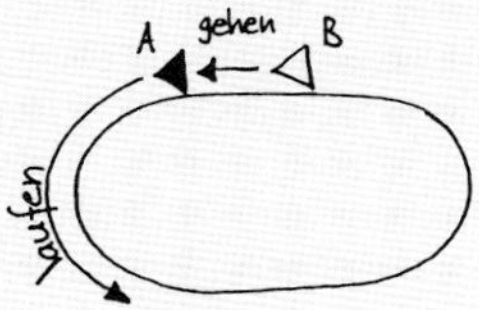
64	**Gruppenlauf** **Inhalt** Ausdauer (Intervall) **Verhalten** Tempogefühl schulen	Mehrere Gruppen marschieren oder traben auf der Rundstrecke verteilt. Gr. 1 läuft zügig zu Gr. 2 (und spaziert dann weiter). Gr. 2 läuft zu Gr. 3, Gr. 3 zu Gr. 4 und 4 zu 1. Mehrere Durchgänge. Verschiedene Distanzen zwischen den einzelnen Gruppen. Verschiedene Tempi (zügiges Laufen bis Sprint).	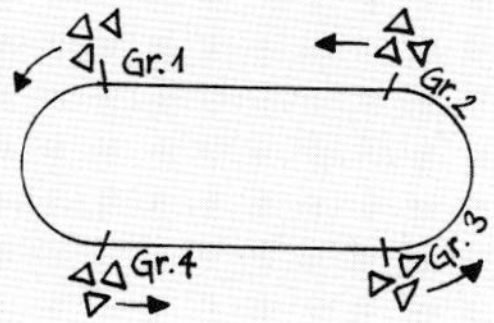

Nr.	Name der Spielform Ziele/Akzente	Idee/Beschreibung	Hinweise/Organisation
65	**Autorennen mit Boxenstopp** **Inhalt** Ausdauer **Verhalten** Selbsteinschätzung	So lange wie möglich auf seinem Rundkurs laufen. Jeder bestimmt sein Tempo selbst. Wer das eigene Tempo nicht mehr durchhält, macht einen Boxenstopp, bis der „Tank" wieder voll ist (und weiterlaufen kann).	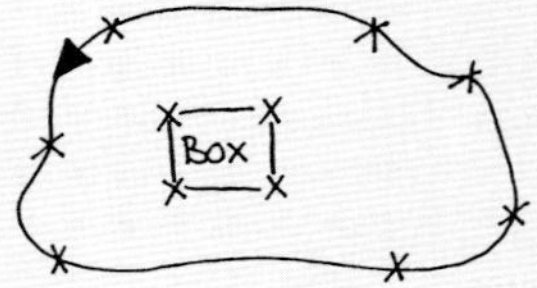
66	**Mitnahme-Lauf** **Inhalt** Ausdauer **Verhalten** Begegnung, Taktik	Pro Gruppe 3 bis 5 Schüler. Gangart: Laufen, Hüpfen, Kriechen ... A läuft zuerst alleine eine bestimmte Strecke. Beim 2. Durchgang nimmt er B mit. Auf der 3. Runde wird C mitgenommen und A steigt aus, usw. Z. B. welche Gruppe macht in 10 Min. am meisten Läufe? • Auch mit anhängen, bis die ganze Gruppe gemeinsam läuft und dann wieder abbauen.	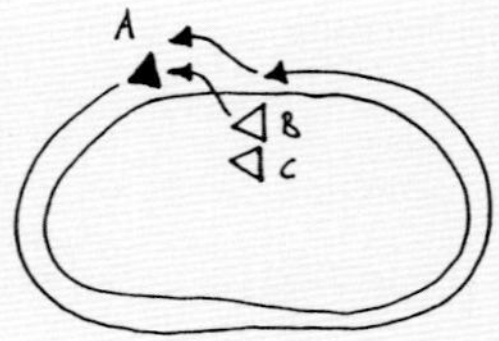
67	**Zeitschätzlauf (langsam)** **Inhalt** Ausdauer **Verhalten** Zeiterfahrung	Eine bestimmte Rundstrecke (oder auch frei im Wald, Gelände) soll zu zweit in einer vorher bestimmten Zeit gelaufen werden, z. B. möglichst genau in 5 Min. Wer ist am pünktlichsten auf die vorgegebene Zeit wieder bei der Uhr?	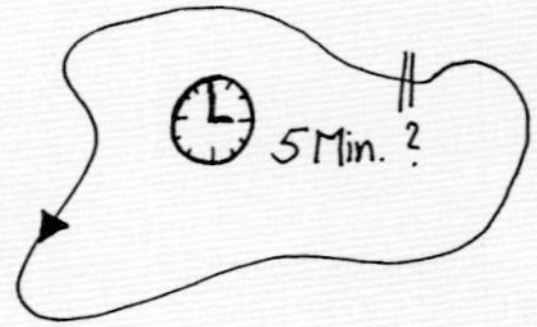
68	**Zeitschätzlauf (schnell)** **Inhalt** Ausdauer **Verhalten** Zeiterfahrung	Versucht, genau 1 (2) Minute(n) zu laufen und euch dann in der Reihenfolge der Ankunft nebeneinanderzusetzen. (Der Lehrer gibt an, ob zu früh oder zu spät gesetzt).	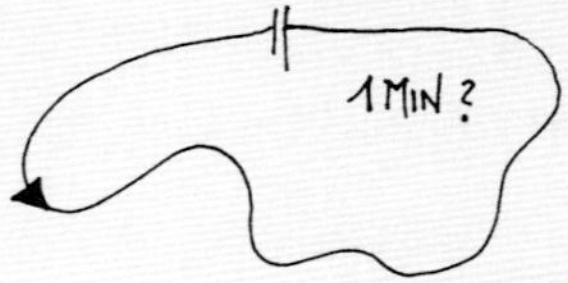
69	**Musik-Stopp** **Inhalt** Körperspannung **Verhalten** Begegnung, Konzentration	Frei laufen zur Musik. Bei Musikstopp: • In der entsprechenden Stellung, in der man gerade ist, 3 Sek. „bock-steif" (gespannt bis zu den Fingerspitzen) verharren. • „Moleküle" bilden (2er-, 3er-Gruppen). • Einem Mitschüler in den Huckepack springen. • Ein Rad, einen Handstand etc. ausführen, usw.	

Nr.	Name der Spielform Ziele/Akzente	Idee/Beschreibung	Hinweise/Organisation
70 **Inhalt** **Verhalten**	**Sport-Geometrie** Raumgefühl Gestalten Raumerfahrung	Im Laufen verschiedene geometrische Figuren beschreiben und diese in ihren Größen variieren. Z. B. ein Trapez in allen Größen laufen. • Alleine oder als Gruppe. • A läuft voraus, B hintendrein. B muss herausfinden, was A für eine Figur (Buchstaben, Zahl ...) gelaufen ist.	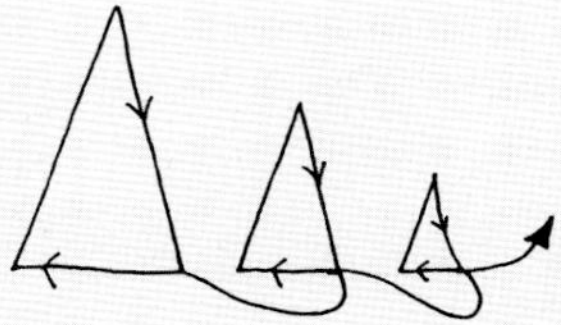
71 **Inhalt** **Verhalten**	**Imaginäres Spinnennetz** Raum- und Distanzgefühl Gestalten Fantasie	Jeder spannt in die Halle eine imaginäres Spinnennetz. • Vorsicht! Der Spinnfaden ist sehr dünn (vorsichtig laufen und ausspannen). • Jetzt wird aus dem Spinnennetz ein dicker Gummischlauch (mit viel Kraft und Vorlage den „Schlauch“ spannen). • Mitten im Schlauch ist ein Knoten (plötzlich stoppen, etwas rw laufen zum Knoten). Etc.	
72 **Inhalt** **Verhalten**	**Lebendiges Wendemal** Schnelligkeit Begegnung Ehrlichkeit	Gruppen zu 5 bis 10 Teilnehmer: Der erste jeder Gruppe läuft bis zu einer Marke (Linie o. Ä.) und stellt das Wendemal herum und mit ihm zurück zur Grundlinie. Welche Gruppe sitzt zuerst? • Jeder der Gruppe ist einmal Wendemal. • Wendemal in Bockstellung: Alle müssen darüberspringen.	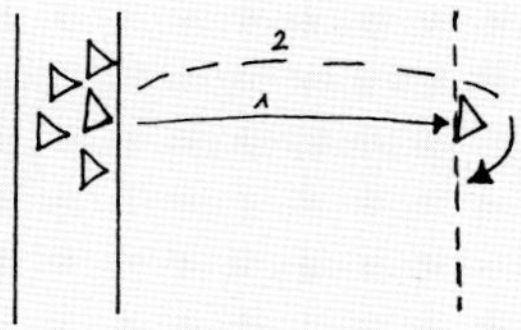
73 **Inhalt** **Verhalten**	**Japanteststafette** Schnelligkeit Ausdauer Ehrlichkeit ohne Kontrolle	3er- oder 4er- Gruppen (oder als Einzellauf): Die Läufer starten an der Grundlinie, laufen zur ersten Linie, berühren sie und kehren zur Grundlinie zurück. Nacheinander werden so alle Querlinien der Halle angelaufen, wobei immer zur zuletzt berührten Linie zurückgekehrt werden muss. Wer ist zuerst fertig? • Auch mit Blick immer zur gleichen Wand laufen. • Als Ablöse- oder Abholstafette.	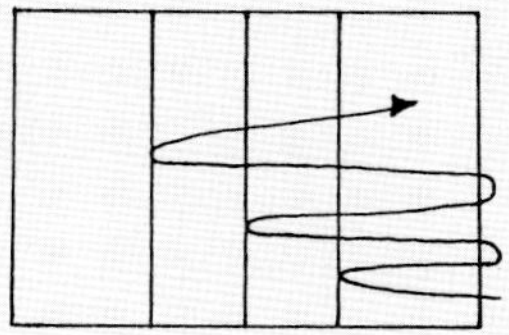
74 **Inhalt** **Verhalten**	**Zweierkombinationen** Koordination Konzentration Fantasie	Zu zweit (oder in der Kolonne) hintereinander: B läuft hinter A. • Auf Pfiff bleibt A im Grätschstand stehen, B kriecht zwischen den Beinen durch. • A geht in die Bauchlage (Bankstellung), B überspringt ihn. • B überholt A schnell, dann überholt A B etc. • A führt eine Bewegung aus, z. B. Hinken, Bockhüpfen, Laufvariationen ... B nimmt diese Form auf.	

Nr.	Name der Spielform Ziele/Akzente	Idee/Beschreibung	Hinweise/Organisation
75	**Die menschliche Stoppuhr** **Inhalt** Schnelligkeit **Verhalten** Laufen unter Druck	Wie weit kann A sprinten, während B eine bestimmte Übung ausführt? • 5x Liegestütz • 5x Froschhüpfen • 20x Seilspringen • 10x Ball an die Wand werfen. • 1x die Kletterstange hochklettern. (Evtl. merkt sich ein Dritter die Marke, wo A beim Übungsstopp von B war).	
76	**Muh-Spiel** **Inhalt** Schnelligkeitsausdauer **Verhalten** Erlebnis	Wie weit kann A (oder Gruppe A) sprinten, während B (oder einer aus Gruppe A) in einem Atemzug „Muh“ rufen kann? Welches Paar (A und B) oder welche Gruppe kommt weiter mit Laufen? • Es darf so lange gesprintet werden, wie ein Gruppenmitglied einen Ton aus dem Alphorn (oder einem anderen Blasinstrument) in einem Atemzug herausbringt.	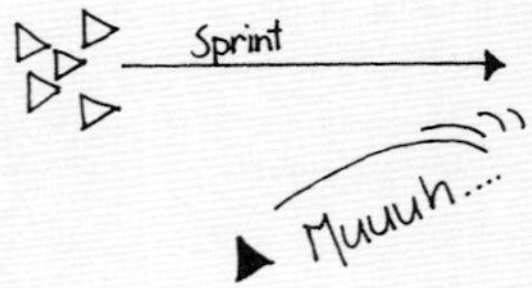
77	**Vorgabelauf** **Inhalt** Schnelligkeit **Verhalten** Gegenseitige Absprachen	Eine Läufergruppe beginnt eine bestimmte Strecke (zwischen 100 m und 1 km) zu laufen. Ein starker Läufer (oder einige Läufer zusammen) erhalten ein Handicap und dürfen erst etwas später starten. Gelingt es den Erstgestarteten, sich den Verfolgern bis ins Ziel zu entziehen? Wo kann der Läufer die Gruppe einholen? • Auch zu zweit: Der schwächere Läufer erhält eine Vorgabe.	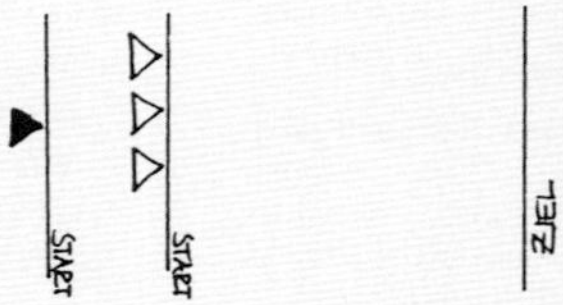
78	**Distanzlauf** **Inhalt** Schnelligkeitsausdauer **Verhalten** Begegnung	Welche Mannschaft legt eine 20 m lange Laufstrecke während 3 Min. am häufigsten zurück? Evtl. Rekordliste führen! • Als Gruppenlauf. • Als Pendelstafette.	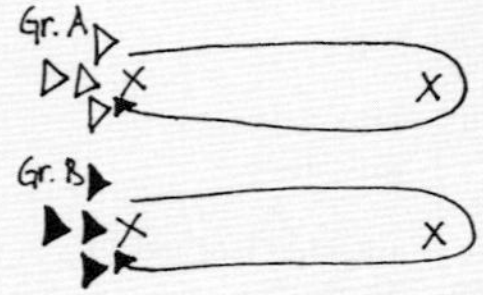
79	**Begegnungsstafette** **Inhalt** Schnelligkeit **Verhalten** Ehrlich sein, auch ohne Kontrolle	Die Hälfte jeder Gruppe stellt sich gegenüber an den Stirnseiten auf. Auf Pfiff starten je die Ersten beiden Seiten gleichzeitig. Dort, wo ist sich treffen, wird ein Stab übergeben (oder Handschlag). Die Stafette ist fertig, wenn jeder der Gruppe 3x gelaufen ist. • Welche Gruppe macht in 1, 2, 3 Min. am meisten Läufe?	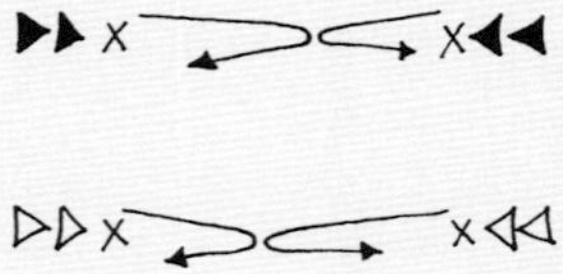

Nr.	Name der Spielform Ziele/Akzente	Idee/Beschreibung	Hinweise/Organisation

80 Trefflauf

Inhalt Ausdauer, Schnelligkeit

Verhalten Zeiterfahrung, Selbsteinschätzung

Zwei Läufer starten auf einer Rundstrecke in entgegengesetzter Richtung und versuchen, sich immer am gleichen Ort zu treffen. Welches Paar kann im Voraus genau abschätzen, wo sie sich treffen werden? (Am besten im Wald, wo die Läufer keinen Sichtkontakt haben). (Der Treffpunkt der beiden muss nicht in der Streckenhälfte sein, der stärkere Läufer kann in der gleichen Zeit weiter laufen als der Partner).

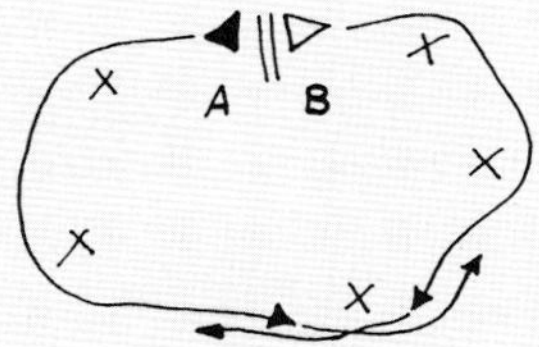

81 Koordinationsstart 1

Inhalt Start, Koordination

Verhalten Etwas riskieren

Sich so lange wie möglich mit am Körper angelegten Armen nach vorn fallen lassen und im letzten Augenblick starten und wegsprinten.

- Liegestützstellung, federn und wechselhüpfen: Auf Pfiff lossprinten. (Achten auf Armführung bei den ersten drei Schritten!)

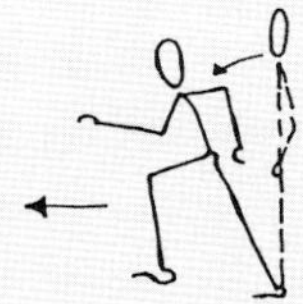

82 Konterlauf

Inhalt Schnelligkeit (Aktion/Reaktion)

Verhalten Qualität trotz Wettkampf

Die Gruppe stellt sich in zwei Kolonnen hinter den gegenüberliegenden Grundlinien auf. Die beiden ersten jeder Gruppe starten und sprinten zur entgegengesetzten Seite. Sobald sie sich (ca. in der Hallenmitte) kreuzen, pfeift der Lehrer. Dies ist das Startzeichen für die nächsten zwei Läufer etc. Wertung: Kreuzpunkte in der eigenen Hälfte = 1 Minuspunkt. Welche Gruppe hat weniger Minuspunkte?

- Aus verschiedenen Startpositionen loslaufen.

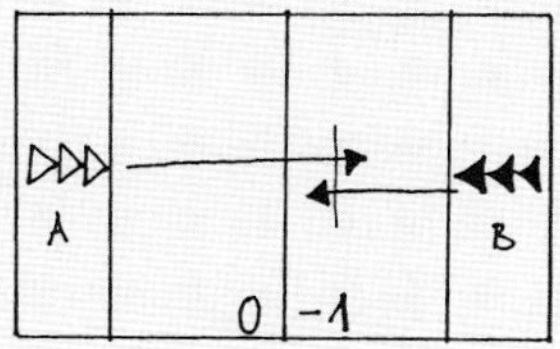

83 Koordinationsstart 2

Inhalt Technik spielerisch trainieren

Verhalten „Technik-Spielregeln" einhalten

Aufstellung in Reihen:

- Hüpfen am Ort und auf Pfiff, möglichst schnell lossprinten. Armarbeit: Armführung bei den ersten drei Schritten beachten! (Evtl. Arme beim Hüpfen hinter dem Kopf verschränken o. Ä.) Mit Doppelhüpfen, Grätschhüpfen, Wechselhüpfen ...
- Auf Pfiff Rolle rw und vw wegsprinten (auf weicher Unterlage, z. B. Rasen).
- Einbeiniges Hüpfen bis zu einer bestimmten Marke. Sobald die Marke berührt wird wegsprinten (kurze rasche Schritte).
- Skipping am Ort. Auf Signal Vorlage geben und wegsprinten.

Nr.	Name der Spielform Ziele/Akzente	Idee/Beschreibung	Hinweise/Organisation

Die „Kleinen Spiele" eignen sich im Unterricht mit Kindern und Jugendlichen sehr gut für den Unterrichtsbeginn als „Einstimmung". Für Erwachsene empfiehlt es sich dagegen, eher „langsam" zu beginnen wegen Verletzungsgefahr (Muskelzerrungen u. a.). Nach dem eigentlichen Aufwärmen vergnügen sich jedoch auch die „Großen" an den „Kleinen Spielen"!

84 **Kasten ausräumen**

Inhalt Schnelligkeit

Verhalten Fairness, Erlebnis

2 bis 4 Schüler versuchen, alle Bälle aus ihrem Kasten zu werfen. Die anderen tragen die Bälle einzeln möglichst schnell wieder in den Kasten. Wie lange kann die Läuferpartei überleben, d. h. wann schaffen es die „Kastenleerer", keinen einzigen Ball mehr im Kasten zu haben?

- Nach jedem Transport muss eine bestimmte Strecke (z. B. um zwei Malstäbe) gelaufen werden.

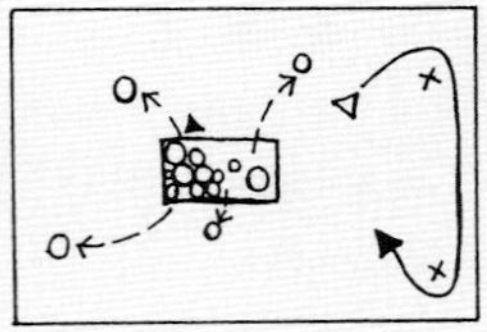

85 **Abtupfen**

Inhalt Schnelligkeit Kraft: Arme

Verhalten Tupfen! … nicht werfen!

2 bis 4 Fänger mit je einem Medizinball in der Hand versuchen, die anderen mit dem Ball abzutupfen (Ball bleibt in der Hand!). Wer gefangen ist, übernimmt den Ball.

- Die Hasen müssen einen Ball dribbeln oder einen Volleyball jonglieren.
- Der Medizinball muss von den Fängern mit gestreckten Armen in der Vorhalte getragen werden.

86 **Verzaubern mit Ball**

Inhalt Dribbling, Schnelligkeit

Verhalten Helfen

Jeder mit einem Ball, Fänger zusätzlich mit einem Spielband markiert. Die Fänger versuchen dribbelnd, einen dribbelnden Spieler zu fangen. Gefangene stehen in der Grätsche und müssen ihren Ball auf der Stelle prellen. Sie können erlöst werden, indem ein Mitspieler dribbelnd unter den gegrätschten Beinen durchkriecht. Können die Fänger alle verzaubern?

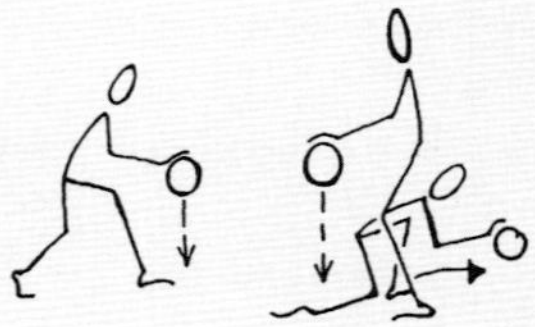

87 **Ball wegschnappen**

Inhalt Basketball, Ballverteidigung

Verhalten Regeln einhalten

Zu zweit (1 : 1) oder jeder gegen jeden: Freies Dribbeln im Raum, alle versuchen, dem Gegner den Ball (korrekt) wegzuschnappen, ohne dabei den eigenen Ball zu verlieren.

- Mit 3 Leben.
- Wer den Ball verliert, führt eine „Strafübung" aus.
- Wer macht in 2 Min. am meisten Punkte?

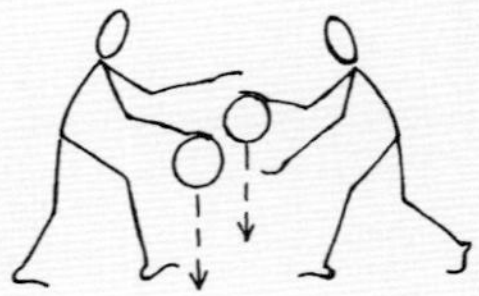

Nr.	Name der Spielform Ziele/Akzente	Idee/Beschreibung	Hinweise/Organisation
88	**Kopfballfangen**		
Inhalt	Dribbling	3 Fänger mit einem Ball in der Hand versuchen, durch einen Kopfballstoß einen anderen Spieler zu treffen. Alle anderen Spieler dribbeln einen Ball oder führen ihn am Fuß.	
Verhalten	Koordination		
89	**Schnappball**		
Inhalt	Taktik	4 gegen 4 oder 5 gegen 5: Wie lange kann sich eine Gruppe den Ball zuspielen, ohne dass ihn der Gegner wegschnappen kann? Jeder gefangene Ball = 1 Punkt. • In Kleingruppen auf verschiedenen Feldern; Turnierform. • Jede Gruppe ist selbst Schiedsrichter.	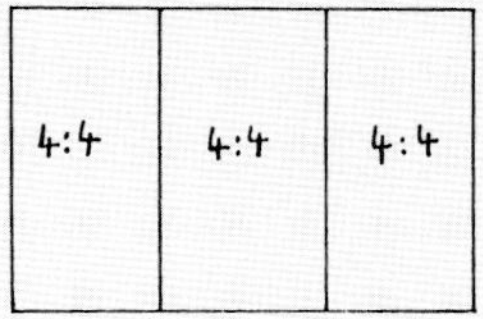
Verhalten	Kooperation		
90	**Wand-Kopfball**		
Inhalt	Taktik	Zwei Mannschaften versuchen, mit dem Ball die gegnerische Stirnwand durch einen Kopfstoß zu treffen. Wie beim Handball wird der Ball dabei zugeworfen. Kein Dribbling. Auf Zuwurf durch einen Mitspieler versucht dann ein Spieler, den Ball an die Wand zu „köpfeln". Man darf sich den Ball für den Kopfstoß nicht selbst hochwerfen, der Pass muss von einem Mitspieler kommen.	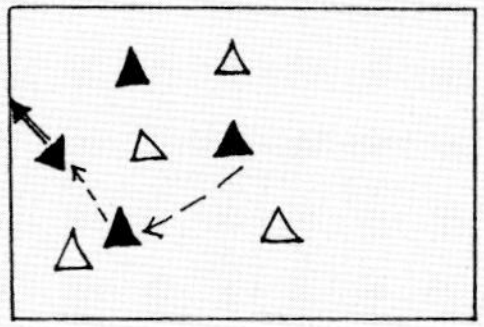
Verhalten	Kooperation		
91	**Jägerball**		
Inhalt	Schnelligkeit	5 Jäger gegen 5 Hasen auf nicht zu großem Feld: Wie viele Treffer gelingen den Jägern in 3 Min.? Rollenwechsel. Mit Schaumstoffball, oder es zählen nur Beintreffer. • Turnierform in 4 Gruppen.	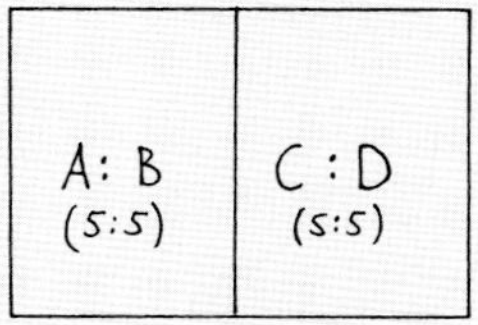
Verhalten	Taktik		
92	**Ballraub**		
Inhalt	Körpertäuschung Geschicklichkeit	Zwei Spieler stehen sich auf den Grundlinien gegenüber, auf der Mittellinie liegt ein Ball. Auf Zeichen laufen beide los. Auf Zeichen laufen beide los. Wem gelingt es zuerst, den Ball zu erhaschen, ohne vom anderen berührt zu werden und den Ball über die eigene Grundlinie zu tragen?	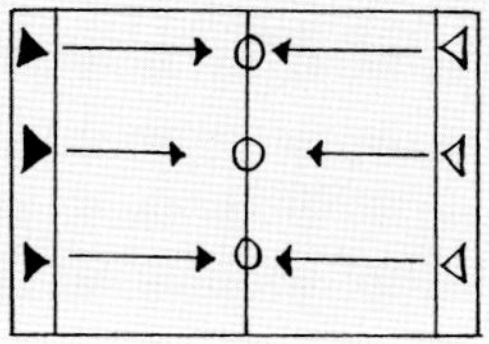
Verhalten	Taktik		

Nr.	Name der Spielform Ziele/Akzente	Idee/Beschreibung	Hinweise/Organisation
93	**Grenzwächter und Schmuggler** **Inhalt** Dribbling, Ausdauer **Verhalten** Taktik	Die Schmuggler versuchen, zur gegenüberliegenden Wand und zurück zu laufen, ohne vom Wächter dabei gefangen zu werden. Dabei müssen sie immer einen Ball prellen. Wer macht in 5 Min. am meisten gültige Läufe? Gefangene lösen die Wächter ab. • Mit Unihockeyschlägern dribbeln.	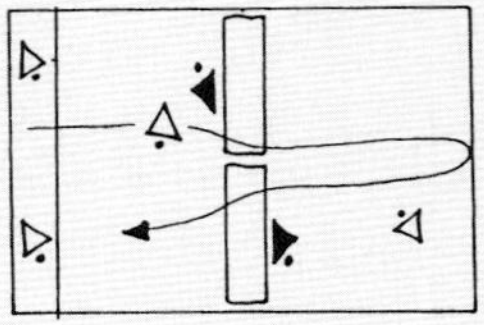
94	**Gold in China holen** **Inhalt** Dribbling, Ausdauer **Verhalten** Taktik	Die Räuber versuchen, trotz der Chinesischen Mauer und den Wächtern, in China einzudringen und das Gold (Tennisbälle) zu stehlen und zurückzubringen. Dabei prellen alle einen Ball. Wer dabei gefangen wird, löst entweder einen Wächter ab oder muss das Gold über die Mauer zurückwerfen. Wer holt in 5 Min. am meisten Gold? • Auch ohne Prellen möglich.	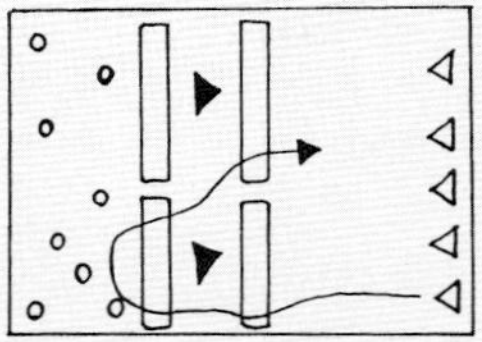
95	**Störball** **Inhalt** Dribbling, Peripheres Sehen **Verhalten** Rücksicht trotz Spieleifer!	Die Schüler dribbeln frei in der Halle. 3 oder mehr Spieler-Paare stehen sich an den Längsseiten gegenüber und rollen Medizinbälle quer durch die Halle. Gelingt es einem Außenspieler, einen Innenspieler oder dessen Ball mit seinem Medizinball zu treffen, so darf er mit dem Getroffenen die Rolle tauschen. • Mit mehr Störbällen. • Die Störer bewegen sich frei in der Halle.	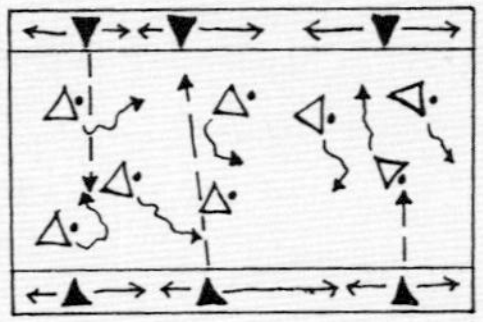
96	**Variation Störball** **Inhalt** Dribbling, Ausdauer **Verhalten** Ehrlich zählen …, Keine Kontrolle …	Spielidee wie oben. Die Läufer stellen sich an einer Stirnseite auf und versuchen, während 5 Min. möglichst viele Läufe zu machen, ohne getroffen zu werden. • Wer getroffen wurde, wechselt mit dem „Störer" die Rolle. • Wer getroffen wurde, darf seinen Lauf nicht zählen. Die „Störer" werden nicht ausgewechselt.	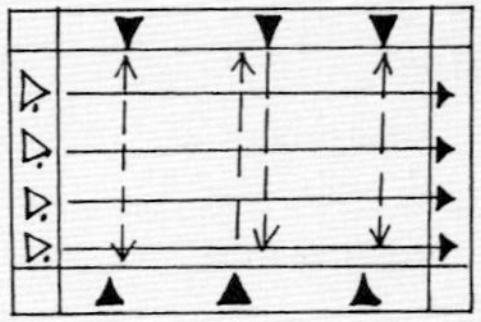
97	**Variation Ballraub** **Inhalt** Basketball: Angriff/Verteidigung **Verhalten** Taktik, Fairness	Zwei Parteien stehen sich an den Grundlinien gegenüber. In der Mitte liegt für je zwei Spieler ein Ball. Auf Zeichen spurten alle zur Mitte, um einen Ball zu erhaschen und ihn auf die gegenüberliegende Seite zu dribbeln. Daran können sie vom Gegner im Rahmen der Basketballregeln gehindert werden (Ball wegspielen). Jeder über die Grundlinie gedribbelte Ball ergibt einen Punkt für die entsprechende Mannschaft.	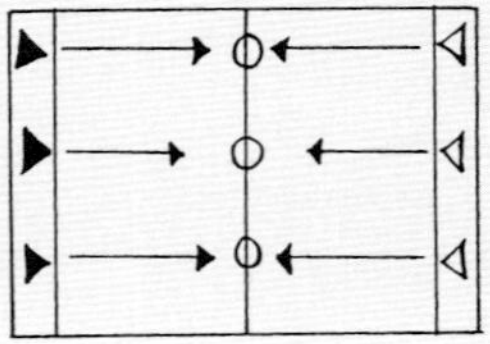

Nr.	Name der Spielform Ziele/Akzente	Idee/Beschreibung	Hinweise/Organisation
98	**Variation Ballraub**	• Für jede Partei liegen eine bestimmte Anzahl Bälle auf der Mittellinie. Sieger ist die Mannschaft, welche zuerst alle ihre Bälle hinter der gegnerischen Grundlinie hat. Taktik besprechen (Angriff – Verteidigung)! • 3er-Gruppen stehen sich gegenüber. In der Mitte liegt nur ein Ball. Erobert eine Partei den Ball, wird sie zum Angreifer und versucht, durch Passen und Dribbeln den Ball über die gegnerische Grundlinie zu führen.	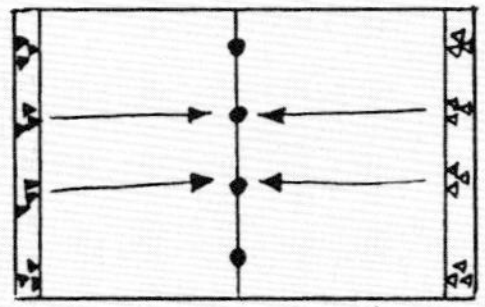
Inhalt	Basketball: Angriff/ Verteidigung		
Ver-halten	Taktik		
99	**Schlagball**	Gruppe A = Werfer und Läufer, Gruppe B = Fänger im Feld verteilt. Die Fänger versuchen, den Ball des 1. Werfers zu fangen und damit einen Läufer zu treffen oder den Ball möglichst rasch über die Grundlinie zu tragen. Ist der Läufer (= Werfer) bei „Stopp!" (= Ball über der Grundlinie) bei keinem Mal, muss er zum nächsten Mal zurück. Wird er getroffen, werden die Rollen und Felder zwischen den beiden Gruppen gewechselt und ohne Unterbrechung weitergespielt. Der Werfer von Gruppe B muss also nicht warten, bis sich Gruppe A im Feld aufgestellt hat. 1 Lauf = 1 Punkt; 1 Runde in einem Zug = 1 Punkt. Evtl.: Fangball = 1 Punkt. Der Ball des Werfers muss so geworfen werden, dass er den Boden der Feldes berührt, bevor er das Spielfeld verlässt. • Jedes Freimal darf höchstens von einem Läufer besetzt werden. Sind bei „Stopp!" zwei Läufer dort, müssen beide zurück.	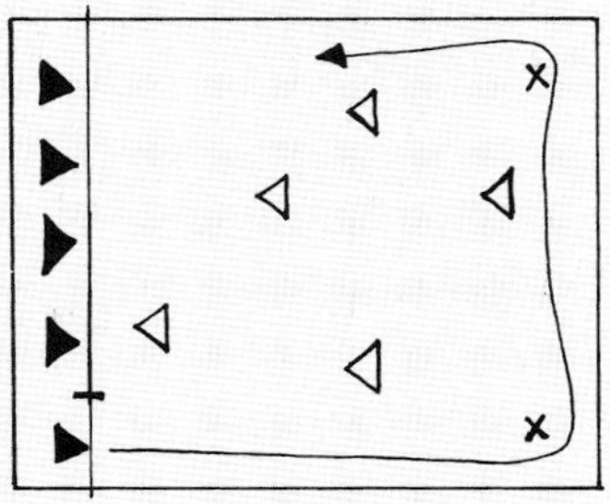
Inhalt	Schnelligkeit (Aktion/Reaktion)		
Ver-halten	Kooperation		
100	**Brennball mit Dribbling**	2 Mannschaften, Gruppe A = Werfer und Läufer, Gruppe B = Fänger, in der Halle verteilt. Regeln wie Brennball, aber der Werfer erhält zwei Bälle: den einen wirft er ins Feld, mit dem anderen dribbelt er so schnell wie möglich zu den Freimalen oder ins Ziel. Er kann so lange laufen, bis die Fänger den Ball in einem Korb „verbrannt" haben (freier Korb in der Hallenmitte oder Basketballkorb an der Seitenwand).	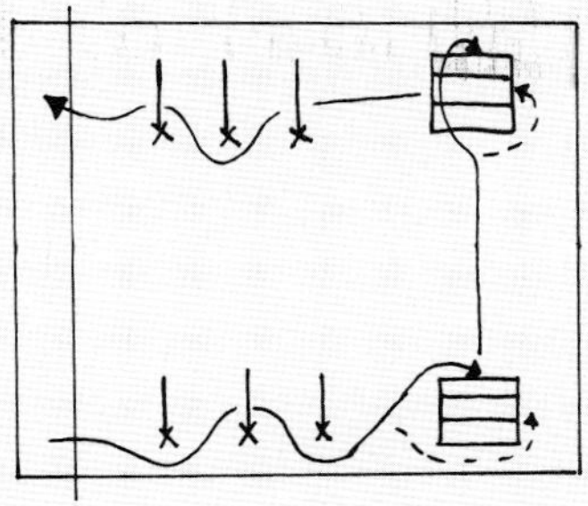
Inhalt	Anwendung des Dribblings		
Ver-halten	Koordination		

Nr.	Name der Spielform Ziele/Akzente	Idee/Beschreibung	Hinweise/Organisation
101	**Alaska-Ball**	Gruppe A kickt den Ball ins Feld und läuft um den Malstab und zurück. Gruppe B fängt den Ball und bildet am Fangort rasch einen Tunnel. Der Ball muss unter allen gegrätschten Beinen durchgespielt werden und vom Vordersten hinter die Grundlinie getragen und „verbrannt" werden (rufen: „Alaska!"). Wie viele Läufer von Gruppe A konnten in dieser Zeit die Grundlinie erreichen? x Durchgänge, dann Rollenwechsel.	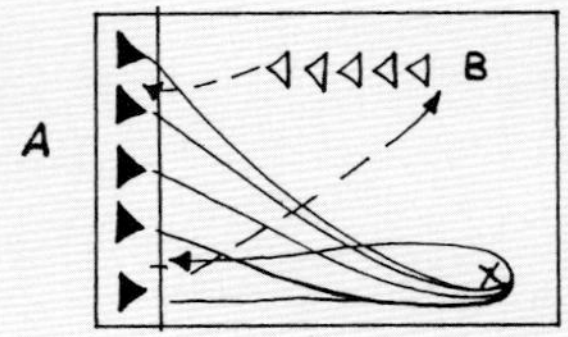
Inhalt	Schnelligkeit		
Ver-halten	Taktik		
102	**Kombispiel**	3 Mannschaften: Gruppe A und Gruppe B spielen ein Ballspiel gegeneinander (Basket-, Schnappball ...). Tore, Punkte zählen. Gruppe C läuft gleichzeitig möglichst viele Runden um das Spielfeld. Runden zählen. Welche Gruppe hat nach zweimaligem Rollenwechsel (z. B. 3 x 5 Min.) am meisten Punkte?	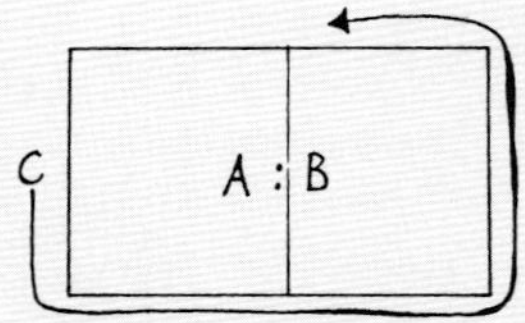
Inhalt	Ausdauer		
Ver-halten	Jeder zählt (ehrlich) für sich!		
103	**Sechstagerennen**	Gruppe A umläuft einzeln (oder als Gruppe) die ganze Gruppe B 6 x. Gruppe B hat so lange Zeit, eine bestimmte Aufgabe möglichst oft zu wiederholen, bis Gruppe A fertig ist. Rollenwechsel. Welche Gruppe macht mehr Punkte? Aufgabe für Gruppe B: • Einen Ball möglichst rasch im Kreis herumwerfen. 1 Runde = 1 Punkt. • Ball im Zick-Zack zuwerfen. 1 Durchgang = 1 Punkt.	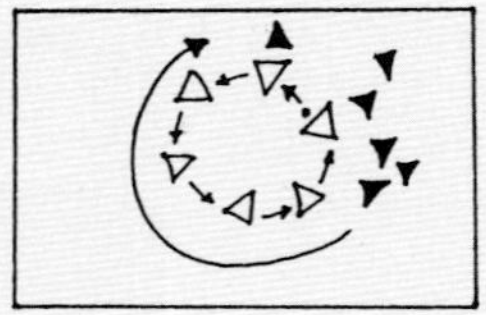
Inhalt	Ausdauer		
Ver-halten	Kooperation		
104	**Sklaven-Sitzball**	Gewöhnliches Sitzball, jeder gegen jeden. Kann ein Spieler einen anderen treffen, wird er Herr über seinen (getroffenen) Sklaven. Der Sklave muss so lange ums Spielfeld herumlaufen (oder eine andere Sklavenarbeit verrichten), bis sein Herr selbst getroffen wird. Wird der Herr getroffen, ist der Sklave wieder frei und darf mitspielen.	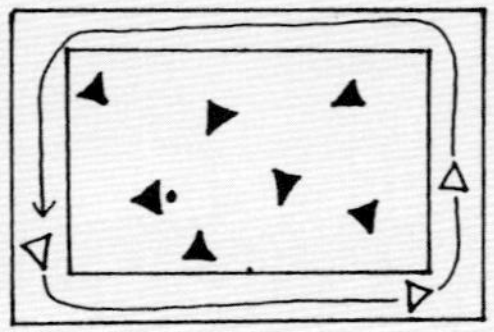
Inhalt	Werfen Ausdauer		
Ver-halten	Rücksicht gegenüber Schwächeren!		
105	**Hetzball**	1:1. A mit einem Ball am Fuß versucht, seinen Gegner mit einem Flachschuss an den Beinen zu treffen. Ballführen erlaubt. Der Gehetzte darf nur rückwärts und seitwärts laufen. Rollenwechsel nach 30 oder 60 Sek. Wer erzielht mehr Treffer?	
Inhalt	Fußball: Flachpass Schnelligkeit		
Ver-halten	Als „Gejagter" etwas riskieren!		

1.2.1 Bälle (Kleine Spiele)

Nr.	Name der Spielform Ziele/Akzente	Idee/Beschreibung	Hinweise/Organisation
106	**Fußball-Fangen** **Inhalt** Fußball: Genaues Zuspiel **Verhalten** Taktik	Pro 4 bis 5 Spieler eine Fänger mit einem Ball. Die Fänger versuchen, die Hasen mit dem Ball zu treffen. Ballführen erlaubt. Getroffene werden zu Fängern und übernehmen den Ball. • Alle müssen einen Ball führen, die Fänger haben einen anderen Ball (Farbe). • Evtl. nur Beintreffer zählen oder mit Schaumstoffball spielen.	
107	**Burg-Fußball** **Inhalt** Genaues Zuspiel, Schnelligkeit **Verhalten** Taktik	3 bis 5 Spieler gegen einen Torwart. Der Torwart muss ein Hütchen (oder sonst einen Gegenstand) verteidigen, das in einer Burg aus drei Malstäben steht. Dabei darf er nur außen um die Burg herumlaufen, um das Treffen des Hütchens zu verhindern.	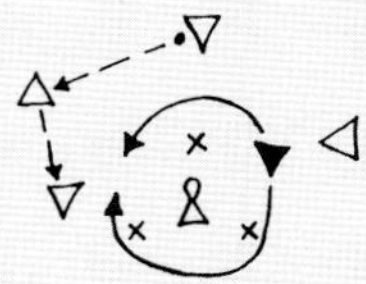
108	**Längs-Tore-Fußball** **Inhalt** Fußball **Verhalten** Taktik	Gewöhnliches Fußballspiel in zwei Parteien, aber man kann beliebig viele Tore hintereinader von beiden Seiten her und in beiden Toren erzielen. • Nach jedem Treffer muss das Tor gewechselt werden, sofern die gleiche Mannschaft am Ball bleibt. • Der Schuss durchs Tor muss von einem Mitspieler auf der anderen Seite gestoppt werden.	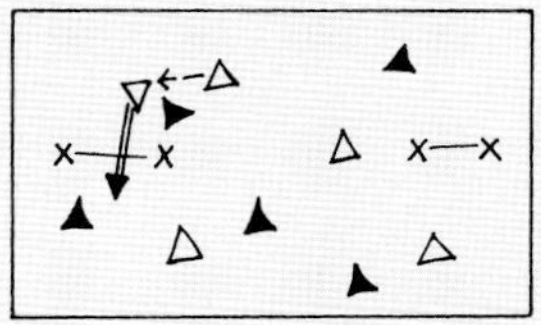
109	**Tore-Prellen** **Inhalt** Fußball **Verhalten** Taktik	Zwei Parteien: Aus Malstäben (Hütchen) werden Tore frei aufgestellt und zwar mind. 1 Tor mehr als er Spieler in einer Partei gibt. Torbreite = 1 m. Die Angreifer versuchen, sich den Ball rasch zuzuspielen und mit dem Ball durch ein Tor zu dribbeln. Die Verteidiger verhindern dies, indem sie sich jeweils ins Tor stellen. Wenn sie den Ball erhaschen, werden sie zu Angreifern. Nach Torerfolg wird sofort weitergespielt.	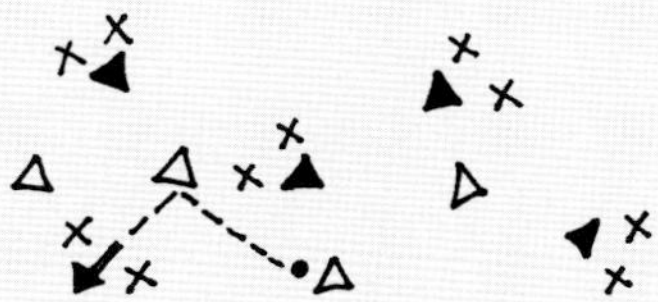
110	**Feldwechsel-schnappball** **Inhalt** Schnelligkeit **Verhalten** Zusammenspiel	In zwei 10–50 m auseinanderliegenden Felder wird mit je fünf gegen zwei Spieler Schnappball (z. B. Fußball) gespielt. Auf ein Signal hin müssen die fünf Außenspieler beider Mannschaften möglichst schnell das Feld wechseln, die zwei Innenspieler bleiben und werden zu Außenspielern – zusammen mit den ersten drei vom anderen Feld herkommenden Außenspielern. Je die beiden zuletzt auf dem neuen Feld ankommenden Außenspieler werden zu den neuen Innenspielern.	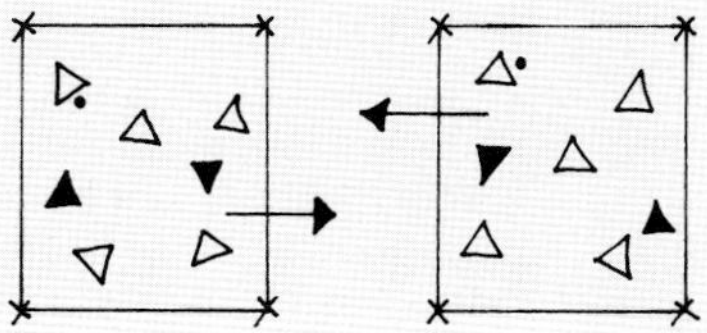

Nr.	Name der Spielform Ziele/Akzente	Idee/Beschreibung	Hinweise/Organisation
111	**Feldwechsel mit Zusatzaufgaben** **Inhalt** Schnelles Umstellen **Verhalten** Koordinationsfähigkeit	Grundidee wie Nr. 109: Tore-Prellen. Der Feldwechsel kann auch mit einer Zusatzaufgabe verbunden werden, z. B.: • Nach dem Pfiff: Vor dem Wechsel noch eine Geschicklichkeitsübung ausführen (ein Rad schlagen). • Nach dem Pfiff: Vor dem Wechsel ist ein Torschuss auszuführen (Bälle liegen bereit).	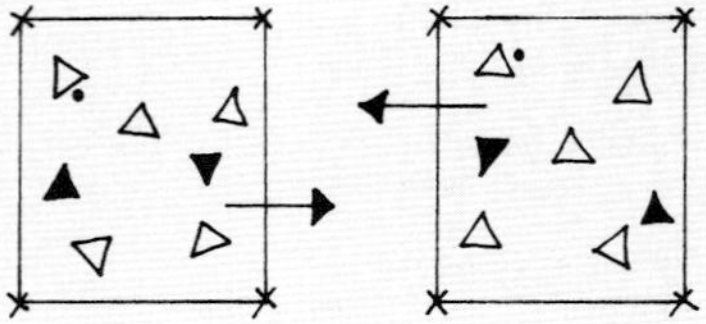
112	**Lauf-Treff-Spiel** **Inhalt** Treffgenauigkeit Ausdauer **Verhalten** Einander unterstützen	4 bis 6 Gruppen mit bis zu 6 Spielern. Jeder Spieler erhält einen Ball, mit dem er ein Ziel (Kiste, Korb, o. Ä.) treffen soll. Nach jeder gelaufenen Runde hat jeder Spieler einen Wurf aufs Ziel gut. Hat ein Läufer getroffen, so hilft er einem Kameraden, indem er ihn an der Hand nimmt und mit ihm zusammen eine weitere Runde läuft. Das ergibt dann für den Kameraden zwei Wurfversuche (da ja 2 Spieler je eine Runde gelaufen sind = 2 Runden = 2 Versuche). Hat z. B. am Schluss nur noch einer der Gruppe nicht getroffen, so können alle anderen Mannschaftsmitglieder mit ihm eine Runde laufen, um je einen weiteren Zielwurf für den Mitspieler „herauszulaufen". Sieger ist die Mannschaft, die zuerst mit allen ihren Bällen ins Ziel getroffen hat. (Die Bälle werden beim Laufen mitgetragen und nach dem Treffen im Ziel gelassen). Im Freien kann die Runde bis zu 500 m betragen.	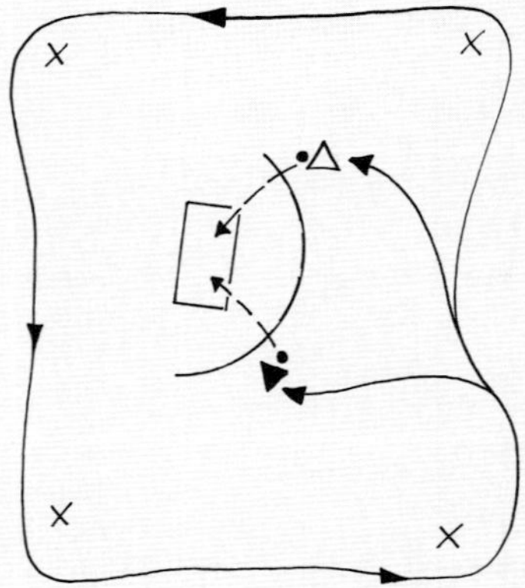
113	**Mobile Tore** **Inhalt** Dribbling und Zusammenspiel **Verhalten** Taktik	Als Tor dienen 3 bis 5 frei im Feld liegende Medizinbälle. Als Torfolge zählt, wenn ein Medizinball mit dem Fußball getroffen wird. Das Spiel wird nach dem Tor ohne Anspiel fortgesetzt, aber die gleiche Mannschaft darf nicht zweimal hintereinander beim gleichen Medizinball ein Tor schießen.	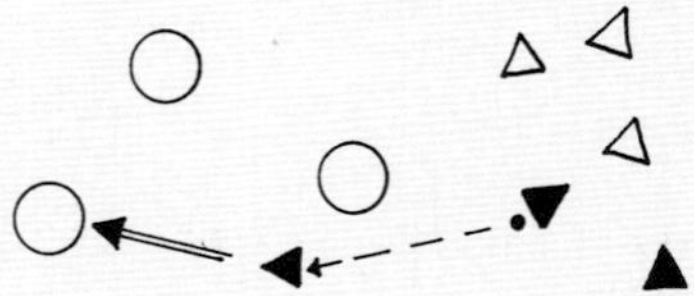

1.2.2 Bälle (andere Formen)

Nr.	Name der Spielform Ziele/Akzente	Idee/Beschreibung	Hinweise/Organisation
114	**Skipping** **Inhalt** Laufschulung Koordination **Verhalten** Spielregeln einhalten	Ein Medizinball (Basketball) wird in der Vorhalte getragen: Kniehebelauf (Skipping), die Knie müssen den Ball jedes Mal berühren. • Der Ball wird mit dem angehobenen Knie leicht in die Höhe gekickt und wieder gefangen.	
115	**Seitwärts Artist** **Inhalt** Koordination **Verhalten** Konzentration	Die Beine führen ein Seitkreuzen aus. Dabei soll der Ball immer wieder seitwärts hochgeworfen und wieder gefangen werden. Die Beinarbeit darf dadurch nicht gestört werden.	
116	**Eigen-Pass** **Inhalt** Flugbahn-einschätzung **Verhalten** Selbsteinschätzung	Wer kann den Ball am weitesten nach vorn werfen, ihm nachlaufen und ihn selbst wieder auffangen, bevor er zu Boden fällt?	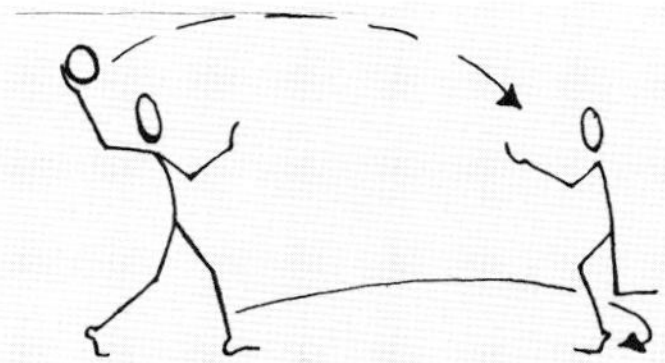
117	**„Differenzler"** **Inhalt** Schnelligkeit Wurfkraft **Verhalten** Vereinbarte Spielregeln einhalten	Aufstellung in einer Reihe. Auf Signal wirft jeder seinen Ball so weit wie möglich nach vorn, läuft ihm nach und sprintet mit dem Ball ins Ziel. Wer kommt zuerst an? • Die Reststrecke muss rückwärts, auf einem Bein etc. zurückgelegt werden. • Für die Reststrecke muss der Ball am Fuß geführt werden.	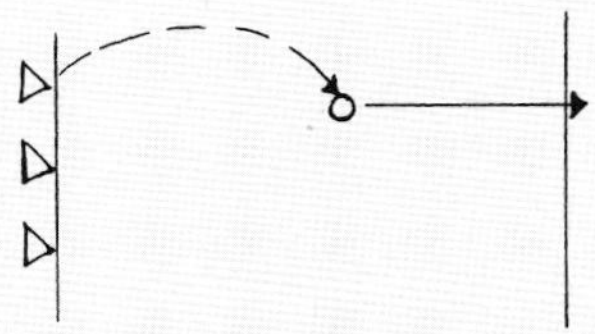
118	**Bein-Torschuss** **Inhalt** Schnelligkeit **Verhalten** Konzentration	B steht mit einem Ball hinter A, B rollt den Ball durch die gegrätschten Beine von A. A schaut vw und versucht, sobald er den Ball sieht, zu starten und den Ball noch einzuholen. • A im Sitz, B rollt den Ball neben A vorbei. • A mit Blick zu B. Sobald der Ball seine gegrätschten Beine passiert hat, macht A eine halbe Drehung und läuft dem Ball nach.	

Nr.	Name der Spielform Ziele/Akzente	Idee/Beschreibung	Hinweise/Organisation
119	**Verfolgungslauf** **Inhalt** Schnelligkeitsausdauer, Kraftausdauer **Verhalten** Ehrlich spielen	A und B sitzen je auf einem Ball einander gegenüber, Abstand ca. 10 m. Auf Signal starten beide und laufen zwischen den Bällen hin und her, wobei die Bälle jedes Mal mit dem Gesäß berührt werden müssen. Wer holt wen ein?	
120	**Sitz-Stoppball** **Inhalt** Schnelligkeit **Verhalten** Wie du mir ... so ich dir ...	A und B stehen an der Grundlinie nebeneinander und rollen je einen Medizinball (Basketball) nach vorne. Jeder versucht, den Ball des anderen einzuholen und ihn durch Daraufsitzen zu stoppen. Die Bälle sollen so gerollt werden, dass dem Partner das Stoppen gerade noch gelingt.	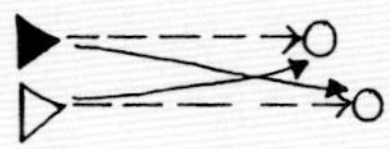
121	**Dribbelartist gegen Läufer** **Inhalt** Schnelligkeit Koordination **Verhalten** Jeder zählt ehrlich	A versucht, in der Zeit in der B eine Runde läuft (evtl. mit dem Ball am Fuß), seinen Ball möglichst oft zu jonglieren (mit Fuß, Oberschenkel und Kopf). Rollenwechsel. Wer konnte häufiger jonglieren? • B läuft statt einer Runde eine gerade Strecke hin und zurück.	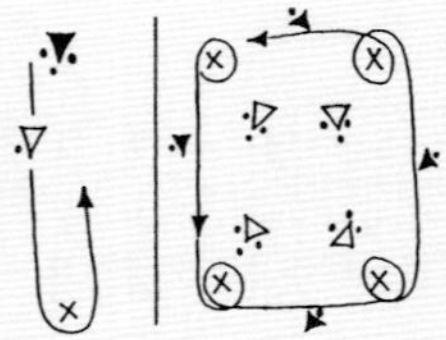
122	**Ball-Start** **Inhalt** Start Schnelligkeit **Verhalten** Dem Partner eine Chance geben	A in Bauchlage vor B. B wirft einen Ball über A hinweg, A startet, sobald er den Ball sieht (oder hört) und versucht, den Ball noch aufzufangen, bevor er zum zweiten Mal auf den Boden prellt. • Verschiedene Startpositionen. • Verschiedene Wurfdistanzen. • Auch mit Ballrollen.	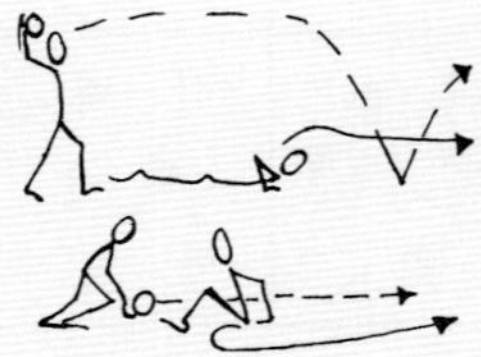
123	**Endloskette** **Inhalt** Schnelligkeit Werfen-Fangen **Verhalten** Kooperation	A wirft den Ball zu B und überspurtet B, B wirft den Ball zu A und überspurtet A, etc. Welche Zweiergruppe hat den Platz zuerst 5x überquert? Bei Ballverlust: 20 m zurück!	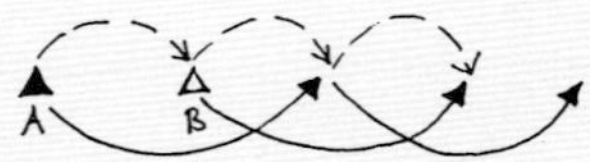

Nr.	Name der Spielform Ziele/Akzente	Idee/Beschreibung	Hinweise/Organisation
124	**Werfen zu dritt**		
Inhalt	Ausdauer Versch. Wurfarten	A und B stehen hintereinander, C steht ihnen gegenüber. A wirft den Ball zu C und läuft zu C. C wirft zu B und schließt hinter B an etc. • Werfen rechts und links und beidhändig • Druckwurf • Sprungwurf über Kopf • Wurf aus der Tiefhalte hinter dem Rücken • Stoßen rechts und links • Rollen • Fußball spielen oder Ball am Fuß zur Gegenseite führen • Hinüberprellen rechts, links, vorwärts, seitwärts, rückwärts • Bogenwurf: mit linker Hand über rechte Schulter • Durch die gegrätschten Beine rückwärts werfen • Rückwärts durch die Bogenspanne über den Kopf werfen • In Bauchlage zuwerfen • Aus der Rückenlage mit Aufsitzen zuwerfen • Aus dem Hockstand mit Strecksprung zuwerfen • Im Schritt knien mit Bogenspannung rechts und links • Etc.	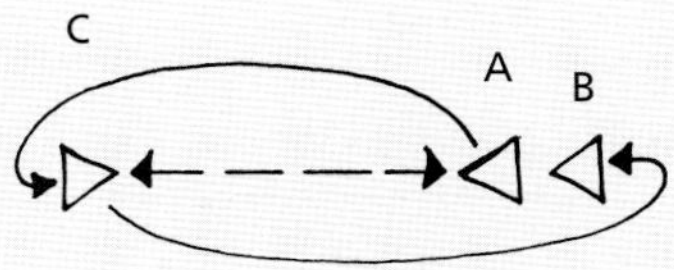
Verhalten	Ausdauerndes Üben		
125	**Den Ball wegschnappen**		
Inhalt	Peripheres Sehen	Alle Spieler führen einen Ball am Fuß (oder dribbeln mit einem Ball). Ein bis drei Fänger ohne Ball versuchen, einem anderen Spieler den Ball wegzuschnappen (korrekter Körpereinsatz!) und ihn so zum „Fänger“ zu machen.	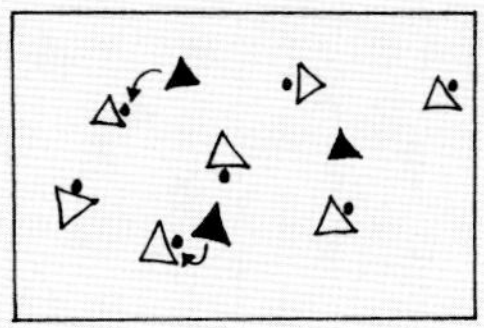
Verhalten	Spielregeln einhalten		
126	**Spiegelbild**		
Inhalt	Ballführung ohne visuelle Kontrolle	Zu zweit: B ist das Spiegelbild von A: Rhythmische Folgen mit Prellen, Laufen und Hüpfen seitwärts, vorwärts, rückwärts, am Ort erfinden. A macht vor, B muss alles nachmachen.	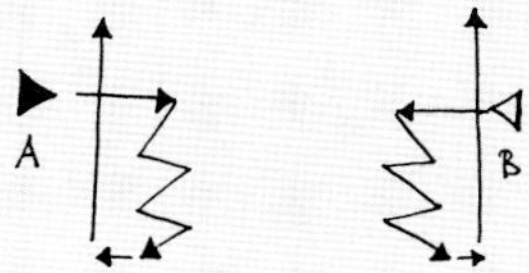
Verhalten	Führen (lassen) Fantasie		

Nr.	Name der Spielform Ziele/Akzente	Idee/Beschreibung	Hinweise/Organisation

127 Stromturnen

Inhalt: Ausdauer, Rhythmus
Verhalten: Miteinander

Stromturnen zur Musik. Paarweise, jeder mit einem Ball.
Nach jeweils 8 Zeiten erfolgt der Einsatz fürs nächste Paar. Auf 8 Zeiten vorwärts prellen, auf 8 Zeiten seitwärts, 8 Zeiten vorwärts ...

- 8 Z. seitwärts nach re, 8 Z. rückwärts, 8 Z. seitwärts nach re, 8 Z. vorwärts, seitwärts 8 Z. nach re.

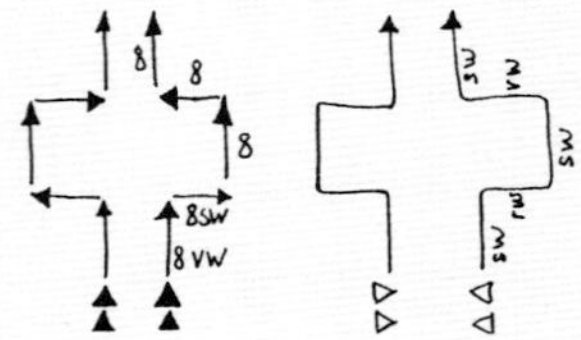

128 Ballwechsel

Inhalt: Schnelligkeit
Verhalten: Konzentration

Jeder führt einen Ball am Fuß (oder dribbelt), frei auf relativ engem Raum. Auf Pfiff spielt jeder einen Flachpass nach außen und versucht, einen neuen Ball zu erspurten. 2 bis 5 Bälle weniger als Spieler. Wer keinen Ball mehr erwischt, führt eine gymnastische Übung aus (Dehnen – Kräftigen).

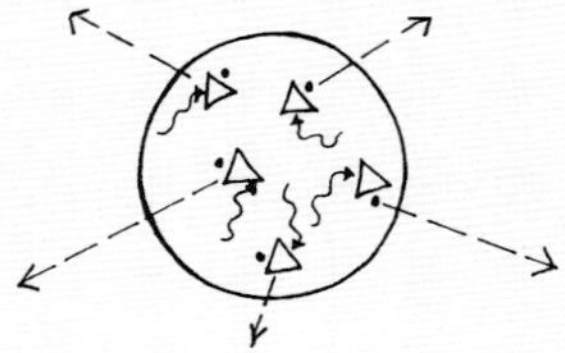

129 Balljagd

Inhalt: Start, Schnelligkeit
Verhalten: Ohne Frühstart!

Der Lehrer (oder der Sieger des letzten Durchganges) spielt den Ball mit dem Fuß über die liegenden (kniende, stehende ...) Gruppe hinweg. Sobald der Ball am Boden aufprallt, darf gestartet werden. Wer schnappt sich den Ball?

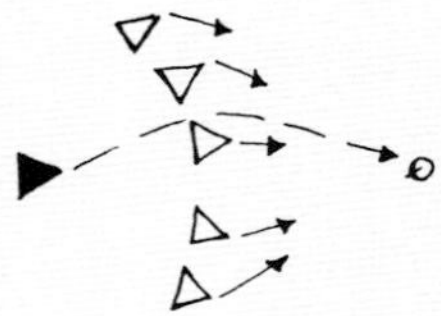

130 Farben-Start

Inhalt: Schnelligkeit
Verhalten: Konzentration

Vier in einem Viereck aufgestellte Malstäbe werden mit Farbe bezeichnet. Jeder Spieler führt innerhalb dieses Vierecks den Ball am Fuß (oder Dribbling). Auf Kommando „rot!" eilt jeder ohne Ball um den entsprechenden Pfosten und versucht, nachher wieder einen Ball zu erhaschen. Wer keinen Ball mehr erwischt, führt eine Dehn- oder Kräftigungsübung aus (2 bis 5 Bälle weniger als Spieler).

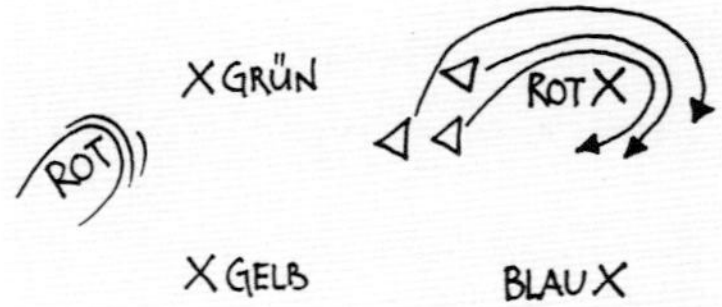

131 Die ruhenden Bälle

Inhalt: Ausdauer
Verhalten: Nicht immer am gleichen Ball!

Die Bälle liegen in der Halle verstreut: Um die Bälle herumlaufen, sie überspringen, umkreisen ...

- Zu zweit, in Gruppen (Schlange).
- Sich auf Signal auf einen Ball setzen, sich in Balance halten auf dem Ball, Liegestütz auf dem Ball machen etc.
- Wer hat zuerst 20 (alle) Bälle mit dem Gesäß berührt?

1.2.2 Bälle (andere Formen)

Nr.	Name der Spielform Ziele/Akzente	Idee/Beschreibung	Hinweise/Organisation
132	**Pendellauf** **Inhalt** Schnelligkeit **Verhalten** Jeder zählt ehrlich für sich selbst	Die (Medizin-)Bälle liegen in einer Hallenhälfte verteilt. Auf Pfiff Start von der anderen Seite, Pendellauf zu 8 verschiedenen Bällen (immer wieder zur Grundlinie zurück). Welcher Läufer ist zuerst fertig? • Bei jedem Ball muss eine Zusatzübung ausgeführt werden (z. B. Liegestütz, Strecksprung, Wechselhüpfen über den Ball ...).	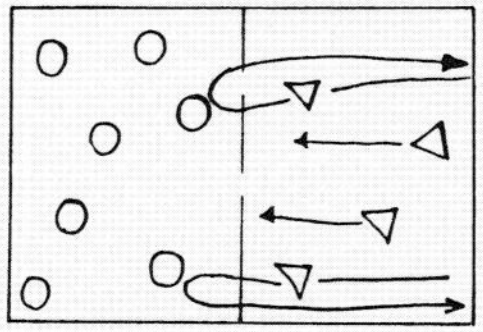
133	**Ballwurf plus Zusatzaufgabe 1** **Inhalt** Schnelligkeit, Kraftausdauer **Verhalten** Spiel fair!	Jeder läuft kreuz und quer durch die Halle und wirft dabei ständig einen (Medizin-)Ball beidhändig vor dem Körper hoch. Auf Pfiff wird der Ball auf den Boden gelegt. Jeder Spieler muss danach 3 verschiedene Bälle berühren (mit verschiedenen Körperteilen) und zu seinem Ball zurücklaufen. Wer ist zuletzt fertig?	
134	**Ballwurf plus Zusatzaufgabe 2** **Inhalt** Schnelligkeit, Kraftausdauer **Verhalten** Eigene Formen suchen	• Die Spieler müssen sich auf 3 verschiedene Bälle setzen. • Die Spieler müssen über 3 Bällen eine Liegestütz machen. • Die Spieler umrunden 3 Bälle. • Die Spieler überhüpfen (beidbeinig, einbeinig, etc.) 3 Bälle.	
135	**Glückstrefferlauf** **Inhalt** Ausdauer, Zielwurf **Verhalten** Ehrlich selber zählen	Jeder Spieler hat einen (Tennis-)Ball und absolviert eine abgesteckte Runde bzw. einen Parcour. Nach jeder gelaufenen Runde darf 1 x auf ein Ziel (z. B. in einen Korb) geworfen werden. Jede Runde und jeder Treffer zählt je 1 Punkt. Wer erzielt zuerst x Punkte? • Wer hat zuerst so viele Punkte, wie er Jahre alt ist? • Wer hat nach 5 Min. mehr Punkte?	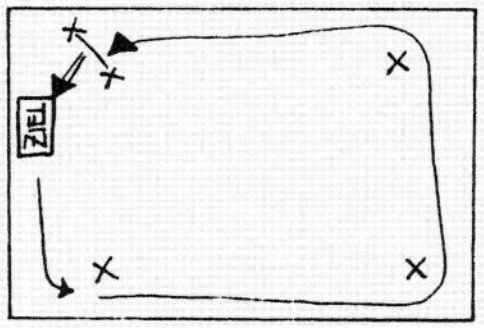
136	**Hol-den-Ball** **Inhalt** Ausdauer **Verhalten** Bewegung	Möglichst viele Bälle (oder andere Gegenstände, z. B. Bändchen) liegen hinter der Grundlinie. Die Klasse stellt sich paarweise auf der anderen Seite auf. Auf Pfiff holen beide abwechslungsweise jeweils einen Ball. Welches Paar holt am meisten Bälle?	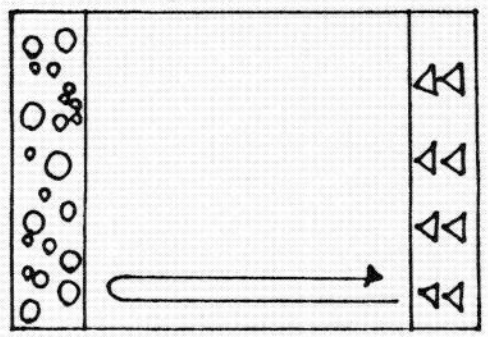

Nr.	Name der Spielform Ziele/Akzente	Idee/Beschreibung	Hinweise/Organisation
137	**Skipping-Lauf** **Inhalt:** Start, Schnelligkeit **Verhalten:** Gegenseitig Rücksicht nehmen	A hält ein Seil um den Bauch und sprintet vorwärts, B hält die Seilenden und bremst. • Plötzlich lässt B ein Seilende los, so dass der Widerstand wegfällt. A muss blitzschnell reagieren und wegsprinten, ohne vornüberzufallen.	
138	**Seil-Suche** **Inhalt:** Ausdauer, Schnelligkeit **Verhalten:** Seil nicht wegwerfen!	Alle Schüler laufen seilspringend durch die Halle. Auf Signal lässt jeder sein Seil fallen und setzt sich so schnell wie möglich auf ein anderes. Wer wird letzter oder wer erwischt kein Seil mehr? „Strafübung" ausführen.	
139	**Seilrennen zu dritt** **Inhalt:** Kraftausdauer **Verhalten:** Erlebnis	A sitzt am Boden und hält das Seil um den Bauch. B und C ziehen ihn zur Gegenseite. Jeder wird 1x, 2x... gezogen. Welche Gruppe ist zuerst fertig?	
140	**Schwanztreten** **Inhalt:** Schnelligkeit, Kooperation **Verhalten:** Hände weg!	Jeder hat das Springseil in den Hosenbund gesteckt und versucht, dem anderen aufs Seil zu stehen, so dass das Seil herausfällt. • Jeder gegen jeden • 1 gegen 1 • Gruppenwettkampf auf Zeit: Wie lange braucht Gruppe A, bis alle Spieler von Gruppe B den Schwanz verloren haben?	
141	**Blindenhund** **Inhalt:** Körper- und Raumgefühl **Verhalten:** Helfen	Paarweise das Seil an den Enden fassen und frei in der Halle herumlaufen, wobei einer immer den anderen führt. • Zusammenstöße vermeiden! • Der Hintere schließt die Augen, der Vordere spielt Blindenhund. • Als Paar-Fangen.	

Nr.	Name der Spielform Ziele/Akzente	Idee/Beschreibung	Hinweise/Organisation
142	**Läufer gegen Seilspringer**	Mannschaft A läuft während 5 Min. möglichst viele Runden, während Mannschaft B gleichzeitig versucht, möglichst oft seilzuspringen. Welche Gruppe hat nach dem Wechsel mehr Punkte? Angleichung: Jeweils 100 Durchzüge werden als ein Punkt bewertet. • Auch 1 gegen 1 (A läuft, B springt mit dem Seil).	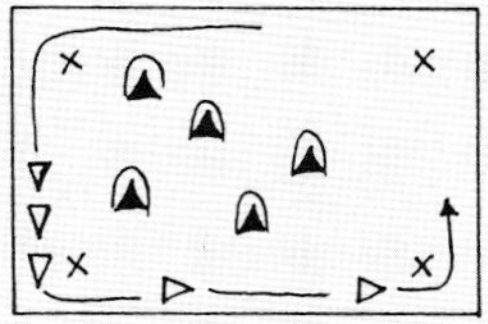
Inhalt	Ausdauer		
Ver-halten	Ehrlich Punkte zählen		
143	**Chinesische Mauer**	Der „Baumeister“ steht in einer 2 bis 3 m breiten Mittelzone und versucht, die hin und her laufenden Spieler zu fangen. Wer gefangen ist, wird zum Baustein und muss sich seilspringend in die Mittelzone stellen, bis alle gefangen sind. Gefangen = berührt vom Baumeister, von einem Baustein oder von dessen Springseil. Wer macht am meisten Läufe? Wer „überlebt“?	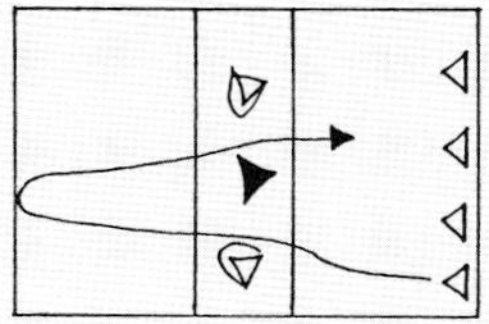
Inhalt	Schnelligkeit		
Ver-halten	Bei Berührung keine Diskussion		
144	**Mit dem Feuer gespielt**	A springt am Ort mit dem Seil, B kommt seilspringend auf A zu (spielt mir dem Feuer). Sobald das Seil von A jenes von B berührt, lassen beide das Seil fallen. B dreht sich um und flieht, A läuft ihm nach.	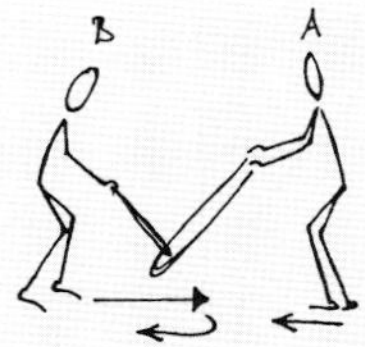
Inhalt	Schnelligkeit		
Ver-halten	Die Seile nicht wegwerfen (Gefahr)		
145	**Kreis gegen Kreis**	Zwei Kreise laufen seilspringend in entgegengesetzter Richtung auf einem inneren und einem äußeren Kreis. Auf Signal lassen alle ihr Seil fallen, der äußere Kreis flieht (zu den Hallenwänden o. Ä.), der innere Kreis versucht, möglichst viele Spieler des Außenkreises zu fangen, bevor jene das Freimal erreichen. Mehrere Durchgänge, dann Rollenwechsel. Welche Partei hat mehr Fänge gemacht?	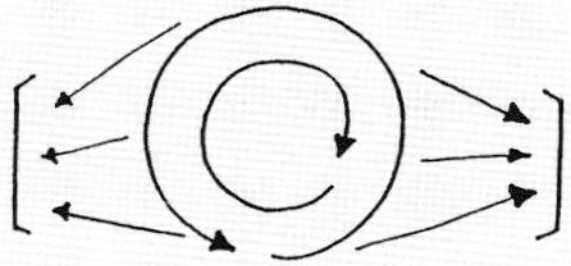
Inhalt	Schnelligkeit Reaktion		
Ver-halten	Vorsicht: Seile nicht wegwerfen		
146	**Seilkette**	Stafette in 4er-Gruppen: A läuft seilspringend zum Malstab auf der anderen Seite, knüpft sein Seil daran, hüpft 4x über das am Boden liegende Seil und läuft zurück. B läuft seilspringend zum angeknüpften Seil, knüpft sein Seil an jenes von A, hüpft 4x darüber und läuft zurück. Dito, für C und D. Danach knüpft A das Seil von D los und läuft seilspringend zurück, etc. Welche Gruppe ist zuerst?	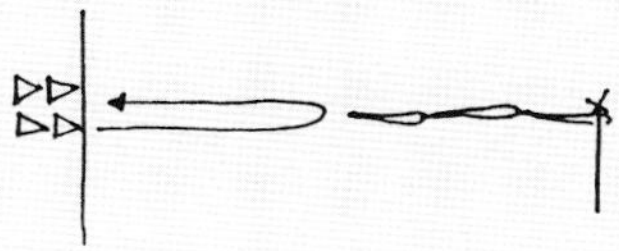
Inhalt	Schnelligkeit Koordination		
Ver-halten	Konzentration		

Nr.	Name der Spielform Ziele/Akzente	Idee/Beschreibung	Hinweise/Organisation
147	**Tanzende Reifen** **Inhalt** Ausdauer Kooperation **Verhalten** Konzentration	Jeder Schüler lässt seinen Reifen „tanzen". (Der Reifen wird auf den Boden gestellt und durch rasches Andrehen mit der Hand zum Kreisen gebracht). Die Schüler laufen frei durch die Halle und drehen im Laufen die Reifen immer wieder an, so dass alle Reifen „tanzen" und keiner erlahmt.	
148	**Steg bauen** **Inhalt** Ausdauer **Verhalten** Kooperation	Klasse in 2 bis 3 Gruppen aufgeteilt, jeder Schüler mit einem Reifen: Auf Signal läuft die ganze Gruppe eine Runde und darf danach den ersten „Stein" (= Reifen) ins Wasser legen. Nach jeder gelaufenen Runde wird ein Stein mehr angehängt. Welche Gruppe hat zuerst den ganzen Steg gebaut und kann über ihn auf die andere Seite ins Ziel gelangen?	
149	**Monza-Start** **Inhalt** Schnelligkeit **Verhalten** Selbsteinschätzung	Jeder mit einem Reifen hinter der Grundlinie. Die Reifen werden nach vorne gerollt. Wer kann mit Nachlaufen am längsten warten und den Reifen trotzdem einholen, bevor er die gegenüberliegende Grundlinie überquert? • Vor dem Start muss eine Zusatzübung ausgeführt werden, z. B. Bauchlage, 1/1-Drehung, Wand berühren ...	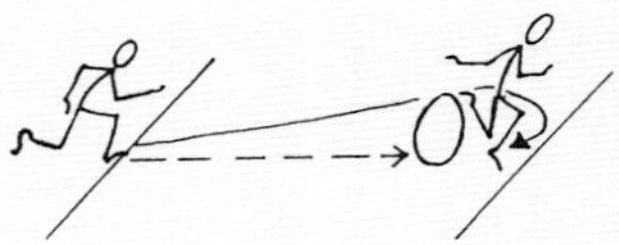
150	**Reifenwechsel** **Inhalt** Schnelligkeit **Verhalten** Zusammenarbeit	Zu zweit, je auf einer Grundlinie der Hallenlänge gegenüber, mit je einem Reifen: Auf Signal versetzen beide ihren Reifen in Bewegung und versuchen, den Reifen des Partners auf der anderen Seite zu erreichen, bevor der zu Boden fällt. • Zuerst den eigenen Reifen 1x umlaufen, umhüpfen, den erst laufen. • Auch im Dreieck zu dritt möglich.	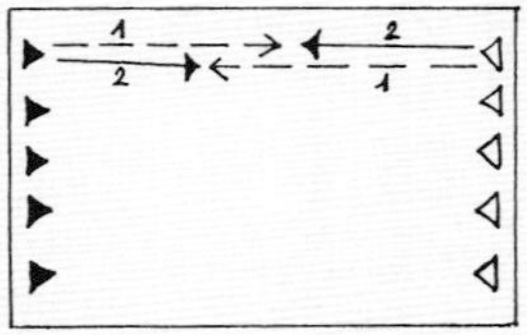
151	**Reifenfangen** **Inhalt** Schnelligkeit Ausdauer **Verhalten** Einander gegenseitig helfen	2 bis 4 Schüler als Fänger markiert, 10 Schüler mit einem Reifen und 10 Schüler ohne. Nur wer den Reifen in den Händen hält, kann gefangen werden. Die Reifentragenden versuchen daher, möglichst rasch einen Mitspieler mit dem Reifen zu berühren, um den Reifen weitergeben zu können. Wer gefangen wird, übernimmt die Fängermarkierung und gibt dem Fänger den Reifen.	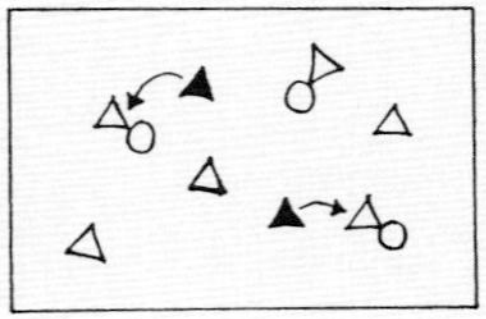

Nr.	Name der Spielform Ziele/Akzente	Idee/Beschreibung	Hinweise/Organisation
152	**Schlangengrube** **Inhalt** Schnelligkeit **Verhalten** Taktik	(= Var. Schwarzer Mann). 5 bis 6 Spieler (Schlangen) stehen in ihrem Reifen (Schlangengrube), welchen sie irgendwo in der Halle platzieren dürfen. Die anderen Spieler stehen mit einem Ball (oder mit Unihoc-Schläger und Ball) an einer Stirnseite und versuchen, dribbelnd die andere Seite zu erreichen. Wer gebissen wird, holt sich einen Reifen und wird auch zur Schlange.	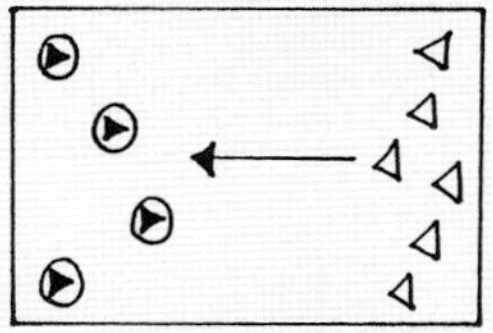
153	**Variation zu Schlangengrube** **Inhalt** Schnelligkeit **Verhalten** Taktik	• Evtl. muss den Schlangen verboten werden, mehr als vier Reifen in eine Reihe zu legen, d. h., eine Kette zu bilden. • Je nach Spielverlauf kann den Schlangen erlaubt oder verboten werden, mit einem Fuß die Schlangengrube zu verlassen. • Wird dieses Spiel mit Unihoc-Schlägern durchgeführt, so besitzen auch die Schlangen einen Stock und versuchen, den Läufern den Ball wegzuspielen. Wer den Ball verliert, wird Schlange.	
154	**Eier legen** **Inhalt** Schnelles Zusammenspiel **Verhalten** Taktik	Zwei Parteien: Die Angreifer versuchen, den Ball in einen unbesetzten Reifen zu legen. Die Verteidiger verhindern dies, indem sie jeweils mind. einen Fuß in den Reifen setzen (3 Reifen mehr als Verteidiger). Können die Verteidiger den Ball wegschnappen, werden sie zu Angreifern. Nach Punkteerfolg läuft das Spiel weiter, aber der Reifen muss gewechselt werden. • Fußball: Ball mit Fußsohle im Reif fixieren.	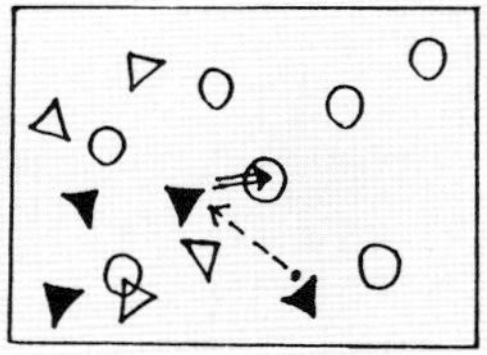
155	**Strom-Reifen-Lauf** **Inhalt** Reagieren auf taktiles Signal **Verhalten** Vertrauen	A lässt sich von B in der Halle führen. A darf den Reifen nicht berühren, als ob dieser „Starkstrom“ leiten würde. Danach Wechsel der Aufgabe.	
156	**Magnet-Reifen-Lauf** **Inhalt** Reagieren auf den Partner **Verhalten** Vertrauen	A darf sich „frei“ bewegen, während B den Reifen so führen muss, dass dieser A nie berührt. Danach Wechsel der Aufgabe. Tempo und Richtung häufig variieren.	

Nr.	Name der Spielform Ziele/Akzente	Idee/Beschreibung	Hinweise/Organisation
157	**Fenster-Lauf** **Inhalt** Ausdauer, Beweglichkeit **Verhalten** Stab ruhig halten!	Laufen in der Halle, jeder Zweite hat einen Stab: Auf Zeichen knien die Stabträger nieder und halten den Stab waagerecht in der Vorhalte. Die anderen laufen zu einem Stab und klettern durch das „Fenster" durch. • Der Stab wird senkrecht in der Seitgrätschstellung gehalten.	
158	**Kipp-Lauf** **Inhalt** Start, Schnelligkeit **Verhalten** Fairness	A stellt sich den eigenen Stab möglichst ins Gleichgewicht. Sobald er den Stab loslässt, darf er starten. Wie weit kommt er, bis sein fallender Stab den Boden berührt? B kontrolliert. Rollenwechsel. Wer kommt am weitesten?	
159	**Tandem** **Inhalt** Ausdauer **Verhalten** Begegnung	Die Stäbe liegen in der Halle verstreut: Je zwei Übende laufen als Paar hintereinander (Tandem) kreuz und quer durch die Halle und um die Stäbe herum. Nur so schnell „fahren", dass das Tandem zusammenhält. Leise laufen (Ballenlauf).	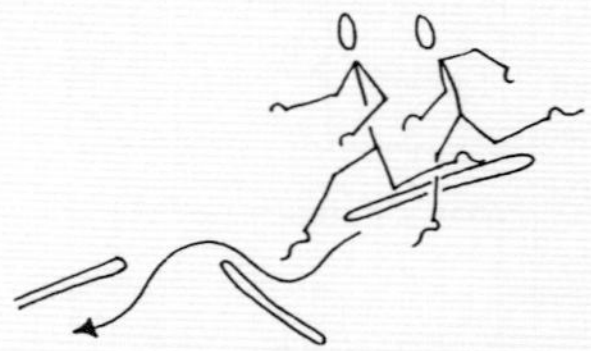
160	**Variation zu Tandem** **Inhalt** Laufschulung **Verhalten** Begegnung	• Laufen mit Anheben der Knie, „kräftig in die Pedale treten"! Welches Tandem knarrt denn da? (Trampelt laut). • Die Stäbe überfahren (überlaufen, überspringen, Schlusssprünge, Einbeinsprünge ...). • Welches Tandem überfährt die meisten Hindernisse in 2 Min.? (Das Tandem muss immer zusammenbleiben). Dabei achten auf federnden Absprung und weiche Landung.	
161	**Stocktreibstaffel** **Inhalt** Schnelligkeit, Koordination **Verhalten** Nur mit der Ruhe	3er- oder 4er-Gruppen, pro Gruppe mind. 3 Stäbe: Einen Stab mit zwei weiteren Stäben auf dem Boden vorwärts (rückwärts) rollen. • Als Umkehrstafette. • Als Pendelstafette.	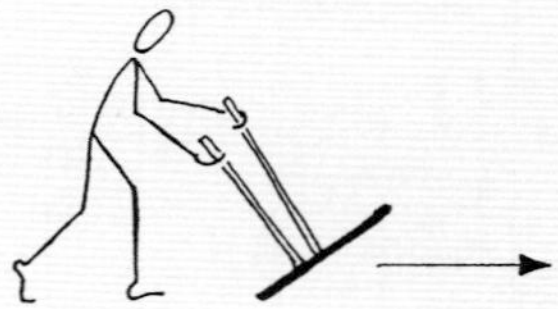

1.5 Gymnastikstab

Nr.	Name der Spielform Ziele/Akzente	Idee/Beschreibung	Hinweise/Organisation
162 **Inhalt** **Ver-halten**	**Polonaise** Ausdauer Stäbe vorsichtig tragen/Rücksicht!	Zweierkolonne, die Paare nebeneinander tragen jeweils einen Stab. Das hinterste Paar startet, läuft unter allen Toren durch (oder überspringt alle Stäbe) und schließt zuvorderst an. Die Kolonne befindet sich dabei in leichtem Trab. • Tore bilden und unten durchkriechen. • Stäbe 20 bis 30 cm über dem Boden halten: überspringen. • Sprung- und Laufart wechseln.	
163 **Inhalt** **Ver-halten**	**Hürden-Lauf** Ausdauer Stab ruhig halten (Keine Fallen!)	Die Übenden laufen in einer Kolonne (oder zwei kleine Kolonnen), jeder hält seinen Stab rechts gefasst. Auf ein Zeichen kniet der Vorderste nieder und hält den Stab so über dem Boden, dass alle darüberspringen können. Nachdem alle gesprungen sind, ordnet er sich hinten in der Kolonne wieder ein. Auf das nächste Zeichen kniet der neue Führer nieder etc.	
164 **Inhalt** **Ver-halten**	**Transportstafetten** Kraft Kooperation	Dreier-Gruppen: • A und B halten den Stab, C setzt sich darauf und wird getragen. • C in Rückenlage, Stab in Hochhalte gefasst: A und B ziehen ihn. • C in Bauchlage, Stab in Hochhalte gefasst: A und B ziehen ihn. Stafette: Jeder soll eine Länge getragen bzw. gezogen werden.	
165 **Inhalt** **Ver-halten**	**Stafette zu dritt** Schnelligkeit Gemeinsam wetteifern	1. A läuft mit dem Stab zur gegenüberliegenden Grundlinie und hält ihn waagerecht. 2. B startet, sobald A dort ist, läuft zu A und knüpft ein Spielband an den Stab. Danach läuft B zurück und übergibt mit Handschlag an C. 3. C läuft zu A knüpft das Band wieder los. 4. A und C laufen gemeinsam bis ins Ziel.	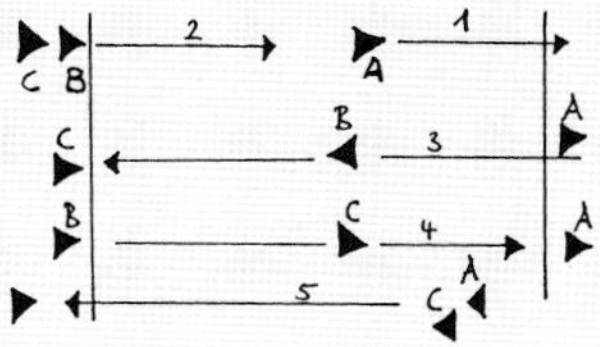
166 **Inhalt** **Ver-halten**	**Ringhockey** Vorb. Unihoc Ausdauer Stäbe nie über Kopfhöhe tragen	Spielgedanke wie im „Unihoc". Als Schläger dienen Stäbe, den Puck stellt ein Tennisring dar. Tore = zwei umgekippte Langbänke. Der Ring darf nicht über Hüfthöhe geschleudert werden. Bei blockiertem Ring erfolgt Bulli. Nur der Torhüter darf den Ring in die Hand nehmen, muss ihn aber nach 3 Sek. spätestens wieder abspielen. Hoher Stab wird mit Freistoß geahndet.	

Nr.	Name der Spielform Ziele/Akzente	Idee/Beschreibung	Hinweise/Organisation
167	**Fuchsschwanzjagd**	Mehrere Spieler (3 bis 5) erhalten einen Fuchsschwanz (Bändchen) angehängt und dürfen losrennen. Die anderen zählen dann bis 10 und versuchen, einen Schwanz zu ergattern und damit selbst zum Fuchs zu werden.	
Inhalt	Schnelligkeit Ausdauer		
Ver-halten	Fairness		
168	**Schwanzfangen verkehrt**	Gewöhnliches Fangen, aber die Fänger erhalten einen Schwanz (Bändchen im Hosenbund). Wer von den Spielern gefangen wird, muss eine Strafübung bis zur Erlösung ausführen. Kann ein Spieler einem Fänger den Schwanz entreißen, ohne dabei selbst gefangen zu werden, sind alle wieder (von der Strafübung) erlöst.	
Inhalt	Schnelligkeit		
Ver-halten	Helfen		
169	**Hasenjagd**	1 bis 5 Spieler sind Hasen und stecken sich einen Schwanz in den Hosenbund. Die Jäger versuchen, den Hasen die Schwänze zu entreißen, ohne sie zu berühren. Die Hasen können die Jäger durch Berührung verbannen: Gefangene Jäger werden zu Hasen und holen auch einen Schwanz. Wie lange dauert es, bis alle Jäger Hasen geworden sind bzw. bis alle Hasen ihren Schwanz verloren haben? (Tote Hasen werden zu Jägern).	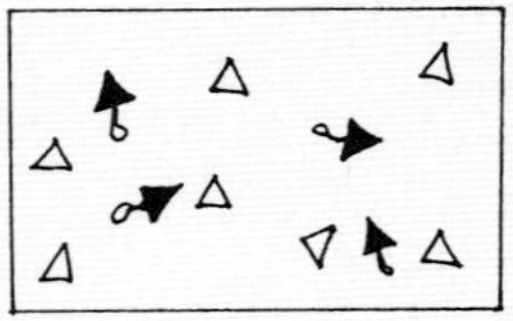
Inhalt	Schnelligkeit Ausdauer		
Ver-halten	Spielregeln genau einhalten		
170	**Startfangen**	Die Läufer stellen sich auf der Grundlinie auf, ein Fänger steht auf der gegenüberliegenden Seite. Auf Pfiff starten alle: die Läufer rennen zur Gegenseite, der Fänger zu einem auf der 3-m-Linie liegenden Band, das er aufhebt und mit dem er versucht, einen oder mehrere Läufer zu fangen (bevor diese die Linie erreicht haben). Wer gefangen ist, holt ein Band und hilft fangen. Wer überlebt am längsten?	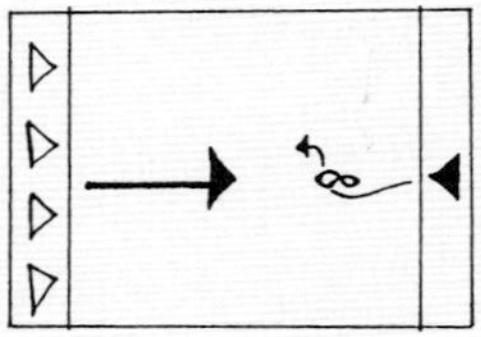
Inhalt	Schnelligkeit		
Ver-halten	Wer ist zuerst Fänger?		
171	**Ausrauben**	Während einer für die Spieler nicht bekannten Zeit versuchen beide Parteien, von der Gegenseite möglichst viele Bändchen (oder andere Gegenstände) zu rauben. Pro Lauf darf nur ein Band mitgenommen werden. • Behinderung des Gegners ist erlaubt. • Behinderung des Gegners ist nicht erlaubt.	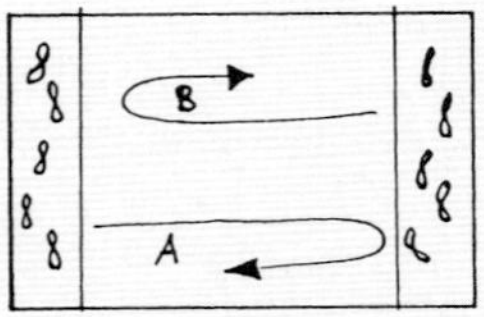
Inhalt	Schnelligkeit Ausdauer		
Ver-halten	Behindern ja, aber fair!		

Nr.	Name der Spielform Ziele/Akzente	Idee/Beschreibung	Hinweise/Organisation
172	**Jäger und Hase (Variation)** **Inhalt** Ausdauer **Verhalten** Taktik	Die Jäger verteilen sich in der oberen Hallenhälfte zwischen Mittel- und Grundlinie. Die Hasen starten bei der Sprossenwand, jeder mit einem Spielband, und versuchen, eine Runde (um die Pfosten, zur Wand hinter den Jägern und zurück zur Sprossenwand) zu laufen, ohne von den Jägern, welche einen (oder 2) Ball (Bälle) haben, getroffen zu werden. Jeder nicht getroffene Hase darf danach sein Spielband auf die unterste Sprosse hängen. Jeder weitere gelungene Lauf erlaubt dem Hasen, sein Spielband eine Sprosse höher zu hängen. (Wer getroffen wird, läuft die Runde fertig, aber lässt das Band wo es ist). Welcher Hase hat sein Spielband zuerst auf der obersten Sprosse? • Die ganze Hasengruppe muss versuchen, in möglichst kurzer Zeit 5 Bändchen auf der obersten Sprosse zu haben. Welche Hasen brauchten nach Rollenwechsel weniger lang dafür? (Dabei läuft jeder Hase für sich 1 Runde = 1 Sprosse).	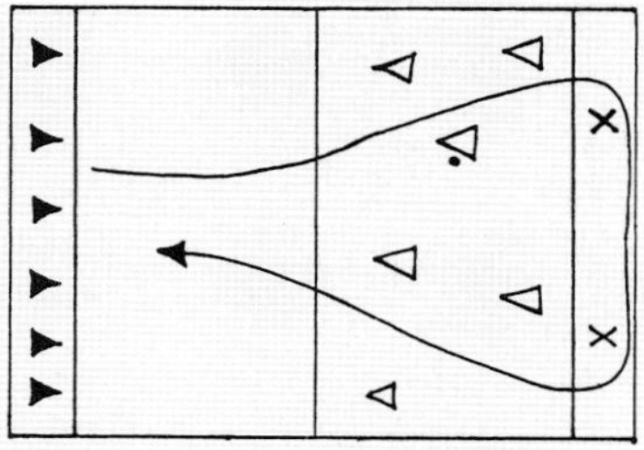
173	**Mücken – Jäger – Schwalben** **Inhalt** Schnelligkeitsausdauer **Verhalten** Spielübersicht	3 Gruppen. Mit je einer anderen Bändelfarbe. Die Mücken jagen die Jäger, diese jagen Schwalben und diese wieder die Mücken. Gefangene geben ihren Bändel dem Fänger und scheiden aus (oder machen eine Zusatzaufgabe). Welche Gruppe hat zum Schluss noch Bändel?	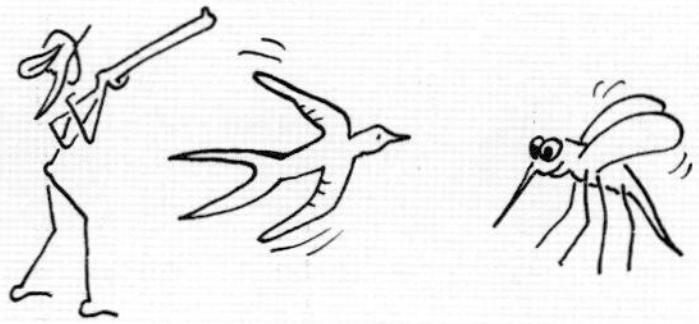
174	**Glucke und Geier** **Inhalt** Schnelligkeitsausdauer **Verhalten** In der Gruppe mitdenken	3 bis 5 Spieler stehen hintereinander und fassen sich um die Hüfte (= Glucke). Der hinterste Spieler hat ein Band im Hosenbund, der vorderste breitet die Arme aus. Vor der Glucke steht der Geier. Er versucht, durch kluges Laufen und Täuschen der Glucke den Schwanz zu entreißen. • Es gibt keinen Geier. Die Glucken versuchen, sich gegenseitig den Schwanz zu entreißen.	
175	**Bändelfangen** **Inhalt** Schnelligkeit (Aktion/Reaktion) **Verhalten** Fair spielen … Fair verlieren …	Ein Fänger versucht, einen Verfolgten mit dem Spielband zu treffen. Gelingt dies, lässt er das Band fallen. Der Getroffene ergreift das Band und wird neuer Fänger. • Mit mehreren Fängern, evtl. in 2 Spielfeldern.	

Nr.	Name der Spielform Ziele/Akzente	Idee/Beschreibung	Hinweise/Organisation
176	**Fangen um die Langbank** **Inhalt** Schnelligkeit, Sprunggewandtheit **Verhalten** Spielregeln einhalten!	Fangspiel rund um eine Bank in kleineren Gruppen. Es darf in beiden Richtungen gelaufen werden, aber man darf sich nicht von der Bank entfernen. Die Bank darf nicht übersprungen werden. • Die Bank darf nur von den Fängern übersprungen werden. • Die Bank darf von allen übersprungen werden.	
177	**Königstransport** **Inhalt** Kraft **Verhalten** Kooperation	4er- oder 5er-Gruppen: Welche Gruppe hat zuerst jedes Gruppenmitglied eine Runde (eine Hallenlänge) auf der Bank getragen? Vorsicht! Trotz Zeitdruck.	
178	**Planet-Umkreisung** **Inhalt** Schnelligkeit **Verhalten** Begegnung	3er- oder 6er-Gruppen: Sitz gruppenweise hintereinander auf der Langbank. Auf Kommando laufen alle nach vorne weg, umkreisen 1x, 2x, 3x ihren „Planeten" (= Langbank) und steigen mit gegrätschten Beinen wieder nach vorne in den Sitz.	
179	**Kreuzstafette** **Inhalt** Schnelligkeit **Verhalten** Begegnung	Gruppenweise auf einer Langbank sitzend: Je die Hintersten laufen um alle vier Langbänke herum und übergeben dem Nächsten das Spielband (und setzten sich zuvorderst auf die Bank). • Als Übergabe- oder Abholstafette. • Die ganze Gruppe hat gemeinsam 1, 2 ... Runden zurückzulegen. • Als Nummernwettlauf.	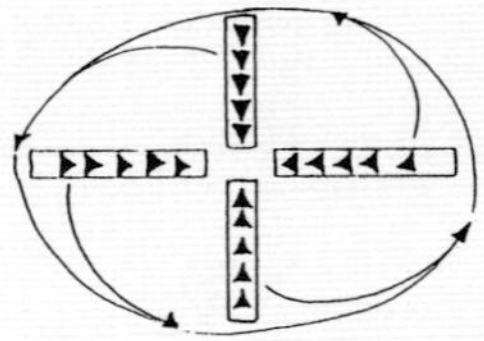
180	**Platzwechsel einfach** **Inhalt** Schnelligkeit **Verhalten** Konzentration	2 Gruppen stehen sich jeweils auf einer Bank gegenüber. Auf Signal müssen die Plätze getauscht werden (immer li/re herum). • Beim Wechsel eine Aufgabe ausführen: Liegestütz, Drehung, Partner Hände schütteln, auf Rücken klopfen, etc. • Best. Stellung auf der Zielbank einnehmen: knien, Einbeinstand, Huckepack, etc.	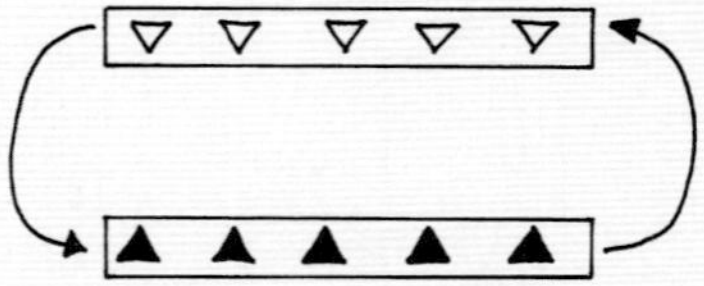

Nr.	Name der Spielform Ziele/Akzente	Idee/Beschreibung	Hinweise/Organisation
181	**Doppel-Hindernis** **Inhalt** Ausdauer, Koordination **Verhalten** Gegenseitig Rücksicht nehmen!	Freies Laufen und Springen um und über die Langbänke. Auf Musikstopp müssen alle auf einer Schmalkante verharren bis die Musik weiterläuft. • „Bock"-Springen über einen Kameraden, der in Grätschstellung auf der Schwebekante steht (schwierig!). • Einen Spieler, welcher in Bankstellung über der Langbank kniet, auf der Schmalkante übersteigen.	
182	**Platzwechsel** **Inhalt** Schnelligkeit **Verhalten** Begegnung, Rücksicht	Die Übenden stehen auf vier Bänken. Auf ein Zeichen hin werden die Plätze gewechselt. • Alle Gruppen wechseln zur rechten nächsten Bank (verschiedene Gangarten). • Alle machen eine Rechtswendung, laufen in dieser Richtung um das Viereck und stellen sich auf ihrer Bank wieder auf. • Zwei gegenüberstehende Gruppen wechseln ihre Plätze mögl. schnell.	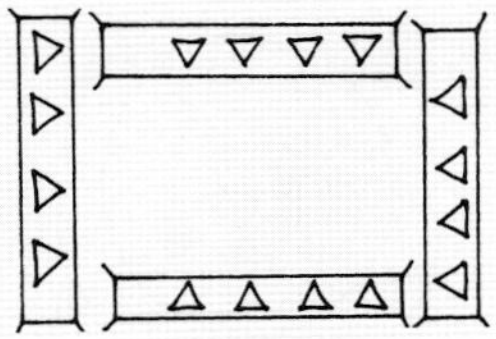
183	**Variation Platzwechsel** **Inhalt** Schnelligkeit, Kraft **Verhalten** Kooperation	• Von der Bank nach hinten herunterspringen, die Äußersten heben die Bank an, die anderen kriechen untendurch, und alle nehmen wieder Aufstellung wie vorher. • Von der Bank nach vorne herunterspringen, die Äußersten heben die Bank an, die anderen kriechen untendurch nach hinten, jetzt wird die Bank abgestellt, alle springen darüber, laufen zur anderen Seite und nehmen auf der anderen Bank in Linie Aufstellung.	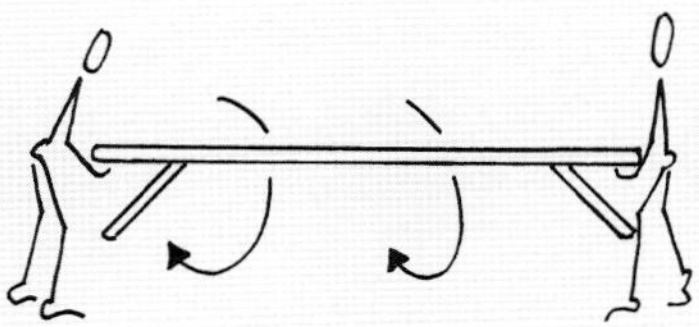
184	**Sprungschulung mit Langbänken** **Inhalt** Allgemeine Sprungschulung **Verhalten** Fröhliches Training in der Gruppe	• Die Medizinbälle auf den Bänken überspringen und auch den Graben zwischen den beiden Bänken. • Anlauf schräg zur Langbank und die Medizinbälle mit Schersprüngen überwinden. • Im Huckepack und in der Schubkarre über die Bänke gehen. • Rhythmisches Überspringen (z. B. 3-Schritt-Rhythmus), auch mit Hock-Schlusssprüngen. • Überlaufen und Überspringen der Langbänke in verschiedenen Sprungrhythmen. • Überspringen von zwei aufeinandergestellten Langbänken (Achtung). • Hürdenlauf-ähnliches Überlaufen der Langbänke, Nachziehbein über die Medizinbälle führen. • Hockwenden, Rad sw über die Langbänke und Medizinbälle.	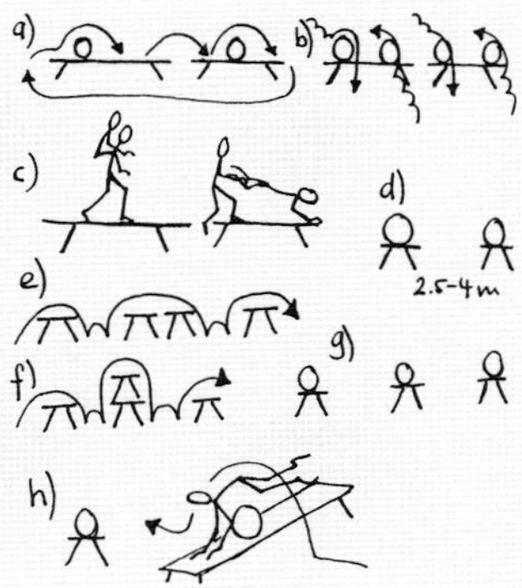

Nr.	Name der Spielform Ziele/Akzente	Idee/Beschreibung	Hinweise/Organisation
185	**Langbankfangen** **Inhalt** Schnelligkeit **Ver-halten** Spielregeln einhalten!	3 bis 4 Fänger liegen bei der Hallenwand auf dem Bauch. Die Spieler verteilen sich im Feld. Fänger 1 startet und fängt möglichst rasch einen Spieler. Sobald er jemanden erwischt hat, startet Fänger 2, Fänger 1 wird Spieler. Der von Fänger 1 Gefangene legt sich nun bei Fänger 3 auf den Boden und wartet, bis er zum Fänger wird. Die Bänke dürfen nicht übersprungen werden. • Oder nur die Fänger dürfen über die Bänke.	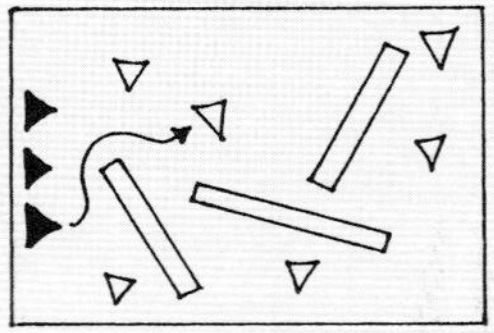
186	**Verfolgungs-dribbling** **Inhalt** Dribbling, Schnelligkeit **Ver-halten** Spielregeln einhalten!	A und B starten gegenüber und dribbeln in gleicher Richtung um die Langbank herum. Wer holt wen ein? Richtungswechsel nach einer Minute oder in kurzen, unregelmäßigen, vom Lehrer bekanntgegebenen Abständen. • Abstände selber bestimmen.	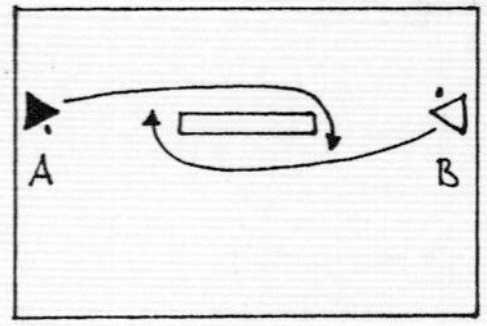
187	**Slalom-Varianten** **Inhalt** Ausdauer, Ballgeschicklichkeit **Ver-halten** Gegenseitig Rücksicht nehmen	4 bis 5 Langbänke werden in regelmäßigen Abständen quer in die Halle gestellt. Die Schüler laufen in einer Kolonne, jeder mit seinem Ball: • Laufen im Slalom um die Langbänke mit Prellen. • Slalom-Laufen auf den Bänken, den Ball auf einer Seite auf dem Boden prellen. • Laufen auf der Bank, den Ball auf der Bank prellen.	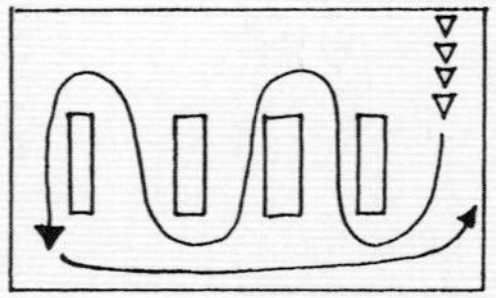
188	**Bank-Hindernisläufe** **Inhalt** Schnelligkeit **Ver-halten** Kooperation	Die Spieler stehen in Linie zu einem Glied auf der Turnhallenbreitseite. Auf der gegenüberliegenden Seite steht vor jeder Gruppe eine Bank quer. Auf ein Zeichen laufen die Gruppen los. Bei der Bank heben die Äußeren die Bank hoch, die Übrigen kriechen unten durch, die Bank wird abgesetzt und alle laufen wieder zurück hinter die Linie.	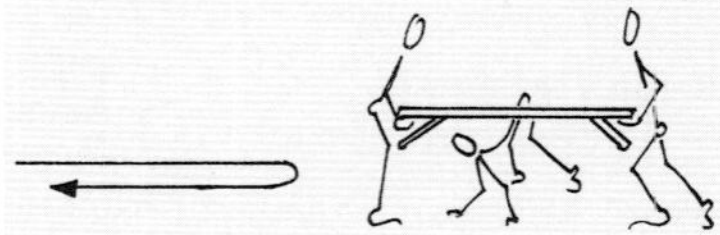
189	**Langbank-Bahn** **Inhalt** Ausdauer, Bewegungsvielfalt **Ver-halten** Fantasie	• Vw/rw/sw/schräg / über die Langbänke laufen. • 1x überspringen, 1x unterkriechen. • Zwischen den LB eine Drehung rechts, auf den LB eine Drehung links herum. • Zw. jeder LB eine andere Gangart, keine Wiederholungen. • Zu zweit, A macht vor, B imitiert so genau wie möglich. • A macht vor, alle machen nach, keine Wiederholungen.	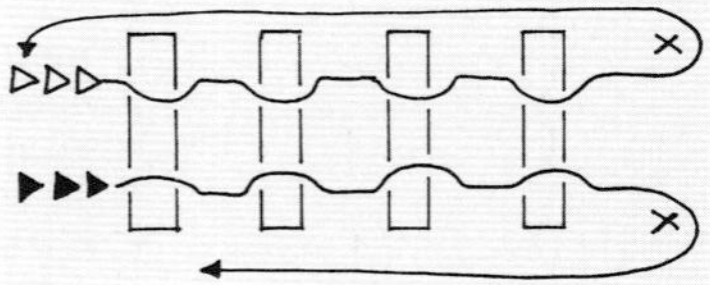

1.8 Sprossenwand

Nr.	Name der Spielform Ziele/Akzente	Idee/Beschreibung	Hinweise/Organisation
190	**Affe und Panter**	Der Panter liegt ca. 5 m vor der Kletterstange, der Affe steht davor: Auf Pfiff klettert der Affe so schnell wie möglich in die Höhe, der Partner sprintet zur Kletterstange und versucht, den davonkletternden Affen noch zu berühren. Rollenwechsel. Wer macht mehr Fänge?	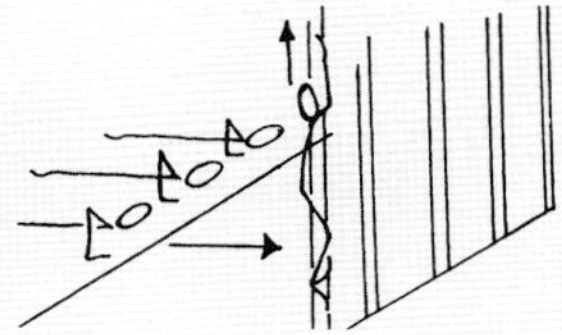
Inhalt	Klettern Schnelligkeit		
Ver-halten	Vorsicht auf die Hände des „Panters"		
191	**Stafette mit Sprossenwand**	3er- bis 5er-Gruppen. Parallel zu der Sprossenwand stehen Langbänke im Abstand von 10 bis 15 m. Die Gruppen stehen hinter der Langbank je vor einer Sprossenwand: Die ersten jeder Gruppe starten, springen über die Langbank und hängen ein Spielband auf die unterste Sprosse. Zurücklaufen, unten durchkriechen und übergeben. Bei welcher Gruppe hängt das Band zuerst auf der obersten Sprosse? (Band pro Lauf eine Sprosse höher hängen).	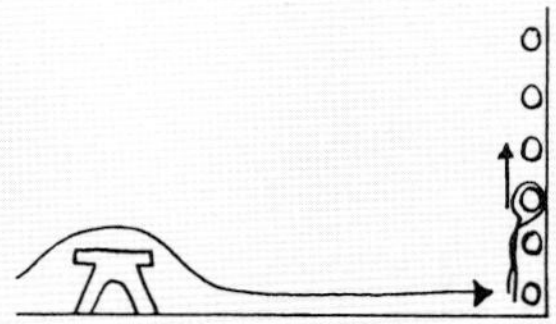
Inhalt	Schnelligkeit Koordination		
Ver-halten	Nicht zu früh starten!		
192	**Bänder-Wettlauf**	2er- bis 4er-Gruppen, pro Gruppe ein Spielband auf der untersten Sprosse. Pro gelaufene Runde darf jeder der Gruppe das Band eine Sprosse höher hängen. Welche Gruppe hat ihr Band zuerst zuoberst? • In jeder Runde muss bis zur Marke A oder B geklettert werden. Marke A = Band 1 Sprosse höher hängen; Marke B = 2 Sprossen. Jeder entscheidet selbst, ob er bis zu Marke 2 klettern will oder lieber eine Runde mehr läuft.	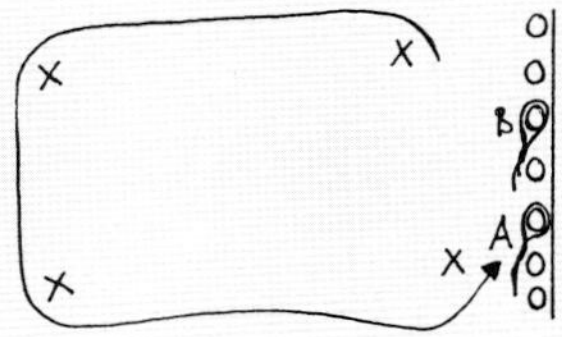
Inhalt	Ausdauer		
Ver-halten	Taktik		
193	**Kniehebe-Lauf**	2 Schüler pro Srossenwandteil laufen am Ort. Nach jedem Schritt muss die 2. (3./4./5.) Sprosse mit dem anderen Fuß angetippt werden. Wer hat zuerst 20 Berührungen?	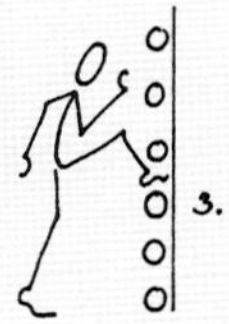
Inhalt	Kraftausdauer der Beine		
Ver-halten	Spielregeln genau einhalten!		
194	**Wechselschritt**	Der erste Schritt (rechtes Bein) geht auf die 3. (4./5./6.) Sprosse, der zweite Schritt (linker Fuß) geht auch auf die gleiche Höhe. Der rechte Fuß berührt wieder den Boden; dann der linke, usw. Fortgesetzt. • Als Rhythmusübung. • Als Wettbewerb.	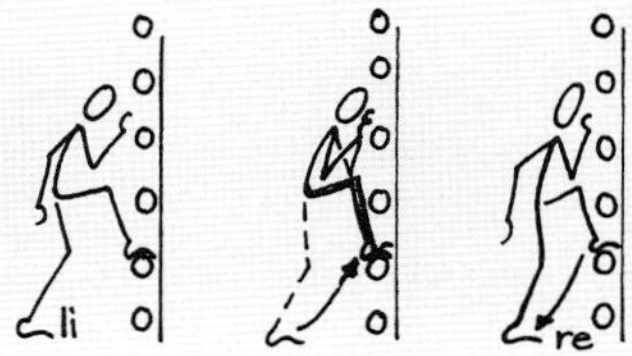
Inhalt	Koordination		
Ver-halten	Konzentration		

Nr.	Name der Spielform Ziele/Akzente	Idee/Beschreibung	Hinweise/Organisation
195	**Purzelbaum-Stafette** **Inhalt** Schnelligkeit, Koordination **Verhalten** Technisch saubere Rollen ausführen	3er-Gruppen, vor jeder Gruppe liegen zwei Matten mit einem Abstand von 10 bis 20 m: Rolle vorwärts, laufen um den Pfosten, Rolle rückwärts, zurücklaufen und das Spielband dem Nächsten übergeben. Welche Gruppe hat zuerst 3 Durchgänge?	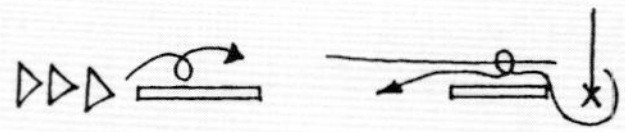
196	**Trockene Füße** **Inhalt** Kraft **Verhalten** Kooperation	2er- oder 3er-Gruppen: Jede Gruppe hat zwei Matten, welche über eine bestimmte Distanz transportiert werden müssen. Dabei darf kein Gruppenmitglied den Boden berühren.	
197	**Mattenfußball** **Inhalt** Fußball, Ausdauer **Verhalten** Taktik	Gruppe A spielt gegen Gruppe B Fußball. Jede Gruppe hat zwei Matten mit je einem Torhüter darauf. Die Matten dürfen von den übrigen Spielern nicht berührt werden. Ziel des Spiels ist es, dem eigenen Torwart den Ball so zuzuspielen, dass der ihn auf der Matte fangen kann. Nach Torerfolg gibt es Anstoß an der Mittellinie. • Es wird mit zwei Bällen gespielt.	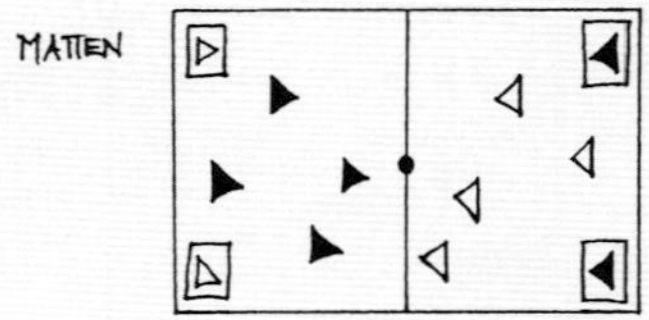
198	**Matten-Fuß-schnappball** **Inhalt** Ballgeschicklichkeit **Verhalten** Taktik	Zwei Manschaften, ein Ball: Jede Mannschaft versucht, den Ball zu behalten und Tore zu erzielen, d. h., einem Mitspieler, der mit mind. einem Fuß auf einer Matte steht, den Ball zuzuspielen. Der Ball muss auf der Matte gestoppt werden können. • Mit Werfen und Fangen (3 bis 5 Matten, welche für beide Mannschaften als Tore benutzt werden dürfen).	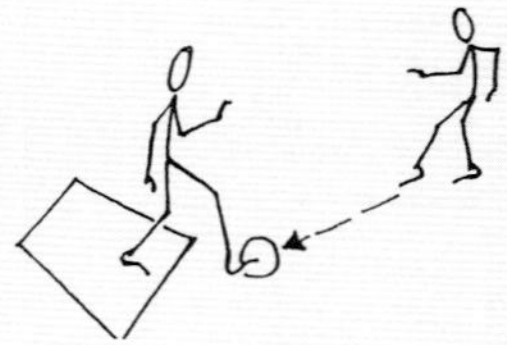
199	**Mattenfußball/ Mattenhandball** **Inhalt** Ausdauer, Reaktion **Verhalten** Taktik	Zwei oder drei Mannschaften: Als Tore dienen gegen die Wand gelehnte Matten. Gruppe A spielt gegen Gruppe B Fußball (Handball). Gruppe C bewacht die „Tore". Spiel mit drei Mannschaften: Wird ein Tor erzielt, wechseln alle Torhüter ins Feld, die Feldpartei, welche das Tor erhalten hat, wird zu Torhütern.	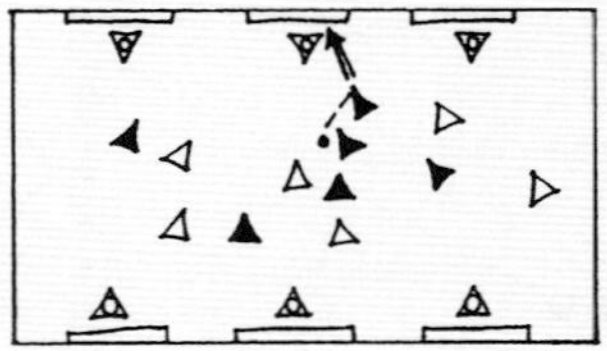

Nr.	Name der Spielform Ziele/Akzente	Idee/Beschreibung	Hinweise/Organisation
200	**Rollen-Wechselspiel**	Spiel mit zwei Mannschaften: Jede Mannschaft stellt 3 (4) Feldspieler und ebenso viele Torwarte. Wird ein Tor erzielt, wechseln alle Feldspieler der anderen Partei in ihre Tore und die Torhüter werden zu Feldspielern (Fußball- oder Handballregeln). • Es gibt mehr Tore als Feldspieler, d. h., die Torhüter müssen sich verschieben. • Es wird mit 2 Bällen gespielt.	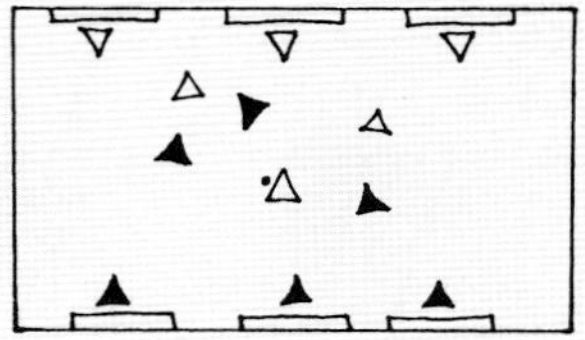
Inhalt	Reaktion Ausdauer		
Ver-halten	Taktik		
201	**Mattenfangen**	2 bis 3 Fänger versuchen, die anderen zu fangen. Die Hasen haben die Zusatzaufgabe, ein bis zwei dicke Matten (oder 5 bis 10 dünne Matten) aufrecht zu halten. Fällt eine Matte um, haben die Fänger gewonnen. Wer gefangen ist, wird zum Fänger.	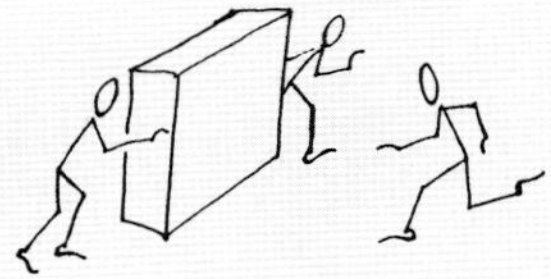
Inhalt	Ausdauer		
Ver-halten	Kooperation		
202	**Mattenschieber**	Eine dicke Matte liegt in der Hallenmitte und soll über die gegnerische 3-m-Linie (oder Grundlinie) getrieben werden. Die zwei Gruppen stehen sich diagonal gegenüber. Es starten abwechslungsweise einer (zwei) von Gruppe A, dann einer von Gruppe B. Durch weite Sprünge (Sitzlandung) auf die Matte (glatte Seite nach unten) soll diese verschoben werden.	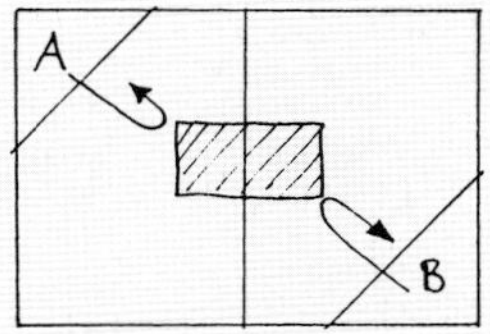
Inhalt	Sprungkraft		
Ver-halten	Erlebnis		
203	**Mattenschieber Variation**	2 bis 3 Gruppen (je nach Anzahl vorhandener dicker Matten): Die ersten beiden jeder Gruppe starten und springen so auf die Matte, dass sie möglichst weit in Richtung andere Wand rutscht. Ist die Matte zum Stillstand gekommen, laufen die beiden zurück zur Gruppe. Die nächsten beiden starten und bewegen die Matte durch ihren Hecht weiter dem Ziel entgegen. Welche Gruppe hat ihre Matte zuerst über der Linie?	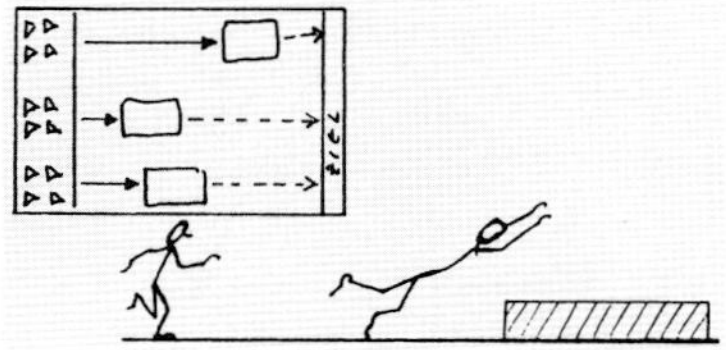
Inhalt	Sprungkraft		
Ver-halten	Erlebnis		
204	**Mattenfangen**	Jedes Paar hat eine Matte mitzutragen. Im Übrigen wie gewöhnliches Fangen. Gefangene werden zu Fängern.	
Inhalt	Kraftausdauer		
Ver-halten	Kooperation		

Nr.	Name der Spielform Ziele/Akzente	Idee/Beschreibung	Hinweise/Organisation
205	**Rettender Sprung**	Fangen, 3 bis 4 Fänger. Verfolgte können sich durch einen Sprung auf die dicke Matte (evtl. Hochsprungmatte mit niedrig gespanntem Seil) retten. Auf der Matte darf jeweils nur ein Spieler sein. Verfolgte haben „Vortritt" auf der Matte, d. h., die Matte soll sofort wieder freigegeben werden.	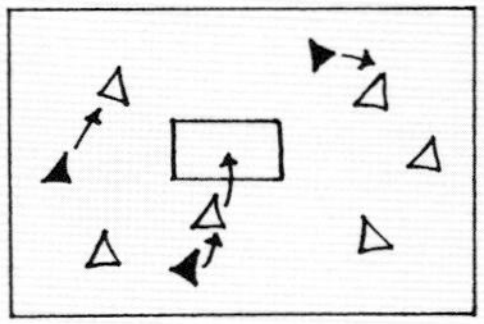
Inhalt	Geschicklichkeit		
Ver-halten	Erlebnis		
206	**Ausbrecher-Fangen**	2 bis 4 Fänger (Wächter) versuchen, die anderen zu fangen. Wer gefangen wird, muss sich auf die dicke Matte (Hochsprungmatte) setzen. Die Freien dürfen die Gefangenen durch Berühren befreien. Gelingt es den Fängern, alle Spieler gefangenzunehmen? Wie viele Fänger sind nötig, um in 5 Min. alle Spieler gefangenzunehmen?	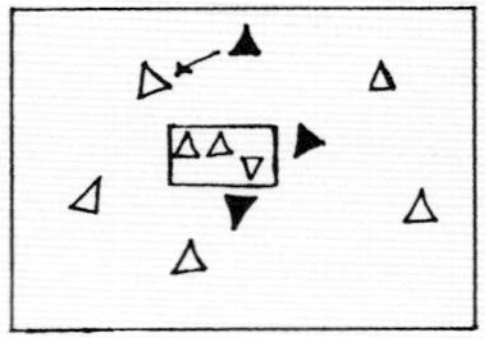
Inhalt	Schnelligkeit		
Ver-halten	Helfen		
207	**Blinder Bob-Passagier**	A ist Pilot, B der blinde Passagier und lässt sich von A auf der Piste umherführen. • Der blinde Passagier versucht laufend zu sagen, wo er sich jetzt gerade befindet.	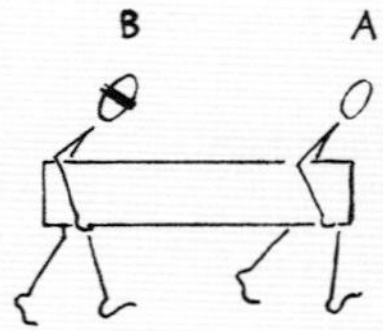
Inhalt	Orientierung		
Ver-halten	Vertrauen Verantwortung		
208	**Bobfahren**	Zu zweit hintereinander in einem Kastenteil: laufen, stoppen, anfahren, aussteigen und die Kufen kontrollieren (= 1 Runde um den Kasten) etc. Auf verschiedene Signale. Z. B.: • Laufen zum Tamburin. • 1 Schlag = Bob in die Hochhalte heben. • 2 Schläge = 1 Runde um den Bob drehen. • Tamburin schweigt = sofort stoppen.	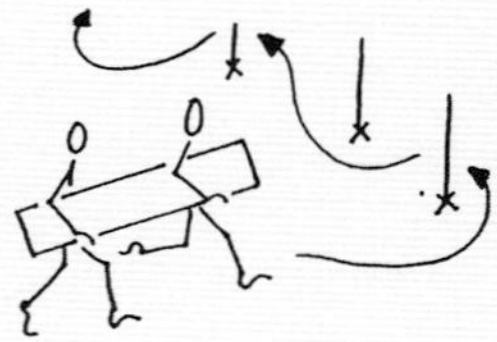
Inhalt	Schnelligkeit		
Ver-halten	Kooperation Reaktion		
209	**Bob-Tandem**	• Zwei Bobs laufen als Herr und Hund hintereinander her und führen die gleichen Aufgaben aus. • 1 Schlag = Bob A ist Herr, 2 Schläge = Bob B ist Herr, 3 Schläge = die Bobs werden getauscht. • Bobrennen um Pfosten und über leichte Hindernisse. • etc.	
Inhalt	Koordination		
Ver-halten	Kooperation Reaktion		

Nr.	Name der Spielform Ziele/Akzente	Idee/Beschreibung	Hinweise/Organisation
210	**Bob-Staffel-Rennen**	Zu zweit mit einem Kastenteil hinter der Grundlinie. Auf Pfiff startet A im Bob, läuft bis zur 1. Linie des Volleyballfeldes, steigt aus und läuft zu B zurück. B startet zum Bob, fährt darin bis zur 2. Linie und läuft zu A zurück etc. Welcher Bob steht zuerst auf der gegenüberliegenden Grundlinie? (Auch mit mehreren Durchgängen hintereinander, z. B. über 3 Längen).	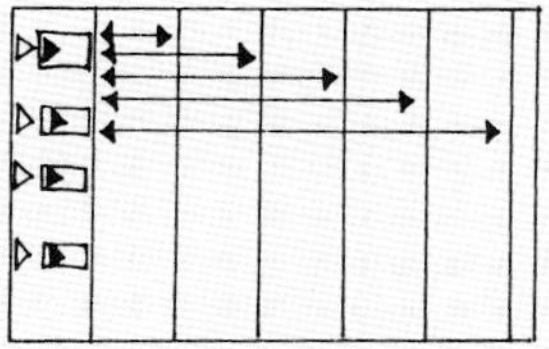
Inhalt	Schnelligkeit		
Verhalten	Kooperation		
211	**Linienlauf mit Kufenkontrolle**	Die Paare starten im Bob an der Hallenstirnseite, Ziel ist die gegenüberliegende Grundlinie. An jeder Linie des Volleyballfeldes aussteigen, den Bob einmal umkreisen, einsteigen und zur nächsten Linie fahren. • Zwei Bobs bilden eine Mannschaft. An jeder Linie muss die Besatzung aussteigen und in den Partnerbob umsteigen. Welche Gruppe, welches Paar ist zuerst?	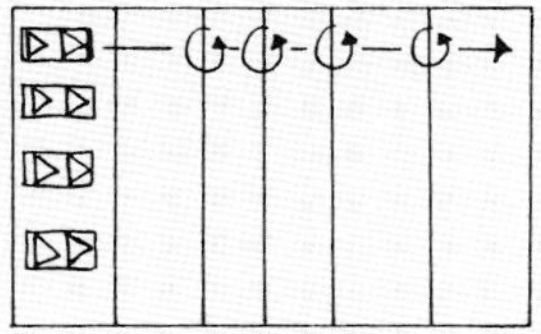
Inhalt	Schnelligkeit		
Verhalten	Kooperation		
212	**Le Mans-Rennen**	Paarweise in Bauchlage an der Grundlinie. Pro Paar steht ein „Bus" (= Kastenteil) auf der anderen Seite. A startet zum Bus und fährt ihn zu B zurück. B steigt ein und beide fahren hin und zurück. Danach bringt B den Bus alleine zurück und läuft zu A. Welches Paar ist zuerst fertig?	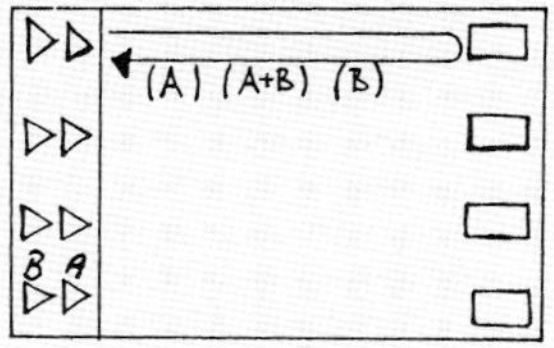
Inhalt	Schnelligkeit		
Verhalten	Kooperation Taktik		
213	**Kastentreppe**	Rundlaufbetrieb: Mit kräftigen Laufsprüngen von Kasten zu Kasten. Kräftiger Abdruck vom obersten Kasten zum Weitsprung in die dicke Matte (oder weiche Landung auf der dünnen Matte). • Abwechslungsweise von einem höheren und einem niedrigeren Kasten abstoßen. Rhythmus: Ta-dam, ta-dam. • Verschiedene Aufgaben nach der (weichen) Landung: Rolle vw, Strecksprung, $\frac{1}{2}$ Drehung + Rolle rw + $\frac{1}{2}$ Drehung, etc. • Letzten Kasten überspringen. • Auch mit dem anderen Bein versuchen.	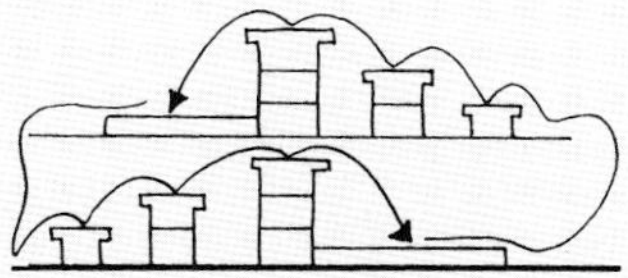
Inhalt	Sprungschulung Rhythmus		
Verhalten	Fröhliches Training in der Gruppe		

Nr.	Name der Spielform Ziele/Akzente	Idee/Beschreibung	Hinweise/Organisation

214 **Sprung- und Laufschulung**

Inhalt Kraftausdauer Beine

Verhalten Fröhliches Gruppentraining

Die kleinen Kästen werden in regelmäßigen Abständen auf zwei Bahnen verteilt:

- Rundlauf über die Kästen.
- Slalomlauf um die Kästen.
- Schrittsprünge von Kasten zu Kasten.
- Steigsprünge über die Kästen.
- Überspringen der Kästen im Slalomlauf.
- Rhythmusschulung: (Abstand 4 bis 5 m); 3er-, 5er-Rhythmus zwischen den Kästen.

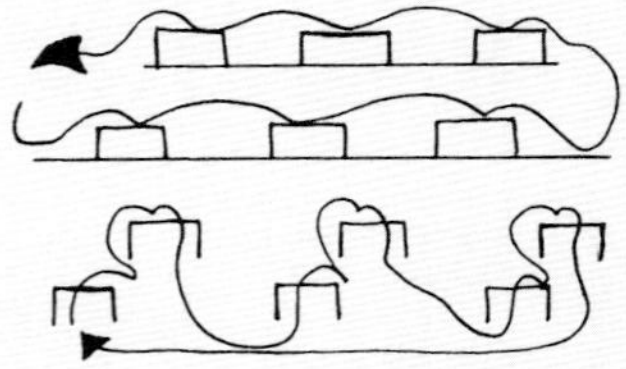

215 **Rette sich wer kann**

Inhalt Schnelligkeitsausdauer

Verhalten Helfen Spaß

2 bis 4 Fänger verfolgen die anderen. Abgetupfte Spieler fassen den Fänger an der Hand. Nur die beiden äußersten Glieder der Fängerkette dürfen fangen. In der Halle stehen Kästen als Rettungsinseln bereit. Sobald eine Viererkette ein 5. Glied abtupft, rufen diese fünf Spieler laut: „Rette sich wer kann!" Bei diesem Ruf lösten sich alle Fängerketten auf, und jeder versucht, ob Fänger oder Freier, auf einer Insel Platz zu finden. Auf jeder Rettungsinsel dürfen aber nur 5 Spieler stehen, die sich gegenseitig helfen und halten, damit keiner herunterfällt. Die 2 bis 4 Spieler, die keinen Platz mehr finden auf den Inseln, werden die neuen Fänger. (Anzahl Spieler, die auf einer Insel Platz haben, den vorhandenen Kästen anpassen).

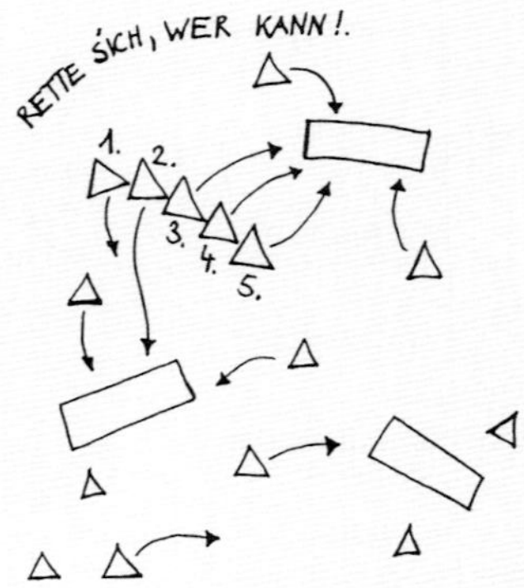

216 **Start zum Autorennen**

Inhalt Koordination Schnelligkeit

Verhalten Regeln einhalten

a) Je zwei Kastenelemente im Abstand von ca. 6 m gegenüber, neben jedem Kasten steht ein Läuferpaar. A und C starten zum anderen Kasten, berühren ihn (z. B. mit dem Gesäß) und laufen zum eigenen Kasten zurück. Danach laufen B und D ebenso. Welche 4er-Gruppe hat zuerst 10 Läufe?

- Auch mit Umkreisen des Kastens oder Lauf im Seitgalopp.

b) Seitgalopp und bei jedem Kasten kurz absitzen.

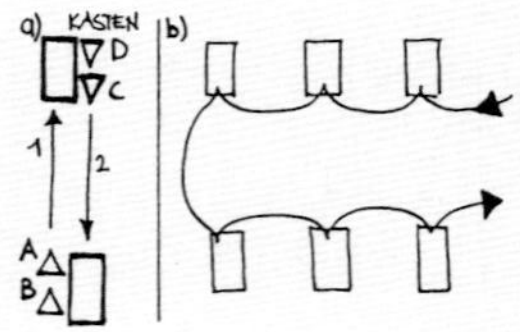

Nr.	Name der Spielform Ziele/Akzente	Idee/Beschreibung	Hinweise/Organisation
217	**Geräte-Fangen** **Inhalt** Schnelligkeit Kraft **Verhalten** Helfen	Fangen mit 3 bis 4 markierten Fängern. Wer gefangen ist, muss beim nächstgelegenen Gerät hangen, stützen ... Freie Spieler können die „Verbannten“ durch Berühren befreien. Können die Fänger alle Spieler verbannen?	
218	**Kastendeckel-rennen** **Inhalt** Erlebnis **Verhalten** Kooperation Spaß	4er-Gruppen mit je einem Kastendeckel und 5 Gymnasitkstäben: Der Kastendeckel wird umgedreht und auf einige Stäbe gelegt. Ein Schüler setzt sich in diesen „Wagen“, einer schiebt ihn an, die anderen zwei legen die freien Stäbe immer wieder vorne unter den Kasten, so dass das Gefährt nie stoppt oder den Boden berührt. Stafettenform.	
219	**Fangen mit Freimal** **Inhalt** Schnelligkeit Ausdauer **Verhalten** Voraussicht	Fangen mit 1 bis 4 markierten Fängern. Verfolgte Spieler können sich auf ein Freimal retten. (Je nachdem, was im Hauptteil gebraucht wird, nimmt man Matten, Pferd, Langbank etc. als Freimal.) Auf jedem Freimal darf höchstens ein Spieler stehen. Verfolger haben „Vortritt“ auf dem Freimal. Stehen plötzlich zwei Läufer auf demselben Freimal, so wird derjenige Fänger, welcher schon länger oben war.	
220	**Platz suchen** **Inhalt** Schnelligkeit Reaktion **Verhalten** Gegenseitig Rücksicht nehmen	Diverse Geräte (oder Matten) werden in einem möglichst großen Kreis aufgestellt. Auf jedem Gerät sitzen, stehen, hängen zwei Spieler. In der Mitte stehen 2 bis 3 Spieler ohne Gerät. Auf Signal müssen alle ihr Gerät verlassen und ein anderes besetzen. Wer als letzter ohne Gerät übrig bleibt, kommt in die Mitte. Das benachbarte Gerät darf nicht besetzt werden. Im Freien: Größere Distanzen; mit Malstäben.	
221	**Platz suchen verkehrt** **Inhalt** Schnelligkeit Reaktion **Verhalten** Gegenseitig Rücksicht nehmen	Alle Spieler liegen im Mittelkreis in Bauchlage, die Füße berühren die Kreislinie. Auf Signal versuchen alle, ein Gerät zu erobern, wobei pro Gerät nur zwei Schüler Platz haben. Wer kein Gerät mehr erwischt, verweilt ein Leben oder macht eine Strafübung. (Oder: Wer ein Gerät erwischt, erhält einen Punkt. Wer holt am meisten Punkte?).	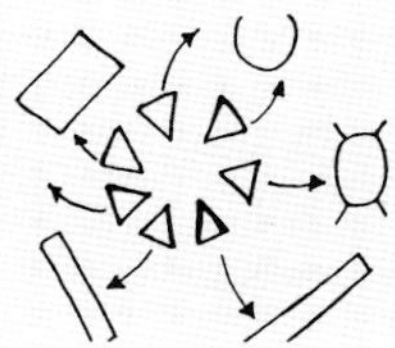

Nr.	Name der Spielform Ziele/Akzente	Idee/Beschreibung	Hinweise/Organisation
222	**Wasser und Feuer** **Inhalt** Reaktion **Verhalten** Fröhliches Tummeln an Geräten	Die im Hauptteil verwendeten Geräte stehen aufgestellt in der Halle (möglichst verstreut). Freies Laufen. Auf Zuruf des Leiters muss die entsprechende Aufgabe möglichst rasch erfüllt werden. Z. B.: • „Feuer" = Alle legen sich auf den Bauch. • „Wasser" = Alle bringen sich auf einem Gerät in Sicherheit. • „Nordpol" (Südpol) = Zur entsprechenden Hallenwand laufen. • „Hochwasser" = Nur besonders hohe Geräte bieten Schutz. • Etc. • Mit verschiedenen Fortbewegungsarten. • Der zuletzt Ankommende muss jeweils eine Strafübung ausführen. • Die Kommandos müssen in Kleingruppen mit Handfassung ausgeführt werden.	DIV. GERÄTE "FEUER" = ALLE LEGEN SICH AUF DEN BAUCH "WASSER" = ALLE BRINGEN SICH AUF EINEM GERÄT IN SICHERHEIT "NORDPOL" (SÜDPOL) = ZUR ENTSPRECHENDEN HALLENWAND LAUFEN. "STURM" = IN EINE ECKE LAUFEN ODER UNTER EIN GERÄT KRIECHEN "HOCHWASSER" = NUR BESONDERS HOHE GERÄTE BIETEN SCHUTZ ETC.
223	**Platzwechsel** **Inhalt** Koordination **Verhalten** Helfen, Rücksicht	Die ganze Gruppe sitzt auf dem unteren Holm. Auf ein Signal laufen alle 4x um ihren Barren und setzen sich wieder auf den unteren Holm. Welche Gruppe ist zuerst? • Wie oben, aber der Boden darf nicht mehr berührt werden! • Der obere Holm darf nur noch mit den Händen, der untere Holm nur noch mit den Füßen berührt werden! • Es darf nur noch ein Holm aufs Mal berührt werden! Gegenseitige Hilfe! (Nicht das Tempo ist wichtig, sondern die Qualität der Zusammenarbeit).	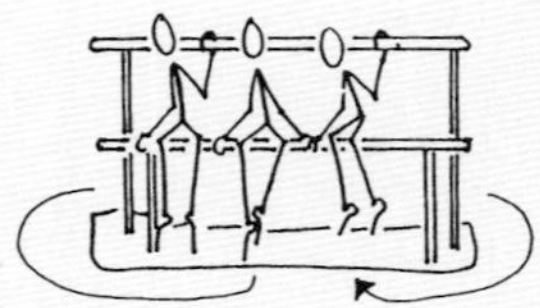
224	**Pirateninsel** **Inhalt** Schnelligkeit **Verhalten** Helfen	2 Gruppen (Piraten und Seefahrer), in der Hallenmitte eine Weichmatte (Pirateninsel). Die Piraten postieren sich um die Pirateninsel um sie (mit den Gefangenen) zu bewachen und gleichzeitig andere Seeleute zu fangen. Wer von den Seeleuten gefangen wird, kommt auf die Insel. Freie Seeleute können Gefangene durch Handschlag befreien. Schaffen es die Piraten alle Seeleute gefangen zu nehmen? Evtl. Spielfeld einschränken.	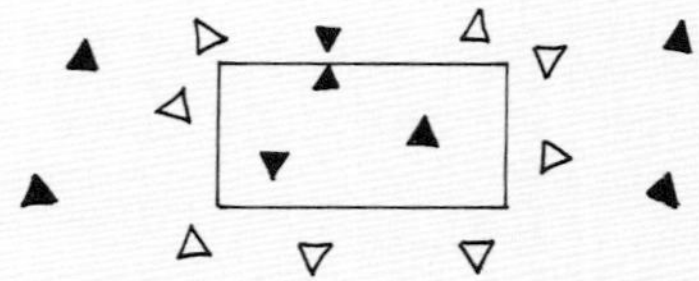
225	**Alle im gleichen Boot** **Inhalt** Schnelligkeit, Kraft **Verhalten** Kooperation	2 Gruppen mit je einer Weichmatte. Stafettenform. • Start auf der Matte sitzend, laufen zur Wand und wieder zurück. • Dito, aber alle unter der Matte starten und landen. • Matte hochkant schieben, alle müssen hinter der Matte versteckt sein. • Mattentransport, aber ohne Hände zur Sprossenwand, Ziel: alle sitzen zum Schluss auf der Sprossenwand.	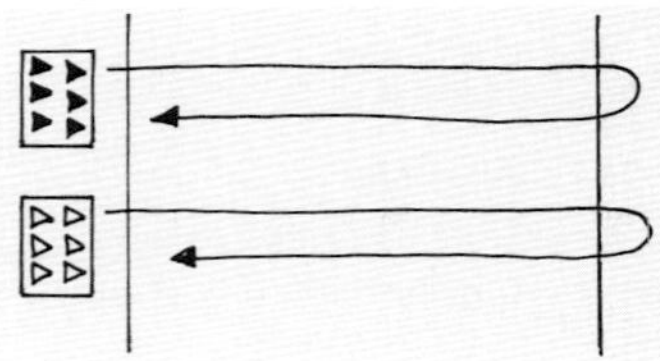

Nr.	Name der Spielform Ziele/Akzente	Idee/Beschreibung	Hinweise/Organisation

226 Endloskette

Inhalt: Ausdauer, Schnelligkeit
Verhalten: Gegenseitig Rücksicht nehmen!

Die Schüler bilden 2 oder 3 Schlangen und halten sich pro Schlange an einer Zauberschnur fest. Die Schlangen traben langsam (!) durch die Halle. Auf Pfiff spurtet der Hinterste nach vorne und wird zum neuen Führer.
- Das Seil hochheben und Slalom um die Läufer und unter dem Seil durch nach vorne.
- Seil kniehoch tragen: Slalom und über das Seil hüpfen.

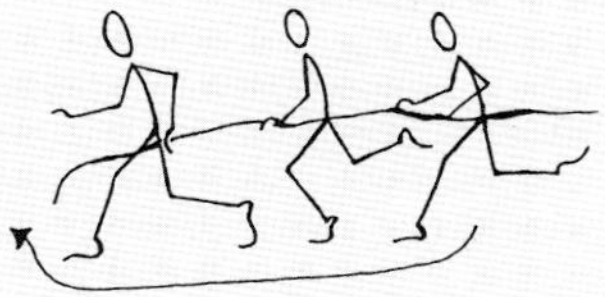

227 Zirkuspferde

Inhalt: Sprungschulung, Rhythmus
Verhalten: Das Seil nicht berühren!!!

Zwei Zauberschnüre werden mit Hilfe eines Pferdes zu einem Kreuz gespannt: Laufen im Kreis mit Überspringen/Unten durchkriechen.
- Rhythmusschulung: 3er-, 5er-Rhythmus.

Bemerkung: Gleichzeitig hat man so die Halle in 4 Feldern eingeteilt: Kleine Spiele in mehreren Feldern; Feldwechsel: Wer ist zuerst im gegenüberliegenden Feld? Erschwerte Fangenform etc.

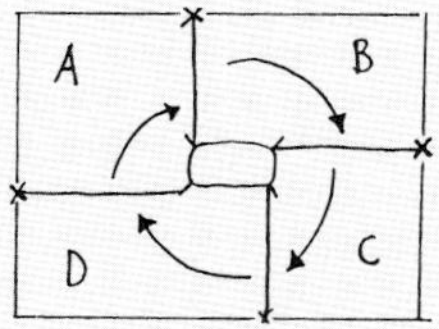

228 Verzaubern

Inhalt: Schnelligkeit
Verhalten: Helfen

Ein Zauberkreis (= Zauberschnur im Kreis) liegt in der Mitte auf dem Boden. 3 bis 5 Fänger mit Spielband. Vor dem Gefangenwerden kann man sich durch einen Sprung in den Zauberkreis retten, ist dann aber verzaubert und muss im Kreis bleiben. Durch einen Handschlag eines freien Spielers kann man wieder erlöst werden.
Wer gefangen wird, löst den Fänger ab.

229 Variation Glucke und Geier

Inhalt: Schnelligkeit
Verhalten: Kooperation

Aufstellung und Spielgedanke wie im Grundspiel, aber die Spieler halten sich an einer Zauberschnur.
- Eine Riesenschlage versucht, sich selbst in den Schwanz zu beißen.
- Ein freier Wagen versucht, sich einem „Zug“ anzuhängen, der Zug versucht, dies zu verhindern.
- Geier jagt den Schwanz der Glucke. Etc.

230 Kreisfangen

Inhalt: Schnelligkeit (Aktion/Reaktion)
Verhalten: Kooperation, Taktik

4 bis 8 Spieler bilden einen möglichst großen Kreis und halten mit beiden Händen das Rundseil. Ein Fänger steht in der Mitte des Kreises und versucht, die Seilhaltenden zu fangen. Diese dürfen, wenn sie angegriffen werden, das Seil loslassen. Die anderen am Seil sorgen dafür, dass das Seil nie den Boden berührt. Der Fänger wird ausgewechselt, wenn er einen Kreisspieler fängt oder wenn das Seil den Boden berührt.

Nr.	Name der Spielform Ziele/Akzente	Idee/Beschreibung	Hinweise/Organisation
231	**Malstab-Fangen** **Inhalt** Schnelligkeit **Verhalten** Taktik	Gewöhnliches Fangen mit 3 bis 5 markierten Fängern. Wer sich an einem Malstab hält, kann nicht gefangen werden (3 bis 5 Malstäbe in der Halle verteilt). Die Malstäbe dürfen höchstens von je einem Spieler besetzt sein. Wenn ein zweiter Spieler den Malstab besetzt, muss der erste weg. • Mit Reifen oder Matten möglich.	
232	**Füchse und Jäger** **Inhalt** Schnelligkeit **Verhalten** Taktik	Zwei gleich große Parteien (Füchse und Jäger) stehen sich gegenüber auf den Grundlinien. Im Mittelkreis stehen drei Malstäbe (oder Keulen) als Gänse. Die Füchse versuchen, die Gänse zu holen (Malstäbe umwerfen). Die Jäger fangen die Füchse (durch berühren) ein. Gefangene Füchse lösen bis Spielende eine Ersatzaufgabe. Wenn alle Malstäbe umgeworfen sind, haben die Füchse gewonnen, sind alle Füchse gefangen, die Jäger.	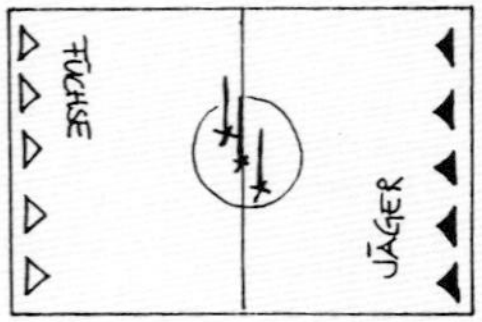
233	**Dribbling gegen Torwart** **Inhalt** Torschuss Schnelligkeit **Verhalten** Spielnahe Situation üben	Zwei Parteien stellen sich je hinter einer Slalomstrecke nebeneinander auf. Auf Pfiff starten die beiden Vordersten, A als Stürmer mit Ball, B als Torwart ohne Ball. Der Torwart versucht, so schnell zu laufen, dass er noch rechtzeitig das Tor erreicht, um gegen den vom Ende der Slalomstrecke abgeschlossenen Ball des Stürmers reagieren zu können. Welche Mannschaft erzielt die meisten Tore? (Fußball, Handball).	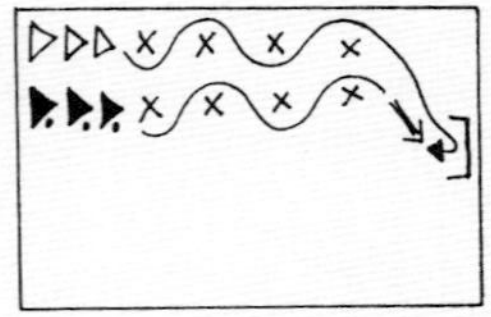
234	**Anfängerstafette** **Inhalt** Ausdauer **Verhalten** Miteinander wetteifern	A) Lauf um die Gruppe und um den Malstab und den nächsten Läufer mitnehmen. B) Kreuz-Anhängstaffel: Jeweils der hinterste Läufer wird mitgenommen. C) Kreuz-Anhängstaffel mit Langbänken. Form 1: Laufen, bis alle „Wagen" angehängt haben und wieder abgeladen sind. Form 2: A läuft alleine, holt B und hängt ab, während B C mitnimmt. (Jeder läuft 2x).	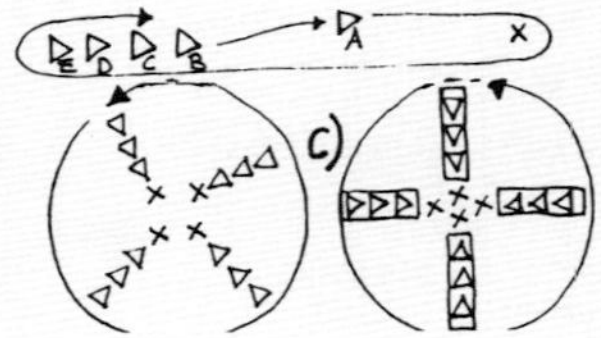
235	**Jagdfangen** **Inhalt** Schnelligkeitsausdauer **Verhalten** Eigene Mannschafts-Taktik erproben	Abgesteckte Runde. Bei jedem Malstab startet ein Schüler. Jeder versucht, seinen Vordermann einzuholen und zu fangen und passt auf, dass der Hintermann ihn nicht erwischt. Wer zuerst fängt, ist Sieger. • Es kann auch in kleinen Gruppen gelaufen werden. Welches Team fängt ein anderes?	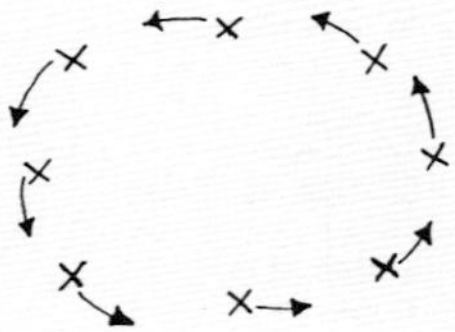

1.11 Malstab

Nr.	Name der Spielform Ziele/Akzente	Idee/Beschreibung	Hinweise/Organisation

236 Treppensteigen

Inhalt Schnelligkeit, Ausdauer

Verhalten Fröhlicher Wettstreit

Zwei Kolonnen, jeder Spieler mit einem Ball: Auf Pfiff umlaufen die zwei Vordersten jeden Malstab und kehren immer wieder zur Mittellinie zurück (dribbeln). Welcher schafft die Treppe am schnellsten?

- Ausdauer: Die Paare starten kurz hintereinander. Wie viele Durchgänge schafft die Gruppe in 5 Min.?
- Verfolgungslauf: Wer holt den Vorderen ein?

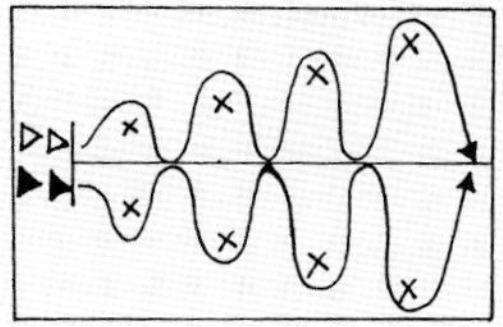

237 Abzähl-Lauf

Inhalt Ausdauer

Verhalten Tempogefühl

Ausgestecktes Quadrat:

1. Die ganze Klasse läuft 2 Min. lang im Uhrzeigersinn um die Pfosten und zählt jeden Malstab, an dem sie vorbeiläuft.
2. Nach 2 Min. erfolgt ohne Pause Richtungswechsel: Die Schüler laufen 2 Min. im Gegenuhrzeigersinn und zählen alle Pfosten rw ab. Wer läuft so regelmäßig, dass er nach diesen 4 Min. wieder bei 0 ankommt (mitzählen)?

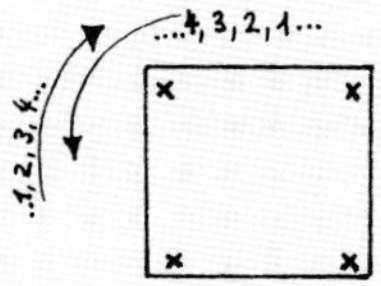

238 Dreiecksläufe

Inhalt Ausdauer

Verhalten Zeit- und Tempogefühl

Ausgestecktes gleichseitiges Dreieck:

- Zeitgefühlläufe über eine Runde oder von Pfosten zu Pfosten. Tempo steigern.
- Nummernwettkämpfe: Drei durchnumerierte Gruppen hinter je einem Malstab.
- Dreiecksstaffel: Mit Übergeben eines Staffelstabes. Erschwerung durch Spannen einer Zauberschnur, die übersprungen werden muss.

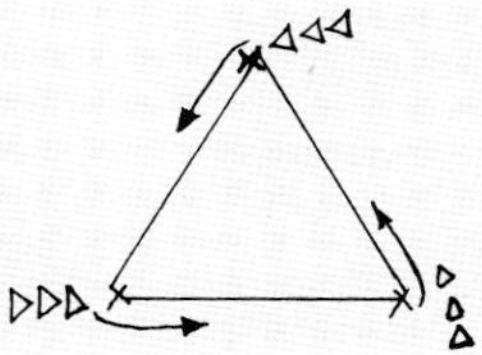

239 Eisenbahnfahrt

Inhalt Ausdauer

Verhalten Koorperation

In der Halle stehen ein paar Malstäbe (= Bahnhöfe) verteilt. Die Schüler laufen in „Zügen" (Kolonnen) frei durch die Halle. Jede Gruppe ist untereinander mit einem Springseil verbunden. Wenn jemand müde wird, kann er an einem Bahnhof aussteigen und ausruhen, bis er wieder fit ist, und ein anderer Zug beim Bahnhof vorbeifährt, mit dem er weiterfahren kann.

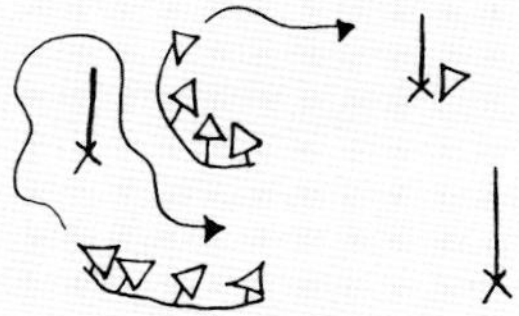

240 Springer gegen Läufer

Inhalt Ausdauer, Schnelligkeit

Verhalten Fröhlicher Gruppenwettkampf

Während Gruppe A als Team 3 Runden läuft (zu 100 bis 200 m), macht Gruppe B eine Umkehrstafette zwischen zwei Malstäben.
Wie viele Läufe kann Gruppe B erzielen, während Gruppe A die 3 Runden läuft?
Rollenwechsel.

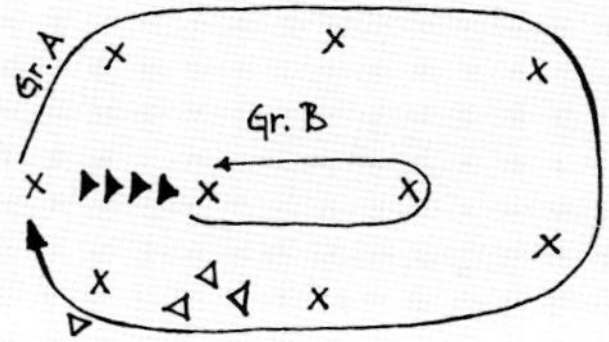

Nr.	Name der Spielform Ziele/Akzente	Idee/Beschreibung	Hinweise/Organisation
241	**Klammer-Fangen** **Inhalt** Schnelligkeit **Ver-halten** Spielübersicht	Jeder Spieler klemmt sich 3 Wäscheklammern ans T-Shirt (Hose, Ärmel, je nach Abmachung). Während einer best. Zeit (5 Min.) versucht jeder Spieler Klammern zu stehlen und sich selbst anzuklemmen. Wer hat nach Ablauf der Zeit am meisten Klammern.	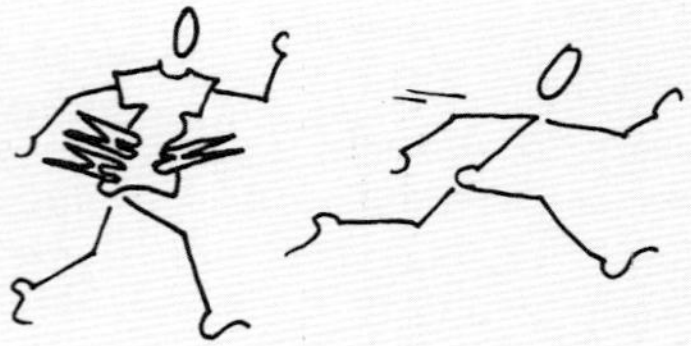
242	**Klammer-Fangen anders** **Inhalt** Schnelligkeit **Ver-halten** Fairness	Jeder Spieler hat eine Wäscheklammer. Wer einen anderen berührt, darf seine Klammer demjenigen ans T-Shirt heften. Beim Spielleiter gibt es neue Klammern. Wenn alle Klammern aufgebraucht sind, ist das Spiel zu Ende. Wer hat am wenigsten Klammern am T-Shirt.	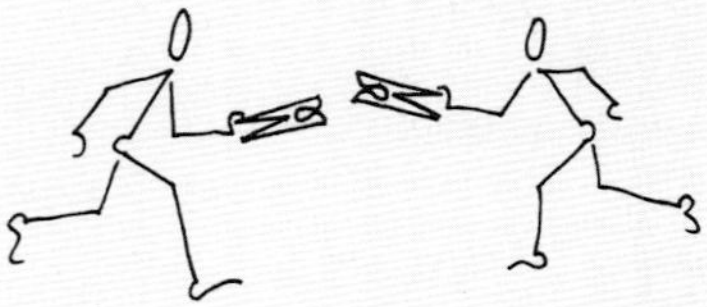
243	**Gib es weiter** **Inhalt** Schnelligkeit **Ver-halten** Fairness	3 bis 5 Spielbänder (Ostereier, Samichlausmützen, Socken, Wollknäuel, ect.) werden so schnell als möglich weitergegeben. Wer bei Musikstopp einen Gegenstand besitzt, hat ein Leben verloren, bzw. muss eine Strafaufgabe lösen. Wer berührt wird, muss den Gegenstand annehmen.	
244	**Buchstabenlauf** **Inhalt** Schnelligkeit **Ver-halten** Taktik	Gruppenstafette. Als Startzeichen wird ein Wort gerufen. Die Läufer holen einzeln je einen Buchstaben dieses Wortes. Gewechselt wird mit Handschlag. Welche Gruppe hat zuerst das Wort (richtig) geschrieben. Altersgemäße Wörter auswählen, evtl. mit Sprachunterricht verknüpfen. • Auch Fremdsprachen verwenden. • Jede Gruppe hat ihre eigene Buchstabenfarbe.	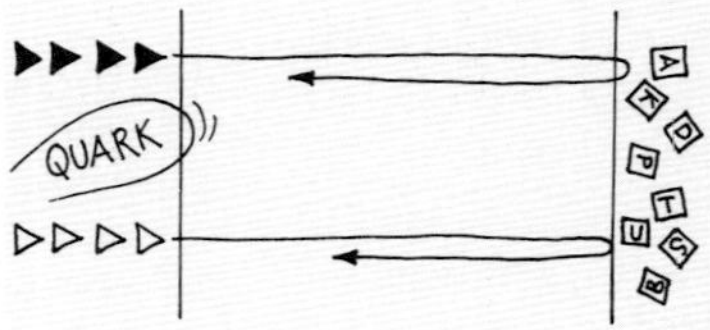
245	**Puzzle-Lauf** **Inhalt** Ausdauer **Ver-halten** Kooperation	2–4 Gruppen. Im Reifen (o. Ä.) liegen ca. 50 Puzzleteile. Pro Lauf darf 1 Teil mitgenommen werden. Hinter der Markierung soll das Puzzle so schnell als möglich zusammengesetzt werden. • Erst wenn alle Teile da sind zusammensetzen. • Es darf jeweils nur 1 Läufer am Zusammensetzen sein.	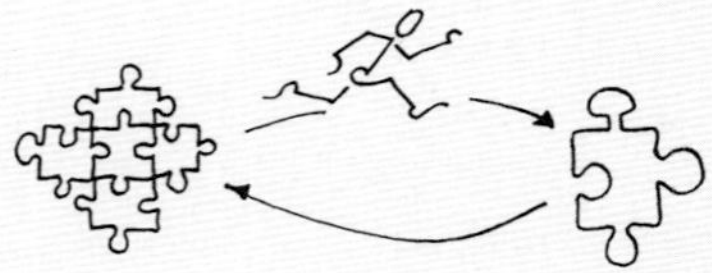

Nr.	Name der Spielform Ziele/Akzente	Idee/Beschreibung	Hinweise/Organisation
246	**Elferaus**	Alle Spielkarten liegen zugedeckt auf einer Linie auf der anderen Hallenseite. 4 Gruppen holen als Pendelstafette möglichst schnell alle Karten ihrer Farbe. Karte aufdecken, Farbe falsch, Karte wieder umdrehen, Farbe richtig, mitnehmen. • Es müssen bestimmte Zahlen geholt werden (Farbe spielt keine Rolle). • Falsch aufgedeckt = zurücklaufen.	
Inhalt	Ausdauer		
Ver-halten	Fair spielen		
247	**Nummern-Sammellauf**	Je ca. 20 Kärtchen mit den Nummern 1, 2, 3, darauf werden aus ihren Depots geholt. Wer hat zuerst 45 Punkte? • Zu den Kärtchen geht es über verschiedene Hindernisse. • Zu 1 = laufen, zu 2 = hüpfen, zu 3 = rückwärts laufen. • Im Wald.	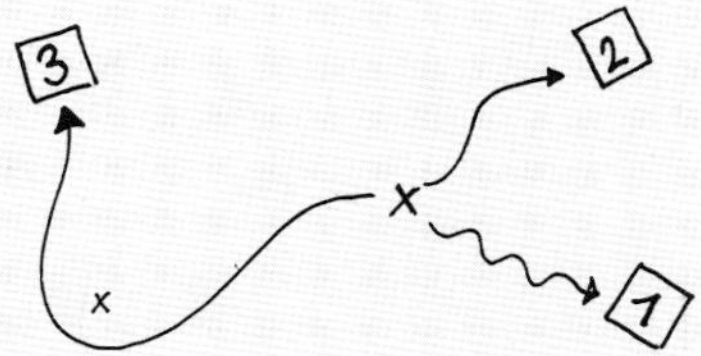
Inhalt	Ausdauer		
Ver-halten	Taktik		
248	**Wer bin ich**	Jeder hat ein Blatt am Rücken angeheftet, auf dem eine Sportart und ein Beruf stehen. Zu zweit eine Einlaufstrecke laufen (ca. 1 km, je nach Alter und Training). Durch abwechselndes Fragen (nur JA/Nein-Antworten erlaubt) versuchen die zwei, des anderen Sportart und Beruf herauszufinden. Wer es im Ziel noch nicht weiß, löst eine Zusatzaufgabe.	
Inhalt	Ausdauer		
Ver-halten	Reden und laufen		
249	**Schwebe-Ballons**	So viele Ballone wie Spieler in einer Gruppe. Die Ballone müssen in einem bestimmten Feld in der Schwebe gehalten werden. Jede Farbe verlangt eine andere Technik des Hochspielens (Fuß, Ellbogen, Kopf, Knie, beidhändig, etc.). Ein Ballon darf nicht 2x vom selben Spieler hochgespielt werden. Nach jedem Hochspielen muss der Spieler aus dem Feld laufen. Welche Gruppe kann die Ballone am längsten hochhalten?	
Inhalt	Reaktion		
Ver-halten	Kooperation Taktik		
250	**Gruppen-Ballon**	Kleine Gruppen mit je einem Luftballon. Ziel der Gruppe ist es, den Ballon in einer vorgegebenen Zeit immer in der Schwebe zu halten. • Jeder Ballonkontakt gibt einen Punkt. • Wenn jeder der Gruppe den Ballon 1x berührt hat, ergibt das einen Punkt. • Es muss eine bestimmte Strecke mit dem Ballon zurückgelegt werden, wenn der Ballon den Boden berührt, zurück zum Start.	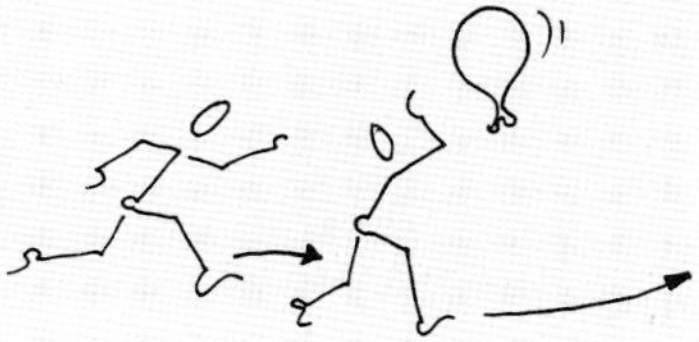
Inhalt	Reaktion		
Ver-halten	Kooperation Taktik		

Kapitel 2
Werfen

Nr.	Name der Spielform Ziele/Akzente	Idee/Beschreibung	Hinweise/Organisation
251	**Schnappball (Grundspiel)**	Zwei Parteien versuchen, 10 Pässe hintereinander zu erzielen, bzw. den Gegner daran zu hindern. • Eine 10er-Serie gelungen ist. • Der Ball berührt den Boden. • Der Gegner fängt (evtl. berührt) den Ball. • Auch in Über- und Unterzahl; oder Ball mit dem Fuß spielen.	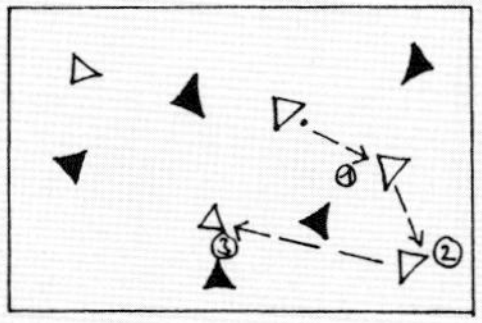
Inhalt	Ausdauer		
Ver-halten	Taktik		
252	**Linienball**	Zwei Parteien, ein Ball: Jede Partei versucht, sich den Ball innerhalb der eigenen Mannschaft zuzuspielen und den Ball hinter der gegnerischen Grundlinie auf den Boden zu legen. Mit dem Ball darf weder gelaufen noch geprellt werden. Welche Mannschaft hat zuerst 5 Tore?	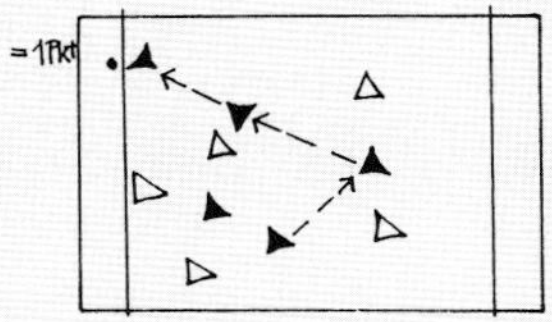
Inhalt	Ausdauer		
Ver-halten	Taktik		
253	**Reifeneierlegen**	1 bis 3 Reifen mehr, als es Verteidiger hat, liegen verteilt im Feld. Die Angreifer versuchen, den Ball in einen freien Reifen zu legen. Die Verteidiger verhindern dies, indem sie den Reifen jeweils mit einem Fuß besetzen. Können die Verteidiger den Ball erobern, werden sie zu Angreifern. Kein Laufen oder Prellen mit dem Ball. Nach „Tor"-Erfolg wird direkt weitergespielt.	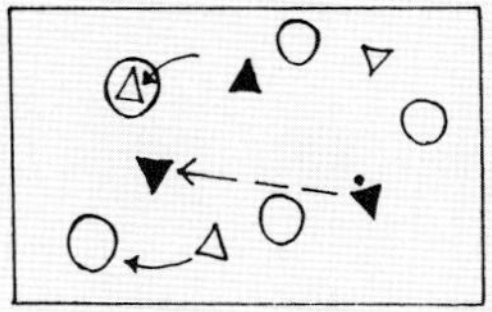
Inhalt	Ausdauer		
Ver-halten	Taktik		
254	**Königsschnappball**	Zwei Mannschaften zu 5 bis 8 Spielern. Jede Mannschaft bestimmt einen dem Gegner unbekannten König. Die ballbesitzende Mannschaft spielt sich den Ball zu und versucht, möglichst oft ihren König anzuspielen. Jeder gelungene Pass zum König zählt einen Punkt. Das Spiel dauert so lange, bis der Gegner herausgefunden hat, wer der König ist, bzw. bis eine Gruppe 10 Punkte erreicht hat (werfen oder kicken).	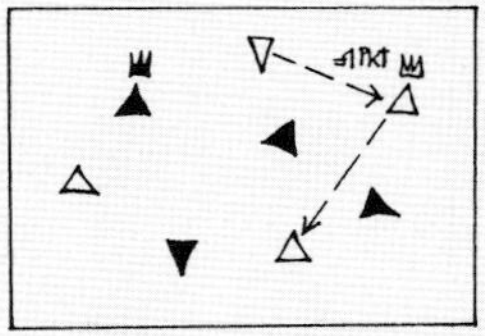
Inhalt	Ausdauer		
Ver-halten	Taktik		
255	**Zwei-Feld-Schnappball**	Zwei Parteien verteilen sich in zwei Spielfeldern, in jedem Feld stehen gleich viele Spieler von Gruppe A und von Gruppe B. Das eigene Spielfeld darf nicht verlassen werden. Ein Punkt wird erzielt, wenn ein Spieler aus dem Feld 1 einem Mitspieler in Feld 2 einen Pass geben kann (u. U.). Der Ball darf im eigenen Feld untereinander zugespielt werden (zur Vorbereitung des Passes über die Mittellinie). Manndeckung empfehlenswert.	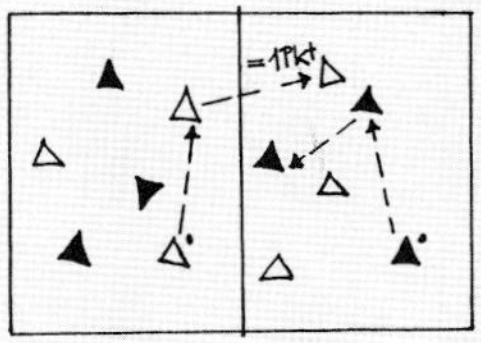
Inhalt	Ausdauer		
Ver-halten	Taktik		

2.1.1 Bälle (Schnappballformen)

Nr.	Name der Spielform Ziele/Akzente	Idee/Beschreibung	Hinweise/Organisation
256	**Königsball** **Inhalt** Genaue und schnelle Pässe **Verhalten** Gutes Zusammenspiel	In den beiden Freiwurfkreisen (ca. 10 m vor den Handballtoren) wird je ein kleiner Kasten aufgestellt. Es spielen zwei Mannschaften gegeneinander mit dem Ziel, den König, welcher auf dem Kasten vor dem gegnerischen Tor steht, anzuspielen. Nur der König kann Tore erzielen. Er kann den Ball durch Aufsetzer über die gegnerische Torauslinie werfen (= 1 Punkt) oder direkt ins Tor (= 3 Punkte). Alle Spieler dürfen in die Torräume und ins Tor stehen, nur die Freiwurfkreise um die beiden Königskästen dürfen nicht betreten werden (auch vom König nicht). Die Treffer des Königs zählen nur dann, wenn der König den Ball vom Kasten aus geworfen hat. Das Zuspiel zum König darf mit allen im Basketball (oder Handball) erlaubten Mitteln verhindert werden.	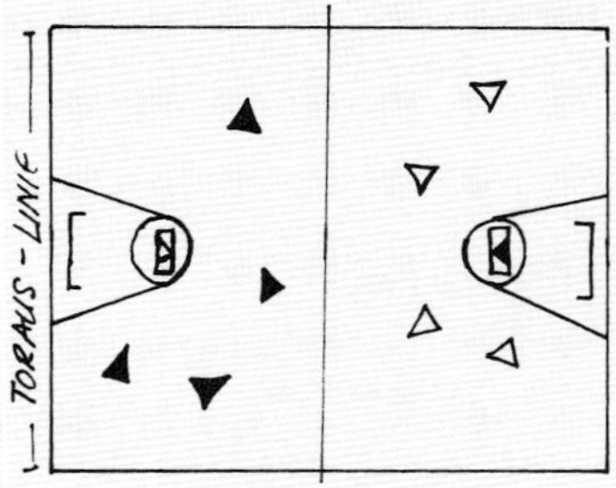
257	**Nummern-schnappball** **Inhalt** Schnelle und genaue Pässe **Verhalten** Spielübersicht Zusammenspiel	Ziel jeder Partei ist es, sich den Ball in der Reihenfolge der nummerierten Spieler zuzupassen. Umwege (Spiel zurück zu einer anderen Nummer) sind erlaubt, doch muss der Pass schließlich doch von der nächst tieferen Nummer erfolgen, also 1 spielt zu 2, 2 zu 3, usw. Welcher Partei gelingt es zuerst, alle Nummern ohne Unterbrechung, d. h., ohne dass der Gegner dazwischen am Ball ist, zu erzielen? Die Nummern können dem Gegner je nach Abmachung bekannt sein oder nicht. Erleichterung: Es muss nur die Nummernfolge eingehalten werden. Wer das Pass zur nächsten Nummer gibt, ist egal. Umwege sind also erlaubt.	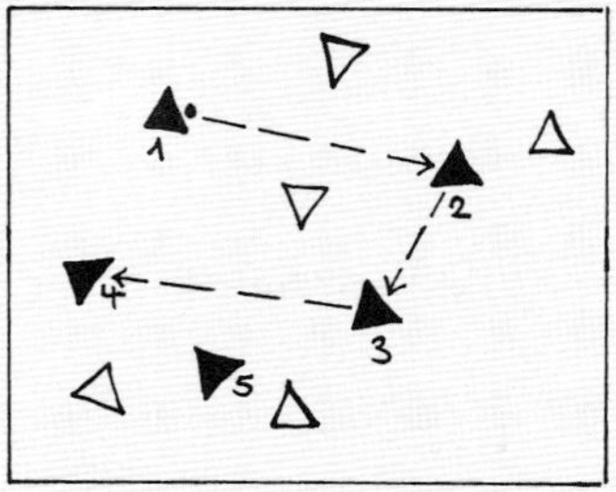
258	**Schnappball mit 2 Bällen auf Zeit** **Inhalt** Freilaufen und sich anbieten **Verhalten** Spielregeln einhalten	Es wird gewöhnliches Schnappball mit 2 Bällen gespielt. Ziel beider Mannschaften ist es, während 5 Min. möglichst lange im Besitz <u>beider</u> Bälle zu sein. Die Zeit, in der eine Partei beide Bälle besitzt, wird gestoppt. • Mit je einer Stoppuhr pro Gruppe. • Mit einer Stoppuhr 2x 5 Min. 3-Schritt- und v. a. 3-Sekunden-Regel beachten!	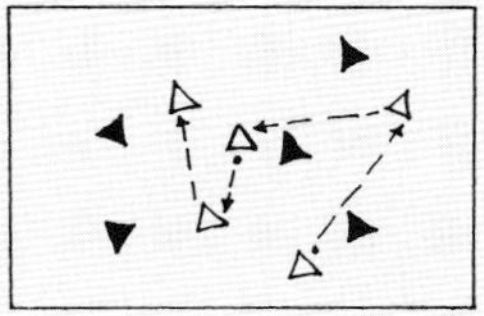

Nr.	Name der Spielform Ziele/Akzente	Idee/Beschreibung	Hinweise/Organisation
259	**Blitzball**	Jede Gruppe versucht, den Ball in die gegnerische Zone zu legen. Der Ball darf getragen oder rückwärts gespielt werden. Wird der Ballbesitzer berührt, muss er den Ball innerhalb von 2 Sek. abgeben (zu einem Spieler hinter ihm). Der berührte Spieler kann keinen Punkt erzielen.	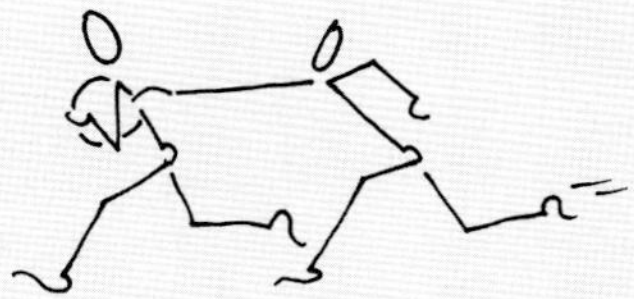
Inhalt	Schnelligkeit Reaktion		
Ver- halten	Fairness		
260	**5er-Fang**	7er-Gruppen. 5 direkte Fänge aus der Luft hintereinander ergeben 1 Punkt. Gespielt wird mit verschiedenen Laufregeln. • Mit Dribbling, ohne Dribbling und Schritte, nur rückwärts Zuspiel, etc.	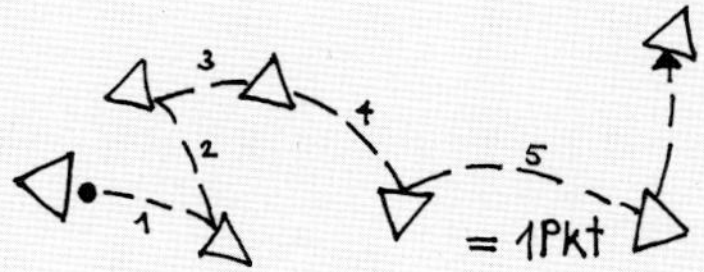
Inhalt	Sicheres Zuspiel		
Ver- halten	Ehrlich zählen		
261	**Zonenball**	Zwei Parteien: Gruppe A wirft sich einen Ball über die Mittelzone zu. Gruppe B in der Mittelzone versucht, diese Pässe zu unterbinden. Gelingt Gruppe B ein Fang, wechseln beide Parteien möglichst rasch die Felder und Gruppe B versucht nun ihrerseits, den Ball über die Mittelzone zu werfen. Welche Mannschaft hat nach 10 Min. mehr gültige Würfe? • Auch 2 gegen 2. (Auch mit Frisbee möglich).	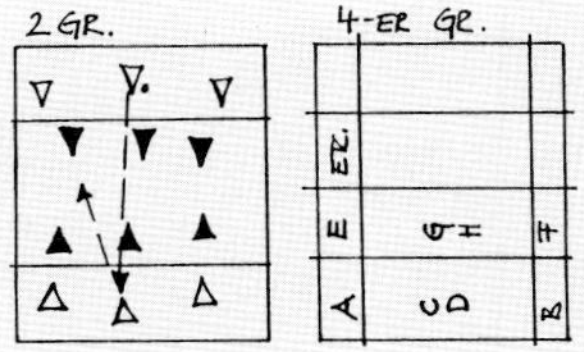
Inhalt	Genaue und weite Pässe		
Ver- halten	Spielübersicht und gutes Reagieren		
262	**Schnur-Schnappball**	Schnappball kombiniert mit Ball über die Schnur. Zwei Parteien auf beiden Seiten. Ein Pass zu einem Mitspieler auf der anderen Seite = 1 Punkt. Hinweis: Spieler kennzeichnen (Spielbänder tragen).	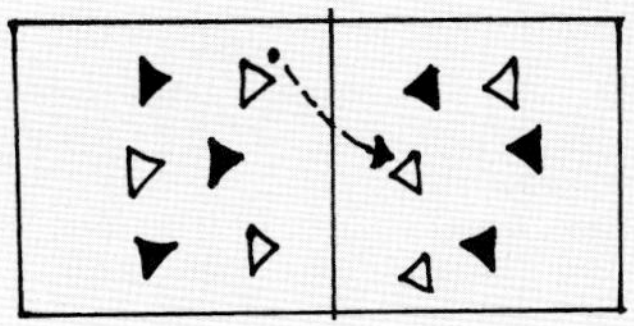
Inhalt	Ausdauer		
Ver- halten	Taktik		
		<u>Eigene Idee:</u>	
Inhalt			
Ver- halten			

2.1.2 Bälle (Jägerballformen)

Nr.	Name der Spielform Ziele/Akzente	Idee/Beschreibung	Hinweise/Organisation
263	**Jeder gegen Jeden** **Inhalt** Zielwurf, Schnelligkeit **Verhalten** Fairness, auch ohne Kontrolle	Jeder versucht, mit seinem Tennisball die anderen an den Beinen zu treffen. Getroffene gehen an die Wand und werfen den Ball 10x dagegen, bevor sie wieder mitspielen dürfen. Wer erzielt in 5 Min. am meisten Treffer?	
264	**Einer-Tupfball** **Inhalt** Schnelligkeitsausdauer **Verhalten** Taktik	4er- oder 5er-Gruppen: Ein Spieler wird von den anderen gejagt: Die Jäger versuchen, ohne mit dem Ball in der Hand zu laufen, den Hasen zu treffen. Der Spieler, der den Hasen getroffen hat, wird zum Hasen. • Evtl. nur Beintreffer zählen.	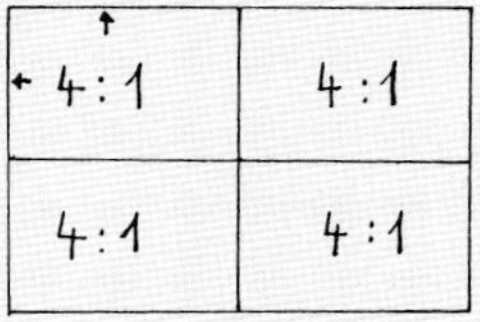
265	**Einbahn-Jägerball** **Inhalt** Schnelligkeitsausdauer **Verhalten** Spielübersicht	Die Jäger dürfen den Hasen „abschießen“, aber sie dürfen den Ball nur in Richtung der zwei Wandseiten ihres Spielfeldes werfen. • Evtl. nur Beintreffer zählen.	
266	**Zwei-Feld Abtupfball** **Inhalt** Schnelligkeit **Verhalten** Kluges Zusammenspiel	Zwei Mannschaften verteilen sich auf zwei Feldern. In jedem Feld sind gleich viele Spieler beider Parteien. In Feld 1 sind die Spieler von Gruppe A Jäger, diejenigen von Gruppe B sind die Hasen. Im Feld 2 ist es umgekehrt. „Abgetupfte“ Hasen wechseln ins andere Feld und helfen dort ihren Jägern beim „Abtupfen“ der Gegner. Welche Partei hat zuerst alle Hasen „abgetupft“ und damit ihr Feld geleert?	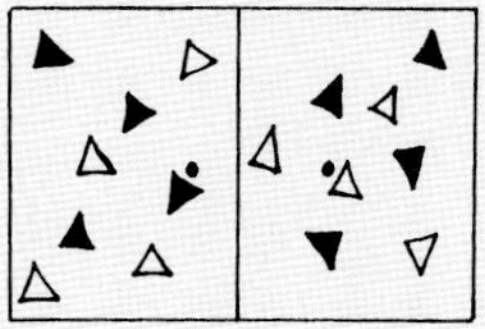
267	**Intervall Jägerball** **Inhalt** Schnelligkeitsausdauer **Verhalten** Taktik	Zwei Parteien: Die Jäger verteilen sich im Feld, die Hasen teilen sich in 2 bis 3 Rudel (z. B. zu 3 Hasen) auf. Jedes Rudel muss 30 Sek. im Feld der Jäger bleiben. (Oder jedes Rudel bleibt so lange im Feld, bis der 1. Hase getroffen ist). Welches Rudel erhält in 30 Sek. weniger Treffer? (Oder welches Rudel hält es am längsten bei den Jägern aus, ohne dass ein Hase getroffen wird?).	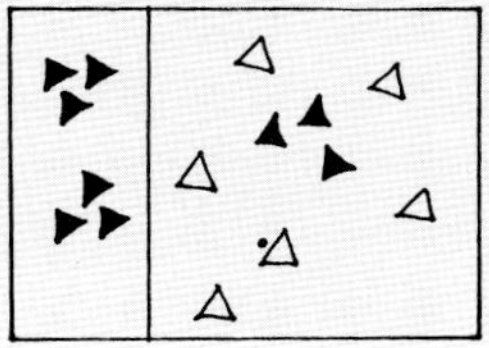

Nr.	Name der Spielform Ziele/Akzente	Idee/Beschreibung	Hinweise/Organisation
268	**Jägerball von außen nach innen** **Inhalt** Schnelles Zuspiel **Verhalten** Taktik	Die Jäger verteilen sich um die Hasen, welche in einem kleinen Feld sind (das die Jäger nicht betreten dürfen). Durch gutes Zusammenspiel versuchen die Jäger, in einer bestimmten Zeit möglichst viele Hasen zu treffen. • Ersatzbälle beim Lehrer. • Weiche Bälle, Schaumstoffbälle nehmen. • Auch mit Schutzhindernis im Feld der Hasen (Pferd, Barren ...).	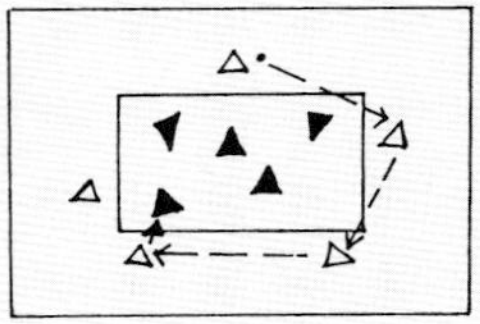
269	**Ausrottung** **Inhalt** Schnelligkeit **Verhalten** Taktik	Ein Jäger beginnt mit einem Ball, die Hasen zu treffen. Jeder getroffene Hase holt ein Spielband und wird auch Jäger. Jeder dritte getroffene Hase bekommt zusätzlich einen Ball. Der letzte überlebende Hase beginnt wieder als Jäger von vorne. In welcher Zeit können alle Hasen getroffen werden?	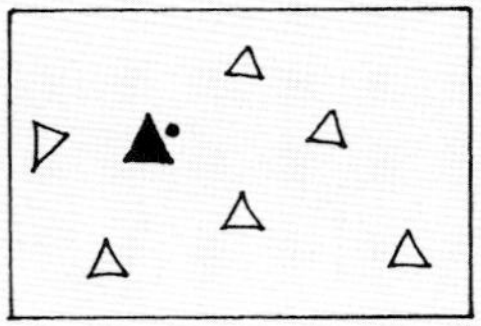
270	**Rettender Ball (Jägerball-Fangen)** **Inhalt** Schnelligkeit **Verhalten** Helfen	Es werden Paare gebildet, die sich an einer Hand halten müssen. Ein Paar ist das Jägerpaar. Es muss versuchen, ein anderes Paar zu fangen. Ein Ball ist im Spiel. Wer den Ball besitzt, kann vom Jägerpaar nicht gefangen werden. Weder beim Fangen noch beim Werfen darf das Paar auseinanderreißen. Gefangene übernehmen die Fängerrolle. Die Hasen versuchen, sich den Ball so zuzuspielen, dass keiner gefangen wird.	
271	**Handicap-Fangen** **Inhalt** Koordination **Verhalten** Helfen, Spaß	Beide Spieler eines Paares müssen den rechten Arm beim Partner einhaken, so dass der eine Partner vorwärts, der andere Partner rückwärts laufen muss. Dies erschwert das Spiel erheblich.	
272	**Mutiger Hase** **Inhalt** Reaktionsschnelligkeit **Verhalten** Hase: Mut, Jäger: Fairness	Alle gegen alle. Wer getroffen wird, muss eine entsprechende, vom Jäger bestimmte Bewegungsaufgabe lösen. Gelingt es jedoch dem Hasen den Jäger zu berühren, bevor dieser schießen kann, dann wird der Hase zum Jäger und der Jäger zum flüchtenden Hasen.	

2.1.2 Bälle (Jägerballformen)

Nr.	Name der Spielform Ziele/Akzente	Idee/Beschreibung	Hinweise/Organisation
273	**Bruderkrieg** **Inhalt** Ausdauer (je nach Spielzeit) **Ver-halten** Sehr gute Spielübersicht	(= Umkehrung von „Rettender Ball“). Drei Parteien: Gruppe A = Fänger mit Spielband markiert. Gruppe B = Hase ohne Ball. Gruppe C = Hase mit je einem Ball. Die Fänger versuchen, die Hasen aus Gruppe A und Gruppe B zu fangen. Jeder Ball besitzende Hase versucht, den Ball so schnell wie möglich einem anderen Hasen weiterzugeben, denn nur wer einen Ball besitzt, kann gefangen werden. Wird ein Hase von einem Ball berührt, so muss er ihn annehmen (und seinerseits möglichst rasch weitergeben). Gefangene Hasen lösen die Jäger ab. • Wie viele Hasen können die Jäger in 5 Minuten fangen?	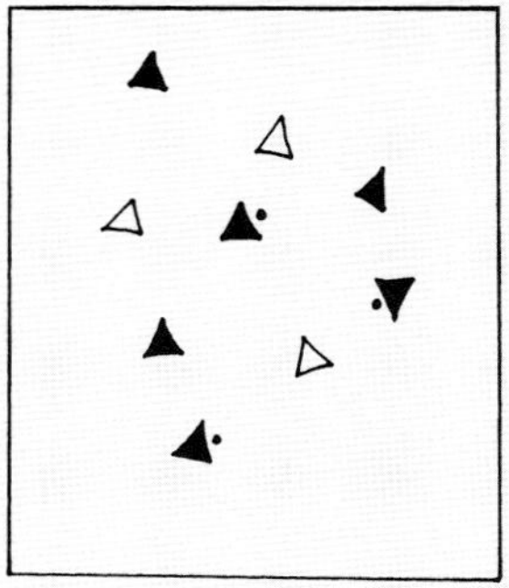
274	**Waldlauf** **Inhalt** Schnell laufen Körpertäuschungen **Ver-halten** Gutes Zusammenspiel der Jäger	Die Jäger verteilen sich im Spielfeld (Wald), die Hasen stellen sich hinter der Grundlinie auf. Die Hasen müssen in freier Reihenfolge zu 5 verschiedenen Malstäben (Bäumen) und zurücklaufen. Sie starten alle gemeinsam, dürfen aber verschiedene Wege gehen. Die Jäger versuchen, möglichst viele Treffer anzubringen. Welche Jägerpartei hat nach Rollenwechsel mehr Treffer erzielt?	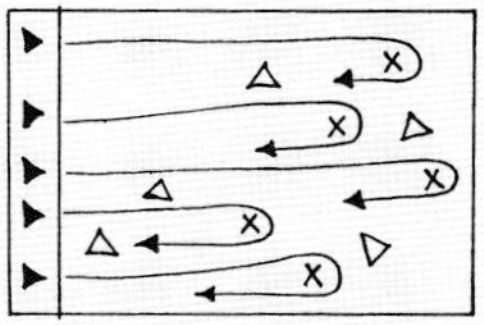
275	**Mattenlauf** **Inhalt** Schnelligkeit und Sprungkraft **Ver-halten** Selber zählen Fairness	Spielgedanke wie „Waldlauf“. Die Hasen müssen 5x einen Rundlauf über alle 5 Matten absolvieren, wobei sie den Weg wieder selbst bestimmen dürfen. Auf den Matten kann man nicht getroffen werden. Getroffene Hasen müssen zum Start zurück. Wie viele Treffer gelingen den Jägern? • Die Jäger zählen die Treffer, die Hasen die Läufe, welche sie in 5 Min. erzielen. Danach Rollenwechsel.	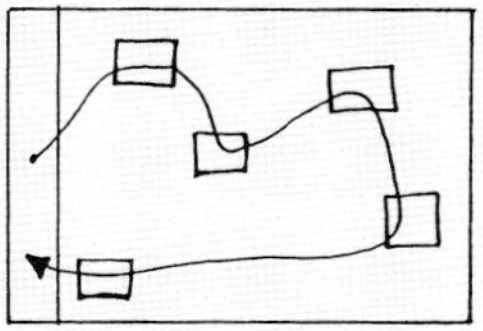
276	**Einer gegen alle** **Inhalt** Schnelligkeit für die Hasen **Ver-halten** Zusammenspiel der Jäger, Rücksicht	Die Jäger verteilen sich mit 2 Bällen im Fels, die Hasen stellen sich hinter die Grundlinie. Jeder Hase muss einzeln durchs Jägerfeld zur Wand und zurücklaufen. Dabei bestimmen die Hasen selbst, in welcher Reihenfolge sie laufen. Sobald der Hase über der Linie ist, darf der nächste starten. Die Jäger versuchen, möglichst viele Beintreffer zu erzielen. Wechsel. Welche Jäger haben mehr Treffer?	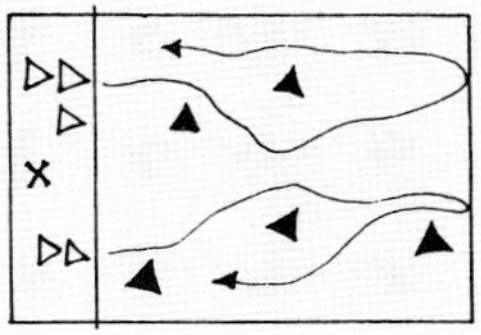

2

Nr.	Name der Spielform Ziele/Akzente	Idee/Beschreibung	Hinweise/Organisation
277	**Erlösen und aushungern** **Inhalt** Ausdauer, je nach Spielzeit **Verhalten** Einander helfen Fairness	Zwei Mannschaften spielen in einem begrenzten Feld Jägerball. Die Gruppe, welche in Ballbesitz ist, wird immer zum Jäger. Schussrecht hat nur, wer den Ball gefangen hat. Wer getroffen wird, setzt sich auf die Strafbank (oder führt in Spielfeldnähe eine Strafübung aus, z. B. Lauf ums Feld, Seilspringen). Wer einen Treffer erzielt, erlöst damit einen Mitspieler von der Strafbank (bzw. vor der Strafübung). Dieser darf wieder ins Feld und mitspielen. Welche Mannschaft hungert zuerst die andere aus? (So dass alle Gegner auf der Strafbank sitzen). • Bei welcher Mannschaft sind nach 5 Min. mehr Spieler auf dem Feld?	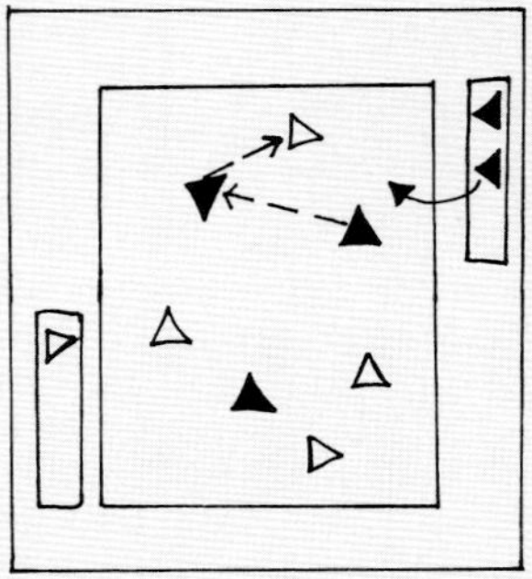
278	**Punktejagd** **Inhalt** Schnelligkeits-ausdauer **Verhalten** Fairness beim Zählen	Die Jäger verteilen sich im Feld, die Hasen befinden sich hinter der Grundlinie. Die Hasen versuchen (unabhängig voneinander), möglichst viele Läufe zur Wand und zurück zu machen. Ein getroffener Hase muss seinen Lauf neu beginnen. Für jeden gelungenen Lauf dürfen sich die Hasen einen Punkt gutschreiben lassen. Wie lange brauchen die Hasen, bis sie 50 Punkte haben?	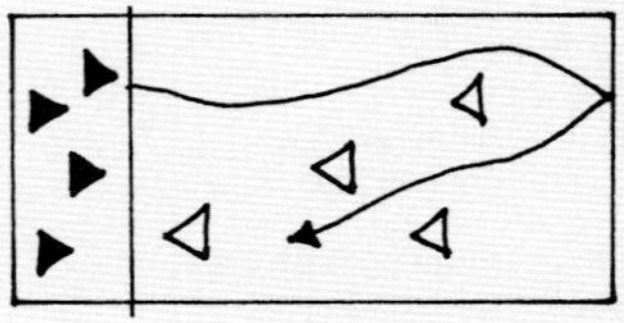
279	**Würfel-Jagd** **Inhalt** Schnelligkeits-ausdauer **Verhalten** Fariness, auch ohne Schiedsrichter	Will man etwas mehr dem Zufall überlassen, so kann nach jedem gelungenen Lauf 1x gewürfelt werden. Die Zahlen werden laufend zusammengezählt. In welcher Zeit erreichen die Hasen genau 100 Punke? • Statt dass den Hasen Punkte gutgeschrieben werden, dürfen sie nach jedem gelungenen Lauf ein Spielband an der Sprossenwand eine Sprosse höher hängen. Wie lange brauchen sie, um drei Spielbänder von der untersten bis zur obersten Sprosse zu bringen?	 WIE "PUNKTEJAGD"
280	**Hechtsprünge** **Inhalt** Allgemeine Koordinationsfähigkeit **Verhalten** Den Hasen eine Chance geben!	Eine (angepasste) Anzahl Jäger versucht, die Mitspieler zu treffen. Wer in Not ist, kann sich mit einem Hechtsprung (Landung auf der Brust und gleiten lassen) retten, muss aber unmittelbar danach wieder aufstehen und weglaufen. • Statt Hechtsprung: Seitwärtsrolle (Volleyball) oder andere Übung.	

Nr.	Name der Spielform Ziele/Akzente	Idee/Beschreibung	Hinweise/Organisation
281	**Völkerball nach Punkten**	Das Spielfeld wird in vier Felder aufgeteilt. Zwei Mannschaften stellen sich abwechslungsweise in einem Feld auf. Gespielt wird mit einem Ball (später auch mit zwei oder drei). Aus allen vier Feldern darf geworfen werden. Es gibt nach einem Treffer weder ein Ausscheiden noch einen Feldwechsel, sondern jede Partei zählt während 5 Minuten ihre Treffer. Wer hat mehr? • Evtl. nur Beintreffer zählen.	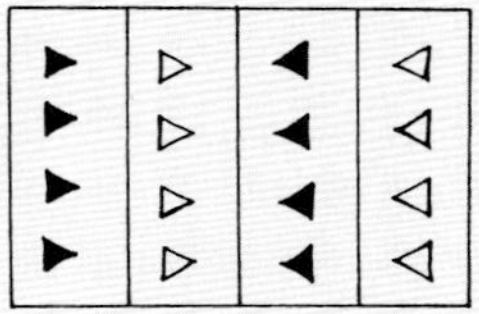
Inhalt	Reaktion		
Ver-halten	Taktik		
282	**Linienball**	Zwei Mannschaften stehen sich in je einer Feldhälfte gegenüber. Jede Gruppe schickt einen Spieler hinter die gegnerische Grundlinie in den „Himmel". Ziel beider Mannschaften ist es , den Ball möglichst oft zum Spieler in den Himmel zu werfen. Jeder dort gehaltene Ball ergibt einen Punkt. • Besonders schwierig mit Frisbee oder Rugbyball. „Himmel-Spieler" häufig wechseln!	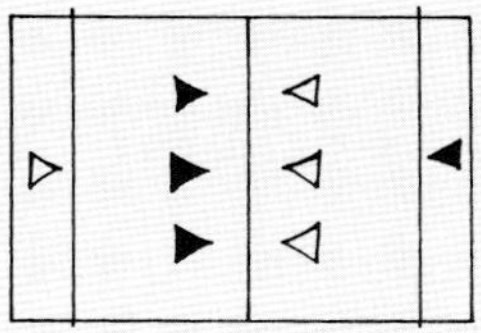
Inhalt	Genaues Werfen Sicheres Fangen		
Ver-halten	Taktik		
283	**Befreiungslauf**	Gewöhnliches Völkerball. Getroffene müssen in den Himmel. Sie können sich befreien, indem die über eine Mattenbahn (Langbank) in ihr Feld zurücklaufen. Der Gegner versucht, dies durch Fangen zu verhindern. Gefangene Spieler müssen in den Himmel zurück und können später wieder versuchen, sich zu befreien.	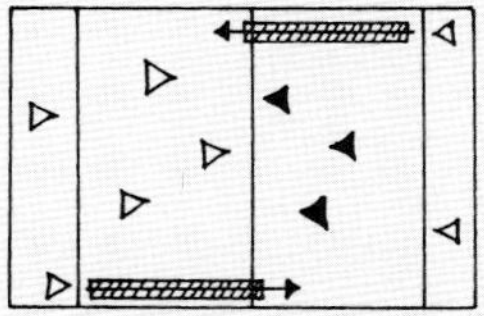
Inhalt	Schnelligkeit		
Ver-halten	Taktik		
284	**Bauch-Völkerball**	Wie Befreiungslauf, allerdings muss der getroffene Spieler im „Himmel" zuerst auf den Bauch liegen, bevor er einen Befreiungslauf wagen kann. Wer von einem gegnerischen Feldspieler berührt wird, kann wieder im „Himmel" von vorne beginnen. • Andere Aufgaben, um sich zu befreien: Liegestütz, Rolle vw (Matte), etc.	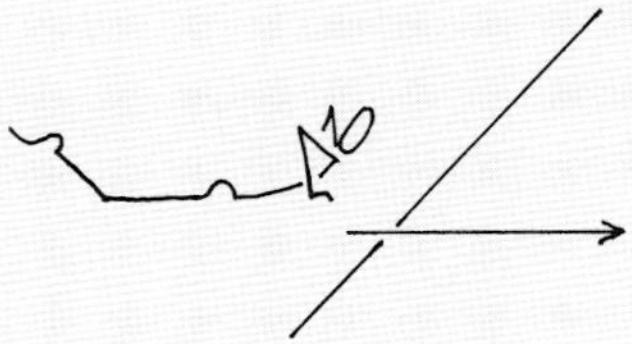
Inhalt	Schnelligkeit		
Ver-halten	Taktik		
285	**Keulenvölkerball**	Jeder Spieler muss nicht sich, sondern seine Keule, die er irgendwo im Feld platziert, verteidigen. Fällt die Keule um, muss der betreffende Spieler in den Himmel. • Mit den meisten Völkerballformen möglich. • Auch als Sitzballvariation. • Auch mit Fußball spielen. • Mit 2 bis 4 Bällen um etliches intensiver und spannender.	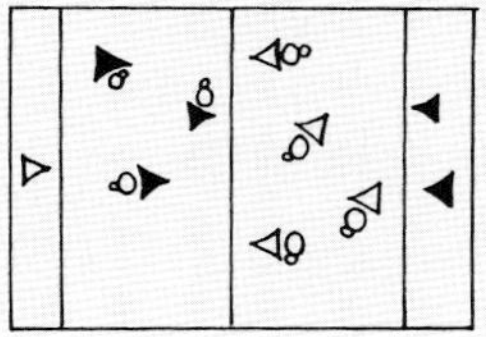
Inhalt	Wurfkraft		
Ver-halten	Taktik		

Nr.	Name der Spielform Ziele/Akzente	Idee/Beschreibung	Hinweise/Organisation
286	**Rundum-Völkerball** **Inhalt** Schnelles Zuspiel **Verhalten** Zusammenspiel nötig	Je 3 Spieler im Außenfeld. Als Innenfelder dienen das Volleyballfeld oder der große Mittelkreis. Wer getroffen wird, löst einen Außenspieler ab. Wenn alle 3 Außenspieler abgelöst wurden, bleiben die Außenspieler. Wer keinen Innenspieler mehr hat, hat verloren. • Es muss immer ein anderer Außenspieler angespielt werden. • Nur Beintreffer zählen.	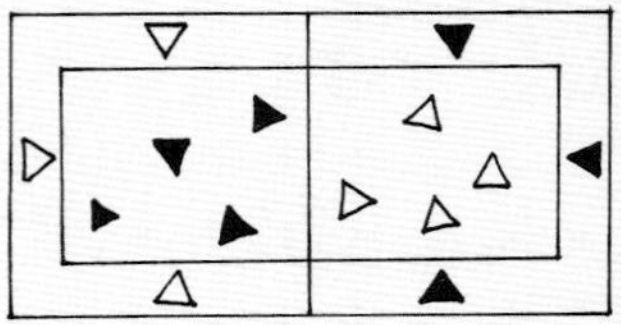
287	**Völkerball verkehrt** **Inhalt** Schnelles Zuspiel **Verhalten** Taktik, Helfen	Nur ein Spieler im Feld, alle anderen um das Feld herum. Gelingt ein Treffer, so kann der Werfer ins Feld, der Getroffene bleibt. Wer hat zuerst alle Außenspieler im Feld?	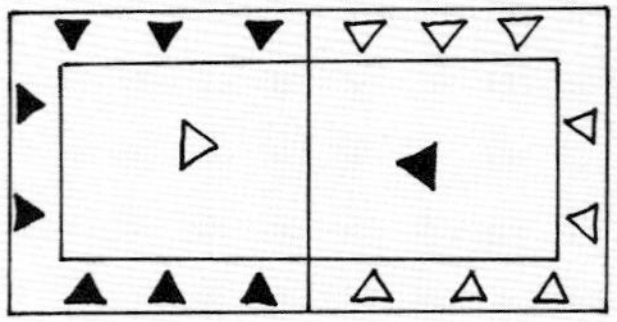
288	**Königinnen-Völkerball** **Inhalt** Schnelles Zuspiel **Verhalten** Taktik	Jede Gruppe bestimmt insgeheim eine Königin. Diese hat 2 Leben. Wird sie zum 2. Mal getroffen, ist das Spiel verloren. • Zur Königin wird noch ein Giftzwerg bestimmt. Wird dieser getroffen, dürfen alle getroffenen Spieler der Mannschaft des Giftzwergs wieder ins Feld.	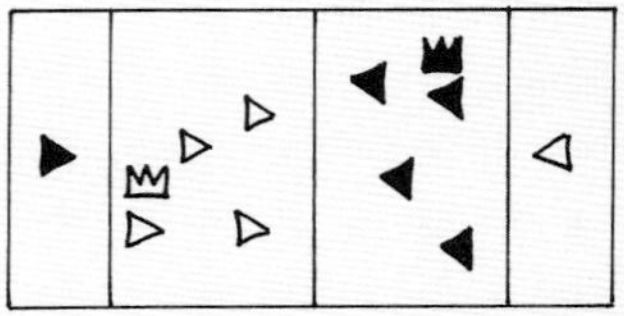
289	**Hindernis-Völkerball** **Inhalt** Schnelles Zuspiel **Verhalten** Taktik	Normales Völkerball. In der Mitte jeden Feldes steht ein Hindernis (Kasten, große Matte aufgestellt, etc.), wo sich die Spieler in Deckung bringen können.	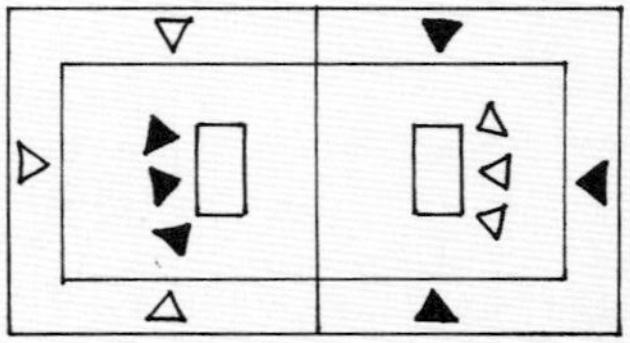
290	**Zahlen-Völkerball** **Inhalt** Schnelles Zuspiel **Verhalten** Taktik	Jede Gruppe nummeriert insgeheim ihre Spieler durch. Der Gegner muss zuerst die Nummer 1, dann die 2, etc. treffen. Nur die der Reihe nach Getroffenen müssen aus dem Feld in den „Himmel“. Nummer 1 darf zu Beginn nicht im Himmel sein.	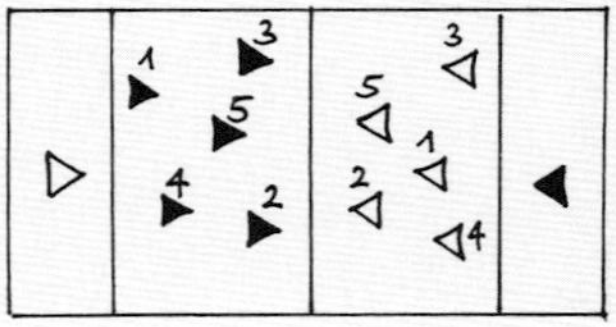

2.1.4 Bälle (andere Kleine Spiele)

Nr.	Name der Spielform Ziele/Akzente	Idee/Beschreibung	Hinweise/Organisation
291	**Wildschweinrennen**	Der Spielleiter läuft langsam vor der Hallenwand hin und her und hält einen Schutzschild (z. B. Matte) vor sich. Die Schüler versuchen von der gegenüberliegenden Wand aus, möglichst viele Treffer auf den Schutzschild anzubringen. • Als Einzelwettkampf. • Als Gruppenwettkampf oder auf Zeit.	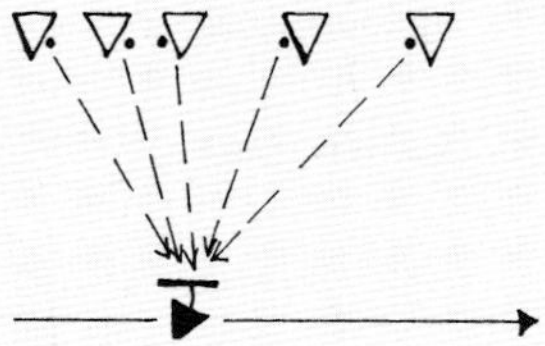
Inhalt	Zielwurf		
Verhalten	Erlebnis		
292	**Spießrutenläufer**	Zwei Parteien: Gruppe A versucht, in Form einer Pendelstafette das Schußfeld zu durchlaufen, ohne getroffen zu werden. Gruppe B (jeder mit einem Ball) versucht, so viele (Bein-)Treffer wie möglich anzubringen. Welche Gruppe hat nach dem Rollenwechsel mehr Treffer? Nur mit Schaumstoffbällen. • Die Bälle werden gekickt. • Bälle nur rollen.	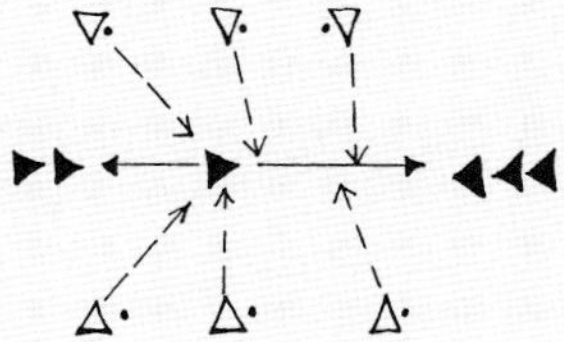
Inhalt	Schnelligkeit Zielwurf		
Verhalten	Nur Beintreffer zählen!		
293	**Prellball**	Zwei Mannschaften stehen sich in je einer Hallenhälfte gegenüber. Der Ball wird als Prellball (mit Bodenkontakt im eigenen Feld) ins gegnerische Feld geprellt. Kann der Ball nicht gefangen werden, gibt es einen Pluspunkt für die Angreifer, prellt der Ball im Aus auf, erhalten sie einen Strafpunkt. Eigene Zusatzregeln entwickeln lassen!	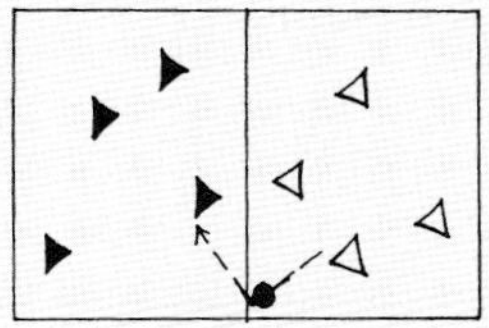
Inhalt	Flugbahn-einschätzung		
Verhalten	Taktik		
294	**Rollende Bälle**	Mannschaft A stellt sich an den Längsseiten der Halle auf, Mannschaft B befindet sich an den Stirnseiten. Gruppe A versucht, die rollenden Bälle von Gruppe B mit kleinen Bällen zu treffen. Welche Mannschaft hat nach Rollenwechsel mehr Treffer?	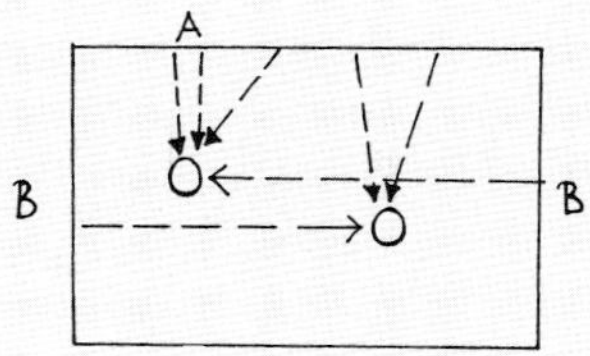
Inhalt	Wurfkraft		
Verhalten	Ehrlich zählen, jeder für sich		
295	**Keulenball**	Zwei Parteien spielen gegeneinander mit einem Ball. Tore = Keulen, welche hinter den beiden Grundlinien aufgestellt sind. Welche Partei hat zuerst alle gegnerischen Keulen mit dem Ball umgeworfen? Der Torraum hinter der Grundlinie darf nicht betreten werden. • Nach Handballregeln. • Nach Fußballregeln.	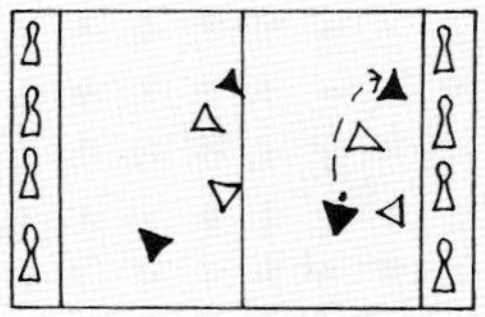
Inhalt	Treffsicherheit		
Verhalten	Taktik		

Nr.	Name der Spielform Ziele/Akzente	Idee/Beschreibung	Hinweise/Organisation
296	**Die Kleinen gegen den Großen** **Inhalt** Treffsicherheit **Verhalten** Taktik	Zwei Spieler werfen sich im Feld beliebig einen großen Ball zu (Medizinball, Basketball, Wasserball ...). Die anderen versuchen als Gruppe, den Ball durch gutes Zusammenspiel möglichst rasch zu treffen. Sie besitzen 2 bis 5 kleine Bälle (Tennisball, Handball). • Erleichterung: Die Werfer des großen Balles müssen auf der Stelle bleiben. • Erschwerung: Der große Ball wird kleiner.	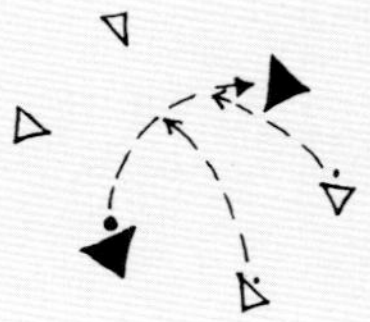
297	**Ballkrieg** **Inhalt** Schnelligkeit **Verhalten** Auf Pfiff wird kein Ball geworfen	Das Spielfeld ist durch eine Mittellinie getrennt. In jeder Hälfte steht eine Partei, jeder Spieler besitzt einen Ball. Während einer unbekannten Zeit werden alle erhaschten Bälle ins gegnerische Feld geworfen. Die Partei, welche bei Spielabbruch weniger Bälle im Feld hat, ist Sieger. • Die Grenze ist mit Geräten verstellt. • Die Bälle werden nur gekickt.	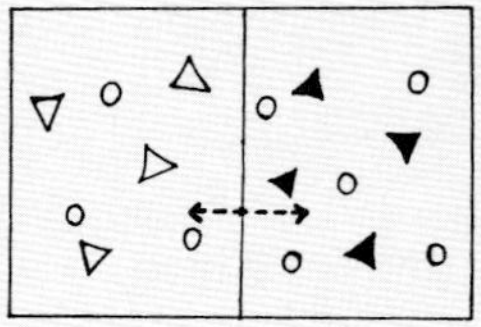
298	**Rollmops** **Inhalt** Zielwurf, Wurfkraft **Verhalten** Den richtigen Zeitpunkt wählen	Die Medizinbälle liegen auf Langbänken in der Mitte des Feldes. Welche Mannschaft hat innerhalb einer bestimmten Zeit mehr Bälle ins Feld des Gegners „befördert"? • Wurfart vorschreiben (Schlagwurf, Druckwurf ...). • Nach jedem Treffer mit der „besseren Hand" muss so lange mit der „schwächeren" geworfen werden, bis diese trifft.	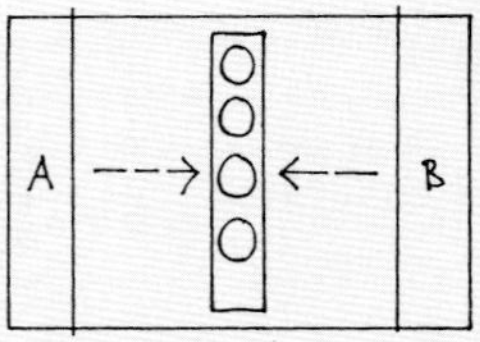
299	**Ballvertreiben** **Inhalt** Zielwurf **Verhalten** Taktik	Zwei Parteien mit je 5 bis 6 Bällen versuchen, einen (zwei) am Boden liegenden Basketball durch gezielte Schüsse über die gegnerische Torlinie (Erleichterung: Torauslinie) zu treiben. Die Spieler beider Parteien dürfen sich auf dem ganzen Spielfeld bewegen. Nach jedem Tor erfolgt Anspiel für die andere Mannschaft. Wird der Basketball mit einem Körperteil gestoppt, erfolgt Freiwurf für die andere Gruppe.	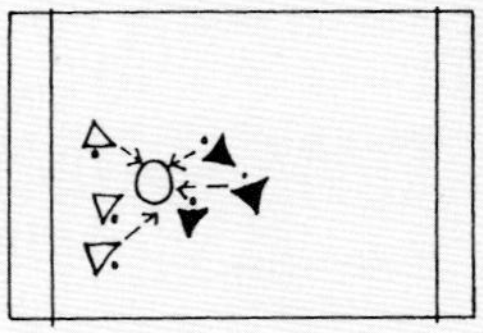
300	**Körbe schießen** **Inhalt** Korbwurf, Schnelligkeit **Verhalten** Schwächere untersützen	Je nach Anzahl vorhandener Körbe (oder Tore) werden 2 bis 4 Gruppen gebildet. Jede Gruppe versucht , in 3 Min. möglichst viele Körbe (Tore) zu schießen, wobei innerhalb der Gruppe abwechslungsweise geworfen wird. Für jeden Fehlwurf muss die ganze Gruppe eine Strafstrecke laufen, bevor der Nächste werfen darf. • Schuss aufs Tor (18 m).	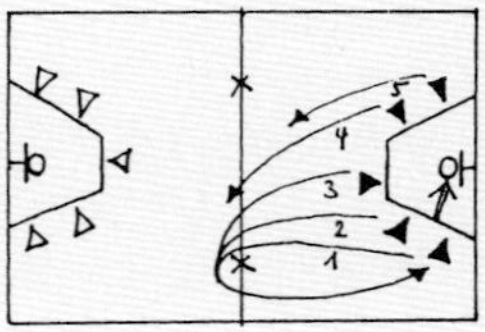

2.1.4 Bälle (andere Kleine Spiele)

Nr.	Name der Spielform Ziele/Akzente	Idee/Beschreibung	Hinweise/Organisation
301	**Sitzball mit Strafaufgaben**	Sitzball in zwei Gruppen oder jeder gegen jeden. Getroffene setzen sich nicht, sonder lösen eine Strafaufgabe, bevor sie wieder mitspielen dürfen. Z. B. 2 Runden laufen, die Kletterstange hochklettern, 5 Handstände gegen die Wand ausführen ... • Kann eine Mannschaft die andere aushungern?	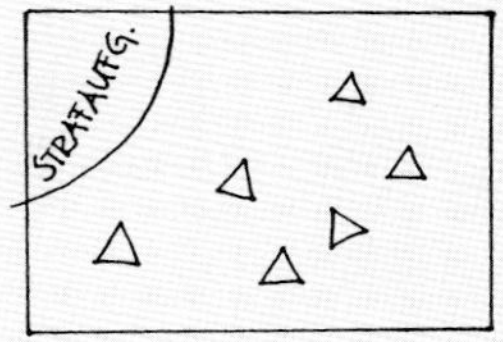
Inhalt	Zielwurf Zusammenarbeit		
Verhalten	Die „Strafaufgabe" exakt ausführen		
302	**Kegelsitzball**	Jeder gegen jeden mit einem oder mehreren Bällen: Jeder verteidigt gleichzeitig seinen Kegel und versucht, andere Kegel zu treffen. Wessen Kegel umgefallen ist, muss eine Strafaufgabe lösen. • Als Gruppenwettkampf: Welche Partei kann zuerst alle Kegel des Gegners umwerfen? • Mit Fußball spielen.	
Inhalt	Zielwurf		
Verhalten	Taktik		
303	**Bodenauf-Sitzball**	Der Andere kann nur „bodenauf" getroffen werden, d. h., der Ball muss den anderen „via Boden" treffen. Wer so getroffen wird, läuft eine Strafrunde. Wer aber einen anderen direkt trifft (nicht „bodenauf"), muss selbst eine Runde laufen. Das bedeutet: Man kann sich verteidigen, indem man in den Wurf hineinspringt und so direkt „getroffen" (bzw. eben nicht) wird. • Der Ball darf auch indirekt gegen die Wand gespielt werden.	
Inhalt	Flugbahn-einschätzung		
Verhalten	Genaue Ball- und Gegnerbeob.		
304	**Stressball**	6 bis 10 Spieler bilden einen Kreis und passen sich reihum den Ball zu. Ein Spieler läuft außerhalb des Kreises und bestimmt mit seinem Lauf Geschwindigkeit und Richtung der Pässe. (Er kann zusätzlich auch Wurfarten bestimmen, z. B. Druckwurf, über Kopf Wurf, indirekter Pass). Wenn der Läufer müde ist, stellt er sich vor einen Spieler, der damit zum neuen Läufer wird. Ziel des Läufers ist es, durch schnelles Laufen und Täuschen den Ball abzuhängen.	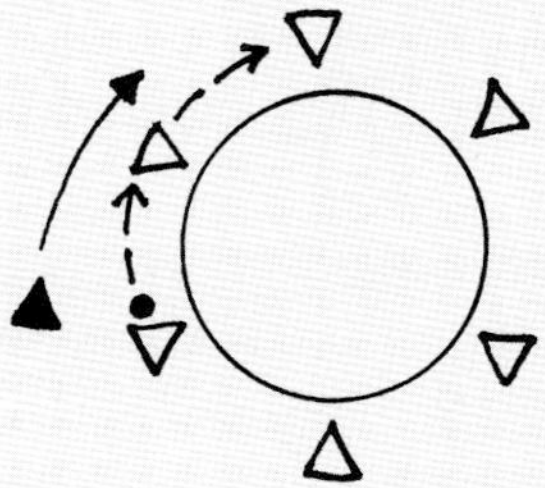
Inhalt	Schnelligkeits-ausdauer		
Verhalten	Konzentration		
305	**Stressball verkehrt**	Der Ball bestimmt das Tempo und die Laufrichtung des Läufers. Die Werfer versuchen, den Läufer abzuhängen. • Mit Zeitbeschränkung.	
Inhalt	Schnelligkeits-ausdauer		
Verhalten	Konzentration		

2

Nr.	Name der Spielform Ziele/Akzente	Idee/Beschreibung	Hinweise/Organisation
306	**Schild-Ball** **Inhalt** Zielwurf **Verhalten** Taktik	Die Spieler werden in 4 bis 6 Werfer und beliebig viele Läufer eingeteilt. Die Läufer halten sich in einem begrenzten Feld auf (z. B. Volleyballfeld), welches die Werfer nicht betreten dürfen. Die Werfer spielen sich untereinander einen (mehrere) Ball zu und versuchen, die Läufer damit zu treffen. Jeder Läufer erhält als Schutzschild einen Medizinball (oder auch einen Volleyball), mit dem er den Ball abwehren kann. Ein getroffener Läufer muss seinen Schild abgeben und hinter einem anderen Läufer Schutz suchen. Wird auch dieser (vordere) Spieler getroffen, so stellen sich beide ohne Ball hinter einen Spieler, welcher noch einen Schild besitzt. Das Spiel geht so lange, bis alle Läufer hinter einem einzigen Schild Schutz suchen. • Andere Abwehrschilder, z. B. Gymnastikstab, Schul- oder Rucksack, je zu viert mit einer Matte ... • Im Hallenbad mit Schwimmbrett.	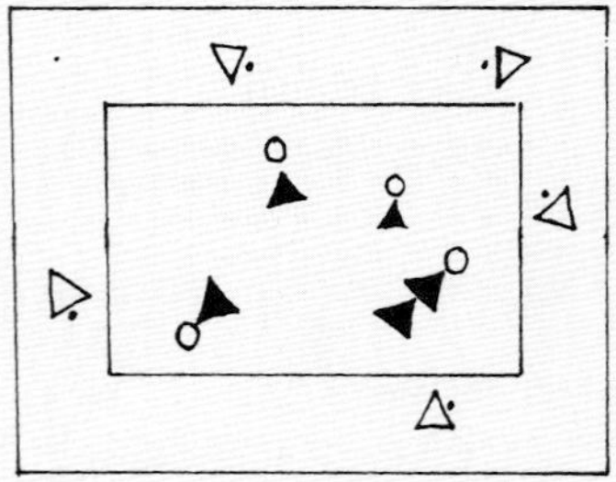
307	**Schwanz treffen (Große Schlange)** **Inhalt** Geschicktes Reagieren **Verhalten** Kooperieren Begegnung	Gruppe A bildet eine Schlange und hält sich um den Bauch des Vordern. Gruppe B stellt sich um Gruppe A im Kreis auf und versucht, sich einen Ball so zuzuspielen, dass einer von ihnen den hintersten Spieler der Schlange mit dem Ball treffen kann. Die Schlange versucht, durch geschicktes Drehen, dem Ball auszuweichen. Wie viele Treffer können die Werfer in 3 Min. erzielen? Bricht die Schlange auseinander, wird den Werfern ein Punkt gutgeschrieben.	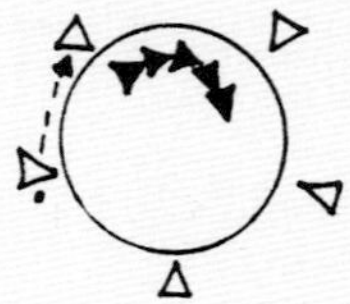
308	**Schwanz treffen (Kleine Schlange)** **Inhalt** Schnelligkeitsausdauer **Verhalten** Gute Zusammenarbeit	Die Schlange wird in mehrere kleine Schlangen aufgeteilt. Sie dürfen sich, wie auch die Werfergruppe, in der ganzen Halle bewegen. • Gangart der Schlange bestimmen.	
309	**Rollball** **Inhalt** Kraft **Verhalten** Taktik	Zwei Gruppe (je 5–7 Spieler), 1 Medizinball (Gym-Ball). Der Ball wird untereinander zugerollt, bis die Gelegenheit entsteht, den Ball über die gegnerische Grundlinie zu rollen. • Die Torraumlinie darf/darf nicht bewacht werden. • Gespielt wird mit 2 Bällen. • Vor einem Torversuch müssen zuerst alle eigenen Spieler angespielt werden.	

Nr.	Name der Spielform Ziele/Akzente	Idee/Beschreibung	Hinweise/Organisation
310	**„Tupfball“**	Zu viert: A, B und C sind Jäger und versuchen, den Hasen D durch schnelles Zuspielen (ohne Prellen) so einzukreisen, dass sie ihn mit dem Ball „abtupfen“ können. (Ball bleibt in der Hand). Der Hase darf das Feld nicht verlassen. Kleine Felder! • In zwei gleich großen Gruppen: Welche Mannschaft erzielt in 2 x 5 Min. mehr Treffer?	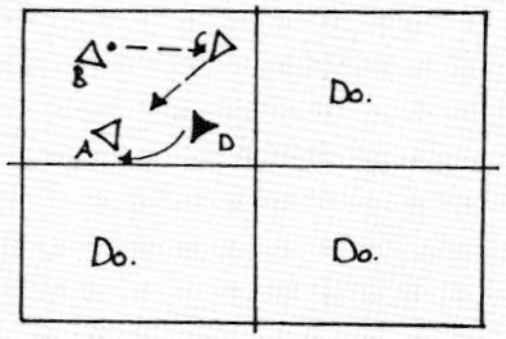
Inhalt	Schnelligkeits-ausdauer		
Ver-halten	Taktik		
311	**Drei-Tore-Ball**	Zwei Mannschaften versuchen, eines der drei Tore zu treffen. Beide Gruppen können bei allen Toren Treffer erzielen und müssen alle Tore verteidigen. Die Tore können von vorne oder hinten erzielt werden, aber der Torschuss muss von einem Mitspieler auf der anderen Seite des Tors gefangen (gestoppt) werden. Als Tore dienen Malstäbe mit ca. 1 m Abstand. Handball- oder Fußballregeln.	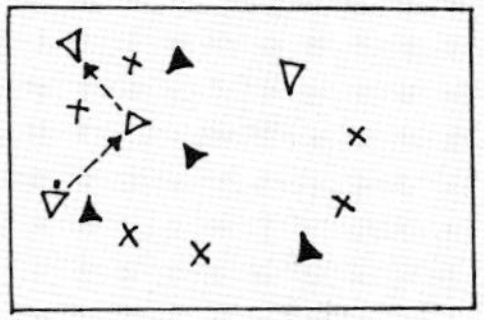
Inhalt	Ausdauer		
Ver-halten	Taktik		
312	**Mattenball**	Spielgedanke wie Dreitoreball. Gespielt wird auf drei an die Wand gelehnte Matten. Wenn möglich, wird um die Matten je ein Halbkreis gezogen, welcher nicht betreten werden darf. Handball- oder Fußball-regeln. • Statt Matten können auch Geräte als Tore verwendet werden, z. B. Kästen, Pferd, Sprungbrett …	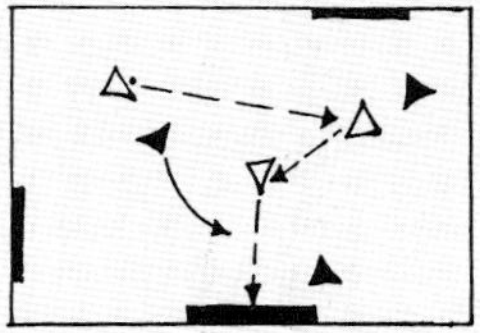
Inhalt	Ausdauer		
Ver-halten	Taktik		
313	**Beweglicher Korb**	Gewöhnliches Basketballspiel, aber als Körbe dienen zwei Gymnastikreifen, die von je einem Spieler jeder Partei in den Freiwurfkreisen (oder im Trapez oder auf der ganzen Hallenbreite hinter der Grundlinie) gehalten werden. Die anderen Spieler dürfen die Korb-Felder nicht betreten. Ein Korb ist dann erzielt, wenn der Ball durch den Reifen geworfen wird.	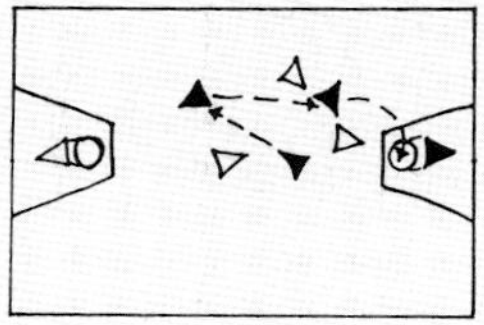
Inhalt	Ausdauer		
Ver-halten	Taktik		
314	**Beweglicher Korb mit Handicap**	Wie Spiel „Beweglicher Korb“. Der bewegliche Korb darf sich in der ganzen Spielhälfte bewegen. Der „Korb-Träger“ darf sich jedoch nur mit geschlossenen Füßen hüpfend bewegen.	
Inhalt	Träger: Sprungkraft Spieler: Ausdauer		
Ver-halten	Spielübersicht		

Nr.	Name der Spielform Ziele/Akzente	Idee/Beschreibung	Hinweise/Organisation
315 **Inhalt** **Ver-halten**	**Pfiff-Ball** Ausdauer, je nach Spielzeit Den „Zufall" mitspielen lassen	3 bis 5 Spieler passen sich fortlaufend in freier Reihenfolge einen Ball unter dem Korb zu und sind dabei ständig in Bewegung. Jeder gefangene Ball wird laut gezählt. Zwei Tiger versuchen, die Pässe abzufangen. Die Pfiff des Lehrers erfolgt ein Wurf auf den Korb durch den Ball besitzenden Spieler. Bei Korberfolg verdoppelt sich die Zahl der bis zum Pfiff erzielten Pässe. Welches Team hat mehr Punkte? Die Tiger werden nach jedem Durchgang ausgewechselt.	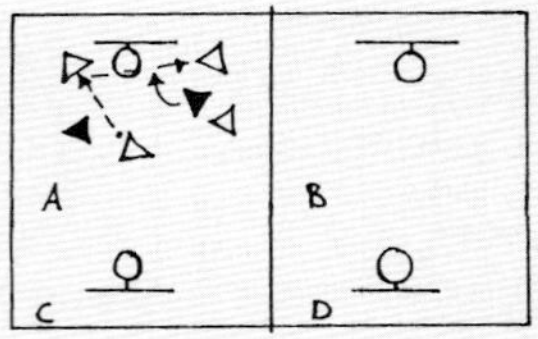
316 **Inhalt** **Ver-halten**	**Ballmaschine 1** Gezielte Würfe Gutes Beobachten	Gruppe A steht ums Volleyballfeld herum, Gruppe B steht im Feld verteilt. Jeder der Gruppe A darf einen (möglichst schwierig zu fangenden) Ball ins Feld werfen, Gruppe B versucht, die Bälle zu fangen. Welche Mannschaft hat nach dem Wechsel mehr Fänge? • Wurfart vorgegeben. • Gruppe A insgeheim nummeriert. Der Reihe nach einwerfen.	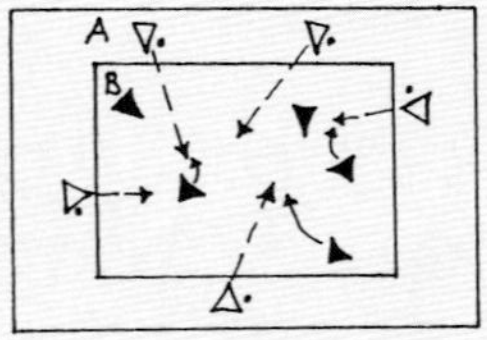
317 **Inhalt** **Ver-halten**	**Spionball** Genaues Zuspiel Zusammenspiel	Gruppe A und Gruppe B (6 bis 10 Spieler) stehen sich mit je einem Ball in ihren Feldhälften gegenüber. Ein Spieler jeder Gruppe befindet sich als Spion in der gegnerischen Hälfte. Ziel beider Mannschaften ist es, ihrem Spion einen Ball so zuzuspielen, dass der ihn fangen und zum eigenen Mitspieler zurückwerfen kann. Gelingt dies, so wird der Mitspieler zu einem weiteren Spion im gegnerischen Feld.	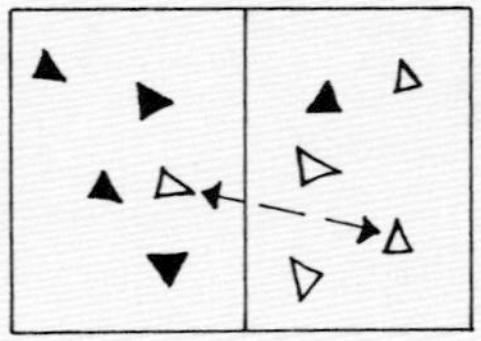
318 **Inhalt** **Ver-halten**	**Ballmaschine 2** Genaue Pässe Ehrlich zählen	3 Spieler (je auf einer Matte) spielen abwechslungsweise einem Spieler einen Ball zu, der möglichst genau zurückspielt, ohne dass die 3 ihre Matte verlassen müssen. Welche Gruppe hat am meisten gültige Pässe in 3 Min.? • Handicap für gute Spieler: ihr Abstand zum Zuspieler ist größer. • Wurfart vorschreiben (Volleyball, Handball, Basketball, etc.). • Sehr unterschiedliche Bälle verwenden.	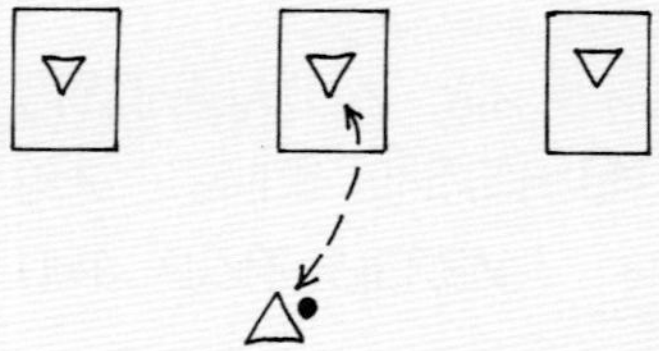
319 **Inhalt** **Ver-halten**	**Platzwechsel-Ball** Reaktion Schnelligkeit Spielübersicht behalten trotz Stress	Jede Gruppe steht in einem Quadrat. Jeder steht in einem Reifen (Markierung, neben einem Hütchen, etc.). Aus dem Reifen spielt A den Ball einem beliebigen anderen Spieler B zu. Dieser spielt sofort weiter. A läuft inzwischen zum Reifen von B, etc. Werfen – laufen – werfen ... Wie viele fehlerlose Pässe erreicht jede Gruppe in einer best. Zeit? • Art des Zuspiels ändern (Druckwurf, linkshändig, Überkopf, etc.) • Art des Platzwechsels ändern (seitw. verschieben, hüpfen, etc.)	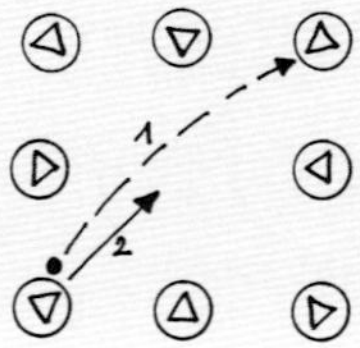

2.1.4 Bälle (andere Kleine Spiele)

Nr.	Name der Spielform Ziele/Akzente	Idee/Beschreibung	Hinweise/Organisation
320	**Kreistreffball** **Inhalt** Schnelligkeit **Verhalten** Taktik	1 bis 3 Schüler stehen als Hasen in einem Kreis, in welchem zu ihrem Schutz ein Kasten steht. 4 bis 6 Außenspieler (Jäger) stehen um den Kreis herum und versuchen, durch schnelles Zusammenspiel einen Hasen zu treffen (evtl. nur Beintreffer oder mit Schaumstoffball). Welcher Hase muss in 2 Min. am wenigsten Treffer hinnehmen? (Die Klasse sollte in 2 bis 4 solcher Kreise aufgeteilt werden; Intensität).	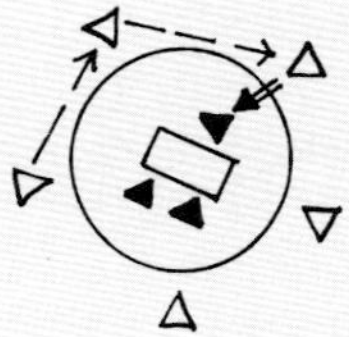
321	**Burgball** **Inhalt** Zielwurf **Verhalten** Taktik	Die Außenspieler (6 bis 8) befinden sich außerhalb des Kreises. Im Kreis drin steht eine Burg (aus drei Keulen) sowie ein Burgwächter, der die Keulen verteidigt. Die Außenspieler werfen sich den Ball zu und versuchen, die Keulen zu treffen. Sind alle drei Keulen vom Ball getroffen oder hat sie der Wächter selbst umgestoßen, ist das Spiel zu Ende. Wie lange konnte der Wächter seine Burg halten?	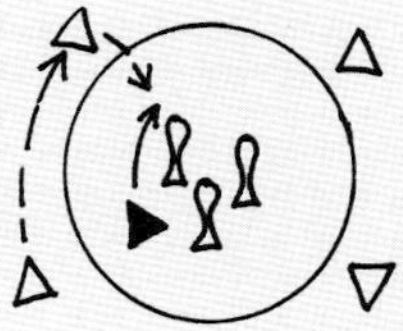
322	**Wanderball** **Inhalt** Weitwurf **Verhalten** Kooperation	Welche 5er-Gruppe hat zuerst ihren Ball um die ganze Rundbahn (400 m oder sonst eine Strecke) geworfen, ohne dass der Ball je den Boden berührt? Organisation ist Sache jeder Gruppe.	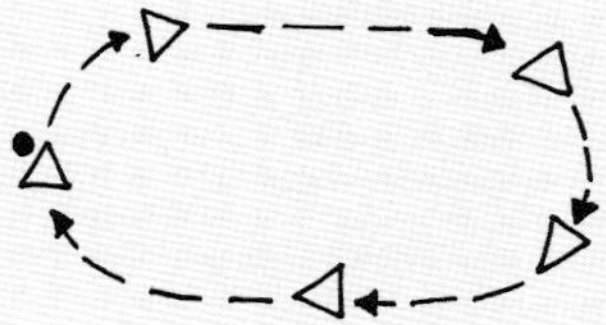
323	**Glücks-Ball** **Inhalt** Ausdauer **Verhalten** Treffsicherheit und Glück	Nach einer gewissen Strecke (z. B. x Runden) darf mit einem Ball versucht werden, in den in der Platzmitte aufgestellten Kasten zu werfen. Bleibt der Ball im Kasten, so zählt dieser Treffer als Zusatzpunkt. Auch als Gruppenwettbewerb möglich.	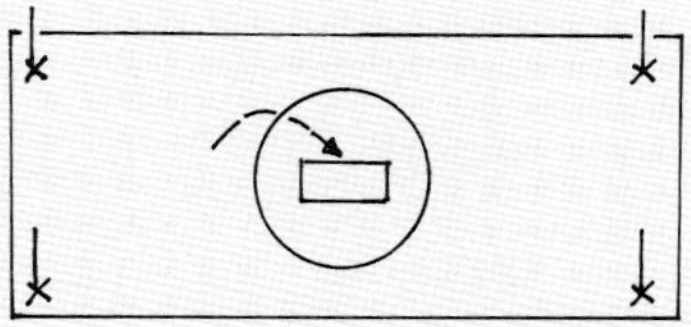
324	**Squash** **Inhalt** Ballgefühl Vorausschau **Verhalten** Taktik	In einem begrenzten Raum spielen zwei gegeneinander. A versucht, den Ball so an die Wand zu werfen, dass B diesen Ball nach einmaligem Aufprellen auf dem Boden nicht mehr erreichen kann. • Der Ball muss in einem bestimmten Feld aufprallen. • Als Team: gelingt es 20x den Ball zu spielen ohne Ballverlust? • Dasselbe, aber den Ball rollen statt werfen.	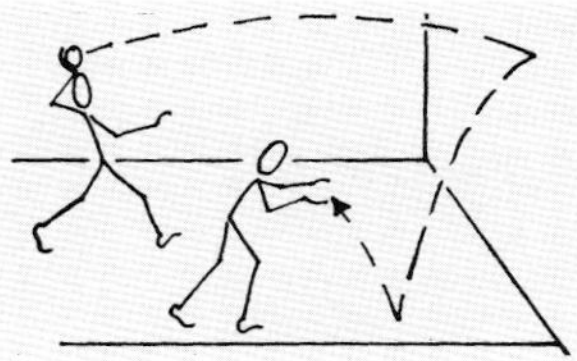

Nr.	Name der Spielform Ziele/Akzente	Idee/Beschreibung	Hinweise/Organisation
325	**Freihand-Tennis** **Inhalt** Distanzgefühl **Verhalten** Miteinander	Wir versuchen, uns den Ball wie Tennisspieler hin und her zu spielen, jedoch nur mit der flachen Hand (ohne Tennisschläger). Findet den idealen Abstand heraus.	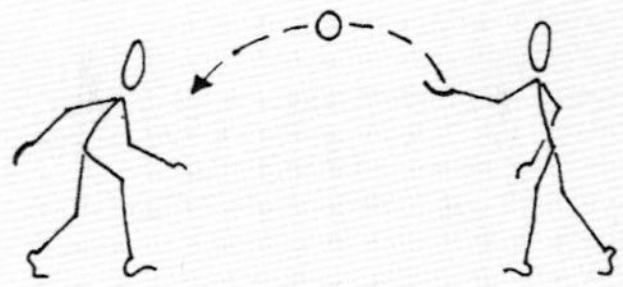
326	**Freihand-Tennis mit Zusatzaufgaben** **Inhalt** Koordinationsfähigkeit **Verhalten** Miteinander	Wie „Freihand-Tennis", jedoch nach jeder Ballberührung muss der jeweilige Spieler eine andere Position einnehmen (z. B. knien, sitzen, in Bauchlage usw.).	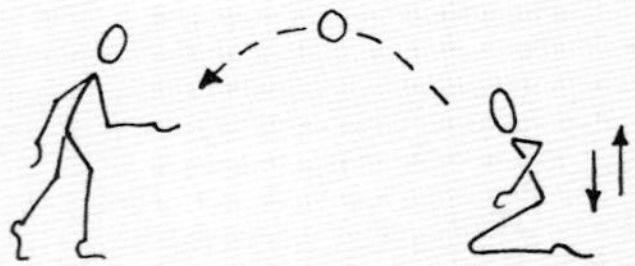
327	**Bälle einfangen** **Inhalt** Spezielle Ballgeschicklichkeit **Verhalten** Sich selbst einschätzen	Wirf dir zwei Bälle gleichzeitig hoch und versuche, diese nach einmaligem Prellen wieder zu fangen. Wem gelingt dies, ohne das die Bälle nach dem Aufwurf wieder auf den Boden fallen? • Bälle kurz nacheinander werfen. • 2 verschiedene Bälle werfen.	
328	**Wie du mir so ich dir** **Inhalt** Ballgefühl **Verhalten** Kooperieren	A und B bilden eine Mannschaft. A wirft für B und B für A gleichzeitig zwei Bälle hoch. Welcher „Mannschaft" gelingt es, nach denselben Spielregeln wie bei „Bälle einfangen" beide Bälle wieder zu fangen? Welche Zweiergruppe schafft dies als erste? • Eigene Formen erfinden.	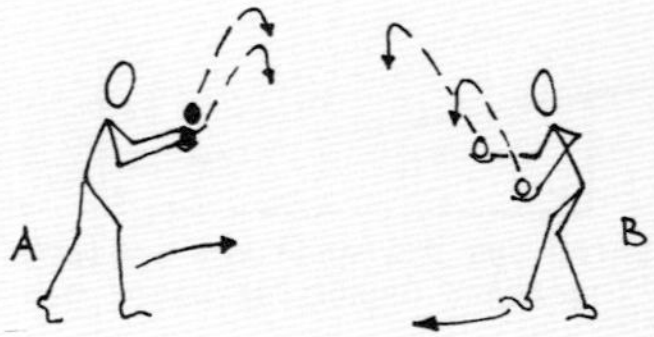
329	**Ball-Artist** **Inhalt** Spezielle Ballgeschicklichkeit **Verhalten** Anleitung zu selbstständigem Tun	Wer kann den Ball nach dem Hochwerfen • in Rückenlage fangen? • im Sitz fangen? • zwischen den Beinen fassen (eine Hand wird von hinten zwischen die Beine geführt zum Auffangen)? • neben dem Knie fangen (die Fanghand wird von innen her unter dem Knie nach außen geführt)?	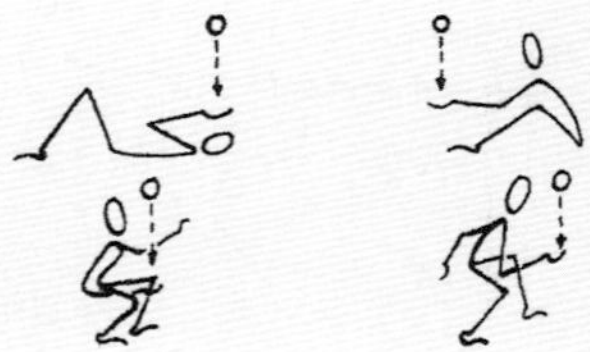

2.1.5 Bälle (Abwurf/Weitwurf)

Nr.	Name der Spielform Ziele/Akzente	Idee/Beschreibung	Hinweise/Organisation
330	**Prell-Ball**	Der Ball wird aus verschiedenen Positionen (sitzend, liegend, kniend ...) auf den Boden geprellt. Wer kann den Ball stehend auffangen, bevor er wieder auf dem Boden aufprellt?	
Inhalt	Wurfkraft Ballgeschicklichkeit		
Ver-halten	Selbsteinschätzung		
331	**„Scharf"- Schütze**	Der Ball wird möglichst stark auf den Boden geworfen. Bei wem hüpft der Ball 3-, 4-, 5x? • Wer kann am häufigsten unter dem hochspringenden Ball durchlaufen?	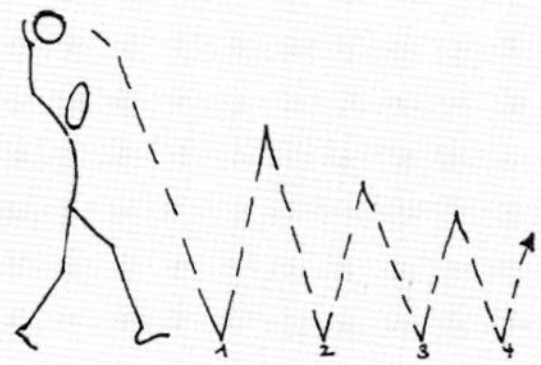
Inhalt	Wurfkraft		
Ver-halten	Selbsteinschätzung Was kann ich?		
332	**Wand-ab-Ball**	Der Ball wird an die Wand geworfen und wieder gefangen. Nach jedem gelungen Versuch darf der Schüler einen Schritt zurückgehen. Wer schafft es, den Ball mit der größten Distanz zur Wand zu werfen und wieder zu fangen, bevor dieser wieder auf den Boden fällt?	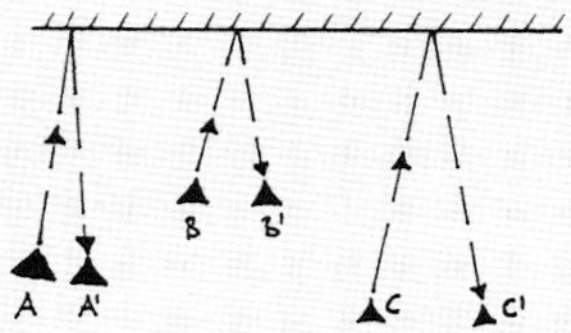
Inhalt	Weitwurf Wurfkraft		
Ver-halten	Seine eigenen Grenzen kennen lernen		
333	**Wandspiel zu zweit**	Zu zweit mit einem Ball vor einer Wand: A wirft den Ball gegen die Wand und läuft hinter B durch. B fängt den Ball, wirft ihn gegen die Wand und läuft um A usw. • Auch mit 10-Finger-Pass (Volleyball). • Andere Wurfarten ausprobieren.	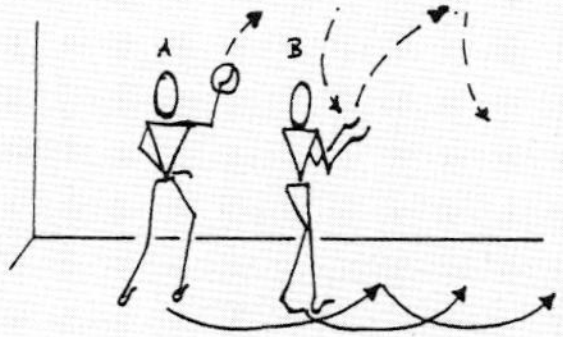
Inhalt	Flugbahn-einschätzung		
Ver-halten	Kooperation		
334	**„Squash" mit Werfen**	Zu zweit in einem begrenzten Geld von einer Wand: A wirft den Ball möglichst scharf via Boden an die Wand, so dass es für B schwierig wird, ihn zu fangen. B muss den Ball fangen, bevor er auf den Boden fällt. Anschließend ist er am Werfen. Pro missglücktem Fang gibt es einen Pluspunkt für den Werfer. Geht der Ball ins Aus vor dem Aufprellen, erhält der Werfer einen Strafpunkt.	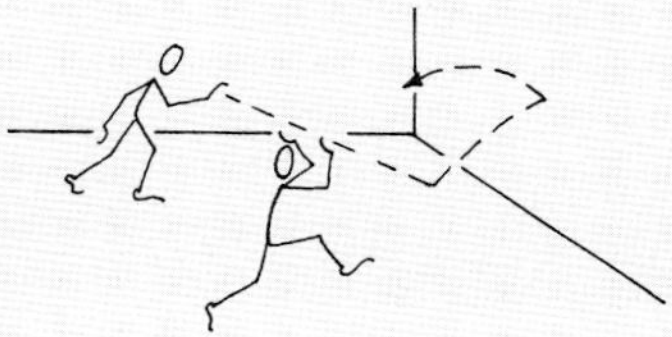
Inhalt	Reaktions-schnelligkeit		
Ver-halten	Wir du mir ... So ich dir ...		

Nr.	Name der Spielform Ziele/Akzente	Idee/Beschreibung	Hinweise/Organisation
335	**Bilateral-Test**	Wer hat die kleinste Differenz zwischen dem Wurf mit der linken Hand und dem mit der rechten Hand? • Auch gegen die Wand: Wer kann von der größten Distanz aus den Ball sowohl links, wie auch rechts werfen und fangen?	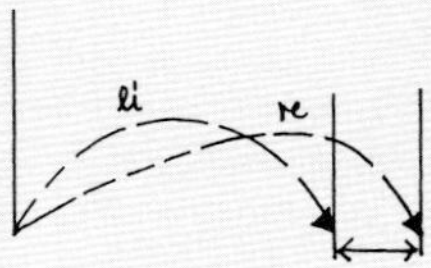
Inhalt	Wurfkraft Koordination		
Ver- halten	Seine „schwache“ Seite entdecken		
336	**Dreiball-Wurf**	Wer kann drei (vier) Bälle so schnell nacheinander werfen, dass gleichzeitig 3 (4) Bälle in der Luft sind? Kann ein Mitspieler alle drei Bälle auffangen?	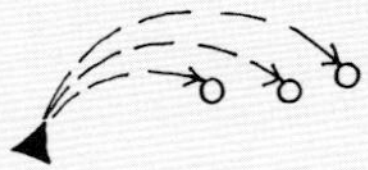
Inhalt	Wurfkraft Schnelligkeit		
Ver- halten	Kooperation Koordination		
337	**Treibball**	Zu zweit in einem begrenzten Feld: A beginnt und wirft den (Medizin-)-Ball Richtung B. B fängt den Ball und wirft den Ball vom Fangort aus möglichst weit zu A zurück, etc. Wer treibt den anderen zuerst über die Ziellinie? • Auch als Gruppenspiel in kleinen Gruppen oder mit mehreren Bällen. • Auch mit dem Frisbee.	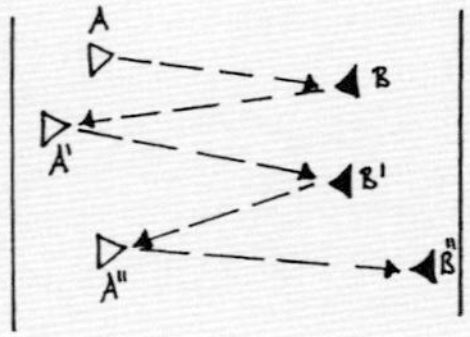
Inhalt	Wurfkraft Weitwurf		
Ver- halten	Wenn nötig spielt einer mit Handicap		
338	**Differenzler**	Jeder mit einem Ball hinter der Grundlinie: Standweitwurf, dem Ball nachlaufen und aufnehmen. Die Reststrecke muss auf einem Bein, rückwärts, auf allen vieren ... zurückgelegt werden. Wer ist zuerst im Ziel?	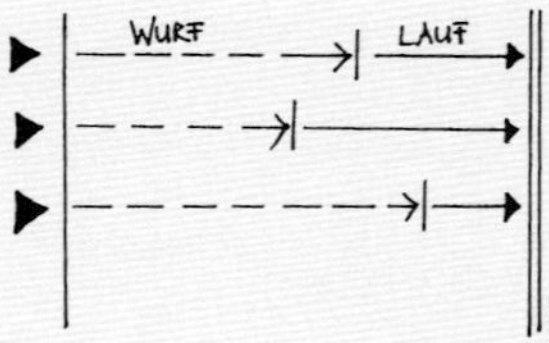
Inhalt	Wurfkraft Schnelligkeit		
Ver- halten	Fairness, auch ohne Schiedsrichter		
339	**Ball treffen**	Zu zweit, jeder mit einem Ball. A wirft den Ball in die Höhe. B versucht, mit seinem Ball den Ball von A zu treffen. Wechsel nach 10 Versuchen.	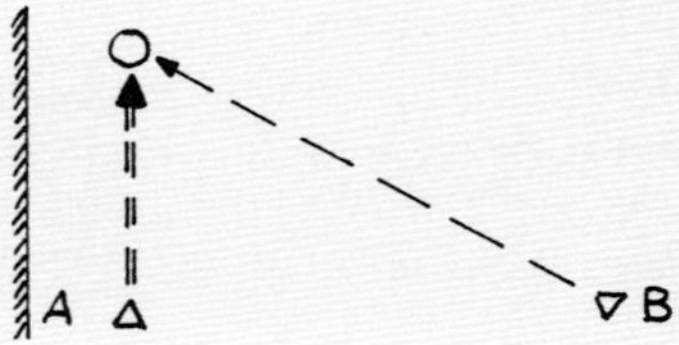
Inhalt	Zielwurf		
Ver- halten	Kooperation		

2.1.6 Bälle (Werfen – Laufen – Fangen)

Nr.	Name der Spielform Ziele/Akzente	Idee/Beschreibung	Hinweise/Organisation

340 Ball-Artisten

Inhalt Koordination

Ver-halten Kooperation

Zu zweit gegenüber: A wirft zwei verschieden große Bälle zu B, B versucht, beide zu fangen.

- Verschiedene Ballpaare ausprobieren.
- Verschiedene Wurfarten ausprobieren.

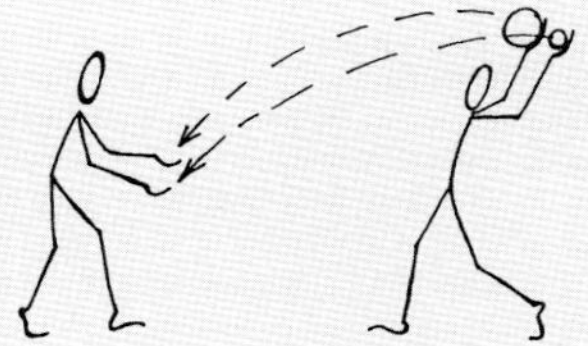

341 Kolonnen-Wettkampf

Inhalt Schnelligkeit

Ver-halten Miteinander wetteifern

Kolonnen zu 4 bis 6 Spieler, vor ihnen steht je ein Werfer mit Ball: Auf ein Zeichen hin spielt der Werfer dem Vordersten den Ball zu, der wirft ihn zurück und setzt sich nieder. Dann erhält der Zweite den Ball, er spielt ihn ebenfalls zurück und setzt sich. Erhält der Letzte den Ball, ersetzt er den Werfer, während die anderen in der Kolonne wieder aufstehen. Bei welcher Gruppe war zuerst jeder 1x Werfer?

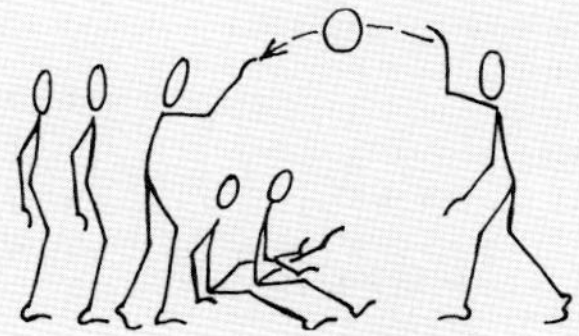

342 Farben-Test

Inhalt Reaktion

Ver-halten Konzentration

B steht hinter A mit einem Ball. Er wirft A Bälle zu und ruft verschiedene Farben. A darf sich nur bei „Rot!" und „Blau!" drehen und den Ball fangen, bei „Gelb!" darf er nicht reagieren.

- In 3er-Gruppe. A spielt B oder C den Ball.
  B = rot, C = blau

343 Dreiecks-Lauf

Inhalt Ausdauer

Ver-halten Konzentration

Zu viert in einem Dreieck, bei einer Ecke stehen zwei Spieler, dort befindet sich auch der Ball:

- Den Ball im Dreieck zupassen und dem eigenen Ball nachlaufen.
- Der Ball wird in die eine Ecke geworfen, der Werfer läuft in die andere Ecke.

Als Stafette: Welches Team hat zuerst 20 Pässe? Verschiedene Wurfarten, verschiedene Bälle.

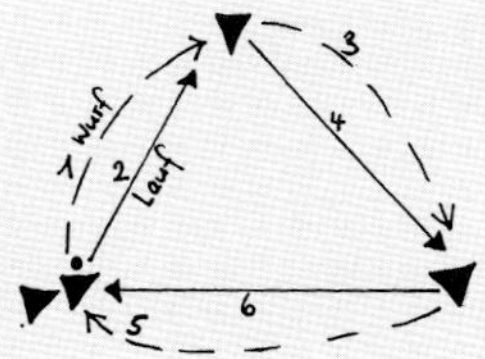

344 Werfer gegen Sprinter

Inhalt Schnelligkeit

Ver-halten Kooperation

Wer ist schneller: der Ball, welcher von Werfer zu Werfer gepasst wird oder der Sprinter, welcher die gleiche Strecke wie der Ball zurücklegen muss? Jeder Werfer wird 1x zum Sprinter. Wer schafft es, die Werfer zu schlagen? Evtl. auch mit Vorgabe für den Läufer oder für die Werfer. Nicht zu große Werfergruppen!

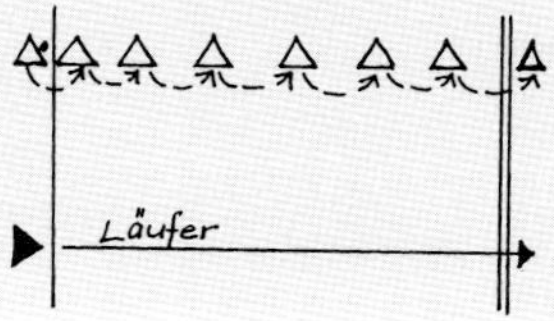

Nr.	Name der Spielform Ziele/Akzente	Idee/Beschreibung	Hinweise/Organisation
345	**Springender Wechsel**	A und B stehen sich in ca. 8 m gegenüber: A wirft den Ball zu B und wechselt auf den Platz von B. B übergrätscht den aufprellenden Ball und läuft auf die Position von A. A fängt den (selbst geworfenen) Ball nach dem zweiten Aufprellen auf.	
Inhalt	Schnelligkeit Flugbahneinschätzung		
Ver- halten	Kooperieren		
346	**Platzwechsel**	A und B stehen sich in 10 bis 15 m gegenüber: A wirft den Ball zu B, läuft hinterher, um B herum und zurück auf seinen Platz. B wirft den Ball zu A und läuft um A, etc. Welches Paar hat zuerst 20 Durchgänge?	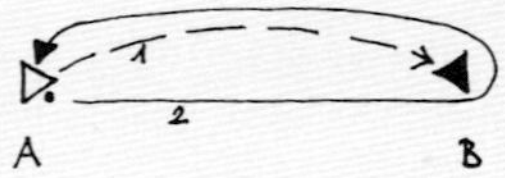
Inhalt	Schnelligkeits- ausdauer		
Ver- halten	Spielregeln genau einhalten		
347	**Tigerball**	3 bis 6 Spieler werfen sich einen Ball rasch im Kreis zu. Ein oder mehrere Tiger versuchen, den Ball zu berühren oder zu fangen. Wer einen Fehlwurf macht, löst den Tiger in der Mitte ab.	
Inhalt	Schnelligkeit		
Ver- halten	Taktik		
348	**Hol den Ball!**	Zwei Parteien stehen sich an der Mittellinie gegenüber, mit dem Rücken zueinander: Auf Signal werfen alle ihren Ball möglichst weit nach vorne. Danach muss Gruppe A alle Bälle von Gruppe B einsammeln und umgekehrt. Welche Gruppe steht zuerst wieder mit den Bällen auf der Mittellinie? • Nur 1 gegen 1.	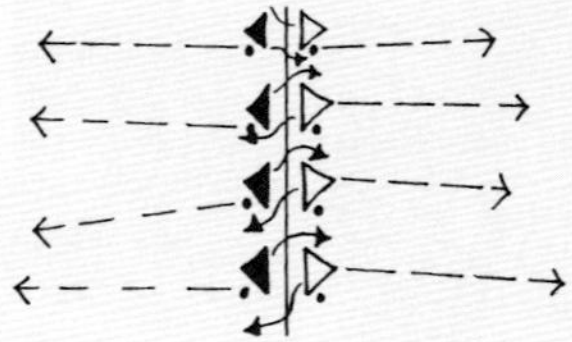
Inhalt	Weitwurf Schnelligkeit		
Ver- halten	Vorsicht beim Weglaufen!		
349	**Peripherer Sehtest**	Zu zweit gegenüber: A wirft B einen Ball zu (in verschiedenen Wurfarten) und streckt mit der Hand eine Zahl auf. B muss, bevor er den Ball fängt und zurückspielt, die Zahl rufen. • Mit 10-Finger-Pass: Beide müssen vor dem Zurückspielen die Zahl des anderen rufen. • A ruft ein Tier, ein Land, ein Getränk, etc. B wiederholt. • A ruft eine Rechnung, B sagt die Lösung.	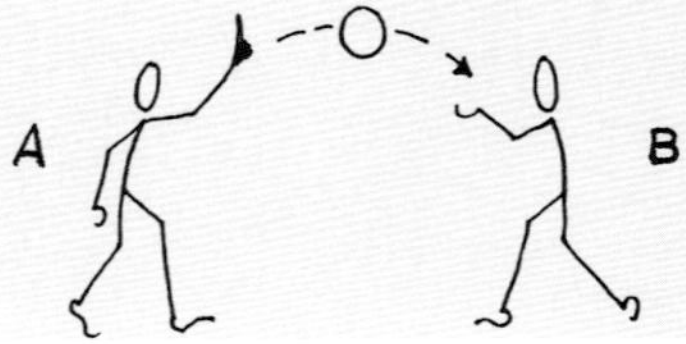
Inhalt	Peripheres Sehen		
Ver- halten	Konzentration		

2.1.7 Bälle (andere Formen)

Nr.	Name der Spielform Ziele/Akzente	Idee/Beschreibung	Hinweise/Organisation
350	**Fuß-Spicker**		
Inhalt	Kraft (Bauch) Ballgeschicklichkeit	A in Rückenlage, B steht mit dem Ball vor A: B wirft den Ball zu A, A versucht, den Ball mit den Fußsohlen zum Partner zurückzustoßen.	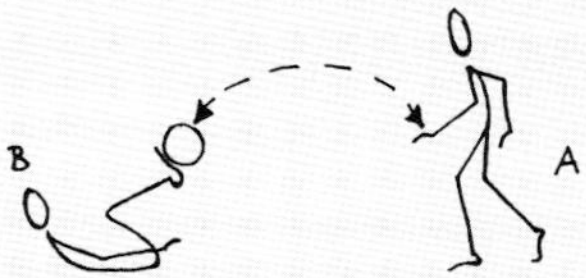
Verhalten	Kooperation		
351	**Fuß-Angel**		
Inhalt	Kraft (Bauch) Ballgeschicklichkeit	A und B im Langsitz gegenüber. A hält einen Ball zwischen den Füßen: A lässt den Ball zu Boden prellen, B versucht, den Ball mit den Füßen vor dem nächsten Aufprellen wieder zu fangen. • A „wirft" den Ball mit den Füßen zu B, B versucht ihn aufzufangen und zurückzuwerfen (mit den Füßen natürlich).	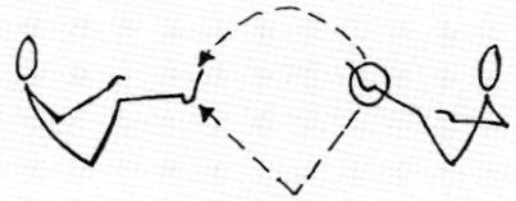
Verhalten	Gemeinsam etwas erproben		
352	**Fuß-Katapult**		
Inhalt	Kraft Ballgeschicklichkeit	Zu zweit im Langsitz gegenüber (2 bis 3 m Abstand): A hält den Ball zwischen den Füßen, schaukelt etwas rückwärts, zeiht die Knie an und stößt im Vorschaukeln den (Medizin-)Ball zu B. B fängt den Ball mit den Händen und stößt ihn ebenso zurück.	
Verhalten	Kooperation		
353	**Drehwurm**		
Inhalt	Beweglichkeit Orientierung	Grätschstellung, (Medizin-)Ball in beiden Händen. Mit Schwung den Ball zwischen den Beinen hindurch rückwärts hochwerfen, sich mit einer halben Drehung sofort aufrichten und den Ball wieder fangen. • Wer schafft noch ein Händeklatschen, etc.?	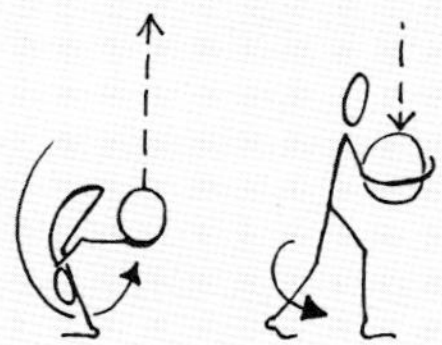
Verhalten	Selbsteinschätzung Erfolgserlebnisse		
354	**Ballschule**	Der Ball wird an die Wand geworfen und wieder aufgefangen. Dazwischen sind unterschiedliche Aufgaben zu lösen. Z. B.: • 1/1 Drehung. • 1, 2, 3 Liegestützen. • Hinsetzen und wieder aufstehen. • Vor dem Bauch und hinter dem Rücken in die Hände klatschen. • Überspringen des aufprellenden Balles, etc.	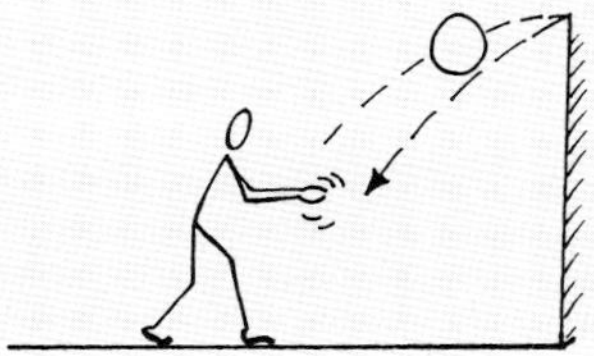
Inhalt	Ballgeschicklichkeit Koordination		
Verhalten	Eigene Regeln einhalten/erfinden		

Nr.	Name der Spielform Ziele/Akzente	Idee/Beschreibung	Hinweise/Organisation

355 **Bandenspiel**

Inhalt Schnelligkeit
Flugbahneinschätzung

Ver-halten Konzentration

In einer Turnhallenecke: Wer kann den Ball nach zweimaliger Wandberührung wieder fangen?

- Auch zu zweit: A wirft den Ball, B muss ihn fangen und umgekehrt (etwa wie Squash).

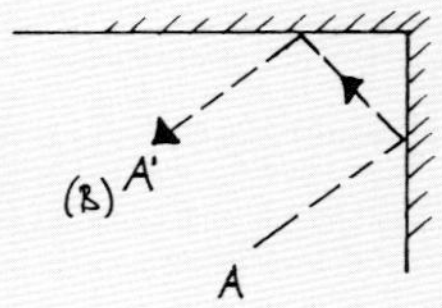

356 **Ballwurf verkehrt**

Inhalt Beweglichkeit
Ballgeschicklichkeit

Ver-halten Fröhliches Turnen zu zweit

Zu zweit im Grätschsitz gegenüber: Den Ball hinter dem Rücken fassen und über den Kopf nach vorne zum Partner werfen.
Wer findet noch weitere Möglichkeiten? Zeigt sie vor!

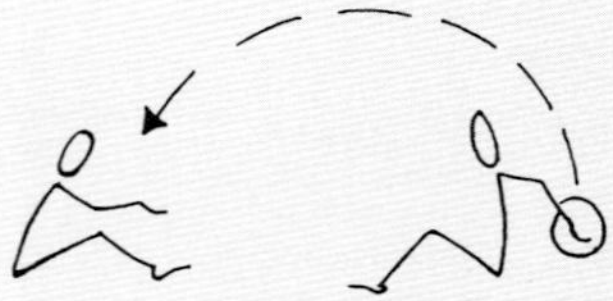

357 **Ballwurf rückwärts**

Inhalt Kraft
Ballgeschicklichkeit

Ver-halten Miteinander!

Zu zweit hintereinander, der Vordere mit einem Ball: A wirft den Ball im Kniestand (oder in einer anderen Stellung) rückwärts über den Kopf zu B. B fängt den Ball, läuft mit ihm vor A und wirft den Ball ebenso rückwärts zu A (Endloskette).

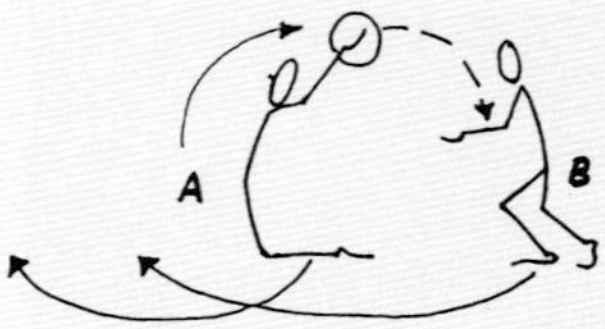

358 **Ballwechsel**

Inhalt Ballgeschicklichkeit

Ver-halten Bewegungserfahrung
Fantasie

A und B gegenüber in verschiedenen Stellungen, jeder mit einem Ball:

- Beide rollen den Ball gleichzeitig zum Partner.
- Beide rollen den Ball im Sitzen zuerst in einem großen Bogen um die Füße, dann zum Partner.
- Beide rollen den Ball in einer Grätschstellung in der 8 um die Füße und dann zum Partner.
- Beide prellen sich den Ball in einem indirekten Zuspiel zu.
- Beide werfen sich den Ball zu (ein- und beidhändig).
- Vor dem Fangen in die Hände klatschen.
- Vor dem Fangen $^{1}/_{1}$-Drehung ausführen.
- Vor dem Fangen die Wand, den Boden berühren.
- Mit überkreuzten Händen fangen oder werfen.
- Unter einem Bein durchwerfen.
- Ball über Rücken und Kopf zum Partner werfen.
- Eigene Formen finden.

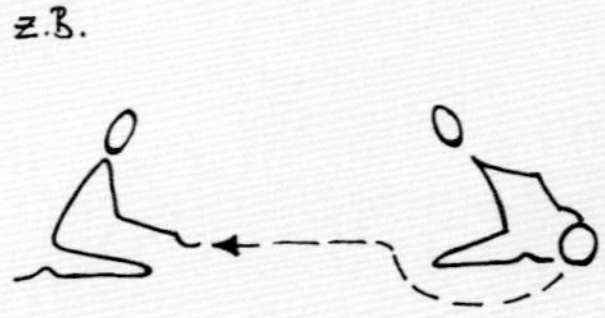

Nr.	Name der Spielform Ziele/Akzente	Idee/Beschreibung	Hinweise/Organisation
359	**Stab-Artist** **Inhalt** Koordination **Verhalten** Konzentration	Jeder mit einem Stab: Den Stab aufwärts oder leicht vorwärts werfen und ihn wieder auffangen, ohne den Fall abrupt abzubremsen. Das Tempo des fallenden Stabes soll beim Fangen genau übernommen werden und der Stab ganz sanft gebremst werden. • Auch zu zweit mit gegenseitigem Zuwerfen des Stabes.	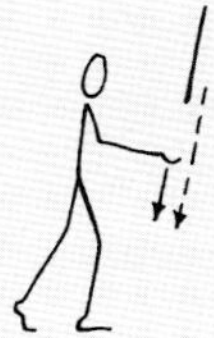
360	**Stab-Wurf** **Inhalt** Stabgeschicklichkeit **Verhalten** Konzentration, Begegnung	Jeder mit einem Stab: Stab senkrecht einhändig in der Mitte gefasst: Gehen, Laufen, Hüpfen und den Stab senkrecht hochwerfen. Wessen Stab bleibt schön senkrecht in der Luft? • Bei der Begegnung mit einem Partner die Stäbe durch leichtes Zuwerfen tauschen. • Wer kann dieses Werfen und Fangen mit Balancieren verbinden?	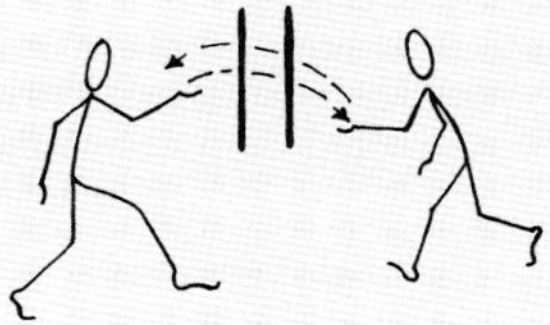
361	**Stabwurf-Varianten** **Inhalt** Stabgeschicklichkeit **Verhalten** Begegnung	Zu zweit mit je einem Stab: Zuwerfen und Fangen der Stäbe. • Beidhändig, Stab waagrecht oder senkrecht. • Einhändig, Stab waagrecht oder senkrecht. • Im Sitzen, Knien ... • Im Takt zur Musik.	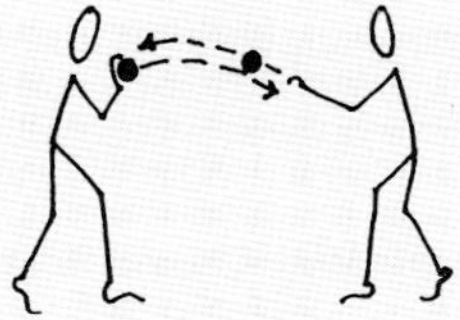
362	**Stab-Zirkus** **Inhalt** Stabgeschicklichkeit, Koordination **Verhalten** Selbsteinschätzung	Stab waagerecht in Tiefhalte vorne: Stab hochwerfen und ihn nach Handklatschen über dem Kopf, unter dem Knie, etc., in der Hocke fangen.	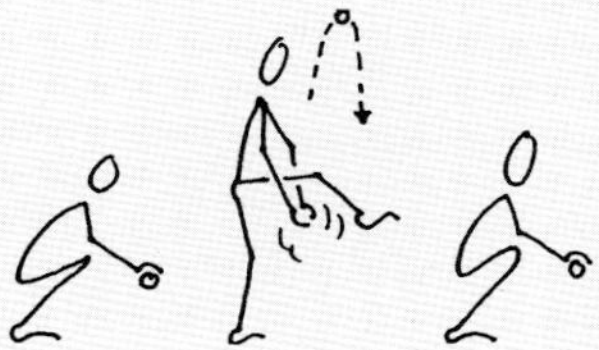
363	**Stab-Jongleur** **Inhalt** Koordination **Verhalten** Konzentration	Stab auf der Fußspitze balancieren, hochwerfen und mit der flachen Hand auffangen und weiterbalancieren. • Auf dem Knie jonglieren und hochwerfen. • Eigene Formen finden.	

Nr.	Name der Spielform Ziele/Akzente	Idee/Beschreibung	Hinweise/Organisation
364 **Inhalt** **Ver-halten**	**Kanonenball** Wurfkraft Zielwurf Regeln einhalten	Zwei Parteien stehen sich hinter den Grundlinien des Volleyballfeldes gegenüber. Jeder Schüler hat einen Ball. Auf der Mittellinie stehen zwei Langbänke, auf denen Medizinbälle (oder Kegel) liegen. Auf Zeichen versuchen beide Parteien, die Medizinbälle mit ihren (Hand-)Bällen herunterzuschießen. Sieger ist diejenige Mannschaft, in deren Feld bei Spielabbruch weniger Medizinbälle liegen. (Im Volleyball auch mit Smash). Auch mit links!	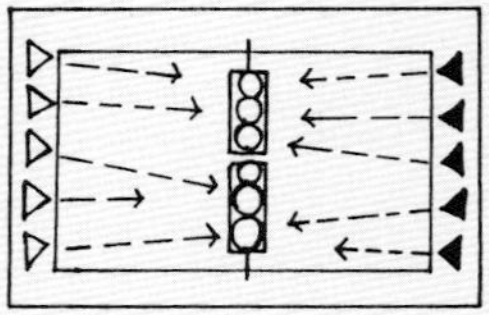
365 **Inhalt** **Ver-halten**	**Bombardement** Wurfkraft Gleichgewicht Rücksicht, je nach Partner (Stärke)!	Zu zweit gegenüber auf einer Langbank: Ein Medizinball wird hin und her geworfen. Jeder versucht, den Ball so stark zu werfen, dass der andere beim Fangen aus dem Gleichgewicht gerät und von der Bank steigen muss. • Auch mit Stand auf der Schmalkante.	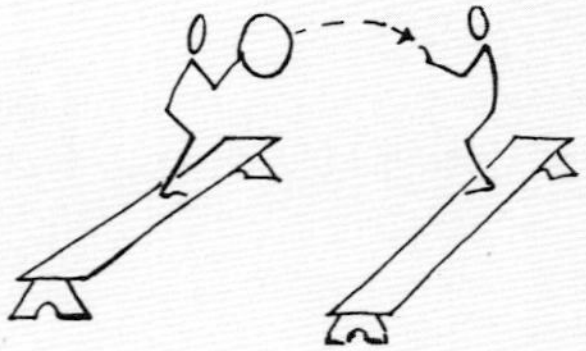
366 **Inhalt** **Ver-halten**	**Welche Gruppe sitzt zuerst?** Schnelligkeit Konzentration	Stafette: Die Gruppen verteilen sich gegenüber auf Langbänken. Der Vorderste jeder Gruppe hat einen Ball und beginnt mit dem Zuwerfen. Wer geworfen hat setzt sich. Welche Gruppe sitzt zuerst (steht wieder)?	
367 **Inhalt** **Ver-halten**	**Bank-Keulen-Völkerball** Wurfkraft Taktik	Im mittleren Teil der Felder jeder Partei steht je eine Langbank. Darauf stehen je 3 bis 5 Spieler mit Keule. Diese Keule gilt es zu beschützen. Ansonsten wird das Spiel wie Völkerball ausgeführt.	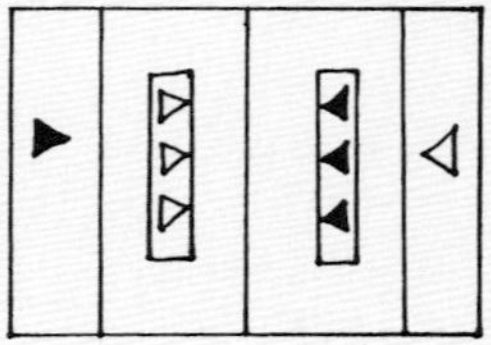
368 **Inhalt** **Ver-halten**	**Sprungwurf** Koordination Wurfkraft Konzentration	Anlauf im 3-Schritt-Rhythmus. Nach dem 3. Schritt über die Bank springen und den Ball werfen. • Wurf gegen die Wand, leichter Wurf zum Partner, Wurf auf ein Ziel, Wurf gegen Torwart. • „Schwächere" Seite auch üben.	

Nr.	Name der Spielform Ziele/Akzente	Idee/Beschreibung	Hinweise/Organisation
369	**Tigerball mit Geräten** **Inhalt** Schnelligkeit **Verhalten** Taktik	Beliebige Geräte im Kreis aufgestellt. Darauf stehen (sitzen) einzeln oder zu mehreren die Spieler. Im Kreis befindet sich ein „Tiger“. Er muss versuchen, einen Ball, den sich die Kreisspieler von den Geräten aus zu werfen, zu berühren oder zu fangen. Gelingt ihm dies oder fällt der Ball zu Boden, müssen alle Spieler ihr Gerät wechseln. Auch der Tiger versucht, einen Platz zu erwischen. Wer keinen Platz mehr findet, wird neuer Tiger.	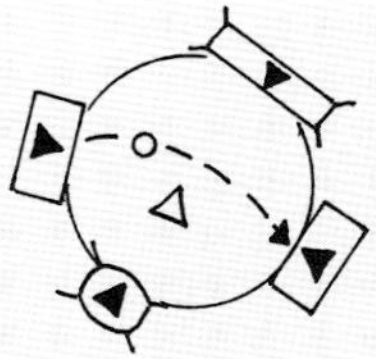
370	**Bockball** **Inhalt** Ausdauer **Verhalten** Taktik	Zwei Parteien spielen gegeneinander Fußball oder Handball. In jedem Freiwurfkreis steht ein Pferd. Der Kreis darf nicht betreten werden. Ein Tor ist erzielt, wenn der Ball zwischen den Beinen des „Bockes“ hindurchgeschossen werden kann.	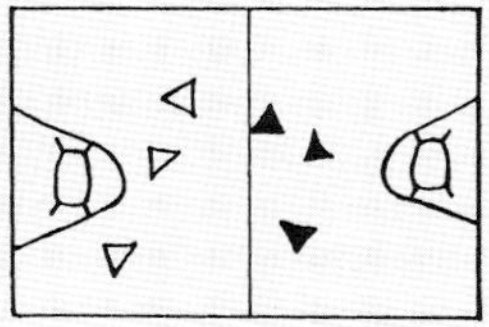
371	**Trefferball** **Inhalt** Verteidigung **Verhalten** Taktik	Medizinbälle liegen auf den in der Halle stehenden Kästen und Langbänken. Gruppe A versucht, möglichst viele Medizinbälle von den Geräten zu schießen. Gruppe B verteidigt die Bälle. Abstand zu den Geräten mindesten 1 m. Welche Gruppe hat nach dem Rollenwechsel mehr Bälle von den Geräten geschossen? • Mit einem oder mehreren Bällen.	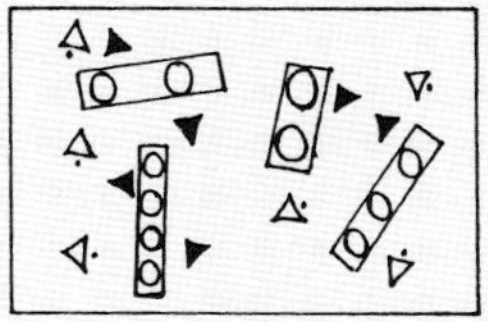
372	**Ball in den Kasten** **Inhalt** Zielgenauigkeit **Verhalten** Konzentration	Zwei Parteien stehen sich in der durch ein Volleyballnetz (oder Leine) getrennten Halle gegenüber. Jeder besitzt einen Ball. Die Spieler stehen hinter der 3-m-Linie und versuchen, ihren Ball über das Netz in den auf den 3-m-Linien stehenden, offenen Kasten zu werfen. Der Kasten darf nicht verteidigt werden. Welche Partei hat nach 1 Min. mehr Bälle im gegnerischen Kasten? • Auch mit 10-Finger-Pass oder Smash; Wurfarten vorschreiben.	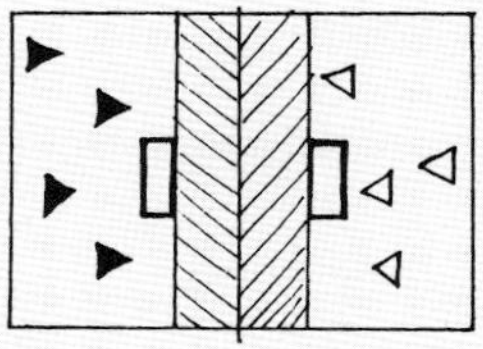
373	**Kastenball mit Abbau** **Inhalt** Ausdauer **Verhalten** Taktik	Spielregeln wie Handball, aber als Tor dient ein Kasten, welcher getroffen werden muss und der im Freiwurfkreis steht. Der Kreis darf nicht betreten werden, es gibt auch keinen Torhüter. Nach jedem erzielten Tor wird der entsprechende Kasten um ein Element abgebaut. Welche Mannschaft hat zuerst den ganzen Kasten abgetragen? (Das Erzielen eines Tores wird durch die kleiner werdende Trefferfläche immer schwieriger).	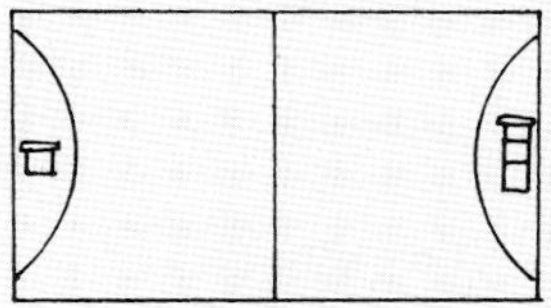

Nr.	Name der Spielform Ziele/Akzente	Idee/Beschreibung	Hinweise/Organisation
374	**Königskopfball** **Inhalt** Schulung Kopfball **Verhalten** Freilaufen und sich anbieten	In jedem Freiwurfkreis steht ein Kasten für den König. An jeder Hallenlängsseite werden zwei Matten als Tore aufgestellt. Vor jeder der beiden Parteien steht ein König auf einem Kasten. Ziel ist es, mit einem Kopfball-Spiel einen Matte (egal auf welcher Hallenseite) zu treffen. Der Kopfball darf aber nur auf Zuwurf des eigenen Königs erfolgen. Die Parteien versuchen also, dem König auf dem Kasten den Ball zuzuspielen und sich gleichzeitig in eine günstige Kopfballposition zu stellen. (Evtl. muss um die Matte ein Halbkreis gezogen werden, der nicht betreten werden darf. Ebenso muss auch das Betreten des Freiwurfkreises um den Kasten herum verboten werden.) Weitere Spielregeln mit den Schülern gemeinsam erarbeiten!	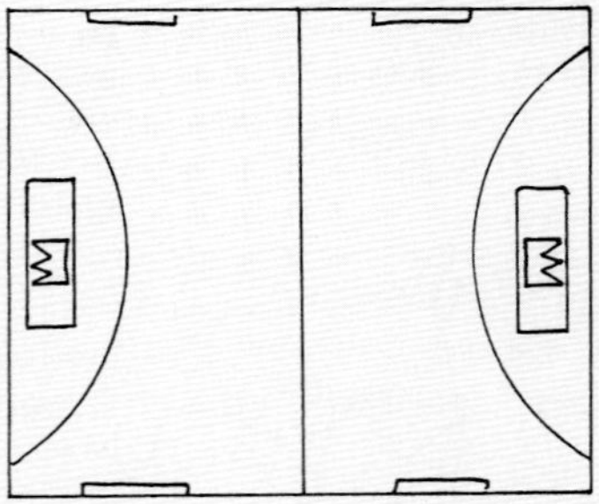
375	**Kniehangwurf** **Inhalt** Orientierungsfähigkeit **Verhalten** Gutes Timing beim Zuwerfen	Zuspiel aus dem Schwingen am Reck. (Das Hangen und Schwingen muss vorher geübt werden).	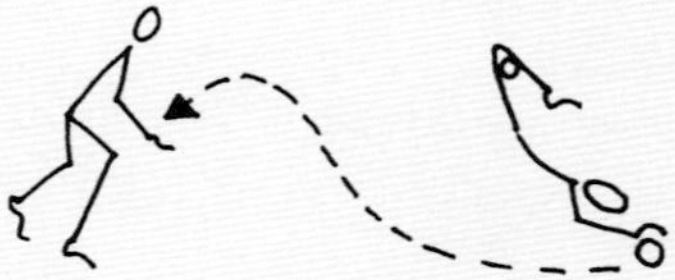
376	**Fuß-Ballartist** **Inhalt** Koordination **Verhalten** Kooperation	Zu zweit: Sprunghohe Ringe. Zuspiel: Ball zwischen die Füße einklemmen und schwingend abwerfen (evtl. auch fangen). • Aus dem Stütz am Barrenende.	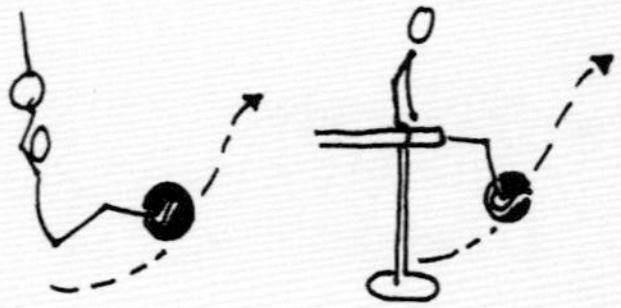
377	**Gerätegarten** **Inhalt** Geschwindigkeit **Verhalten** Gegenseitig Rücksicht nehmen	Verschiedene Geräte sind in der ganzen Halle verteilt. A spurtet und springt auf irgendein Gerät. B verfolgt A prellend (oder wartet am Ort) und spielt A den Ball zu. Nun läuft B weg und A wirft zu. • Zuspiel nur mittels Bodenpass. • Zuspiel nur mit der schwächsten Wurfhand.	

Nr.	Name der Spielform Ziele/Akzente	Idee/Beschreibung	Hinweise/Organisation
378	**Ball unter die Schnur** **Inhalt** Wurfkraft **Verhalten** Taktik	Über die Mittellinie (oder längs durch die Halle) wird eine Zauberschnur auf 1 m Höhe gespannt. Gruppen zu 3 bis 4 Spielern stehen sich gegenüber. Der Ball soll unter der Leine durch ins gegnerische Feld geworfen oder gerollt werden, so dass er die gegnerische Grundlinie oder eine Seitenlinie überquert (= 1 Punkt). Drei Zuspiele im eigenen Feld erlaubt. Welche Gruppe hat zuerst 15 Punkte? (Auch mit 2 Medizinbällen möglich).	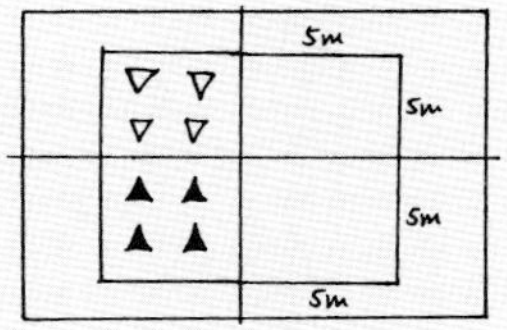
379	**Wurffenster** **Inhalt** Wurfkraft, Zielwurf **Verhalten** Ehrlich zählen!	Zwei Zauberschnüre werden quer durch die Halle gespannt, so dass ein 1 m breites „Wurffenster" entsteht. (Das Wurffenster kann nochmals in kleinere Fenster unterteilt werden). Zielwürfe durch die „Fenster". Auch als Gruppen- oder Einzelwettkampf. Wer hat zuerst 10 Würfe durch sein Fenster erzielt? (Es wird immer von der gleichen Seite her geworfen, danach Ball holen). Wer trifft noch aus der größten Distanz?	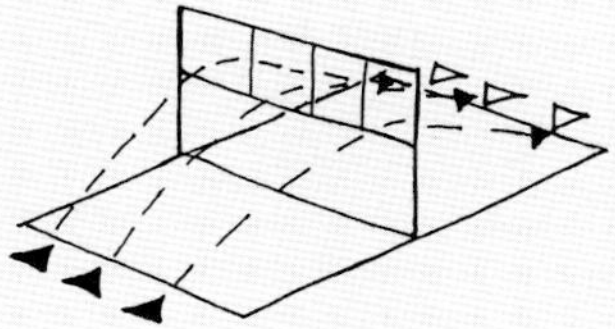
380	**Aufräumen** **Inhalt** Wurfkraft, Schnelligkeit **Verhalten** Nach dem Pfiff ist Schluss (für alle)	Durch zwei Zauberschnüre wird die Halle in 4 Felder unterteilt. 4 Gruppen, jeder Spieler mit einem Ball. Auf Signal werfen alle die Bälle immer wieder in ein gegnerisches Feld. Welche Gruppe hat nach x Sek. weniger Bälle im eigenen Feld? • Mit zwei Gruppen, die je zwei Felder verteidigen müssen.	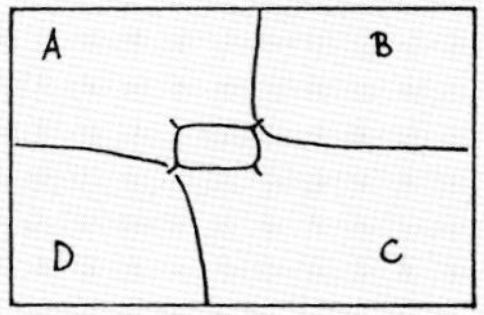
381	**Bandbasketball** **Inhalt** Basketball **Verhalten** Taktik	Je eine Zauberschnur (oder ein Absperrband) wird in 3 m Höhe 50 bis 80 cm von der Längswand entfernt gespannt. Diese Bandgassen (ganze Hallenlänge oder beschränkte Gebiete davon) stellen den Korb dar. Durch diesen vergrößerten Zielbereich kann der Korbwurf für die Anfänger wesentlich erleichtert werden. Z. B. Minibasketball 3 gegen 3 in 3 Feldern.	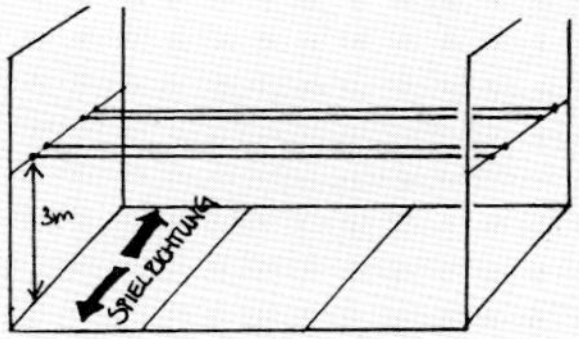
382	**Bandgassen-Basketball** **Inhalt** Basketball **Verhalten** Taktik	Zwei Zauberschnüre werden im Abstand von 50 bis 80 cm durch die Hallenmitte gespannt und in ca. 3 m Höhe an den Basketballbrettern befestigt. Regeln wie beim Basketball, als Korb gilt ein Wurf durch die Gasse (evtl. eingeschränkte Zonen). Der Korbwurf kann von beiden Seiten der Gasse erfolgen. Pässe über die Bandgasse sind nicht erlaubt. Wird der Ball erobert, kann der Angriff erst erfolgen, nachdem der Ball gegen eine Wand gespielt worden ist.	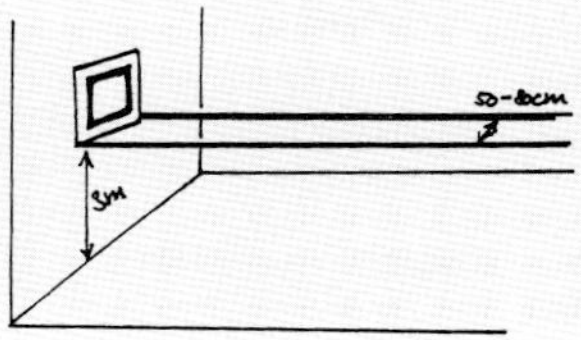

Nr.	Name der Spielform Ziele/Akzente	Idee/Beschreibung	Hinweise/Organisation
Inhalt **Ver-halten**	Wenn „ungewohntes" Material verwendet wird kommt der Faktor Differenzierung und Anpassung dazu.	Die meisten aufgeführten Spiele mit Ball können variiert und erneuert werden, indem man den normalen Soft-, Tennis- oder Volleyball austauscht und einen „ungewohnten" Ball, einen anderen Wurfgegenstand oder einen Frisbee einsetzt (z. B. Erdball, Pingpong-Ball, Sitzball, Jonglierball, Ball in Socke, Turnschuh, etc.). Einlaufspiele mit Frisbee eignen sich besonders gut für Sport im Freien und können später auch zum eigentlichen Ultimate ausgebaut werden. Mit ungeübten Spielern sollte man den Stoff-Frisbee oder Flugring verwenden und mit einfachen Zuspielübungen beginnen.	
383 **Inhalt** **Ver-halten**	**Frisbee-Jagd** Genaues Zuspiel Fairness	2 Reihen, jeder 2. Spieler gehört zur gegnerischen Mannschaft. Jede Gruppe hat einen Frisbee. Durch Zuspiel im Zick-Zack wird von Spieler zu Spieler gespielt. Welche Scheibe ist zuerst durch die ganze Reihe durch? • Verschiedene Wurfarten. • Es muss eine gewisse Strecke zurückgelegt werden. Der erste Spieler, der geworfen hat, läuft an die Spitze der Reihe.	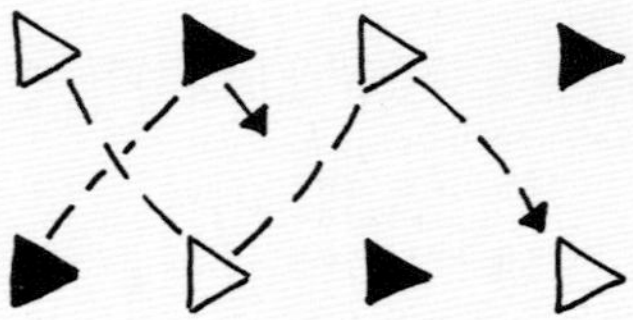
384 **Inhalt** **Ver-halten**	**Zeit sammeln** Zielwürfe Schnelligkeit Genau ist besser als schnell!	Pro Mannschaft 4–5 Frisbees. Es wird eine bestimmte Strecke gelaufen. Dort werden nacheinander die Frisbees in ein bestimmtes Feld (oder auf Hütchen, etc.) geworfen. Die Zeit wird gemessen, bis die Mannschaft fertig ist. Jeder Treffer gibt 3 Sek. Zeitabzug. Welche Mannschaft ist schneller?	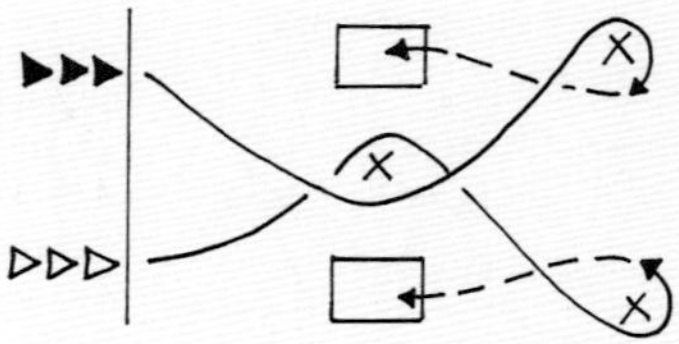
385 **Inhalt** **Ver-halten**	**Im Quadrat** Täuschen Taktik	4 gegen 1 (2) mit einem Frisbee. Die Vierergruppe steht in einem Quadrat. Sie dürfen nicht laufen (Sternschritt erlaubt). 5 fehlerlose Zuspiele in der Vierergruppe ergeben 1 Punkt. Der Feind erzielt Punkte, wenn der Frisbee zu Boden geht oder er ihn berührt. • Verschiedene Gruppen gegeneinander. • Paarweise und laufen erlaubt.	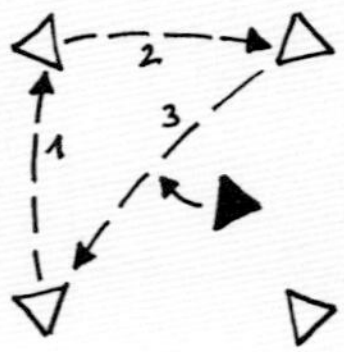

2.6 Verschiedene Wurfgegenstände (Frisbee)

Nr.	Name der Spielform Ziele/Akzente	Idee/Beschreibung	Hinweise/Organisation
386	**Schnelle Scheibe** **Inhalt** Werfen – fangen **Verhalten** Selbsteinschätzung	A und B spielen sich den Frisbee zu, Abstand 1 ca. 4 m. Dasselbe mit einem Abstand 2 von ca. 8 m und dann noch 3 ca. 16 m. Nach 5 (10) gelungenen Zuspielen darf der Abstand vergrößert werden. • Als Wettbewerb: Die Spieler wählen den Abstand selber. Abstand 1 = 1 Punkt, Abstand 2 = 2 Punkte, Abstand 3 = 5 Punkte pro gelungenes Zuspiel.	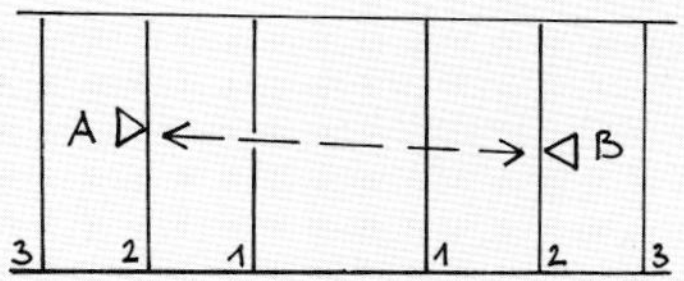
387	**Nonstop-Frisbee** **Inhalt** Werfen – fangen, Ausdauer **Verhalten** Konzentration	2 Spielerkreise, 1 Frisbee pro Kreis. A wirft den Frisbee zu B und läuft dem Frisbee nach, um die Position von B einzunehmen. • A ruft B zu, wem er den Frisbee zuwerfen muss. • Auf dem Laufweg zu B muss A 3x auf den Boden klatschen (Zuruf vom Spielleiter, immer wieder neue Zahlen rufen, Aufgabe ständig wechseln).	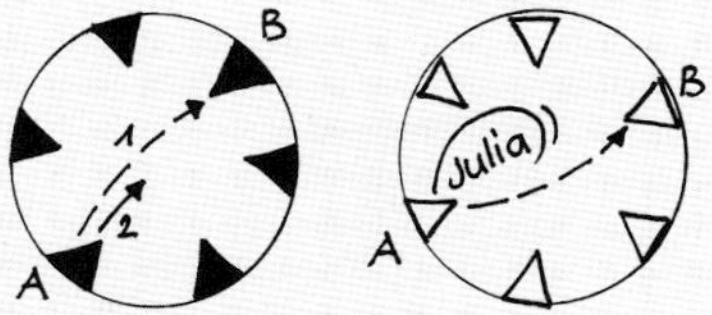
388	**Fliegende Untertasse** **Inhalt** Werfen – fangen **Verhalten** Spielübersicht, Taktik	Gruppe A ist im Innenfeld verteilt, Gruppe B im Außenfeld. Gruppe B spielt sich den Frisbee über das Feld zu. Ein gelungenes Zuspiel über das Querfeld = 1 Punkt. Ein Zuspiel über das Längsfeld = 3 Punkte. Die Innenspieler versuchen den Frisbee abzufangen. Gelingt das, werden sofort die Felder getauscht und das Spiel beginnt ohne Unterbruch für die neue Außengruppe. • Mehrere Frisbees. • Jeder Spieler muss 1x geworfen haben, bevor einer ein 2. Mal wirft.	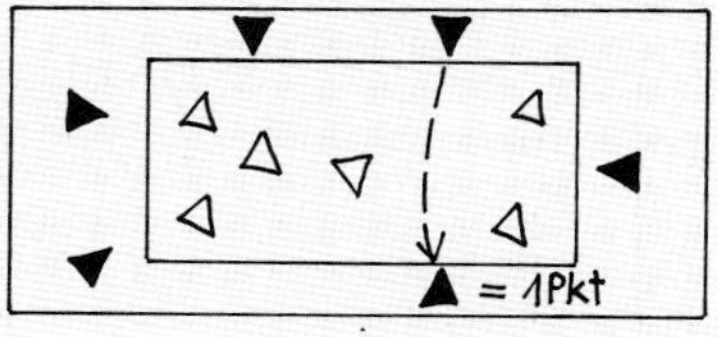
389	**Doppelfeld-Frisbee** **Inhalt** Zielwurf **Verhalten** Taktik	Regeln wie Tennis-Doppel. Fällt der Frisbee im gegnerischen Feld auf den Boden = 1 Punkt. Geht der gegnerische Frisbee ins Aus = 1 Punkt. • Mit dem Frisbee darf gelaufen/nicht gelaufen werden. • Statt 2 gegen 2 auch 4 gegen 4.	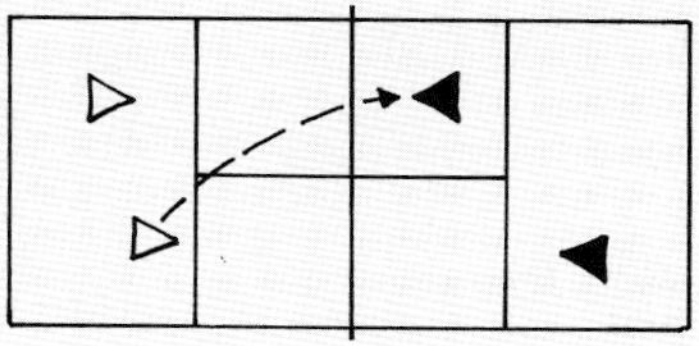
390	**Die Kurve kratzen** **Inhalt** Kurvenwurf **Verhalten** Wer hat einen Tipp?	Zu zweit oder in kleiner Gruppe. Ein Hindernis (Malstab, Baum, Gerät, etc.) soll umspielt werden. Wie viel „Kurve" ist möglich? Wie muss der Frisbee abgespielt werden, damit er eine Kurve fliegt?	

Nr.	Name der Spielform Ziele/Akzente	Idee/Beschreibung	Hinweise/Organisation
391	**Boccia** **Inhalt** Zielwurf **Verhalten** Spaß	Regeln wie Boccia. Jedes Paar hat 2 Wurfgegenstände (Zündholzschachteln, Pingpong-Bälle, Socken, Jonglierbälle, Turnschuhe, etc. je spezieller desto besser).	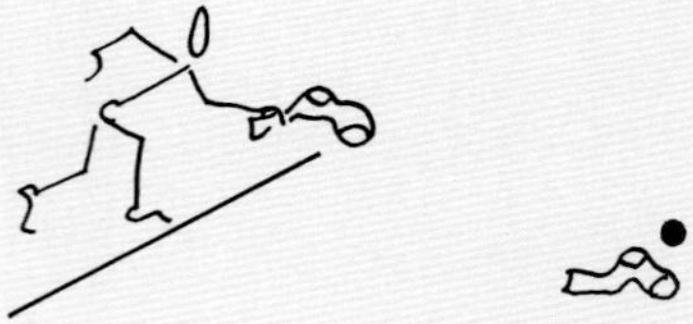
392	**Inselfänger** **Inhalt** Werfen – fangen **Verhalten** Ehrlich zählen	3–6 Spieler mit einem Wurfgegenstand. A steht in einem Reifen, die anderen hinter einer Linie (Abstand je nach Wurfgegenstand). Abwechselndes Zuspiel, die Fänge von A werden gezählt. Welche Gruppe hat nach 2 Min. am meisten Punkte? • A muss zum Fangen nur mit einem Bein im Reifen stehen. • A muss mit beiden Beinen im Reifen stehen. • Wurfart wird vorgegeben (über Kopf, rw. zwischen den Beinen, etc.).	
393	**Haus-Golf** **Inhalt** Werfen-fangen – zielen **Verhalten** Spielregeln einhalten	Ein vorgegebener Parcours wird zu zweit gelaufen. (Halle: Ecke – Kletterstange – Mittelpunkt – Malstab – etc.) (Im Freien: Baumstamm – Abfallkübel – Fahnenstange – etc.). A spielt den Wurfgegenstand zu B, läuft weiter, B spielt zu A. Das vorgegebene Ziel (Ecke, Fahnenstange, etc.) muss getroffen werden, ansonsten Wurf wiederholen. • Welches Paar schafft den Parcours am schnellsten? • Wer braucht am wenigsten Würfe?	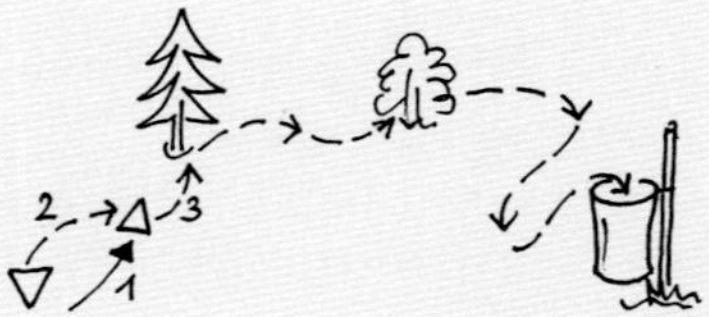
394	**Ecken-Werfen** **Inhalt** Je nach Aufgabe **Verhalten** Konzentration Schnelligkeit	Alle Spieler traben langsam im Mittelkreis. Ein Spieler hat einen Wurfgegenstand. Je nachdem in welche Ecke er ihn wirft, muss eine andere Aufgabe außerhalb des Kreises gelöst werden. Wer zuletzt wieder im Kreis sitzt/liegt hat verloren (mögliche Aufgaben: alle 4 Wände berühren, 1x Handstand gegen eine Wand, einen Turnschuh ausziehen und in eine Ecke legen, den Turnschuh wieder anziehen, etc.)	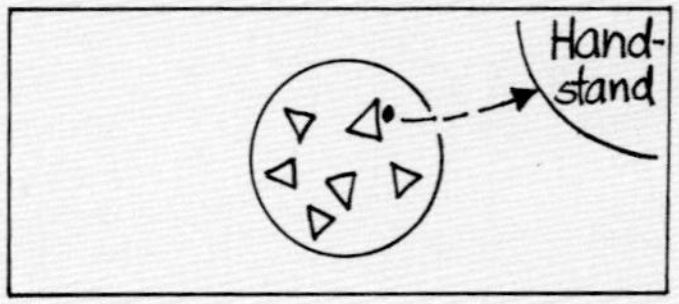
395	**Spring-Brunnen** **Inhalt** Werfen – fangen **Verhalten** Konzentration Reaktion	Die Gruppe stellt sich im Kreis auf und beginnt langsam (und mit der Zeit immer etwas schneller) in der Kreisrichtung zu laufen. 1 Spieler steht in der Mitte, ruft einen Namen eines Mitspielers und wirft einen Gegenstand (z. B. Turnschuh) senkrecht hoch. Der Aufgerufene versucht, das hochgeworfene Objekt zu fangen, bevor dieses auf den Boden fällt. Rollenwechsel. • Der Spieler in der Mitte darf durch Zuruf einen Richtungswechsel befehlen. • Der Spieler in der Mitte darf ...	

Eine Art Rugby (ca. 1860) ... Ob sich die Spieler wohl auch aufgewärmt hatten?
(Aus „Mathys, die Ballspiele, Harenberg 1983“)

Kapitel 3
Springen

Nr.	Name der Spielform Ziele/Akzente	Idee/Beschreibung	Hinweise/Organisation
396	**Treppenfangen**	Treppenfangen auf einer großen Treppe. Wer auf dem gleichen Tritt steht wie der Fänger ist gefangen und wird zum Fänger. • Stafette an der Treppe mit verschiedenen Gangarten, z. B.: • 3 Stufen aufwärts laufen, 2 Stufen zurück. Wer ist zuerst ganz oben? Dito, abwärts, aber rw laufen. • Stafette mit Würfel: Es müssen so viele Stufen hochgestiegen werden, wie man gewürfelt hat.	
Inhalt	Kraftausdauer Schnelligkeit		
Verhalten	Fairness		
397	**Sprungkonkurrenz**	Wer springt am weitesten? • bei vorgegebener Sprungart (Einhupf). • bei vorgegebener Anzahl Sprünge (Mehrsprung). • bei verschiedenen Sprungkombinationen. (z. B. li, li, re, li, li, re).	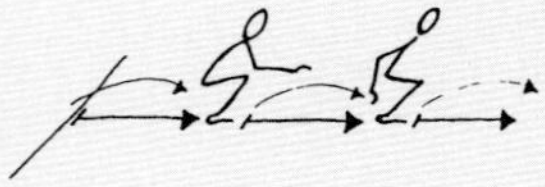
Inhalt	Sprungkraft Koordination		
Verhalten	Gegenseitig kontrollieren		
398	**Gruppenweitsprung**	Welche Gruppe braucht am wenigsten Sprünge, um den Platz zu überqueren? Der Nächste springt dort ab, wo der andere gelandet ist.	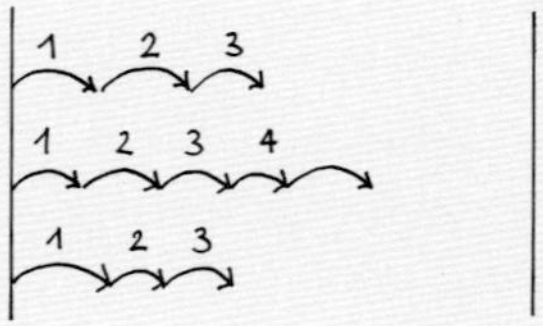
Inhalt	Sprungkraft		
Verhalten	Fairness zu zweit		
399	**Kopiergerät**	Jeder Schüler zeigt eine unregelmäßige Sprungfolge vor (z. B. re – re – li – re – beide). Die anderen beobachten und machen die gleiche Kombination fehlerfrei nach.	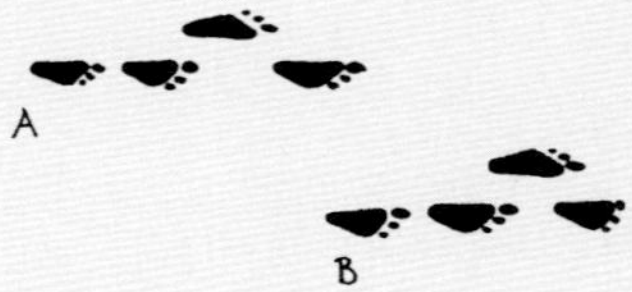
Inhalt	Koordination		
Verhalten	Konzentration		
400	**Wanderspringen**	Eine Strecke muss von zwei Schülern durchsprungen werden, wobei immer nur einer am Springen ist. Wechsel nach Gutdünken. Welches Paar braucht am wenigsten Sprünge?	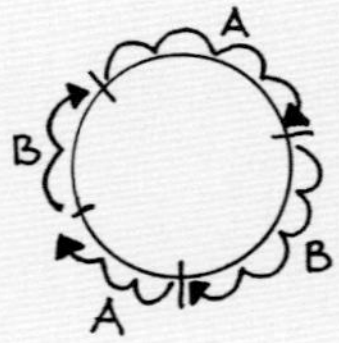
Inhalt	Sprungkraft		
Verhalten	Kooperation		

Nr.	Name der Spielform Ziele/Akzente	Idee/Beschreibung	Hinweise/Organisation
401	**Unterschenkel-ziehkampf**	A und B stehen sich gegenüber und haken die re (li) Unterschenkel ineinander. • Wer kann so seinen Gegner rw über eine Linie ziehen? • Wer kann den Gegner sw bis zu einer Linie ziehen?	
Inhalt	Kraft		
Ver-halten	Taktik		
402	**Böckchen springen**	A stellt sich als Böckchen hin, B übergrätscht ihn und stellt sich danach für A als Böckchen hin (Endloskette, auch als größere Schlange möglich).	
Inhalt	Ausdauer		
Ver-halten	Gute Spannung beim Böckchen		
403	**Hindernisspringen**	Statt eines Böckchens macht A irgend ein anderes Hindernis (z. B. ein Bein waagerecht hochhalten). B muss selbst entscheiden, wie er das Hindernis überquert.	
Inhalt	Ausdauer		
Ver-halten	Fantasie		
404	**Hinkfangen**	Zwei Mannschaften, jeder ist Fänger und Verfolgter zugleich (Gruppe A fängt Gruppe B und umgekehrt). Fortbewegung nur auf einem Bein, das andere wird mit einer Hand gehalten. Wer gefangen wird setzt aus und kann von einem freien Gruppenmitglied durch Handschlag erlöst werden. Welche Mannschaft kann die andere ausschalten, d. h., alle zum Sitzen bringen?	
Inhalt	Kraftausdauer		
Ver-halten	Taktik		
405	**Hinkrennen**	A und B stehen Rücken an Rücken und fassen je ein Fußgelenk des Partners. Aufstellung paarweise auf der Grundlinie. Welches Paar hat ohne loszulassen zuerst eine bestimmte Strecke zurückgelegt?	
Inhalt	Kraftausdauer		
Ver-halten	Kooperation Spaß		

Nr.	Name der Spielform Ziele/Akzente	Idee/Beschreibung	Hinweise/Organisation
406	**Rhythmusspringen** **Inhalt** Rhythmus **Verhalten** Konzentration	Zu zweit mit einem Ball. A prellt einen Ball in verschiedenen Rhythmen. B versucht, genau so zu hüpfen, wie der Ball prellt, d. h.: im gleichen Rhythmus wie der Ball hochspringt.	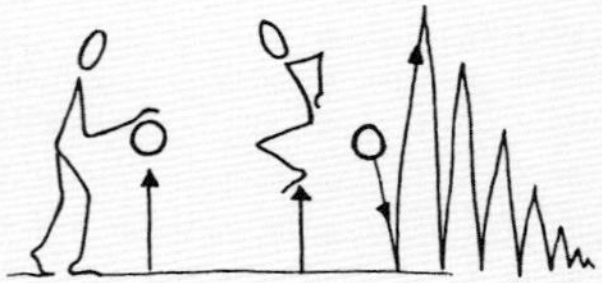
407	**Rhythmusspringen verkehrt** **Inhalt** Rhythmus **Verhalten** Konzentration	A prellt einen Ball möglichst stark auf den Boden. Jedes Mal, wenn der Ball wieder am Boden aufprellt, muss sich A in der Luft befinden. Die Sprünge folgen in immer kürzeren Abständen, bis der Ball liegen bleibt.	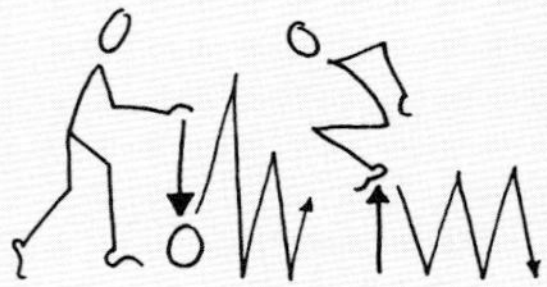
408	**Roll-Sprung-Ball** **Inhalt** Koordination **Verhalten** Konzentration, Begegnung	Zu dritt mit dem Ball. A rollt den Ball zu B und C überspringt den rollenden Ball. Dann rollt B den Ball zu C und A überspringt ihn, etc.	
409	**Klemmball** **Inhalt** Sprunggeschicklichkeit **Verhalten** Körper- und Distanzgefühl	Wer springt am weitesten mit dem eingeklemmten Ball, ohne diesen zu verlieren? • Wähle deine Distanz zur Ziellinie selbst. Kannst du genau auf die Linie springen? • Gelingt dies auch mit geschlossenen Augen?	
410	**Timing-Sprünge** **Inhalt** Absprung-Timing **Verhalten** Fantasie	• Wer kann den Ball im höchsten Punkt fangen? • Wer kann so hochspringen, dass er den Ball erst kurz vor der Landung fangen kann? • Wer findet eigene Sprung-/Wurfkombinationen?	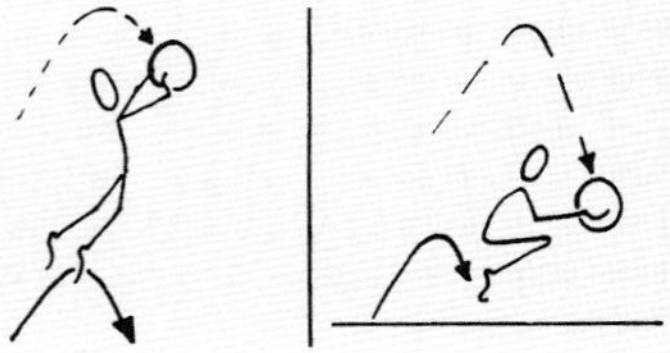

Nr.	Name der Spielform Ziele/Akzente	Idee/Beschreibung	Hinweise/Organisation
411	**Wilder Westen** **Inhalt** Koordination **Verhalten** Rücksicht auf andere nehmen!	Einhändiges Kreisen des Seils über dem Boden und in Schlusssprüngen beidbeinig darüberspringen. Auch im Wechsel mit Kreisen des Seils über dem Kopf. Eigene Variationen?	
412	**Lasso-Springen** **Inhalt** Koordination **Verhalten** Kooperation	Zu zweit: A lässt im Hockstand das Seil unter den Füßen des Springenden B kreisen, während B sein Seil über den Kopf von A kreisen lässt. • Ist es auch abwechslungsweise möglich (d. h.: abwechslungsweise hochspringen und in die Hocke gehen)? • B schwingt, A springt – A schwingt ,B springt.	
413	**Kreis-Lasso** **Inhalt** Absprung-Timing **Verhalten** Kooperation	Zu dritt: A steht zwischen B und C und schwingt das gestreckte Seil im Kreis herum. B und C müssen jeweils im richtigen Augenblick darüberspringen. • In einer größeren Gruppe mit zwei zusammengeknoteten Seilen. Wer das Seil berührt, wird zum neuen Seilschwinger.	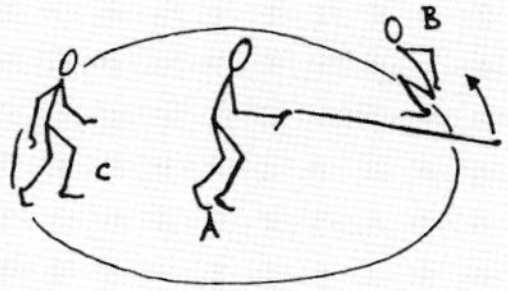
414	**Sprunggarten** **Inhalt** Ausdauer, Koordination **Verhalten** Das Seil ruhig halten (Fairness!)	Die Hälfte der Gruppe hält in Paaren die Seile waagerecht über dem Boden, die andere Hälfte springt in verschiedenen Sprungarten darüber. • Die „Seilhalter" hüpfen am Ort. • In Stafettenformen.	
415	**Hüpfen zu zweit** **Inhalt** Sprungkraft **Verhalten** Kooperation	A und B stehen dicht nebeneinander, die inneren Hände gefasst, das Seil wird mit den äußeren Armen geschwungen: • Beide hüpfen gleichzeitig im Seil. • A springt vw, B rw.	

3

Nr.	Name der Spielform Ziele/Akzente	Idee/Beschreibung	Hinweise/Organisation
416	**Seil-Graben** **Inhalt** Sprungkraft Rhythmus **Verhalten** Selbsteinschätzung	Die Seile liegen parallel hintereinander (oder gefächert) am Boden. Wer erreicht das letzte Seil ... • mit Einbeinsprüngen? • mit Laufsprüngen? • mit Froschhüpfen?	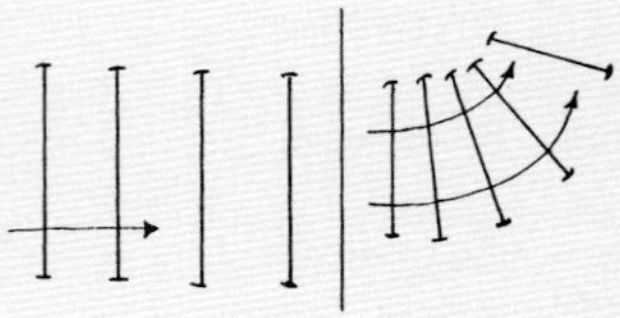
417	**Springende Reihe** **Inhalt** Koordination **Verhalten** Bitte keine Spielverderber!	Die Übenden stehen in einer Kolonne, der erste hat das Seil. Auf Zeichen erfasst der Zweite das andere Ende der Seils, und beide laufen nun beidseits der Kolonne nach hinten, indem sie das Seil dicht über dem Boden halten. Die Übenden in der Kolonne müssen nacheinander das Seil überspringen. Am Ende angekommen, lässt der Erste das Seil los und reiht sich am Ende ein, während der andere mit dem Seil nach vorne läuft und mit dem Dritten das gleiche macht.	
418	**Polonaise** **Inhalt** Ausdauer **Verhalten** Fantasie	In 4er- bis 8er- Gruppen je zu zweit mit einem Seil: • Erfindet Polonaise – Formen mit überspringen, unten durchkriechen, Slalom, etc. Sucht interessante Laufwege, nutzt die ganze Halle aus!	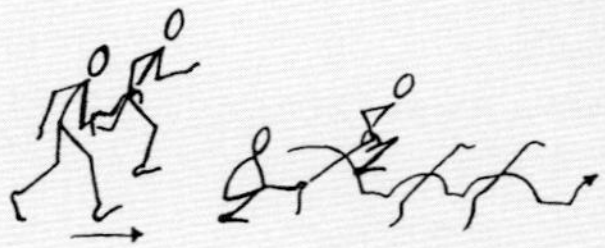
419	**Figuren springen** **Inhalt** Ausdauer **Verhalten** Gestalten	Versucht, im vw-Springen mit dem Seil eine vom Lehrer vorgestellte Figur zu laufen, z. B. Buchstaben, ganze Wörter, geometrische Formen. • Auch als Ratespiel zu zweit: A springt voraus, B hintendrein. B muss herausfinden, welchen Buchstaben A meint.	
420	**Synchronspringen 1** **Inhalt** Rhythmus **Verhalten** Kooperation	Zu zweit mit je einem Seil. A springt mit seinem Seil und verändert immer wieder die Geschwindigkeit. B springt auch und versucht, sich dem Tempo von A möglichst gut anzupassen. • Welches Paar kann die Rollen tauschen, ohne den Seilschwung zu unterbrechen?	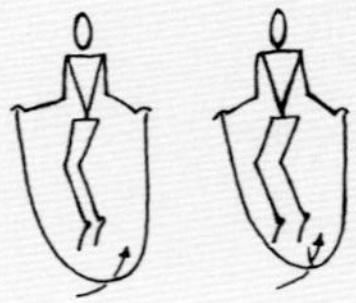

3.3 Springseil

Nr.	Name der Spielform Ziele/Akzente	Idee/Beschreibung	Hinweise/Organisation
421 **Inhalt** **Ver-halten**	**Synchronspringen 2** Koordination Kooperation	A und B zusammen mit einem Seil nebeneinander, je ein Seilende mit der inneren Hand gefasst: 1. Seil schwingen (rundherum): A führt $\frac{1}{2}$-Drehung aus, springt über das Seil und dreht zurück auf seinen Ausgangsplatz. 2. Dann B ebenso. 3. Beide machen $\frac{1}{2}$-Drehung zueinander und springen gleichzeitig. 4. Weiterdrehen und das Seil in die andere Hand übergeben.	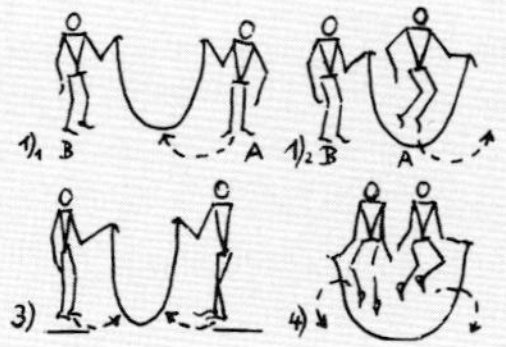
422 **Inhalt** **Ver-halten**	**Kreisspringen** Koordination Kooperation	A und B stehen nebeneinander, beide halten das Seilende in der re Hand. Während A am Ort stehen bleibt (als Kreiszentrum) und das Seil kreist, dreht B springend eine Runde um A herum. Danach fliegender Rollenwechsel, A umkreist B. • Mit Seildurchschlägen vw oder rw.	
423 **Inhalt** **Ver-halten**	**Allein – zu zweit allein** Koordination Kooperation	Zu zweit mit einem Seil gegenüber. A springt im Seil, B wartet einen günstigen Moment ab (außerhalb des Seils), bis er unter dem Seil durchlaufen und vor A mit ihm springen kann. Beide springen zusammen, bis B das Seil wieder (rw) verlässt.	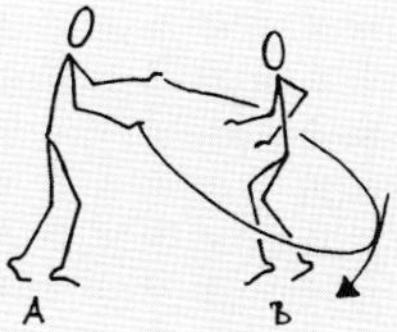
424 **Inhalt** **Ver-halten**	**Kombination** Koordination Kooperation	Aufstellung wie „Allein-zu-zweit". • Aber A übergibt das Seil an B. • Aber vor Seilübergabe macht B $\frac{1}{2}$-Drehung im Seil. • B springt hinter A ins Seil, so dass sie hintereinander springen.	
425 **Inhalt** **Ver-halten**	**Englisch-Seilspringen** Rhythmus Kooperation	A und B stehen sich gegenüber und schwingen mit beiden Händen zwei Seile nacheinander nach außen (Rhythmus!). C versucht, durch Unterlaufen oder Überspringen der Seile auf die andere Seite zu gelangen. • C versucht, in die Seile hineinzuspringen und am Ort in beiden Seilen zu hüpfen (bzw. es wird mehr zum Laufen mit hohem Knieheben).	

Nr.	Name der Spielform Ziele/Akzente	Idee/Beschreibung	Hinweise/Organisation
426	**Spring-Konkurrenz 1**	• Wer kann in Schrittwechselsprüngen hüpfen? • Wer kann im Kreuzstand hüpfen? (Beine wechselweise voreinander überkreuzen). • Wer kann Doppelhüpfen mit Seildurchzügen sw? • Wer kann in der Hocke hüpfen? (Mit normalem Seil und den Armen in Seithalte oder mit verkürztem Seil). • Wer kann ein Viereck hüpfen (vw-sw-rw-sw)? • Wer eine weitere Möglichkeit „erfunden" hat, darf diese demonstrieren!	
Inhalt	Kraftausdauer der Fuß- und Beinmuskeln		
Ver-halten	Selbsteinschätzung Fantasie		
427	**Spring-Konkurrenz 2**	• Wer kann in einem Sprung zwei (drei) Durchzüge machen? • Wer kann von einer Erhöhung niederspringen und vor dem Landen drei Durchzüge machen? • Auch mit Minitramp oder Trampolin. • Wer kann mit gekreuzten Armen hüpfen? • Wer kann mit wechselnden Rhythmen (aber im gleichen Takt) hüpfen? Z. B. in der gleichen Zeit 2 kurze oder 1 langer Durchzug.	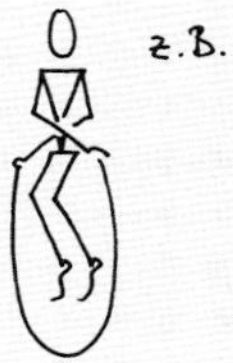
Inhalt	Koordination Ausdauer		
Ver-halten	Selbsteinschätzung		
428	**Schwungseil**	Zwei Schüler schwingen das Schwungseil (oder zwei zusammengeknüpfte Springseile) möglichst regelmäßig. Die anderen lösen folgende Aufgaben: • Von beiden Seiten her unten durchlaufen. • Von beiden Seiten her ins Seil hineinspringen und darin einige Male hüpfen. • Dito, aber dem Springenden wird ein Ball zugeworfen, welchen er fängt und zurückwirft. • Dito, aber zwei springen miteinander im Seil und werfen sich einen Ball hin und her. • Wer kann mit seinem Springseil unter dem Schwungseil durchlaufen, ohne das Schwungseil zu stören? • Dito, wer kann mit dem Springseil im Schwungseil Seil springen? Auch: Das Springseil macht zwei Durchzüge, während das Schwungseil einen macht. • Zwei Schwungseile gekreuzt: Die Seile müssen so geschwungen werden, das sie gemeinsam oben und unten sind. Wer kann darin springen?	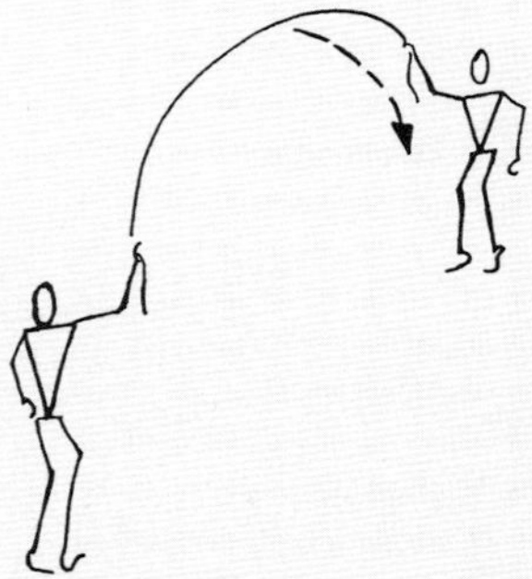
Inhalt	Koordination		
Ver-halten	Als Seilhalter durch geschicktes Schwingen den Springern helfen		

Nr.	Name der Spielform Ziele/Akzente	Idee/Beschreibung	Hinweise/Organisation
429	**Zweier-Reifen-Springen** **Inhalt** Gestalten Rhythmus **Verhalten** Kooperation	Zu zweit im Abstand von ca. 5 m auseinander, vor jedem liegt ein Reifen. In den eigenen Reifen hinein- und hinaushüpfen, zum Reifen des Partners laufen und wieder hüpfen. Welches Paar findet einen interessanten Raumweg und einen gemeinsamen Rhythmus? Welches Paar kann abwechselnd in den gleichen Reifen springen? • Mit Musik	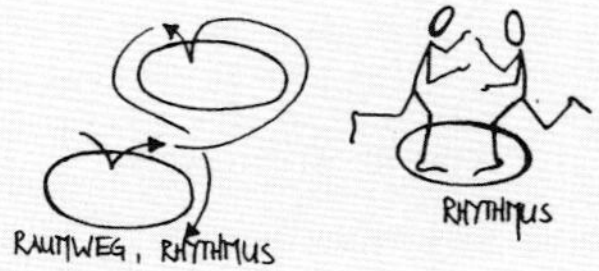
430	**Reifenhochsprung** **Inhalt** Koordination **Verhalten** Spielregeln einhalten	Wer kann Schersprünge über den rollenden Reifen mit Absprung re oder li springen? • Nur mit einem Zwischenschritt, fortgesetzte Sprünge.	
431	**Sprungvariationen** **Inhalt** Ausdauer **Verhalten** Fantasie	Reifen im Raum verteilen. Jeder Schüler versucht, auf möglichst viele verschiedene Arten in seinen Reifen hinein- und hinauszuspringen. Z. B.: Mit einem Bein, beidbeinig, von einem aufs andere Bein, vw, rw, sw (vergleiche mit Gummitwist). Interessante Sprünge oder Sprungfolgen werden von allen wiederholt.	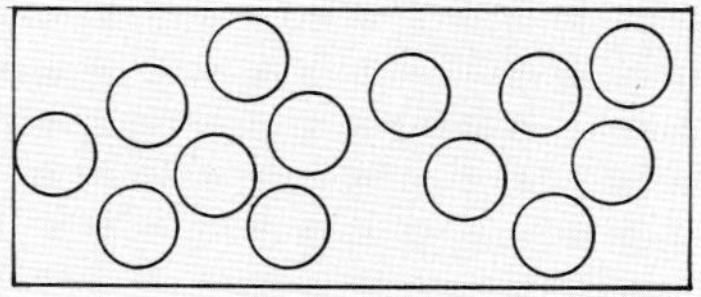
432	**Paar-Reifen-Springen** **Inhalt** Kraftausdauer **Verhalten** Kooperation	Gleich viele Reifen wie Schüler werden ohne Zwischenräume ausgelegt. Je zwei Schüler geben sich die Hand. Sie müssen sich neben den anderen Paaren einen Weg durch die Reifen suchen, wobei sie einbeinig hüpfen und jeweils zusammen nur einen Reifen besetzen. • Als Wettkampf: Welches Paar macht in 2 Min. am meisten Sprünge von Reifen zu Reifen?	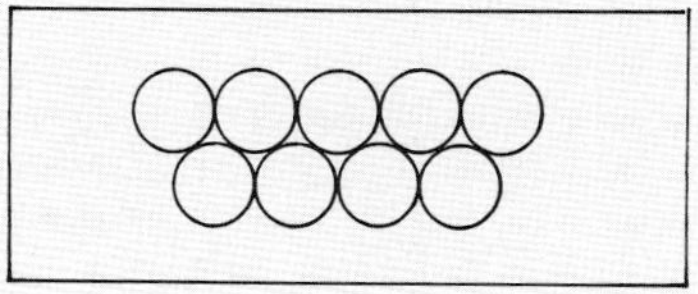
433	**Sprung-Computer** **Inhalt** Sprungkraft **Verhalten** Fantasie und Selbsteinschätzung	Die Reifen sind frei im Raum verteilt. A und B bilden eine „Computer-Gruppe". A springt eine beliebige Anzahl Sprünge nach freier Wahl. B (der Computer) merkt sich die Sprungfolge. Danach versucht der „Computer B", genau die gleiche Sprungkombination zu springen. A kontrolliert. • Immer schwierigere und längere Kombinationen wählen!	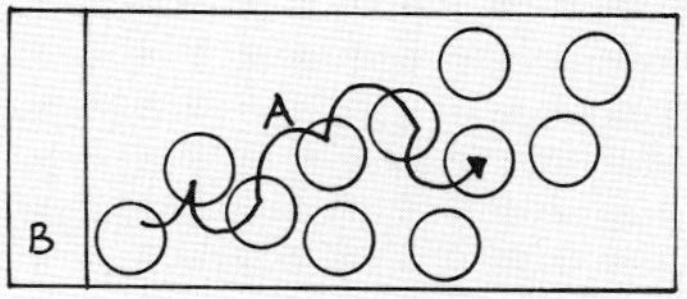

3

Nr.	Name der Spielform Ziele/Akzente	Idee/Beschreibung	Hinweise/Organisation
434 **Inhalt** **Verhalten**	**Reifen-Sprung-Kombination** Ausdauer Koordination Konzentration	Die Reifen liegen in einer Doppelreihe. Jeder zeigt eine Sprungkombination vor, welche alle nachmachen, z. B. li–li–re–beide. • Jedes Paar springt eine Kombination synchron (zur Musik?!).	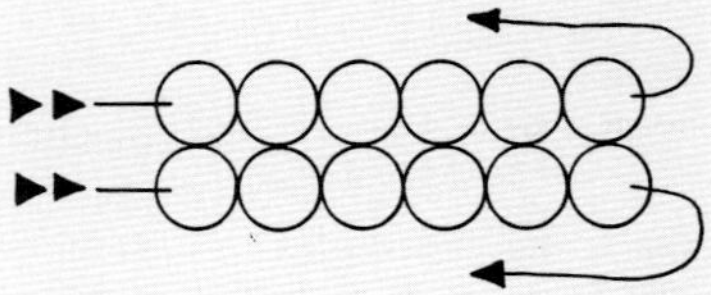
435 **Inhalt** **Verhalten**	**Kleeblatt-Springen** Koordination Gestalten	Jedes Paar hat vier Reifen und erfindet eine eigene Sprungfolge. • A zeigt eine Folge vor, die B nachher genau kopieren muss.	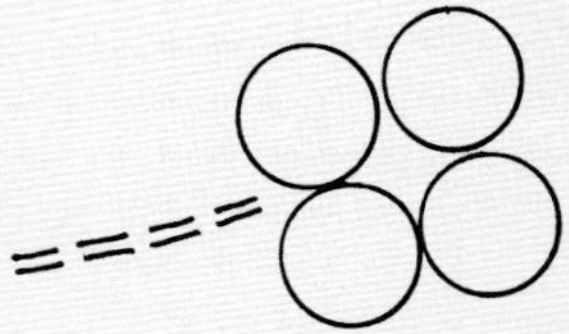
436 **Inhalt** **Verhalten**	**Gummitwist mit Reifen** Ausdauer Fantasie	Zu zweit, A hält den Reifen, B springt. Wie beim Gummitwist werden auch hier verschiedene Formen gesucht, in und über den Reifen zu springen. Der Reifen kann auf verschiedenen Höhen gehalten werden. • B zeigt eine Folge vor, die A nachher genau nachmachen muss. • Wechsel, wenn der Reifen mit einem Körperteil berührt wird. Andere Regeln erfinden!	
437 **Inhalt** **Verhalten**	**Hüpf-Spiel** Allg. Sprungkraft-schulung Fantasie	Gruppenweise werden die Reifen in verschiedene Figuren ausgelegt, z. B. im Zick-Zack, im Kreis. Jede der Gruppen versucht, die Figur auf eine andere Art (von Reifen zu Reifen) zu durchhüpfen.	
438 **Inhalt** **Verhalten**	**Einfangen** Kraftausdauer Vorsicht	Fänger und Gejagte hüpfen auf einem Bein (auf Pfiff erfolgt jeweils Beinwechsel). Die Fänger versuchen, jemanden mit dem Reifen einzufangen, d. h., jemandem den Reifen über den Körper zu streifen. Gefangene übernehmen die Reifen.	

Nr.	Name der Spielform Ziele/Akzente	Idee/Beschreibung	Hinweise/Organisation
439	**Stab-Hoch-Springen** **Inhalt** Sprungkraft, Koordination **Verhalten** Den Stab ruhig halten	A und B stehen sich gegenüber. A hält einen Stab waagerecht auf Kniehöhe (evtl. Hüfthöhe) B überspringt den Stab in verschiedenen Formen, z. B. Scherensprung, Hocke, Grätsche, Rösselsprung ... • A beschreibt mit dem Stab einen Kreis und B überspringt den Stab.	
440	**Stabreihe** **Inhalt** Sprungschulung, Rhythmus **Verhalten** Fröhliches Sprungkraft-Training	Die Stäbe werden parallel in eine Reihe gelegt: Sprungschulung über die Stäbe in verschiedenster Form. Z. B.: • Einbeinsprünge • Doppelsprünge sw • Froschhüpfen • Sprungkombinationen, z. B. li–li–re, li–li–re • Laufsprünge li–re–li–re • Einbein-Slalomhüpfen um die Stäbe etc.	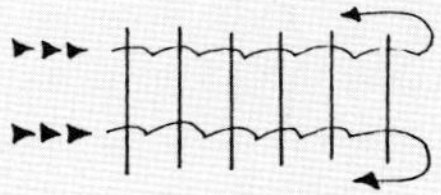
441	**Hindernisspringen** **Inhalt** Gestalten, Rhythmus **Verhalten** Kooperation zu zweit	Zu zweit, zwei Stäbe liegen parallel nebeneinander auf dem Boden (ca. 70 cm Abstand). Zeigt einander Hüpfformen über und zwischen den beiden Stäben! (Vergleich Gummitwist). Alle Stäbe liegen in einer Doppelreihe: Sucht Hüpfformen durch die Gasse. Auch rhythmisch zu Musik! Auch A hinter B: B macht alles nach, was A vorspringt.	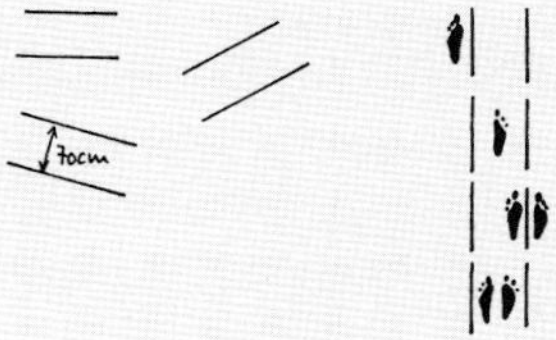
442	**Indischer Bambustanz** **Inhalt** Sprungkraft, Reaktion **Verhalten** Kooperation	Mit Stäben, besser mit etwas längeren Bambusrohren oder Besenstielen. A und B fassen die Stäbe und klopfen: 2x auf den Boden klopfen, 1x Stäbe gegeneinander schlagen. C versucht, in diesen Stäben zu hüpfen, ohne eingeklemmt zu werden; z. B. 2x drinnen, 1x übergrätschen. • Auch mit 4 gekreuzten Stäben: In der Mitte zu springen ist besonders schwierig!	
443	**Sprung-Stab** **Inhalt** Ausdauer **Verhalten** Sei fair!	Die Übenden laufen in einer Kolonne rund um das Feld und haben den Stab re gefasst. Auf ein Zeichen, welches später immer in kürzeren Abständen folgt, fasst der Vorderste den Stab waagerecht an einem Ende und läuft in die entgegengesetzte Richtung, den Stab so haltend, dass ihn alle anderen in der Kolonne überspringen müssen. • 2 Stäbe hintereinander, die übersprungen werden müssen.	

Nr.	Name der Spielform Ziele/Akzente	Idee/Beschreibung	Hinweise/Organisation
444	**Hockstandsprünge**	Springt aus dem Hockstand am Boden mit einer Streckung des gesamten Körpers in den Hockstand auf die Langbank und von dort wieder mit einem Strecksprung in den Hockstand am Boden!	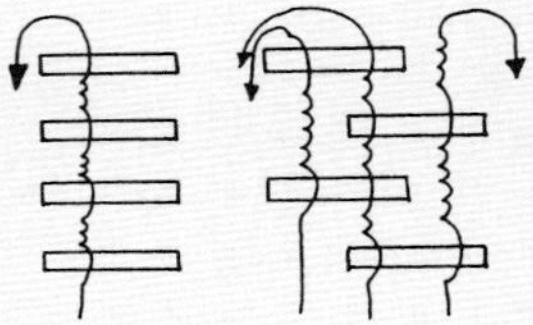
Inhalt	Sprungkraft Koordination		
Verhalten	Bewegungsqualität		
445	**Hürden-Lauf**	Mehrere Langbänke in verschiedener Anordnung: • Überspringen der Bankreihe mit einem bestimmten Schrittrhythmus (3-Schritt, 5-Schritt). Landung auf dem Schwungbein oder auf dem Sprungbein oder auf beiden Beinen. • Steigsprünge über die Bänke (ein Fuß setzt zum Absprung auf der Bank auf).	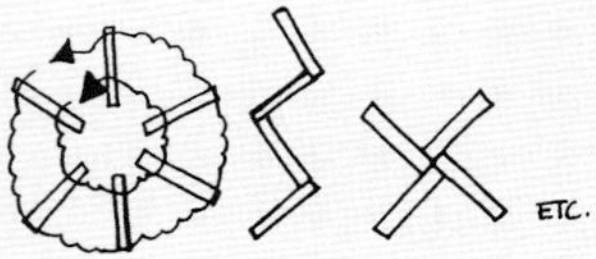
Inhalt	Ausdauer		
Verhalten	Gestellte Aufgabe exakt ausführen		
446	**Langbank-Rhythmus-Schulung**	Z. B. als Gruppenarbeit: Zeichnet verschiedene Möglichkeiten auf, wie die Langbänke aufgestellt werden könnten und erprobt an einer Aufstellung verschiedene Sprungkombinationen und Laufwege! Danach führen die Gruppen ihre Ergebnisse vor und alle anderen turnen nach.	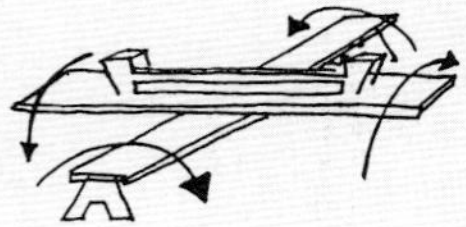
Inhalt	Rhythmus		
Verhalten	Gestalten		
447	**Doppelbank**	Zwei Bänke werden kreuzweise aufeinandergestellt (obere Bank mit Sitzfläche nach unten). Verschiedene Formen von Überspringen: • Re abspringen und li landen. • Re abspringen und auf beiden Beinen landen. • Re abspringen und re landen. • Beidbeinig abspringen und landen etc.	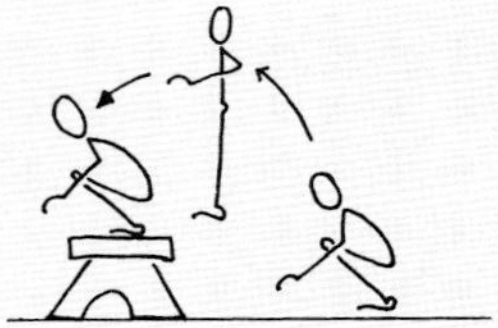
Inhalt	Sprungschulung		
Verhalten	Anregung zu eigenen Formen		
448	**Graben-Springen**	Wer kann aus der Hocke auf der Langbank den weitesten „Graben" am Boden überspringen? (Landung auf der Matte, welche immer weiter von der Bank weggeschoben wird).	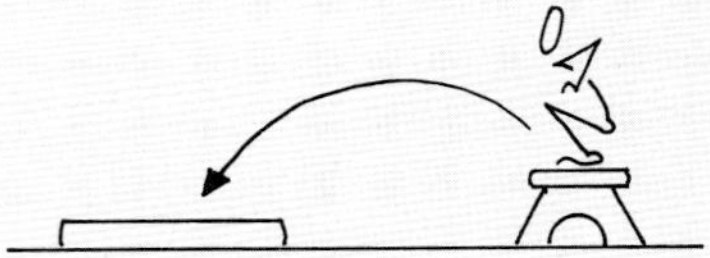
Inhalt	Sprungkraft Koordination		
Verhalten	Vorsicht beim Absprung!		

Nr.	Name der Spielform Ziele/Akzente	Idee/Beschreibung	Hinweise/Organisation
449	**Sprunggarten** **Inhalt** Kraftausdauer **Verhalten** Ehrlich zählen!	Viele Kastenteile (oder andere Hindernisse) in der Halle verteilt. • Wer überspringt in 2. Min. die meisten Kastenteile? • Als Gruppenwettkampf (z. B. in Dreiergruppen hintereinander). • Überspringen eines liegenden Kastenteils = 1 Punkt, aufgestellter Teil = 2 Punkte.	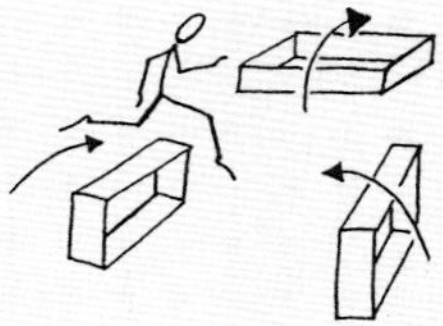
450	**Sprungkonkurrenz** **Inhalt** Sprungkraft **Verhalten** Mut, Selbsteinschätzung	Kästen mit unterschiedlich vielen Elementen. • Auf welchen Kasten kannst du gerade noch springen? • Welche Kasten kannst du noch überspringen? (Landung auf einer Matte).	
451	**Niedersprünge** **Inhalt** Sprungkraft, Koordination **Verhalten** Hinweis auf weiche Landung	Sprung von einem Kasten hinunter. Wie hoch kannst du sofort auf einen anderen Kasten hochspringen? Auf 1, 2 ... Elemente? Kannst du auch niederspringen und direkt über ein Element weiterspringen? (Achtung Wirbelsäule! Kastenhöhe dem Alter und dem Trainingsstand anpassen.)	
452	**Einbeinrennen** **Inhalt** Kraftausdauer **Verhalten** Kooperation	Die Paare stehen hinter der Grundlinie, halten eine Matte und legen ein Bein darauf. Welches Paar ist so hüpfend zuerst am Ziel? Beispiele: Kleiner Parcours, Slalom, eine Länge mit Beinwechsel usw. • Auch in Dreier- oder Vierergruppen.	
453	**Anhänger** **Inhalt** Gleichgewichtsfähigkeit **Verhalten** Miteinander, Spaß	Wer lässt sich nicht abhängen? A und B ziehen die Matte. C steht mit einem Fuß auf der Matte, mit dem anderen dahinter. Los gehts!	

Nr.	Name der Spielform Ziele/Akzente	Idee/Beschreibung	Hinweise/Organisation
454	**Spinnennetz** **Inhalt** Ausdauer **Verhalten** Seil nicht berühren!	Freies Laufen im Spinnennetz: Das Netz darf beim Übersteigen, Untendurchkriechen und Überspringen nie berührt werden. • Verfolgungsläufe durchs „Labyrinth", z. B. mit Start vor den gegenüberliegenden Seiten. Anregung: Spinnennetz von den Schülern „spinnen" lassen!	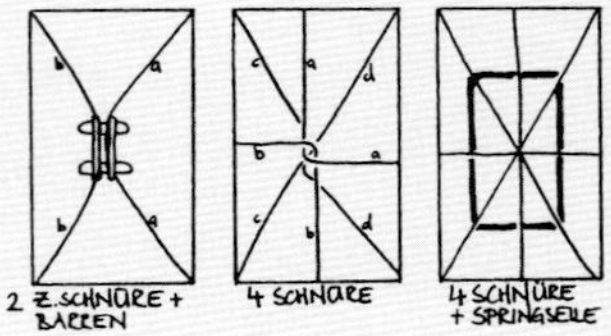
455	**Spinnenfangen 1** **Inhalt** Schnelligkeit **Verhalten** Berührt = gefangen!	Die Spinne versucht, die Fliege zu fangen. Hinweis: Möglichst schwere Ständer oder vorhandene Einrichtungen wie Reckstangen-Ständer, Haken an der Wand usw. verwenden und die Zauberschnur gut befestigen!	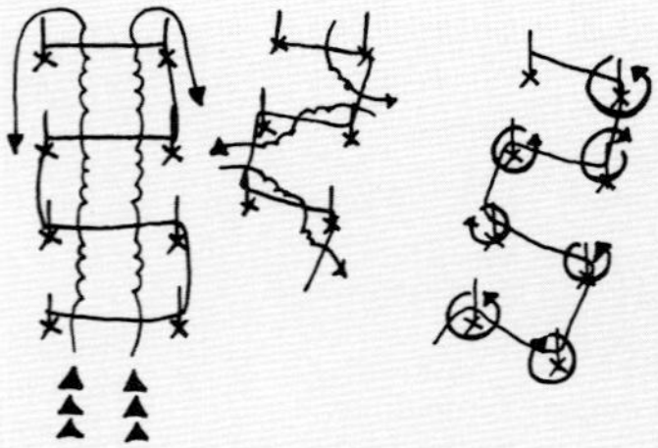
456	**Spinnenfangen 2** **Inhalt** Ausdauer **Verhalten** Rücksicht der Mitspieler	Schwarzer Mann: Fliegen außen, Spinne innen. Die Spinne versucht, die nach innen stürmenden Fliegen abzufangen, etc.	
457	**Sprungschule** **Inhalt** Sprungschulung **Verhalten** Rücksicht auf die Anlage!	• Schersprünge mit schrägem Anlauf über die Schnüre, einmal re, einmal li. • Jeder Pfosten muss 1x umkreist werden. Die Schnüre können dabei übersprungen oder durchkrochen werden. • Ausdauerschulung, Organschulung mit entsprechend vielen Durchgängen und niedrigerem Tempo.	SPRUNGGARTEN VOR DER STUNDE EINRICHTEN UND AUSPROBIEREN !
458	**Rundlauf** **Inhalt** Je nach Sprungform **Verhalten** Fröhliches Gruppentraining	• Schersprüngen von beiden Seiten. • Hock- und Grätschsprünge. • Mit Matten: Wälzersprünge, Hechtrollen. • Stafette: Start bei der Wand: Wer hat zuerst 20 Sprünge? (Immer wieder zur Wand zurückkehren).	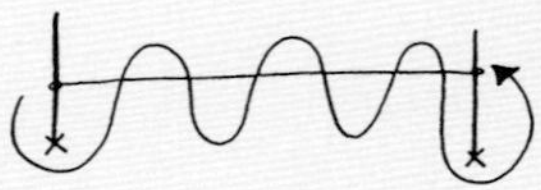

Nr.	Name der Spielform Ziele/Akzente	Idee/Beschreibung	Hinweise/Organisation
459	**Zonenspringen** **Inhalt** Sprungkraft **Verhalten** Selbsteinschätzung	In die Weite oder in die Höhe. Wer seine Weite/Höhe geschafft hat, probiert es 1 m weiter re. Im Freien in die Sandgrube, in der Halle v. a. bei den Weitsprüngen auf die Weichmatte.	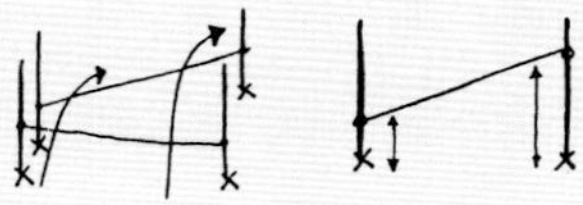
460	**Spirale** **Inhalt** Ausdauer **Verhalten** Fantasie	Die Zauberschnur wird in einer Spirale ausgelegt: Sucht verschiedene Sprungformen über das Seil! Ein- und beidbeinig. • Mit Schlangenform, Zickzack ...	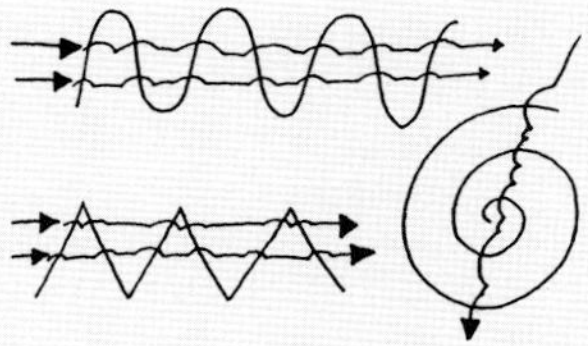
461	**Wilde Schlange** **Inhalt** Koordination **Verhalten** Konzentration	A hält ein Seilende fest, B gibt dem Seil durch Aufwärts/Abwärts- oder seitwärts-Bewegungen Schwung. (Das Seil schlängelt). Die Schüler springen in verschiedenen Formen über dieses unruhige Seil, ohne es zu berühren.	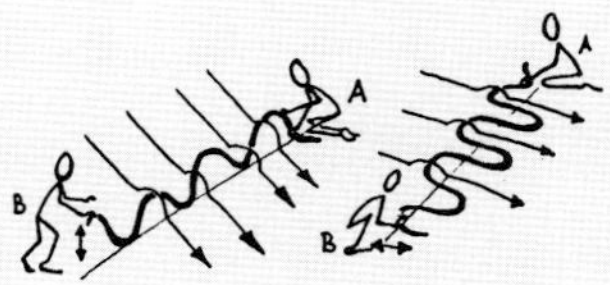
462	**Sprungfenster** **Inhalt** Sprungschulung **Verhalten** Kooperation	Zwei stehende Spieler bilden mit zwei Zauberschnüren ein „Fenster". Eine Schnur wird in Reichhöhe, die andere in Hüfthöhe gehalten. Die Spieler springen durchs „Fenster", ohne eines der beiden Seile zu berühren. • Verschiedene Absprungarten. • Verschiedene Landungen, z. B. auf dem Schwungbein, auf dem Sprungbein, beidbeinig ...	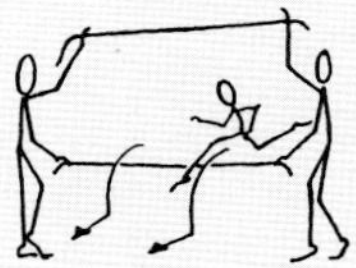
463	**Fangseil** **Inhalt** Koordination **Verhalten** Fänger: Seil tief halten!	2 Spieler laufen mit dem gespannten Seil in der Halle umher und versuchen, jemanden mit dem Seil zu berühren. Die anderen entkommen der Berührung, indem sie immer wieder über das nahende Seil springen. Wer vom Seil berührt wird, löst seinen „Fänger" ab.	

Nr.	Name der Spielform Ziele/Akzente	Idee/Beschreibung	Hinweise/Organisation
464	**Gummitwist** **Inhalt** Kraftausdauer, Koordination **Verhalten** Kooperation, Spaß	Das bei den Kindern beliebte Gummitwist eignet sich ausgezeichnet zur Förderung von Sprungkraft und Gewandtheit! Verschiedene Sprungarten auf verschiedenen Höhen (Knöchel, Knie, Hüfte, Achsel) und in verschiedenen Abständen (hüftbreit, Füße geschlossen, weiter Grätschstand, Einbein). Wer einen Fehler macht, löst ab!	
465	**Zauberfangen** **Inhalt** Ausdauer, Schnelligkeit **Verhalten** Risiko eingehen	2 bis 4 fangen die frei im Feld herumlaufenden Hasen. Diese können sich durch einen Sprung über die Zauberschnur retten. Im „Bau" (= hinter der Zauberschnur) dürfen aber höchstens zwei Hasen sein. (Zauberschnur ca. auf Hüfthöhe). • Im Freien kann man sich durch einen Sprung auf die Hochsprungmatte retten.	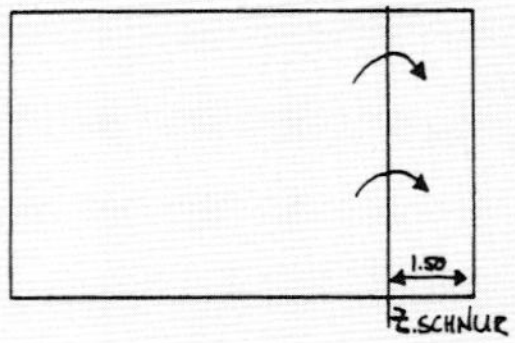
466	**Schräge Leine** **Inhalt** Sprungkraft **Verhalten** Selbsteinschätzung	Wer kann die Leine noch mit dem Kopf berühren? Verschiedene Sprungtechniken, Absprungtechniken, Anlauflängen usw. vorgeben!	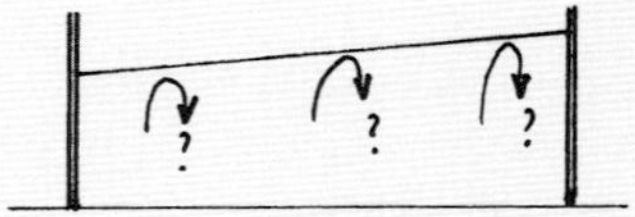
467	**Schräge Leine (liegend)** **Inhalt** Sprungkraft **Verhalten** Selbsteinschätzung	Die Zauberschnur ist z. B. in einer Sandgrube schräg gespannt. Es werden verschiedene Sprungarten vorgegeben, z. B.: Abspringen mit einem Bein, mit beiden Beinen, mit oder ohne Anlauf usw. Dabei soll der Spieler immer vor dem jeweiligen Sprung wahrsagen, auf welcher Breite er gerade noch den Graben überspringen kann.	 Distanz vom Absprung zur Leine den Voraussetzungen anpassen:
468	**Zauber-Schleuder** **Inhalt** Reaktion **Verhalten** Ehrlich zählen	Gruppen von ca. 9 Spielern mit je einer Zauberschnur. A + B + C halten die Zauberschnur auf ca. Wadenhöhe im Dreieck gespannt. Unvermittelt lässt C die Schnur losspicken. Wer schafft es, nicht berührt zu werden, resp. die Schnur zu überspringen? A, B, C werden laufend gewechselt. • Wer schafft es nach 10x am wenigsten Beintreffer einzufangen? • Höhe der Zauberschnur variieren.	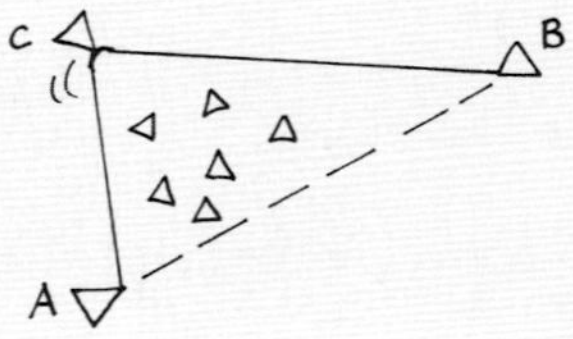

"Wenn ich nur wüsste, wie
dieser Frosch das kann!"

Kapitel 4
Kräftigen

Wie und wo dehnen?/Wie und wo kräftigen?

Aus der folgenden Übersicht kann herausgelesen werden, welche Muskeln vor allem gekräftigt und welche eher gedehnt werden sollen (Einteilung nach SPRING et al.).

Dehnen: **Tonische, zur Verkürzung neigende Muskeln**	**Kräftigen:** **Phasische, zur Abschwächung neigende Muskeln**
1 Hintere Unterschenkelmuskulatur (= Wadenmuskulatur) U. a. zur Vermeidung und Behandlung von Achillessehnenproblemen. Oberer Teil der Wade wird mit gestrecktem, unterer Teil mit gebeugtem Knie gedehnt.	**2 Vordere Unterschenkelmuskulatur und Fußgewölbe** Bessere Fuß-Stabilisierung, weniger Übertreten, bessere Stoßdämpfung.
3 Vordere Oberschenkelmuskulatur (Quadriceps) und vordere Hüftlendenmuskulatur (Iliopsoas) Quadrizeps: v. a. oberer Teil. Iliopsoas (!): Einer, der am häufigsten verkürzten Muskeln (durch viel Sitzen!). Verkürzung kann Kreuzschmerzen auslösen, und zwar umso mehr, je schwächer der Gesäßmuskel ist.	**3 Vordere Oberschenkelmuskulatur** Quadrizeps: v. a. unterer Teil Kniestabilisation!

Dehnen: **Tonische, zur Verkürzung neigende Muskeln**	**Kräftigen:** **Phasische, zur Abschwächung neigende Muskeln**
4 Hintere Oberschenkelmuskulatur Dehnen zur Vermeidung von Zerrungen, welche sehr häufig diese Muskeln betreffen.	**4 Hintere Oberschenkelmuskulatur** Meist wird nur der Kniestrecker auf der Vorderseite gekräftigt (z. B. Kniebeugen, Froschhüpfen ...). Damit kein Ungleichgewicht zwischen Vorder- und Hinterseite entsteht, muss auch der Kniebeuger (hinten) gekräftigt werden.
5 Innere Oberschenkelmuskulatur Bei Verkürzung können Leistenprobleme entstehen. Dehnung mit gestrecktem Knie.	
6 Hintere Hüftmuskulatur (Gesäßmuskeln)	**6 Hintere Hüftmuskulatur** (Gesäßmuskeln)

Die hintere Hüftmuskulatur muss gedehnt und gekräftigt werden, weil sie sich aus tonischen und phasisch reagierenden Muskeln zusammensetzt.

Verkürzter Gesäßmuskel kann Schmerzen im Gesäß auslösen, welche auch gegen die Oberschenkelhinterseite ausstrahlen können.	Gesäßmuskel dient der Beckenaufrichtung und -stabilisation. Bei Abschwächung kommt es zur Hohlkreuzhaltung und damit evtl. zu Rückenproblemen.
7 Rückenmuskulatur im Bereich der Lendenwirbelsäule Verkürzung führt zu vermehrter Hohlkreuzhaltung und damit oft zu Kreuzschmerzen.	**8 Rückenmuskulatur im Bereich der Brustwirbelsäule** Bei Abschwächung tritt oft eine vermehrte Rundrückenbildung auf. Wenn dazu die Rückenmuskulatur im Bereich der Lendenwirbelsäule verkürzt ist, kann dies zu einer Haltungsschwäche (Hohlrundrücken) führen.

Dehnen: Tonische, zur Verkürzung neigende Muskeln	Kräftigen: Phasische, zur Abschwächung neigende Muskeln
9 Seitliche Rumpfmuskulatur Verstärkte Hohlkreuzhaltung bei Verkürzung. Nicht ausweichen beim Dehnen seitwärts!	**10 Bauchmuskulatur** Die Bauchmuskulatur neigt ausgesprochen zur Abschwächung. Die Extremitätenmuskeln können nur bei ausreichender Rumpfstabilisation (durch die Bauch- und Rückenmuskeln) ihre optimale Kraft entfalten (z. B. beim Werfen, Springen ...).
11 Brustmuskulatur Ein verkürzter Brustmuskel zieht die Schulterblätter nach vorn, was zur verstärkten Rundrückenhaltung führt.	
12 Schultergürtel- und Nackenmuskulatur Verkürzte Nacken- und Schultermuskeln verursachen oft Nackenschmerzen und führen zu einer Fehlstellung der Halswirbelsäule. **Wichtig:** Nicht Kopfkreisen, sondern langsam in eine Dehnstellung gehen und halten!	**12. Schultergürtel- und Nackenmuskulatur** Fixierung der Schulterblätter zur Vermeidung der Rundrückenhaltung durch die Schultermuskeln. Stabilisation des Kopfes; bei Sportarten mit starken Erschütterungen besonders wichtig (z. B. Skifahren, Gerätturnen, Hockey ...). Gewicht des Kopfes 3 bis 5 kg!

Dehnen: **Tonische, zur Verkürzung neigende Muskeln**	Kräftigen: **Phasische, zur Abschwächung neigende Muskeln**
13 Hinterer Oberarmmuskel (Trizeps) Dehnen v. a. nach Sportarten, bei denen viele Überkopfbewegungen vorkommen (z. B. Werfen, Tennis, Schwimmen, Langlauf, Volleyball ...).	**13 Hinterer Oberarmmuskel (Trizeps-Unterarmstrecker)** Für viele Stützübungen im Gerätturnen (u. a.) wichtig.
14 Vordere Oberarmmuskulatur (Bizeps) Dosiertes Dehnen, damit der Kapselband-Apparat des Schultergelenkes nicht unter zu starkem Zug kommt.	**14 Vordere Oberarmmuskulatur (Unterarmbeuger)** Lässt sich relativ leicht trainieren (z. B. Liegestütz), wird v. a. im Gerätturnen und in den Kampfsportarten benötigt.
15 + 16 Äußere (15) und innere (16) Unterarmmuskulatur Bei häufiger Beanspruchung kann ein verkürzter Unterarmmuskel zu Sehnenansatzentzündungen führen (Tennis, Gerätturnen, Werfen, Fenster reinigen usw.).	**15 + 16 Äußere und innere Unterarmmuskulatur** Die Unterarmmuskulatur stabilisiert u. a. das Handgelenk und ist daher für viele (Stütz-)-Übungen z. B. im Gerätturnen wichtig.

! Die mit einem ● versehenen Muskelgruppen sollen beim Dehnen und Kräftigen beim Einlaufen besonders berücksichtigt werden.

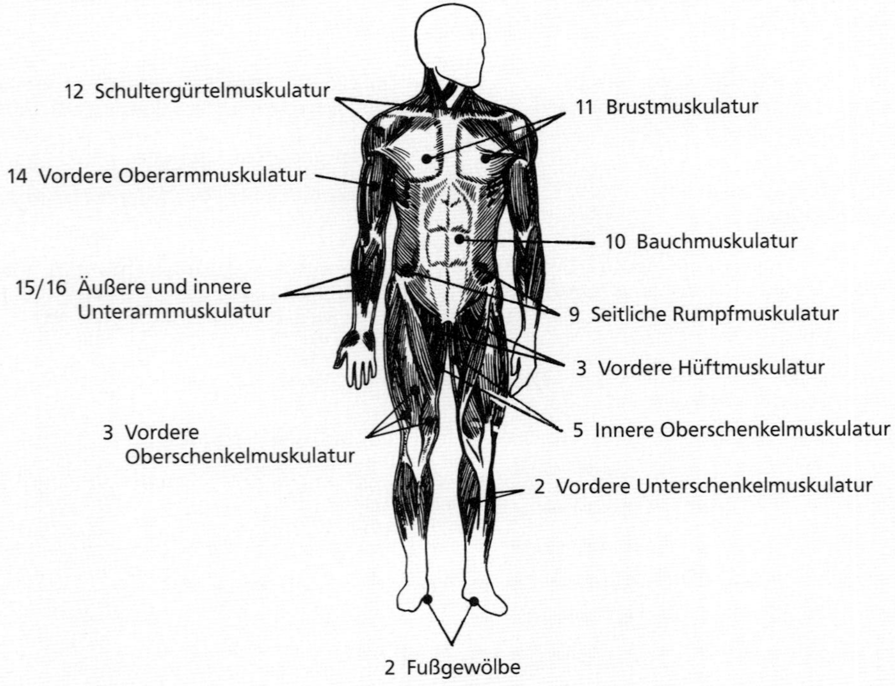

Ansicht von vorne

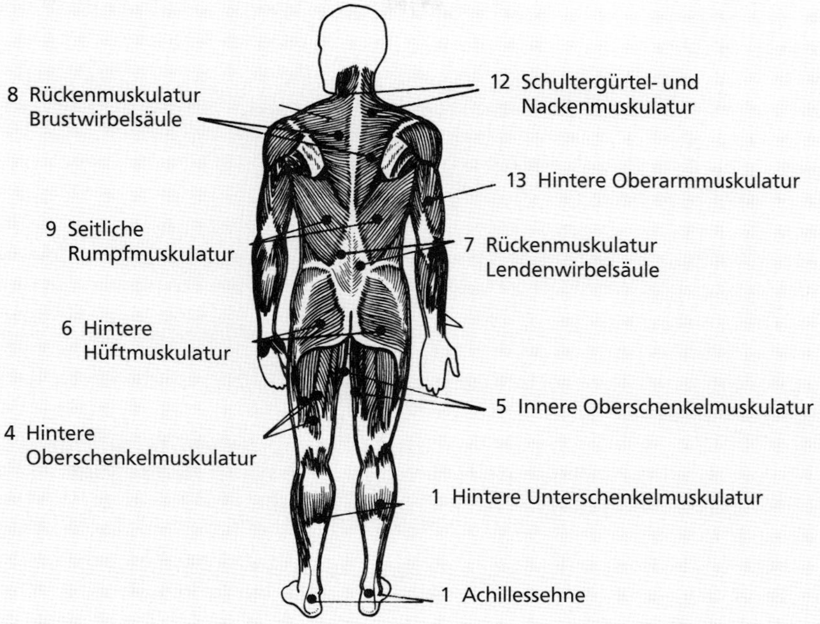

Ansicht von hinten

Nr.	Name der Spielform Ziele/Akzente	Idee/Beschreibung	Hinweise/Organisation
469	**Storch im Sumpf** **Inhalt** Beine Kraftausdauer **Verhalten** Spielregeln einhalten! Spaß	Der Storch (Fänger) stolziert (hüpft) auf einem Bein herum (Bein darf gewechselt werden). Die Frösche im Sumpf fliehen vor ihm (mit Froschhüpfen), aber immer nach 5 Hüpfern müssen sie 5x quaken. Wen der Storch erwischt, der wird zum Storch. • Die Gefangenen lösen die Störche ab. • Die Gefangenen helfen den Störchen, bis es keine Frösche mehr gibt.	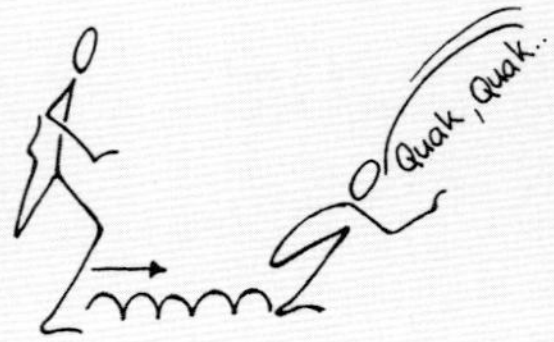
470	**Einbeiner** **Inhalt** Beine Kraftausdauer **Verhalten** Kooperation	B hält den re Fuß von A, der eine vorgegebene Strecke hüpft. Anschließend hüpft B dieselbe Strecke. Dann wird wieder gewechselt, bis beide mit beiden Beinen gehüpft sind. • Wer merkt einen Unterschied zwischen re und li Bein? • Als Stafette.	
471	**Stoßpresse** **Inhalt** Beine **Verhalten** Begegnung	A und B in Rückenlage gegenüber, Fußsohlen gegeneinander, Beine angehockt. A streckt die Beine gegen den Widerstand von B und umgekehrt. • Gelingt es, dass der eine den anderen langsam von sich wegschieben kann? • Gelingt es, dass sich beide gleichmäßig voneinander wegschieben?	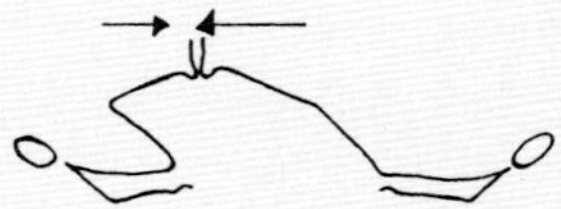
472	**Beinpresse** **Inhalt** Beine **Verhalten** Begegnung	B in Rückenlage, das li (re) Bein streckt er in die Luft. A stützt sich mit der Brust auf die li Fußsohle und hält sich am Fußgelenk fest. B beugt und streckt sein li Bein. • Wenn es einbeinig (noch) nicht geht, dann mit beiden Fußsohlen aufstützen! Vorsicht: Nicht zu tief (zu große Belastung der Kniegelenke!)	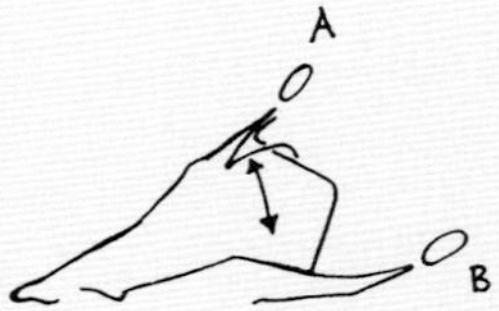
473	**Zieh- und Schiebe-Wettkämpfe 1** **Inhalt** Beine **Verhalten** Begegnung	A und B stehen Rücken an Rücken, jeder fasst mit der re Hand de li Fuß des anderen. Wer kann den Partner bis zu einem Mal ziehen? • Die Partner stehen voreinander und geben dem anderen je ein Bein zum Halten.	

4.1.1 Ohne Material (Beine)

Nr.	Name der Spielform Ziele/Akzente	Idee/Beschreibung	Hinweise/Organisation
474	**Zieh- und Schiebe-Wettkämpfe 2** **Inhalt** Beine **Ver-halten** Begegnung	• Wie „Zieh- und Schiebe-Wettkampf 1“, aber es werden die re Unterschenkel ineinander gehakt und der andere so mit dem Bein rw gezogen. • Die Partner geben sich je die li Hand und halten mit der re Hand ihren eigenen re Unterschenkel. Jeder versucht, den anderen zum Lösen der re Hand zu zwingen.	
475	**Prellkampf** **Inhalt** Beine **Ver-halten** Begegnung	A und B einander in der Hocke gegenüber. Rücken gegen Rücken. Durch Prellen mit dem Gesäß versucht jeder, den anderen zur Bodenberührung mit einem anderen Körperteil als mit den Füßen zu zwingen.	
476	**Beinscherenkampf** **Inhalt** Innere und äußere Oberschenkelmuskulatur **Ver-halten** Kooperation	A und B im Langsitz gegenüber, Beine leicht angehoben. A versucht, die Beine von B zusammenzudrücken, B seinerseits drückt die Beine von A auseinander. Kann A so stark drücken, dass sich die Füße von B berühren?	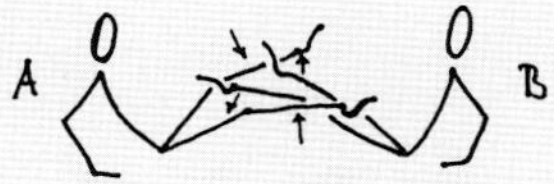
477	**Beinhakenkampf** **Inhalt** Beine Rumpf **Ver-halten** Begegnung	A und B in Rückenlage nebeneinander, A hält seinen Kopf dort, wo B die Füße hat. Beide geben sich die re (innere) Hand. Auf Zeichen heben beide ihr re (inneres) Bein, haken es ein und versuchen durch Ziehen mit dem Bein, den anderen auf die Seite zu drehen.	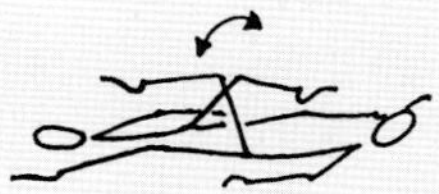
478	**Beinpresskampf** **Inhalt** Beine Rumpf **Ver-halten** Begegnung	Ausgangslage wie beim Beinhakenkampf. Beide heben das innere Bein senkrecht an, stemmen es mit den Kniekehlen gegeneinander und versuchen, das Bein des Partners nach hinten wegzudrücken.	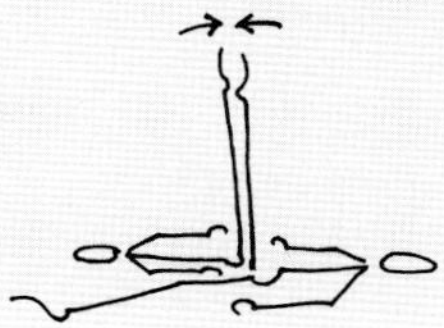

Nr.	Name der Spielform Ziele/Akzente	Idee/Beschreibung	Hinweise/Organisation
479	**Wegstoßen** **Inhalt** Beine, Rumpf **Verhalten** Fairer Wettkampf	A und B sitzen Rücken an Rücken und versuchen, sich gegenseitig bis zu einer bestimmten Marke (Linie) zu stoßen. Allfällige „Zusatzregeln“ gegenseitig besprechen!	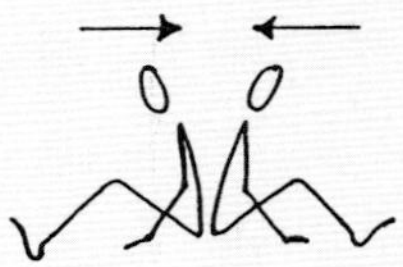
480	**Kniebeugen in Variationen** **Inhalt** Beine, Gleichgewicht **Verhalten** Der Bessere passt sich an!	Grundstellung, Gesicht zueinander, Arme in Vorhalte mit Handfassung. Gleichzeitiges Kniebeugen und Aufrichten. • Im Wechsel: A beugen, B strecken. • Senken bis in die Rückenlage mit angehockten Beinen, auch wechselseitig. • Einbeinig, anderes Bein vorstrecken. • Das freie Bein dem Partner in die Hand geben.	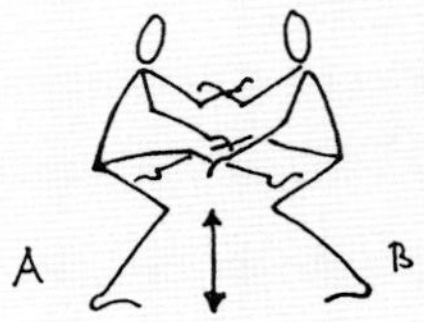
481	**Hocke** **Inhalt** Beine (Kraftausdauer) **Verhalten** Begegnung	A und B stehen Rücken an Rücken, jeder verschränkt seine Arme vor der Brust. Langsames Kniebeugen bis zum rechten Winkel, verharren und wieder aufrichten. • Wer von beiden hält es länger aus? • Auch als Stoßkampf in der Hocke gegeneinander. Wer stößt den anderen zuerst über die Marke?	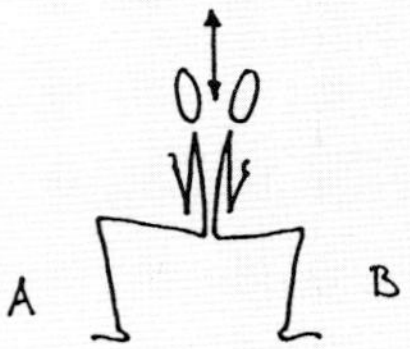
482	**Voneinander Zueinander** **Inhalt** Beine – Oberschenkel Hüfte **Verhalten** Spaß zu zweit	A und B im Kniestand gegenüber, Arme angewinkelt. Sich gegenseitig rw wegstoßen, den gestreckten Rumpf rw senken, abbremsen und wieder aufrichten.	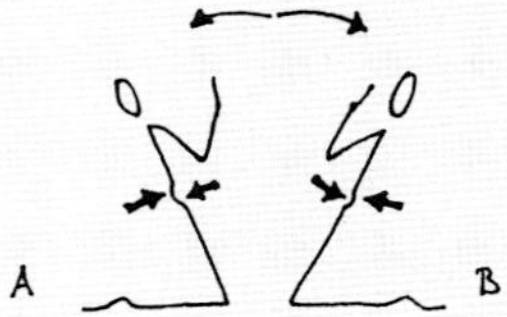
483	**Fuß-Bremse** **Inhalt** Beine – Oberschenkel Hüfte vorne/hinten **Verhalten** Zug dosieren	A in Bauchlage, B fasst den re Fuß von A. A beugt und streckt gegen den Widerstand von B das re Knie. • Auch beide Beine gleichzeitig. • Auch in Rückenlage. A zieht das Knie gegen Widerstand von B Richtung Brust und streckt es ebenso (gegen Widerstand von B) wieder.	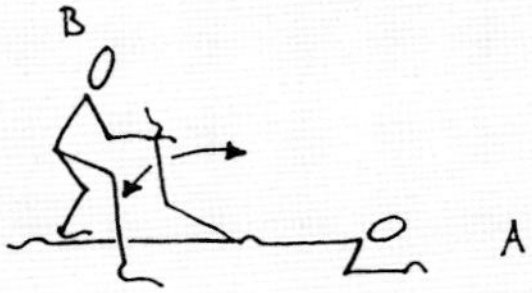

Nr.	Name der Spielform Ziele/Akzente	Idee/Beschreibung	Hinweise/Organisation
484	**Fall nicht hin** **Inhalt** Beine – Rücken (Kraftausdauer) **Verhalten** Vertrauen	A im Kniestand, Arme in Nackenhalte. B drückt die Füße von A auf den Boden. A senkt und hebt den Oberkörper. • Auch mit Rumpfdrehen nach li und re nach dem Senken vw. • Auch den Oberkörper möglichst flach über den Boden legen und weit nach vorne strecken, ohne den Boden zu berühren.	
485	**Beinheben** **Inhalt** Beine **Verhalten** Kooperation	Grätschsitz gegenüber, Fußsohle an Fußsohle. Zuerst heben beide nur ein Bein leicht vom Boden ab, danach versuchen sie, beide Beine zusammen zu heben. • Mit Aufstützen der Hände hinter dem Körper. • Ohne Aufstützen, Arme verschränkt.	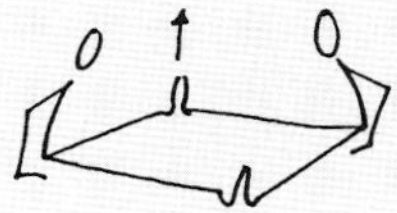
486	**Schwankender Kniestand** **Inhalt** Beine – Rumpf (Kraftausdauer) **Verhalten** Gleichgewicht spüren!	Arme am Körper angelegt. Langsam rw senken, ohne in den Hüften „einzubrechen“ und wieder aufrichten. Nur soweit senken, dass man sich wieder hochdrücken kann. • Beim Senken den Oberkörper einmal nach re und einmal nach li drehen und wieder aufrichten.	
487	**4-Füßler rücklings** **Inhalt** Beine – Hüfte hinten Rücken **Verhalten** Spielregel einhalten!	Abwechslungsweise das re und das li Bein nach vorne ausstrecken. • In rascher Folge. Das re Bein verlässt den Boden, bevor das linke aufsetzt. • Einbeiniger 4-Füßler rücklings. Heben und Senken der Hüfte bei vorgestrecktem Bein. • Mit Aufstützen auf den Schultern (statt auf den Händen).	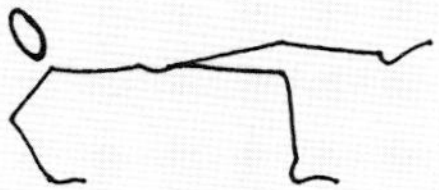
488	**Palme im Wind** **Inhalt** Beine – Rumpf – Füße **Verhalten** Gleichgewicht	Auf beiden Füßen stehen und den Schwerpunkt vw und rw bis an die Grenzen verschieben. Die Füße sind fest verwurzelt. • Gewicht verlagern auf Außen-/Innenkanten der Füße, auf Fußballen und Fersen.	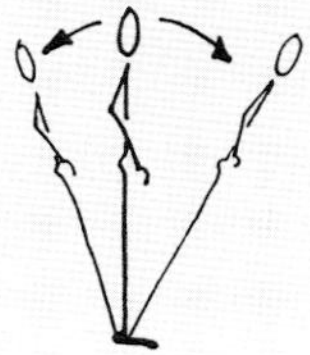

Nr.	Name der Spielform Ziele/Akzente	Idee/Beschreibung	Hinweise/Organisation
489	**Zehen-ABC** **Inhalt** Beine, Füße **Verhalten** Koordination	Zuerst den ganzen Fuß samt Zehen anziehen, danach den Fuß strecken, aber die Zehen angezogen lassen, dann auch die Zehen strecken. Wiederholen und Fuß wechseln. • Im Sitzen auch mit beiden Füßen gleichzeitig (oder um einen Takt verschoben). • Ganze Übung in umgekehrter Reihenfolge.	
490	**Wurmgang** **Inhalt** Koordination, Beweglichkeit **Verhalten** Die eigenen Füße entdecken!	Sich mit den Zehen vw ziehen (oder rw schieben). Sich mit Fußballen und Fersen seitwärts verschieben durch entsprechendes Öffnen und Schließen der Füße. Bemerkung: Natürlich ... alle Fußgymnastik barfuß ausführen.	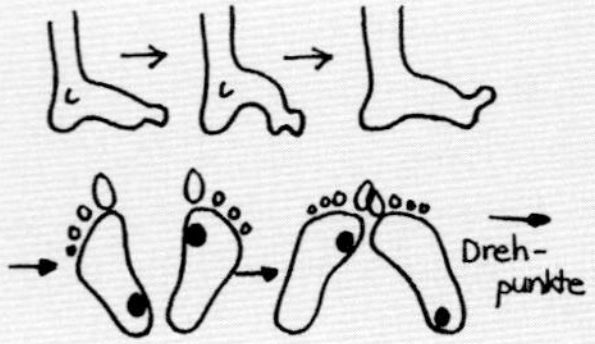
491	**Zehen-Klavier** **Inhalt** Koordination, Beweglichkeit **Verhalten** Körpererlebnis	Fuß und Zehen anziehen, dann jede Zehe einzeln strecken (mit der kleinen Zehe beginnen) und zurück. • Wer kann es mit beiden Füßen? • Wer kann gleichzeitig dasselbe mit den entsprechenden Fingern ausführen?	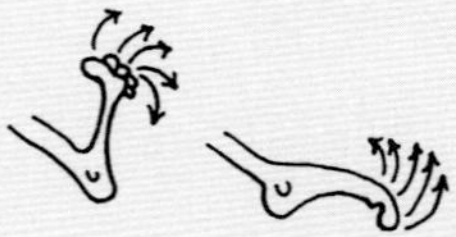
492	**Wandbank** **Inhalt** Oberschenkel vorne **Verhalten** Durchhalten	Beine mit etwas Abstand von der Wand. Rücken an die Wand gelehnt. Der Rücken gleitet an der Wand hinunter, bis der Winkel (Oberschenkel – Unterschenkel) etwas mehr als 90° beträgt. Auf 10 zählen und wieder hochrutschen. 3x wiederholen. • Zu zweit (etwa gleich starke): Wer kann länger in dieser Position bleiben?	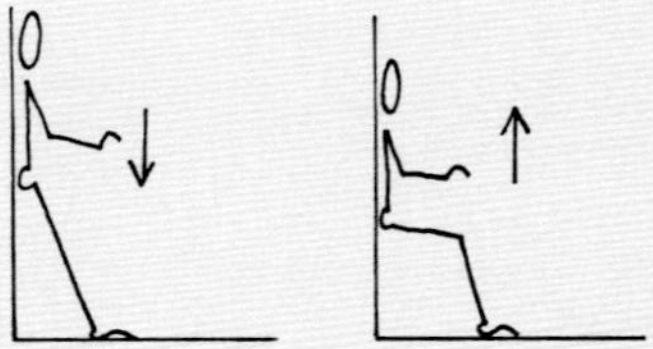
493	**Wasserpumpe** **Inhalt** Kraft der Beine **Verhalten** Vertrauen	A und B halten sich gegenseitig an den Händen. Langsam tief gehen und wieder aufstehen. Wer kann es auch einbeinig?	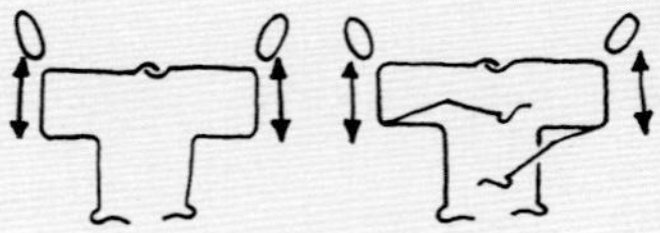

4.1.2 Ohne Material (Rumpf)

Nr.	Name der Spielform Ziele/Akzente	Idee/Beschreibung	Hinweise/Organisation
494	**Walze** **Inhalt** Rumpf, Koordination **Verhalten** Körperspannung	Rückenlage, Arme in Hochhalte gespannt über dem Boden, Beine in die Länge gezogen, 5 cm ab Boden. Wechsel von der Rücken- zur Bauchlage (evtl. mit Zwischenhalt in der Seitenlage). Arme und Beine bleiben immer gespannt über dem Boden. Erschwerung: In der Rückenlage sowie in der Seitenlage Zwischenhalt und Knie zur Brust ziehen und wieder strecken.	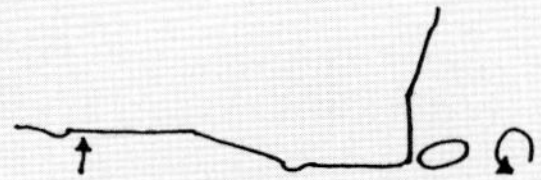
495	**Kleine Walze** **Inhalt** Rumpf, Koordination **Verhalten** Körperspannung	Aus dem Langsitz mit leicht abgehobenen Beinen vom Langsitz zur Bauchlage und wieder zum Langsitz wechseln, ohne dass Hände oder Füße den Boden berühren. • Wer kann es ganz schnell? • Wer kann es ganz langsam? Was ist schwieriger?	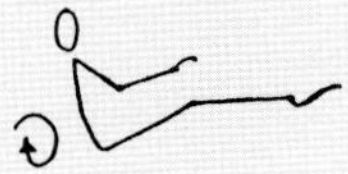
496	**Am Fels rütteln** **Inhalt** Rumpf **Verhalten** Begegnung, Dosierung	A im Grätschsitz. B versucht durch Schubsen und Stoßen A umzuwerfen. A verhindert dies durch eine gespannte Haltung. Mit oder ohne Zuhilfenahme der Hände.	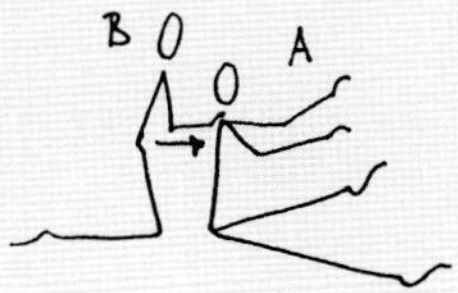
497	**Eidechse** **Inhalt** Bauch **Verhalten** Konzentration	Rückenlage, Beine leicht gehockt. Beide Knie nach re-sw-abwärts legen. Oberkörper abheben, Kinn auf Brust drücken, Blick zur Hüfte. Senken und Beine nach li zur Seite schwenken, Oberkörper heben.	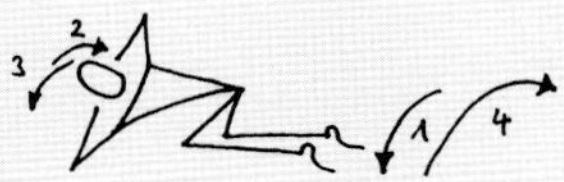
498	**„Sit-up" zu zweit** **Inhalt** Bauch **Verhalten** Begegnung	A und B in Rückenlage voreinander, Beine beieinander verhakt. Beide richten den Oberkörper auf, bis sich ihre Hände berühren (Arme gestreckt). Langsam wieder hinlegen, entspannen und Übung wiederholen.	

4

Nr.	Name der Spielform Ziele/Akzente	Idee/Beschreibung	Hinweise/Organisation
499	**Guten Morgen**	Rückenlage. Kopf anheben und langsam 10x den Kopf nach re und nach li drehen. Langsam wieder ablegen und Übung 5–10x wiederholen. • Kopf anheben und Kinn während 3 Sek. stark zur Brust ziehen (ohne Hände). • Mit Kopfkreisen nach re und li. Atmen nicht vergessen!	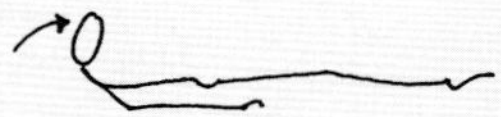
Inhalt	Bauch – Hals – Beweglichkeit (Nacken)		
Verhalten	Körperbewusstsein		
500	**Blitz**	Gespannte Seitenlage re, Arme in Hochhalte. Rasches Drehen, Aufsitzen und sich zu einem Päckchen zusammenziehen. Senken zur Seitenlage li und sich vor dem erneuten Aufrichten langmachen!	
Inhalt	Bauch Körperspannung		
Verhalten	Körperbeherrschung		
501	**Raupe**	Langsitz, Arme stützen hinter dem Körper. Beine gestreckt anheben, Hüfte nach re ausdrehen und Beine langsam re sw zur re Hand führen; dann zur anderen Seite (li Hand), Beine immer 10 cm über Boden.	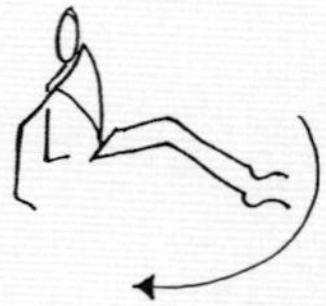
Inhalt	Rumpf Hüfte hinten		
Verhalten	Gleichgewicht		
502	**Kraftsitz**	A und B liegen auf dem Rücken nebeneinander, so dass A die Füße dort hat, wo B den Kopf hat. Auf Zeichen versucht jeder, sich aufzusetzen bzw. das Aufrichten des Partners (durch Zurückstoßen) zu verhindern.	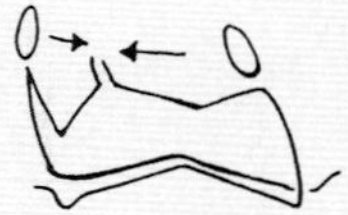
Inhalt	Rumpf		
Verhalten	Fairness		
503	**Bauch weg**	Arme vor Brust verschränkt, Rückenlage, Ferse fest auf den Boden pressen. Kopf und Schulter anheben (Kinn zur Brust ziehen) und in dieser Stellung 3 Sek. verharren. Darauf achten, dass die Füße immer gegen den Boden pressen. • Auch diagonales Heben, d. h., mit li Ellenbogen zu re Knie zielen und umgekehrt.	
Inhalt	Bauch		
Verhalten	Körperbewusstsein		

4.1.2 Ohne Material (Rumpf)

Nr.	Name der Spielform Ziele/Akzente	Idee/Beschreibung	Hinweise/Organisation
504	**Schere**	A in Rückenlage hält sich an einem Fuß von B und hebt die Beine zur Senkrechten. B zieht das re Bein nach hinten und stößt das li Bein kräftig zum Boden. A muss das Bein abbremsen, bevor sein Fuß auf dem Boden aufschlägt. • Auch beide Beine zusammen, evtl. muss B den Oberkörper von A mit einem Fuß belasten.	
Inhalt	Hüfte vorne		
Ver-halten	Kooperation		
505	**Unbequemer Liegestuhl**	Zu zweit, A in Rückenlage (Beine vom Boden abgehoben). B erfasst die Füße von A. A hebt seinen Rumpf und senkt ihn möglichst langsam wieder zurück. Je höher B die Füße von A hält, desto schwieriger wird die Übung. Wie hoch geht's?	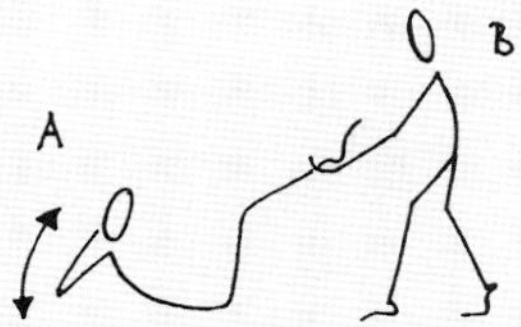
Inhalt	Bauch		
Ver-halten	Begegnung		
506	**Ekel-Zwerge**	Zu zweit im Schwebesitz gegenüber (ohne aufstützen der Hände), Fußsohlen gegeneinander. Wer kann den anderen zuerst rw oder zur Seite umwerfen bzw. zum Aufstützen mit den Händen zwingen? (Durch Fußtritte den Partner aus dem Gleichgewicht bringen).	
Inhalt	Bauch Gleichgewicht		
Ver-halten	Begegnung		
507	**Marionette**	Rückenlage, Knie- und Hüftwinkel bei 90° fixiert. Versuche, dein Becken anzuheben und zu senken, als ob ein unsichtbarer Faden deine Knie ganz wenig in die Höhe ziehen würde (es geht nur einige cm!). • Der Übende hält sich an den Fesseln des hinter ihm stehenden Partners. Beim langsamen Senken können die Beine als zusätzliche Erschwerung gestreckt werden.	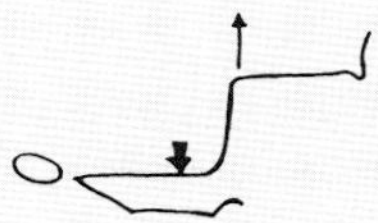
Inhalt	Bauch		
Ver-halten	Spannung bewusst erleben		
508	**Scheibenwischer**	Zu zweit: A in Rückenlage, Beine senkrecht in der Luft. B fixiert von hinten die Schultern von A. Beine sw senken und heben. Erschwerung: Das Gesäß wird mit den Beinen angehoben und soll den Boden nie berühren. Oder: Die Beine werden auf den Seiten jeweils nicht abgelegt, sondern direkt wieder hochgeführt.	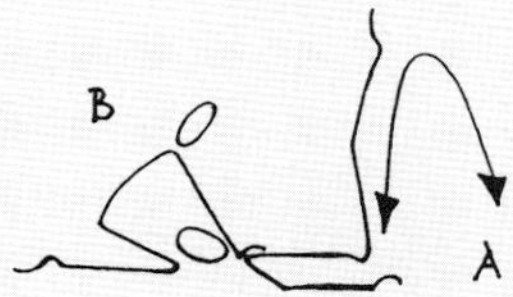
Inhalt	Bauch Hüfte hinten		
Ver-halten	Vertrauen		

4

Nr.	Name der Spielform Ziele/Akzente	Idee/Beschreibung	Hinweise/Organisation
509	**Lift** **Inhalt** Rücken, Hüfte hinten **Verhalten** Körperbewusstsein	Rückenlage mit leicht angewinkelten Beinen, Fußsohlen ganz aufsetzten, die Arme liegen neben dem Körper, Handflächen auf dem Boden. Den Rumpf während des Einatmens in die kleine Brücke heben, dann wieder Wirbel um Wirbel auf den Boden senken. In der Brücke die Schultern fest auf dem Boden spüren. • In der Brückenstellung 1 Bein nach vorne strecken und wieder zurückstellen.	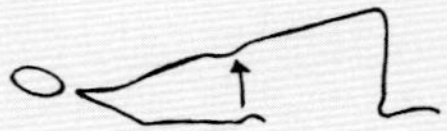
510	**Hubstapler** **Inhalt** Rücken, Hüfte hinten **Verhalten** Spannung spüren	Liegestütz rücklings, auf den Unterarmen aufgestützt. Becken anheben, dann ein Bein vom Boden abheben, ohne in der Hüfte die Spannung zu verlieren, d. h., ohne in der Hüfte einzuknicken.	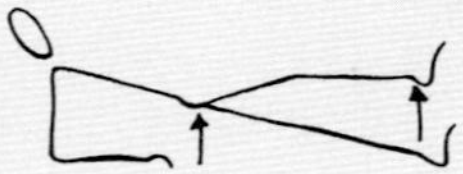
511	**Einfrieren** **Inhalt** Rücken, Hüfte **Verhalten** Muskelspannung spüren	Rückenlage, Kreuz gegen den Boden drücken, langsam von den Füßen bis zum Oberkörper spannen. Becken leicht vom Boden abheben, Arme vom Boden in die Vorhalte heben, ohne dabei das Becken zu senken.	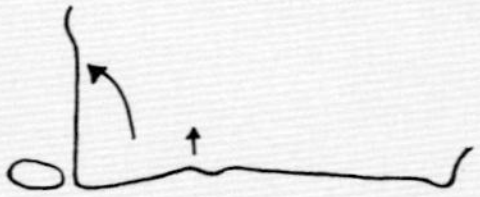
512	**Betonieren** **Inhalt** Rumpf **Verhalten** Körperbewusstsein, Haltungsgefühl	Sitzen mit eng angezogenen Beinen. Hände langsam loslassen, ohne in der Wirbelsäule zusammenzufallen. Der Kopf ist die Verlängerung der Wirbelsäule. Übung ganz langsam ausführen und wiederholen. • A macht die Übung, B kontrolliert und korrigiert die Haltung.	
513	**Wandkontakt** **Inhalt** Rücken **Verhalten** Körperbewusstsein	Stand, mit dem Rücken gegen eine Wand gelehnt, Füße ca. 20 cm von der Wand entfernt. Rumpf vorbeugen, Arme und Kopf entspannt hängen lassen. Langsames Aufrichten, dabei Wirbel um Wirbel gegen die Wand drücken. Beim Aufrichten einatmen und Spannung aufbauen, beim Senken ausatmen und Spannung abbauen.	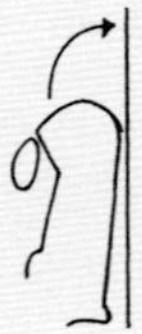

4.1.2 Ohne Material (Rumpf)

Nr.	Name der Spielform Ziele/Akzente	Idee/Beschreibung	Hinweise/Organisation
514	**Trocken-Kraul** **Inhalt** Beine, Rücken **Verhalten** Augen zu: du schwimmst!	Grundstellung: Oberkörper mit geradem Rücken vorneigen zum Winkelstand, Arme führen eine „Kraul-Bewegung" aus. • Langsam und sehr kontrolliert. • Schnell, wie ein Kraul-Sprint. • Rückwärts. • Der Spielleiter fungiert als Tempomat.	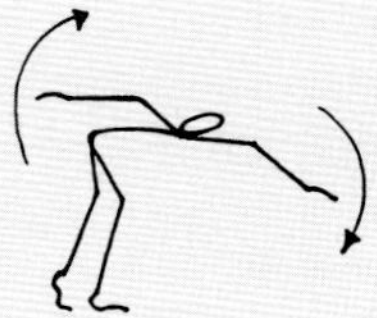
515	**Bremser** **Inhalt** Oberer Rücken **Verhalten** Begegnung, Anpassung	Zu zweit, A in Bauchlage, B drückt auf die Schulterblätter von A. A versucht, den Oberkörper gegen Widerstand zu heben. Widerstand nur so groß, dass es für A noch möglich ist. • A versucht nach dem Anheben noch nach re/li zu drehen.	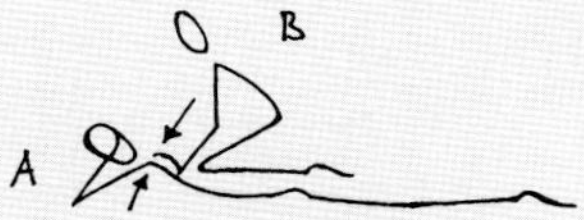
516	**Jumbo** **Inhalt** Rücken **Verhalten** Begegnung	Zu zweit, A im Grätschwinkelstand, Arme im Nacken, B drückt die Ellenbogen von A abwärts. A versucht, den Rumpf gegen Widerstand langsam aufzurichten. Widerstand gut dosieren. B kontrolliert, ob der Rücken von A gerade ist.	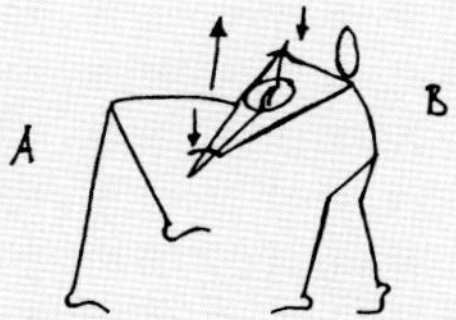
517	**Hebebühne** **Inhalt** Bauch **Verhalten** Richtig dosiert helfen	Zu zweit, A in Rückenlage, Hüft- und Kniewinkel bei 90° fixiert, B hält die Füße von A in der Luft. Oberkörper anheben (auch diagonal) und Fersen gleichzeitig nach unten drücken (B gibt aber nicht nach). Die Lendenwirbelsäule bleibt auf dem Boden. Übung langsam ausführen. Regelmäßig atmen!	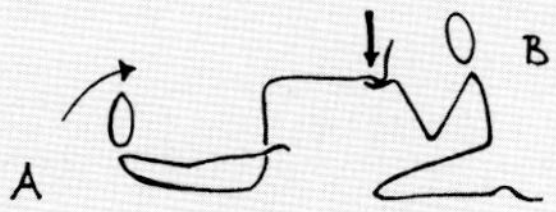
518	**Kraftkurve** **Inhalt** Rücken **Verhalten** Gleichgewicht	Fersensitz, Arme nach hinten gestreckt, Kopf am Boden. Oberkörper mit gestrecktem Rücken anheben und weit nach vorne ziehen. Übung ganz langsam ausführen.	

Nr.	Name der Spielform Ziele/Akzente	Idee/Beschreibung	Hinweise/Organisation
519	**Sitzleder** **Inhalt** Schultergürtel, Arme **Verhalten** Fairer Wettstreit	A und B im Hocksitz gegenüber, Füße gegeneinandergestellt, Hände gefasst und ziehen. Wer das Gesäß vom Boden hebt, hat verloren. • Eigene Regeln dazu erfinden.	
520	**Chinesisch boxen** **Inhalt** Arme **Verhalten** Fair kämpfen	A und B in der Grätschstellung gegenüber, Handfläche senkrecht gegeneinandergehalten. Auf Zeichen versucht jeder, den anderen durch (ruckartiges) Ziehen und Schieben aus dem Gleichgewicht zu bringen, so dass beide Füße den Bodenkontakt verlieren.	
521	**Armdrücken** **Inhalt** Arme **Verhalten** Begegnung	A und B in der Bauchlage gegenüber, beide halten den re Arm auf dem Ellenbogen aufgestützt und geben sich die re Hand, die li Hände liegen auf dem Boden (oder Handfassung). Wer kann den Unterarm des Gegners sw ablegen? • A in Bauchlage, re Arm rechtwinklig aufgestützt, B fasst von vorne die Hand. A versucht, den Arm gegen Widerstand von B zu strecken oder den gestreckten Arm zu beugen.	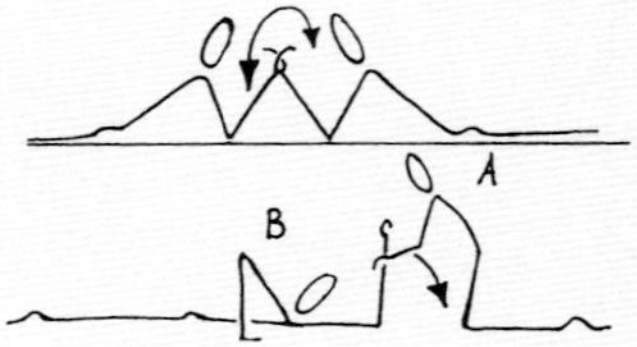
522	**Flattern** **Inhalt** Schultergürtel, Brust vorne **Verhalten** Belastung spüren	Grätschstellung, Arme in Seithalte gespannt. • Schnelle, kleine Armkreise vw und rw. • Schnelles Auf- und Abwippen der Arme, Handflächen zeigen einmal nach oben, dann nach unten. • Schnelles Vor- und Zurückwippen der Arme, • Dito, mit Armen in Vorhalte. Bewegungsumfang der Arme höchstens 20 cm! Aufrechte Haltung, nicht Bauch herausstrecken!	
523	**Vogelstand** **Inhalt** Arme, Schultern **Verhalten** Gleichgewicht	In der Hocke, die Arme zwischen den Knien vor sich auf den Boden stützen, das Gesäß anheben und die Knie an den Oberarmen entlang hochdrücken, wobei die Füße den Boden verlassen. Wer kann so die Balance halten?	

4.1.3 Ohne Material (Arme, Schultern)

Nr.	Name der Spielform Ziele/Akzente	Idee/Beschreibung	Hinweise/Organisation
524	**Zapfenzieher**		
Inhalt	Schultergürtel Rumpf	A und B im Grätschsitz, Rücken an Rücken, Arme eingehakt. Wer kann den anderen zuerst auf die Seite drehen?	
Ver-halten	Begegnung		
525	**Ellenbogenkampf**		
Inhalt	Schultergürtel Arme	A und B gegenüber, Hände hinter dem Kopf verschränkt, Ellenbogen nach vorn. A versucht, die Ellenbogen von B auseinanderzudrücken, B versucht seinerseits, die Ellenbogen von A zusammenzudrücken. Wechseln.	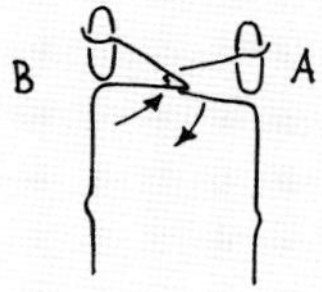
Ver-halten	Für beide gleiche Regeln		
526	**Schlupfloch**		
Inhalt	Schultergürtel Arm	A und B im Stand gegenüber, Hände gefasst. Jeder versucht gegen den Widerstand des anderen, mit dem Kopf unter dessen Armen durchzuschlüpfen.	
Ver-halten	Geschickte Körpertäuschung		
527	**Bohnenstange**		
Inhalt	Schultergürtel Brust	A und B (möglichst gleich groß) stehen Rücken an Rücken, Handdrücken in Hochhalte aufeinandergelegt. Beide drücken mit den Armen nach hinten. • Beide ziehen mit den Armen nach vorne.	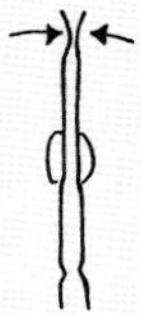
Ver-halten	Partner spüren		
528	**Steh-auf-Männchen**		
Inhalt	Arme	Zu zweit, A im Strecksitz am Boden, li Bein angehockt, re Fuß gegen den Fuß von B gestemmt. B versucht, A über das gestreckte Bein in den Stand zu ziehen (mit geradem Rücken). • Bein- und Platzwechsel.	
Ver-halten	Kooperation		

4

Nr.	Name der Spielform Ziele/Akzente	Idee/Beschreibung	Hinweise/Organisation
529	**Wer hat Angst vor dem Rhinozeros?** **Inhalt** Schnelligkeit **Verhalten** Taktik, Kooperation	Normales Fangen. Beginn mit 2 bis 3 Fängern. Gefangen ist, wer vom Boden abgehoben werden kann. (Die Fänger heben gemeinsam einen Spieler vom Boden ab und zählen bis 3). Der gefangene Spieler hilft beim Fangen.	
530	**Hampelmann zu zweit** **Inhalt** Koordination **Verhalten** Kooperation	A sitzt auf dem Boden, hebt die Beine leicht ab und öffnet und schließt diese rhythmisch. B führt Grätschhüpfen zwischen den Beinen von A aus. • B muss beim Springen bis in die tiefe Hocke und wieder hochschnellen.	
531	**Risiko** **Inhalt** Koordination **Verhalten** Kooperation	Zu dritt, A und B in Rückenlage, Fußsohlen gegeneinander, C steht seitlich daneben. A und B heben die Beine etwas an und schwingen sie gleichmäßig nach re und li, wobei C jeweils über die Füße springt. • A und B grätschen und schließen die Beine. C springt in die gegrätschten Beine hinein und wieder hinaus.	
532	**Handstandfangen** **Inhalt** Handstand **Verhalten** Spielregeln einhalten	Wie gewöhnliches Fangen, aber wer mit den Beinen in der Luft ist, kann nicht gefangen werden und der Fänger muss einen anderen Spieler verfolgen. • Wer den Handstand 3 Sek. steht, kann nicht mehr gefangen werden.	
533	**Karussell** **Inhalt** Koordination **Verhalten** Vertrauen, Spaß	Zu zweit, B umfasst A von hinten unter den Armen im Flechtgriff vor der Brust und dreht sich im Kreis. A hebt die Beine an und lässt sich drehen.	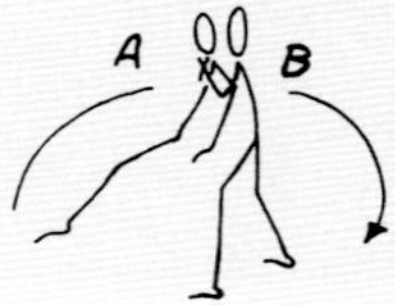

Nr.	Name der Spielform Ziele/Akzente	Idee/Beschreibung	Hinweise/Organisation
534	**Elefantenrüssel** **Inhalt** Rücken Hüfte **Verhalten** Vertrauen	Zu zweit, A in Liegestütz vorlings umschließt mit den Beinen die Hüfte von B. B hält A an den Oberschenkeln. A hebt den Oberkörper vom Boden ab bis zur Waagerechten, zählt bis drei und senkt den Oberkörper wieder langsam zum Boden. Arme in Hoch- oder Nackenhalte. B mit geradem Rücken!	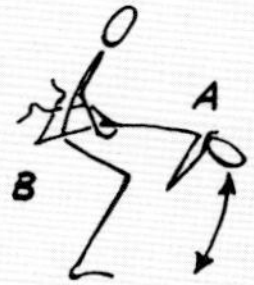
535	**Ballett** **Inhalt** Koordination **Verhalten** Vertrauen	Zu zweit, A liegt in der Rückenlage, Beine gehockt und aufgestellt. B steht hinter ihm und ergreift seine Hände. B zieht A hoch, A drückt sich mit der Hüfte voran durch die Spannbeuge zum Stand. • Einbeinig, das andere Bein vorstrecken.	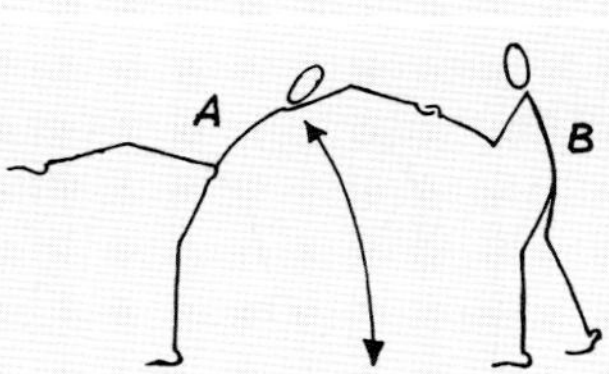
536	**Verkehrte Welt** **Inhalt** Bauch **Verhalten** Vertrauen	A und B stehen hintereinander. B macht einen Handstand gegen den Rücken von A und hängt seine Unterschenkel über dessen Schultern. A fixiert die Füße von B. B hebt und senkt seinen Oberkörper langsam (Rumpfheben vw).	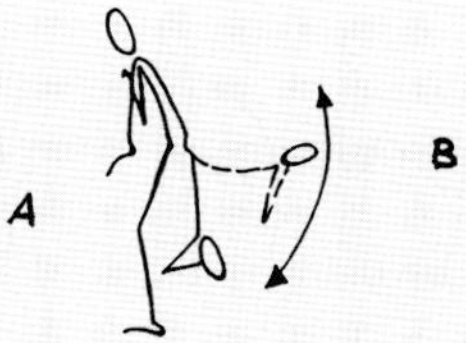
537	**Sänfte tragen** **Inhalt** Stützen **Verhalten** Kooperation	Zu dritt als Wettkampf. A und B nebeneinander, C wird in Schulterstütz getragen. Welche Gruppe schafft in 2 Min. am meisten Läufe? (Mit häufigem Rollentausch, so dass jeder getragen wird).	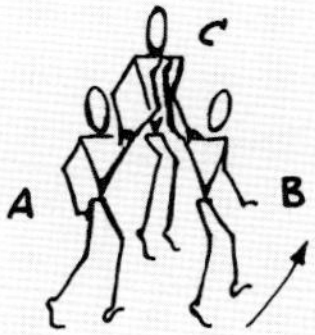
538	**Keine Angst** **Inhalt** Beine **Verhalten** Begegnung Vertrauen	A sprintet vw und schiebt B. B lehnt gegen die Hände von A zurück und lässt sich mit leichtem Widerstand vw-stoßen. • Das Ganze rückwärts.	

4

Nr.	Name der Spielform Ziele/Akzente	Idee/Beschreibung	Hinweise/Organisation
539	**Winkelstützstafette** **Inhalt** Arme **Verhalten** Kooperation	Gruppe von 4 bis 6 Spielern sitzen nebeneinander im Winkelstütz rücklings. Der hinterste jeder Gruppe kriecht durch den entstandenen Tunnel und schließt an der Spitze wieder an. Welche Gruppe hat zuerst 3 Durchgänge?	
540	**Immer länger** **Inhalt** Vordere Hüft- und Brustmuskulatur **Verhalten** Nicht hochschnellen	Bankstellung: Abwechslungsweise den re Arm und das li Bein (oder umgekehrt) anheben, in der Länge ziehen und wieder ablegen. • Im Wechsel mit Zusammenziehen (Ellenbogen zum Knie). • In der Bauchlage.	
541	**Beinpresse** **Inhalt** Körperspannung **Verhalten** Kooperation Vertrauen	A in Rückenlage, Arme und Beine senkrecht hochstrecken. B legt sich mit dem Bauch auf die Füße von A und gibt A die Hände. Während A die Beine beugt und streckt, macht B sich ganz steif (Gesäß und Bauch anspannen, Füße strecken).	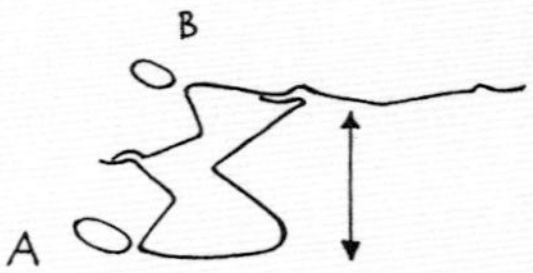
542	**Im Lift** **Inhalt** Körperspannung **Verhalten** Spannung bewusst erleben	A im Liegestütz rücklings auf dem Boden, Hände auswärtsgedreht. B hebt die Beine von A an. Dabei muss sich A spannen, so dass sich von den Schultern bis zu den Füßen eine Gerade ergibt (Gesäß hoch!). In unregelmäßigen Abständen lässt B nun das eine oder andere Bein von A los. A muss so gut spannen, dass das losgelassene Bein nicht absackt und zu Boden fällt. • Zusätzlich kann B A leicht vw und rw schieben.	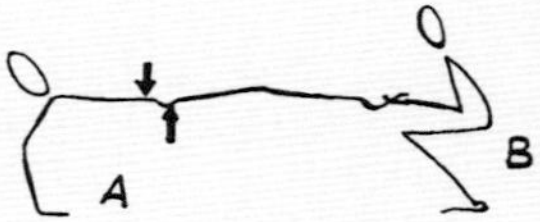
543	**Scheibenwischer** **Inhalt** Körperspannung **Verhalten** Vertrauen	A und B stehen sich gegenüber, die Arme in Vorhalte, so dass sich die Hände gerade noch fassen können. Gewichtsverlagerung nach vorne, ohne dass sich die Füße verschieben und Arme langsam über die Seithalte in Hockhalte führen. Spannen, Bauch einziehen!	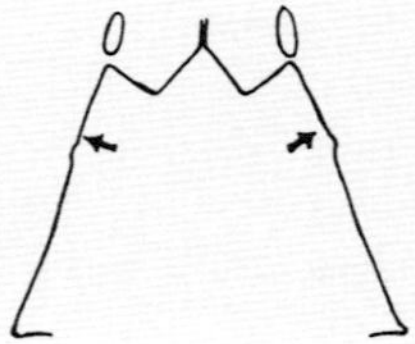

4.1.4 Ohne Material (Ganzkörperübungen)

Nr.	Name der Spielform Ziele/Akzente	Idee/Beschreibung	Hinweise/Organisation
544	**Toter Mann**	Zu dritt (zwei „Träger", ein „toter Mann"): C liegt gespannt in Rückenlage, Arme am Körper angelegt. A + B heben C zum Stand und legen ihn wieder zurück. • C liegt gespannt in der Rückenlage, Arme am Körper angelegt; spannen! A und B heben C an Gesäß und Rücken zum Stand und legen ihn zur Bauchlage ab (Griff unter Schulter und Hüfte). Langsam! • C in Seitenlage.	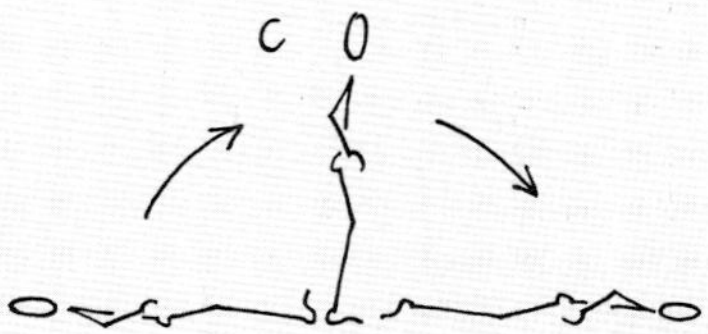
Inhalt	Körperspannung		
Verhalten	Vertrauen		
545	**Palme im Wind 1**	C steht mit angelegten Armen gespannt da und lässt sich von A und B hin und her schieben. Die Füße bleiben immer am selben Ort, Hüfte nicht entspannen. • Mit leichter Flugphase (aber mit sanftem Auffangen!) und mit geschlossenen Augen. • Evtl. auch mit 4 Personen die auffangen und schieben.	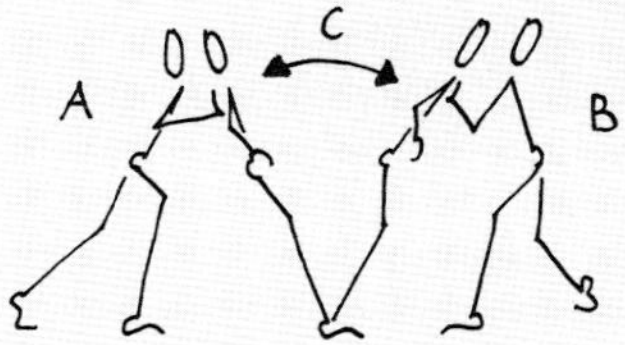
Inhalt	Körperspannung		
Verhalten	Vertrauen		
546	**Palme im Wind 2**	C liegt in Bauchlage, Arme in Hochhalte. A und B heben ihn langsam in den Handstand und senken ihn zur Rückenlage. Im Handstand muss C seine Hände auswärtsdrehen, um abgelegt werden zu können.	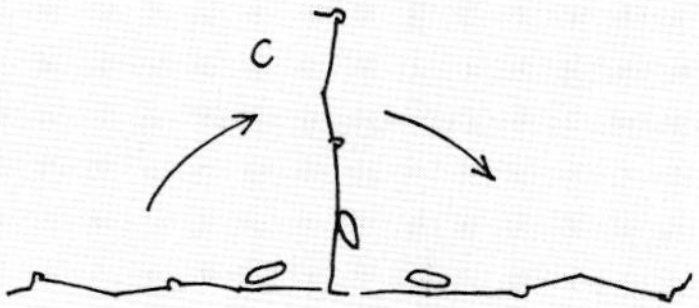
Inhalt	Körperspannung		
Verhalten	Vertrauen		
547	**Handstandprobe**	A macht gegen B einen Handstand und spannt so fest er kann (Beine zusammenpressen). B versucht, die gespannten Beine von A zu öffnen (sw auseinanderziehen oder vw-rw stoßen/ziehen).	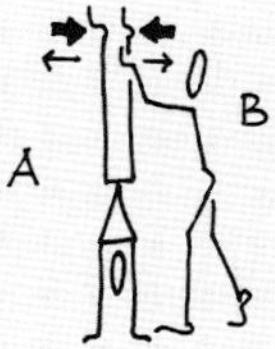
Inhalt	Körperspannung Schultergürtel		
Verhalten	Spannung bewusst machen		
548	**Handstandwandern**	A schwingt gegen B in den Handstand. Wer kann im Handstand die größte Distanz gehen? • Vw und rw • Die Spannung muss immer beibehalten werden! (Bauch einziehen, Gesäß zusammenklemmen).	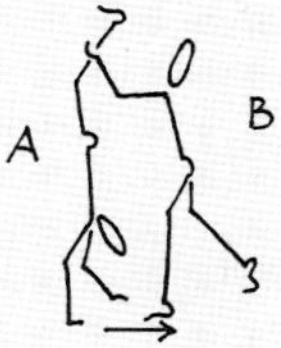
Inhalt	Schultergürtel Arme		
Verhalten	Vertrauen		

4

Nr.	Name der Spielform Ziele/Akzente	Idee/Beschreibung	Hinweise/Organisation
549	**Hahnenkampf** **Inhalt** Beine **Verhalten** Körpertäuschung, Taktik	Beide Partner stehen auf einem Bein, die Arme sind auf dem Rücken verschränkt. Wer kann durch Rempeln und Anspringen den anderen aus dem Gleichgewicht bringen (= Abstehen mit dem anderen Bein)?	
550	**Piratenkampf** **Inhalt** Je nach Regeln **Verhalten** Taktik, Fairness	Ca. 10 Spieler befinden sich in einem markierten Kreis. Jeder gegen jeden. Wer kann die anderen aus dem Kreis stoßen, zerren, tragen ...? • Auch in zwei Mannschaften. Welche Partei hat das „Schlachtfeld" zuerst geräumt? Bemerkung: Für gewisse Gruppen sind Einschränkungen nötig.	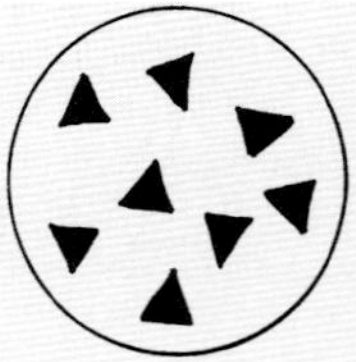
551	**Fitz-Maschine** **Inhalt** Schnelligkeit **Verhalten** Körperbeherrschung	Die Partner stehen sich mit Handfassung re (li) gegenüber. Jeder versucht, den anderen so zu sich heranzuziehen, dass er ihm mit der li (re) Hand auf das Gesäß (auf den Rücken) schlagen kann. • Auf die Füße treten. • Schlag auf die Unterschenkel.	
552	**Grenzstreit** **Inhalt** Reaktion, Arme **Verhalten** Taktik	Handfassung re, Stand nebeneinander im Grätschstand, die re Füße gegeneinandergestemmt. Jeder versucht den Gegner zu sich heranzuziehen, so dass dieser das li Bein vom Boden lösen muss. • Durch Stoßen, bis der Gegner den rechten Fuß lösen muss.	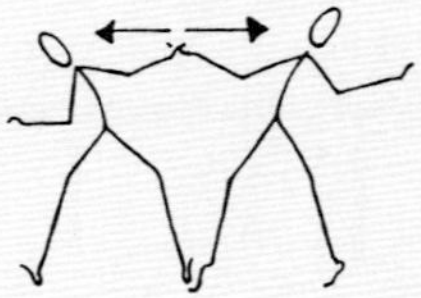
553	**Schulterstoßen** **Inhalt** Reaktion **Verhalten** Begegnung	Die Partner sind einander gegenüber, und zwar auf allen vieren. Die beiden re (li) Schultern werden gegeneinandergestemmt. Wer hat den Gegner zuerst über die gegnerische Linie gestoßen? • Im Stand, Hände auf den Schultern des Gegners.	

4.1.4 Ohne Material (Ganzkörperübungen)

Nr.	Name der Spielform Ziele/Akzente	Idee/Beschreibung	Hinweise/Organisation
554	**Hockstoßkampf** **Inhalt** Gleichgewicht **Verhalten** Fairer Wettkampf	Die Partner sind einander gegenüber im Hockstand, Handflächen gegeneinandergepresst. Wer bringt den Partner zuerst aus dem Gleichgewicht? • Im Kniestand mit Handfassung.	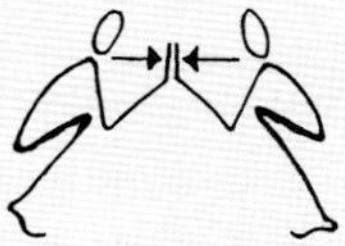
555	**Bankhebekampf** **Inhalt** Körperspannung **Verhalten** Begegnung, Spaß	A in Bankstellung, B kriecht unter ihn und versucht, A aufzuheben, indem er aufwärts drückt. B leistet Widerstand und versucht mit aller Kraft, auf dem Boden zu bleiben.	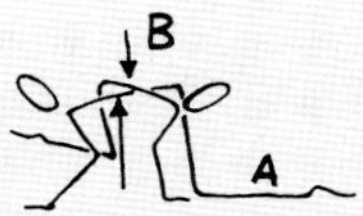
556	**Auf dem Boden bleiben** **Inhalt** Körperspannung **Verhalten** Spielregeln einhalten	B steht hinter A und versucht, A hochzuheben. A versucht, mit den Füßen und/oder Händen in Bodenkontakt zu bleiben. • A im Kniestand. • Andere Ausgangsstellung suchen.	
557	**Hochziehkampf** **Inhalt** Körperspannung **Verhalten** Gleichgewicht	Jeder versucht in der Hocke, den anderen über eine festgelegte Strecke zu ziehen. Dabei darf das Gesäß den Boden nicht berühren. • Beide halten sich nur an der re/li Hand.	
558	**Sperren** **Inhalt** Körperspannung **Verhalten** Begegnung, Spaß	Zu zweit, A liegt möglichst steif auf dem Bauch (Beine und Arme gespreizt). B versucht, ihn mit aller Kraft auf den Rücken zu drehen.	

Nr.	Name der Spielform Ziele/Akzente	Idee/Beschreibung	Hinweise/Organisation
559	**Schloss knacken** **Inhalt** Reaktion **Ver-halten** Begegnung	Zu zweit. Grätschsitz, Rücken an Rücken, Arme eingehakt. Wer kann den Partner zuerst auf die Seite drehen? Wer kann dies ganz langsam (= der Starke) oder ganz plötzlich (= der Schnelle)?	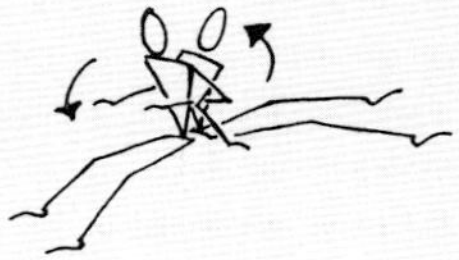
560	**Seilziehen ohne Seil** **Inhalt** Kooperation **Ver-halten** Fairness	Zwei Paare stehen sich gegenüber. Jeweils der hintere jeden Paares fasst seinen Vordermann um die Hüfte. Die beiden Vorderen reichen sich die Hände. Welches Paar kann die anderen über die Linie oder bis zu einem festgelegten Mal ziehen?	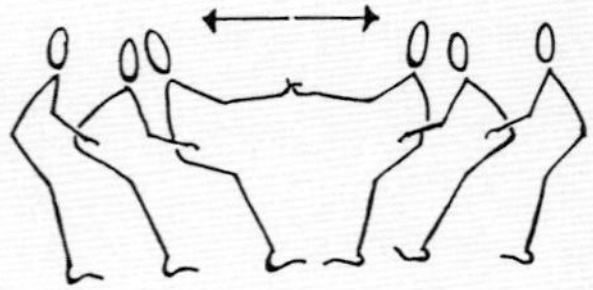
561	**Schwinger-König** **Inhalt** Körperspannung **Ver-halten** Fairness	B versucht, A aus der breiten Knieliegestützstellung zu bringen. Die Knie von B müssen immer auf dem Boden bleiben! Wie lange braucht B? Wer kann von (fast) niemand aus dem Gleichgewicht gebracht werden (= Schwingerkönig)?	
562	**Kranken-Transport** **Inhalt** Dosierung der Kraft **Ver-halten** Gleichgewicht und Körpergefühl	Wer kann seinen Partner auf dem Rücken transportieren, ohne dass dieser hinunterfällt? Der „Kranke“ darf sich an den Hüften des „Kranken-wagens“ halten. Geht es auch ohne zu halten?	
563	**Hartes Gesäß** **Inhalt** Spannung im Gesäß **Ver-halten** Gleichgewicht Vertrauen	A liegt in Bauchlage mit völlig gespannter Gesäßmuskulatur. B versucht (vorsichtig!), auf das Gesäß von A zu stehen. Wie lange kann B stehen? • Gelingt es A, durch Veränderung der Muskelspannung im Gesäß den Partner B „abzuwerfen“?	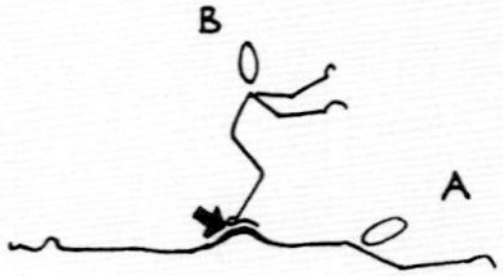

Liegestützvariationen

Die „Liegestütz" ist eine der bekanntesten und wirksamsten Übungen überhaupt. Sie kann von praktisch jedem überall und ohne Hilfsmittel ausgeführt werden, und die Variationsmöglichkeiten sind unzählig. Mit „Liegestütz" meint man landläufig „Kräftigung der Arme", vergisst aber, dass das reine Halten der Liegestützstellung fast den ganzen Körper beansprucht. So tragen die Beine einen schönen Teil des Körpergewichts (Das merkt man besonders gut, wenn man versucht, „Liegestütz" ohne Beine, d. h., im Handstand durchzuführen). Auch die gesamte Rumpfmuskulatur wird zur Stabilisation des Beckens benötigt, die Brustmuskulatur wird je nach Armhaltung mehr oder weniger beansprucht. Was die Bauchmuskeln bei der Liegestütz leisten, spürt man am besten, wenn man vor dem Ausführen der „Liegestütz" eine Serie Bauchmuskelübungen macht; die „Liegestütze" fallen einem danach recht schwer!

Und noch eine!
Und noch ei ....
Und noch ....
Und no ....
Und ....
U ....

Nr.	Name der Spielform Ziele/Akzente	Idee/Beschreibung	Hinweise/Organisation
564	**Zirkel** **Inhalt** Arme, Körperspannung **Verhalten** Durchhalten	In Liegestützstellung. • Kreisen mit den Armen um die Füße herum. • Kreisen mit den Füßen um die Arme (= Zentrum) herum. • Auch als Wettbewerb. Wer hat zuerst eine „Runde" zurückgelegt? • Zu zweit. Sucht eigene Wettbewerbsformen in der Liegestützstellung!	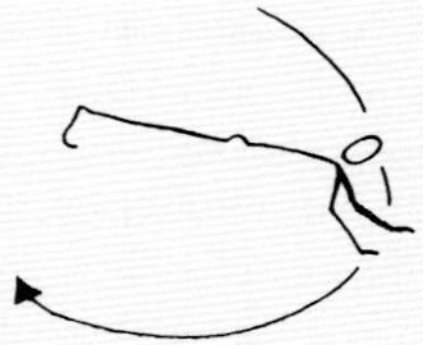
565	**Einfache Liegestütz-Variationen** **Inhalt** Ganzer Körper, Arme **Verhalten** Spannung halten	• Liegestütz mit den Händen in doppelter Schulterbreite (Brustmuskel). • Liegestütz auf den Fäusten, Fingerspitzen. • Einbeinliegestütz. Abwechslungsweise wird beim Senken das re oder li Bein angehoben. • Einarmiger Liegestütz. Beine gegrätscht, freier Arm auf dem Rücken. • Liegestütz mit Hochschnellen. Wer kann in der Luft 1-, 2-, 3x klatschen? • Liegestütz auf den Unterarmen. Zuerst den einen, dann den anderen Arm strecken und wieder nacheinander auf die Unterarme senken. • Liegestützwechsel. Wechsel von der Liegestützstellung rücklings durch Drehung um die Längsachse zur Liegestützstellung vorlings, fortgesetzt! Bei sehr gutem Trainingszustand können die Füße auch leicht erhöht aufgesetzt werden (z. B. an der Sprossenwand oder auf einem Kastenelement).	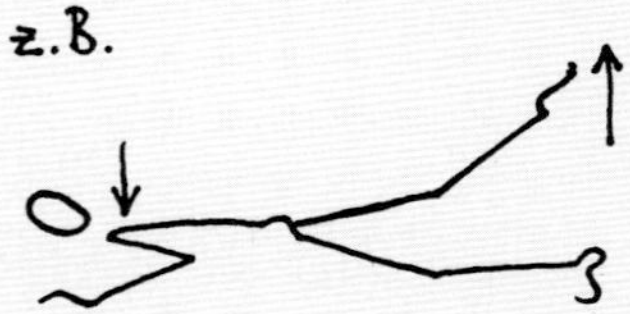 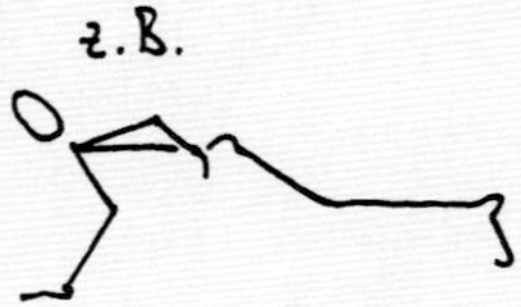
566	**Seit-Liegestütz** **Inhalt** Arme, Körperspannung **Verhalten** Körper kontrollieren	Seitenlage, den bodennahen Unterarm direkt unter der Schulter aufsetzen, Beine bei gespanntem Körper fest übereinanderhalten. Langsam den Oberkörper sw anheben und den freien Arm zur Hochhalte mit maximaler Streckung führen – senken.	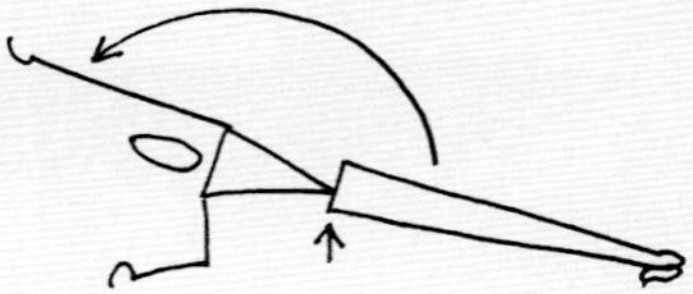

4.1.5 Ohne Material (Liegestützvariationen)

Nr.	Name der Spielform Ziele/Akzente	Idee/Beschreibung	Hinweise/Organisation
567	**Rundlauf** **Inhalt** Arme, Koordination **Verhalten** Regeln einhalten	A und B im Liegestütz sw gegenüber, re Hand (evtl. in einem Reifen, Seil) aufgestützt, li Hand in die Hüfte gestemmt. Auf Kommando laufen beide so schnell wie möglich um ihre Stützhand und versuchen, sich gegenseitig einzuholen, bzw. den Gegner in der Höhe der Hüfte zu berühren.	
568	**Nackenziehkampf** **Inhalt** Reaktion **Verhalten** Begegnung, Fairness	A und B im Liegestütz gegenüber, mit der re Hand fassen sie den Nacken des anderen: Wer zwingt den anderen zuerst auf den Bauch? • Auch mit Handfassung. • Im Liegestütz gegenüber ohne Fassung. Den Partner durch Wegziehen einer Hand aus dem Gleichgewicht bringen.	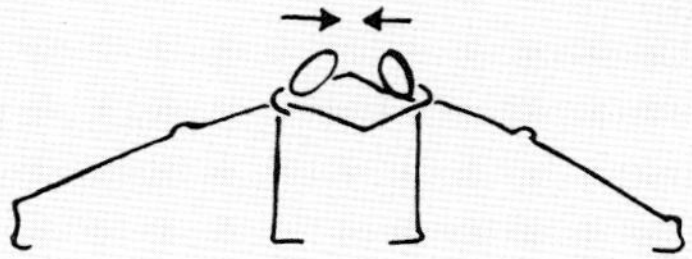
569	**Jeder gegen jeden** **Inhalt** Arme, Kraftausdauer **Verhalten** Fairness	Ganze Gruppe in beschränktem Raum im Liegestütz. Jeder versucht, die anderen zur Aufgabe der Liegestützstellung zu zwingen. • Wer bringt zuerst 5 (10) andere zu Fall?	
570	**Schulterkampf** **Inhalt** Kraftausdauer **Verhalten** Begegnung, Fairness	A und B im Liegestütz gegenüber, li Schultern aneinandergestemmt. Jeder versucht, den anderen mit der Schulter über eine Linie zu schieben oder zur Aufgabe der Liegestützstellung zu zwingen.	
571	**Trefferquote** **Inhalt** Arme, Reaktion **Verhalten** Fröhlicher Wettstreit	A und B im Liegestütz gegenüber. Jeder versucht, dem anderen möglichst oft auf die Handrücken zu schlagen. Wer trifft in 1 Min. häufiger? • Auch andere Spieler gegeneinander.	

Nr.	Name der Spielform Ziele/Akzente	Idee/Beschreibung	Hinweise/Organisation
572 **Inhalt** **Ver-halten**	**Doppeldecker** Koordination, Körperspannung Kooperation, Vertrauen	A in Rückenlage, Arme in Vorhalte, Hände fassen die Fußknöchel von B. B in Liegestütz auf den Unterschenkeln von A. Beide beugen und strecken die Arme (gleichzeitig oder wechselweise).	
573 **Inhalt** **Ver-halten**	**Schubkarren** Koordination Kooperation	A in Liegestütz, ganzer Körper gespannt (Becken nicht hängen lassen). B steht hinter A und hält dessen Beine. Während A die Arme beugt und streckt, macht B Kniebeugen (miteinander oder gegengleich).	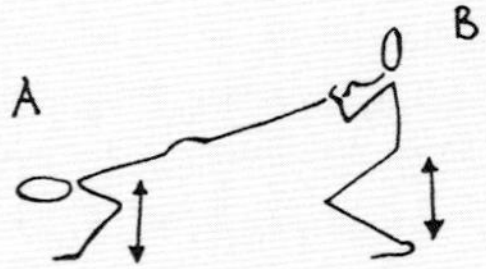
574 **Inhalt** **Ver-halten**	**Schubkarren defekt** Koordination, Arme Kooperation	Ausgangstellung wie „Schubkarren". Kann A einen Arm in die Luft strecken und sich einarmig hochstoßen bzw. in den Beugestütz senken? • Liegestütz rücklings. Auch mit Drehen um die Längsachse und abwechslungsweise vorlings/rücklings.	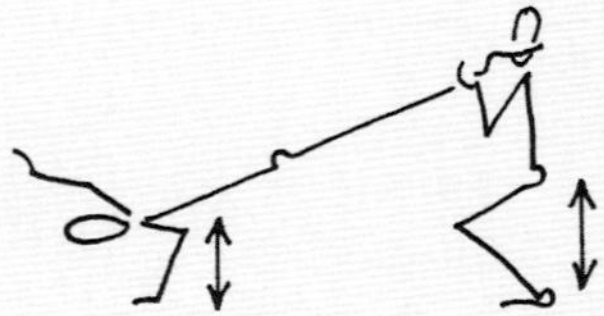
575 **Inhalt** **Ver-halten**	**Doppelliegestütz** Koordination Kooperation	A in Rückenlage, Arme in Hochhalte, B steht hinter A und stütz sich auf dessen Arme. Gleichzeitiges Beugen und Strecken der Arme.	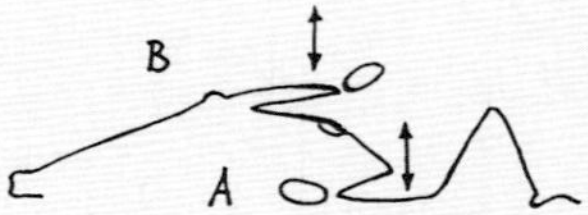
576 **Inhalt** **Ver-halten**	**Doppelbock** Gleichgewicht Kooperation, Spaß	A in Bankstellung, B macht Bankstellung auf A, indem er seine Füße bei den Schultern von A einhakt und sich mit den Händen auf die Knöchel von A stützt. Welches Paar kann so am weitesten „laufen", ohne auseinanderzubrechen? • Als Stafette.	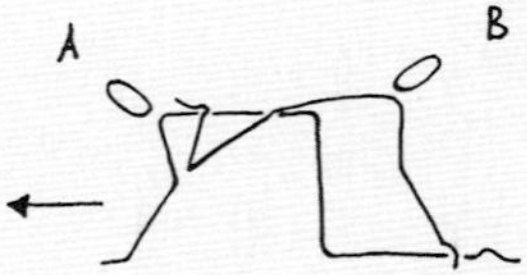

4.1.5 Ohne Material (Liegestützvariationen)

Nr.	Name der Spielform Ziele/Akzente	Idee/Beschreibung	Hinweise/Organisation
577	**Zugbrücke** **Inhalt** Arme, Körperspannung **Verhalten** Vertrauen	A in Rückenlage, Arme in Vorhalte, B liegt rücklings mit gegrätschten Beinen über A. A stützt B an den Schultern und beugt und streckt die Arme.	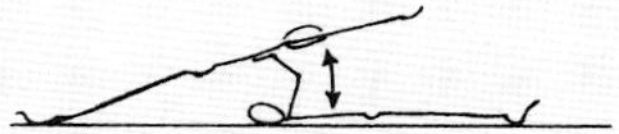
578	**Wagenheber** **Inhalt** Körperspannung, Arme **Verhalten** Vertrauen	B liegt über A, den Körper steif wie ein Brett. A beugt und streckt die Arme.	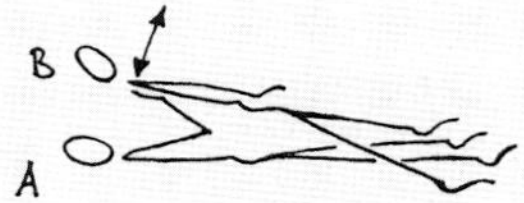
579	**Liegestütz-Twist** **Inhalt** Arme, Beweglichkeit **Verhalten** Körperbeherrschung	Der Rumpf beschreibt möglichst große Kreise nach re und nach li. • Mit Liegestütz rücklings. • In Bankstellung. • Im Vierfüßlerstand.	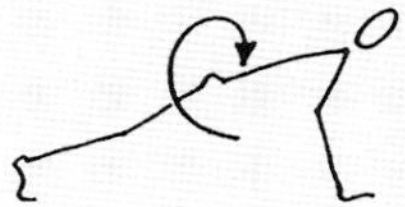
580	**Liegestütz-Sprünge** **Inhalt** Schnellkraft der Arme – Koordination **Verhalten** Mut zum Risiko	Versuche im Liegestütz von einer Hand auf die andere zu hüpfen! • Wer kann mit beiden Händen wegstoßen und in der Luft 1x, (2x, 3x) klatschen? • Wer kann mit Händen und Füßen gleichzeitig vom Boden wegspringen?	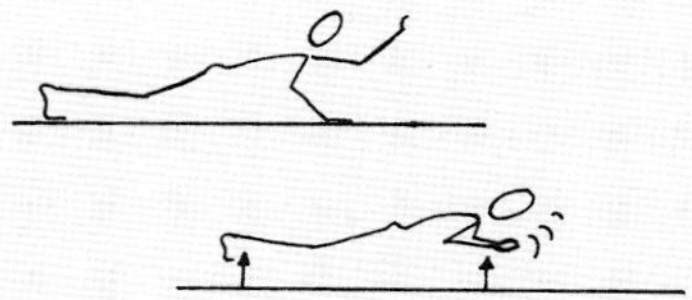
581	**Liegestütztango** **Inhalt** Arme, Rhythmus **Verhalten** Konzentration	Im Liegestütz, einzeln oder in Gruppen. Nach vorgegebenen Melodien sollen die entsprechenden „Tanzschritte" mit den Händen getanzt werden. Geht es auch zu zweit oder sogar in der Gruppe?	

4

Nr.	Name der Spielform Ziele/Akzente	Idee/Beschreibung	Hinweise/Organisation
582	**Revierkampf** **Inhalt** Oberschenkel, Gleichgewicht **Verhalten** Gleiche Spielregeln	A und B in Kauerstellung gegenüber, jeder hält einen (Medizin-)Ball vor der Brust. Wer kann den anderen mit dem Ball zuerst aus einem kleinen Feld (über eine Linie, aus dem Gleichgewicht) stoßen?	
583	**Wechsel-Sprünge** **Inhalt** Sprungkraft, Koordination **Verhalten** Timing bewusst erleben	Versuche, von einem Bein in einem hohen Sprung seitwärts auf das andere Bein zu springen. Gleichzeitig mit der Landung musst du den Ball 1x prellen.	
584	**Zick-Zack** **Inhalt** Sprungkraft **Verhalten** Fantasie, Kreativität	Rolle dir den Ball leicht vorwärts und springe, hüpfe in verschiedenen Formen links und rechts über den Ball, ohne diesen zu berühren.	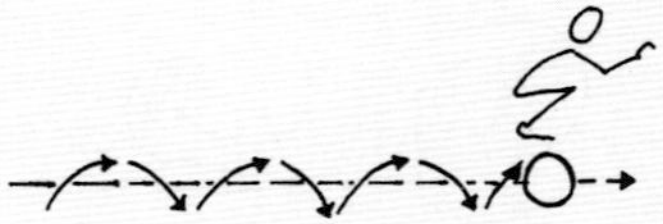
585	**Ball-Schieber** **Inhalt** Ballgefühl, Koordination **Verhalten** Vergleich: links/rechts	Springe wechselseitig von einem Fuß auf den anderen und versuche durch leichtes Antippen mit den Fußsohlen, den Ball in eine gewünschte Richtung zu treiben. • Als Wettbewerb.	
586	**Der schiefe Turm** **Inhalt** Rücken, Schultergürtel **Verhalten** Bin ich gerade?	Schneidersitz, jeder mit einem Medizinball in Hochhalte. Aufrichten der Wirbelsäule und den Oberkörper so weit wie möglich vorneigen, der Rücken bleibt dabei gerade. • Mit verschiedenen Bällen. • A macht die Übung, B korrigiert die Haltung.	

Nr.	Name der Spielform Ziele/Akzente	Idee/Beschreibung	Hinweise/Organisation
587	**Mal links, mal rechts** **Inhalt** Rücken und Schultergürtel **Verhalten** Miteinander trainieren	A im Kniestand, den (Medizin-)Ball über dem Kopf. B fixiert die Fußgelenke von A. Nun versucht A, den Boden mit dem rechten Ellenbogen vor dem linken Knie (und umgekehrt) zu berühren. Gelingt dies? Wer kann es auch weiter vorne?	
588	**Brückenbau** **Inhalt** Rücken, Schultergürtel und Arme **Verhalten** Gleichgewicht	Jeder mit einem Ball im Kniestand. Den Oberkörper vorneigen bis in die Horizontale und den Ball in der Hochhalte weit nach vorne strecken und so (wenn es geht!?) einige Sekunden „verweilen". • Den Ball schnell auf- und abwärts federn. • Den Ball weit vor dem Körper auf den Boden legen und wieder aufheben. Dasselbe auch im Stand!	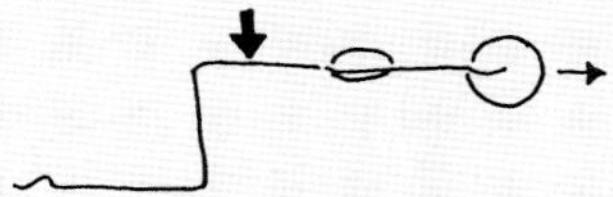
589	**Schieb- und Ziehkampf** **Inhalt** Rücken und Schultergürtel **Verhalten** Spiel fair!	Zu zweit gegenüber in Bauchlage an einer Linie. Der Ball liegt auf der Linie. Nun versucht jeder, den Ball über die Linie zum anderen zu schieben. • Jeder versucht (umgekehrt) dem Partner den Ball wegzuziehen.	
590	**Treffball** **Inhalt** Rücken/Schultern Reaktion **Verhalten** Miteinander	4–6 Spieler bilden in Bauchlage einen Kreis und rollen sich einen Medizinball in rascher Folge zu. 1–2 Spieler stehen in der Kreismitte und versuchen, dem Ball auszuweichen. • Mit 2 Bällen. • Der Ball darf in verschiedenen Arten bis auf Kniehöhe geworfen werden.	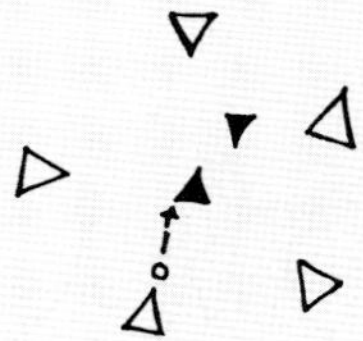
591	**Flipper** **Inhalt** Schultergürtel Beweglichkeit **Verhalten** Beine strecken wenn es geht	Spielgedanke wie „Treffball", aber die Spieler stehen in einem Außenstirnkreis mit gegrätschten Beinen, Fuß an Fuß. Nun wird der Ball rw durch die gegrätschten Beine gerollt. Wer wird in der Mitte (nicht) getroffen?	

Nr.	Name der Spielform Ziele/Akzente	Idee/Beschreibung	Hinweise/Organisation
592	**Doppelt gedreht**	Alle mit einem (Medizin-)Ball in Rückenlage, den Ball mit den Füßen gefasst. Beine mit dem Ball heben, über die flüchtige Kerze über den Kopf bringen, dort mit dem Ball kleine Kreise (vertikal) beschreiben.	
Inhalt	Rücken – Beine Beweglichkeit		
Ver-halten	Probieren, auch wenn es nicht klappt		
593	**Kraftprotz**	Alle mit einem (Medizin-)Ball in Bauchlage, Ball in der Hochhalte, Füße bleiben am Boden. • Den Ball mehrmals leicht vom Boden abheben. • Den Ball abheben und den Oberkörper nach re und nach li ausdrehen. • Aus der Seitlage versuchen.	
Inhalt	Rücken – Schulter-gürtel – Arme		
Ver-halten	Spannung spüren		
594	**Drehwurm**	Alle mit einem (Medizin-)Ball zwischen den Füßen in Rückenlage. Versuchen, sich fortwährend von der Rücken- in die Bauchlage und zurückzudrehen, ohne den Ball zu verlieren oder am Boden abzusetzen.	
Inhalt	Rumpf Koordination		
Ver-halten	Schaffen wir das alle?		
595	**Planetenstreit**	A und B in Rückenlage gegenüber, mit den Füßen halten beide den Ball fest. Jeder versucht, dem anderen den Ball zu entreißen. • Im Sitzen, mit oder ohne Aufstützen der Arme.	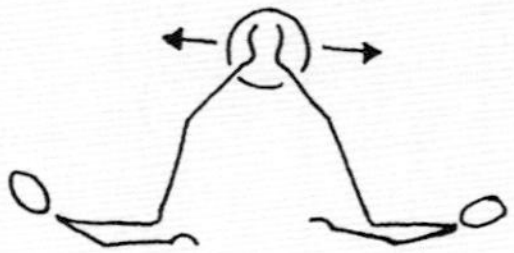
Inhalt	Bauch – Hüfte vorn – Beine		
Ver-halten	Begegnung		
596	**Spiegelbild**	A und B in Rückenlage gegenüber, Kopf an Kopf, Hände in Seithalte gefasst, beide haben je einen Ball zwischen die Füße geklemmt: Ball und Beine zur Senkrechten heben und den Ball in einer Scheibenwischerbewegung sw nach re und li senken.	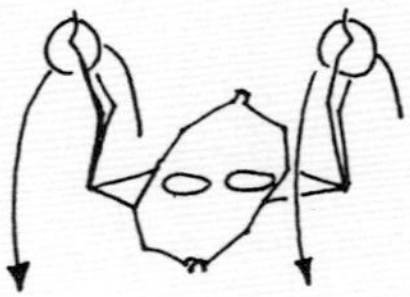
Inhalt	Bauch Hüfte		
Ver-halten	Begegnung		

4.2.2 Bälle (Rumpf)

Nr.	Name der Spielform Ziele/Akzente	Idee/Beschreibung	Hinweise/Organisation
597	**Kreis-Verkehr** **Inhalt:** Bauch – Hüfte vorne Gleichgewicht **Verhalten:** Kooperation	Zu zweit im Langsitz gegenüber, beide halten einen (Medizin-)Ball zwischen den Füßen. Jeder kreist seine Füße um diejenigen des anderen. • Mit/ohne Aufstützen der Hände.	
598	**Klammer-Ball** **Inhalt:** Bauch Hüfte vorne **Verhalten:** Fairness	Alle im Langsitz mit einem Ball zwischen den Füßen. Hände aufgestützt, Knie leicht gebeugt, Füße leicht vom Boden abheben. Wer kann den Ball länger über dem Boden halten? • A hält den Ball mit den Beinen hoch, B versucht, A den Ball durch Schläge mit der flachen Hand aus den Beinen zu schlagen.	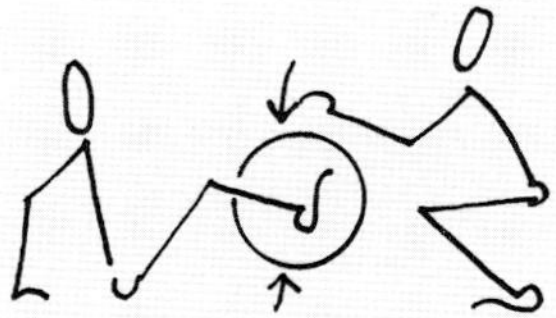
599	**Wälzer** **Inhalt:** Bauch – Hüfte vorne Koordination **Verhalten:** Nicht gleich aufgeben!	Jeder liegt mit einem Ball zwischen den Füßen in Rückenlage auf dem Boden. Ball drehen nach re und li, so dass abwechslungsweise das re und das li Bein oben ist. Der Rücken bleibt dabei auf dem Boden.	
600	**Bein-Wurf** **Inhalt:** Bauch Hüfte vorne **Verhalten:** Kooperation	Zu zweit, A in Rückenlage, B steht hinter A. A hält einen (Medizin-)Ball zwischen den Füßen und wirft diesen durch Zurückschwingen der Beine zum Partner. • B steht vor A. A hält den Ball in der Kerze zwischen den Füßen und wirft ihn durch einen kräftigen Kippschlag zum Partner.	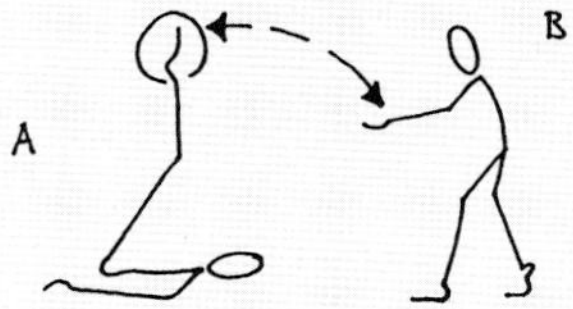
601	**Kreisender Ball** **Inhalt:** Bauch Hüfte vorne **Verhalten:** Gleichgewicht spüren	Jeder in Rückenlage mit einem Ball, Hüft- und Kniewinkel bei 90° gehalten. Versuchen, den Ball durch leichtes Anheben des Oberkörpers um die Unterschenkel zu kreisen.	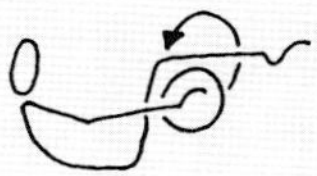

Nr.	Name der Spielform Ziele/Akzente	Idee/Beschreibung	Hinweise/Organisation
602	**Schere** **Inhalt** Bauch, Hüfte vorne **Verhalten** Gleichgewicht suchen	Wechselweise ein Bein hochspreizen und den Ball zwischen den Beinen durch in die andere Hand übergeben. (Dabei sollen beide Beine immer über Boden bleiben).	
603	**Teppichleger** **Inhalt** Rücken, Schultergürtel **Verhalten** Langsam heben!	Bauchlage, Ball in Hochhalte. Oberkörper anheben und den Ball möglichst weit unter den Körper rollen, ohne mit der Brust den Ball zu berühren. Dann den Ball zurück- und möglichst weit nach vorne in die Hochhalte rollen bis zur totalen Streckung des ganzen Körpers. Dann den Oberkörper wieder möglichst langsam senken.	
604	**Mal oben, mal unten** **Inhalt** Brust, Rücken **Verhalten** Langsam heben und senken!	Bauchlage, Hüfte heben und den Ball unter dem Körper durch auf die andere Seite geben. Hüfte senken und den Ball hinter dem Rücken möglichst hoch übergeben (= Den Ball um den Rumpf kreisen).	
605	**Vom Fuß zum Kinn** **Inhalt** Körperspannung, Ballgefühl **Verhalten** Fein dosieren beim Heben und Senken	Rückenlage. Der Ball kommt zu den Füßen, die Hände auf die Oberschenkel. Die Beine langsam anheben, so dass der Ball über die Beine gegen die Hüfte bis zum Kinn rollt. Dann den Oberkörper anheben, damit der Ball wieder zu den Füßen rollt.	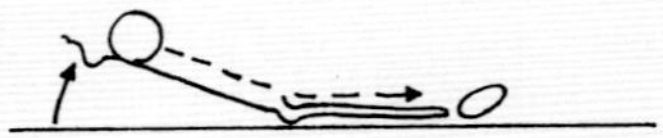
606	**Über Stock und Stein** **Inhalt** Ganzer Körper **Verhalten** Nicht schummeln	Liegestütz, ein Ball neben den Füßen. Mit den Füßen zuerst re, dann li über den Ball steigen und wieder zurück. Becken gespannt, nicht hängen lassen. • Evtl. zwei verschiedene Bälle, einer re, einer li. Beide Bälle übersteigen und zurück.	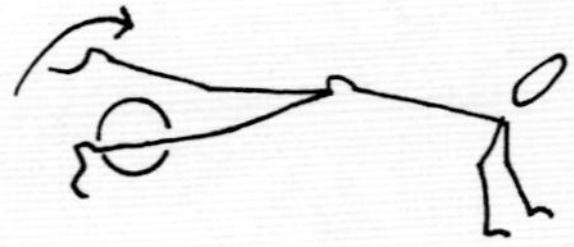

4.2.3 Bälle (Arme, Schultern)

Nr.	Name der Spielform Ziele/Akzente	Idee/Beschreibung	Hinweise/Organisation
607	**Kugelstoßen verkehrt** **Inhalt** Schultergürtel Arme – Rücken **Verhalten** Rücksicht auf andere!	Zu zweit im Kauersitz gegenüber, mit dem Rücken zueinander, Abstand ca. 5 m. Leicht in sich zusammensinken und anschließend den Medizin-Ball rw über den Kopf zum Partner werfen.	
608	**Star Wars** **Inhalt** Arme (Stoßkraft) **Verhalten** Flugbahn-einschätzung	Zu viert mit zwei Medizinbällen. A und B stoßen sich einen Medizinball zu (hin und her). C und D versuchen ebenfalls durch Zustoßen eines Medizin-balles, den Ball von A und B im Flug zu treffen. Wechsel nach 10 Versuchen. • Mit verschiedenen Bällen ausprobieren.	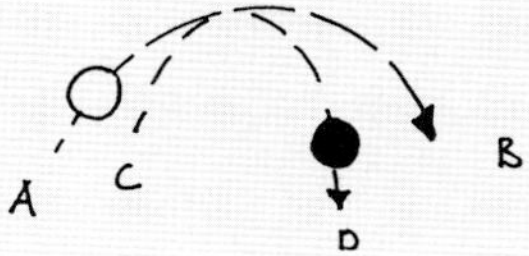
609	**Streitball** **Inhalt** Arme ganzer Körper **Verhalten** Fairness	A und B halten gemeinsam einen Medizinball fest und versuchen, sich den Ball gegenseitig zu entreißen. • Der Ball darf mit den Armen umklammert werden.	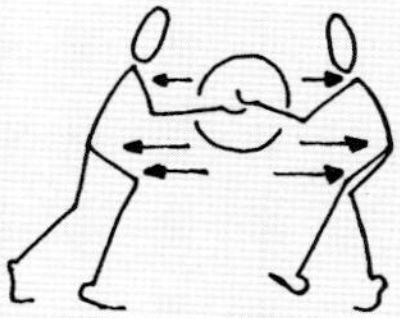
610	**Steinschlag** **Inhalt** Arme ganzer Körper **Verhalten** Fairness	A und B halten je einen (Medizin-)Ball und stehen sich gegenüber. Jeder versucht durch verschiedene Schlagbewegungen mit seinem Ball, dem anderen den Ball aus den Händen zu schlagen.	
611	**Hand-Wechsel-Prellen** **Inhalt** Koordination Ballgeschicklichkeit **Verhalten** Selbsteinschätzung	Liegestützstellung den Ball in einer Hand. Wer kann einhändig prellen? • Wer kann es auch wechselseitig? • Zu zweit, Rhythmus vorprellen und nachprellen.	

4

Nr.	Name der Spielform Ziele/Akzente	Idee/Beschreibung	Hinweise/Organisation
612	**Rollball** **Inhalt** Geschicklichkeit, Arme **Verhalten** Kooperation	Zwei Parteien, Fortbewegung nur als „Schubkarren" zu zweit (A im Liegestütz, B hält A an den Oberschenkeln). Durch geschicktes Ballrollen versuchen beide Parteien, beim Gegner ein Tor zu schießen. Als Tore dienen Matten, Langbänke, Handballtore oder die ganze Hallenstirnseite. • Kleines Spielfeld! • Erst am Ende des Einlaufens!	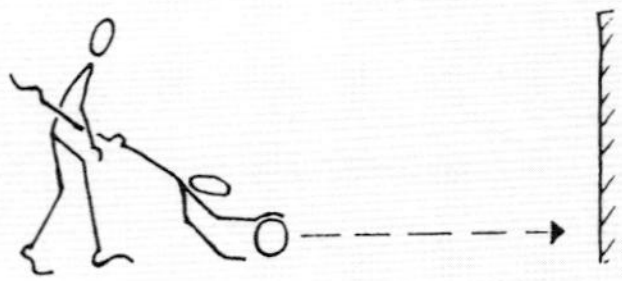
613	**Schweres Schnappball** **Inhalt** Arme **Verhalten** Taktik	2 Parteien, gewöhnliches Schnappball, aber mit dem Medizinball gespielt. Welche Mannschaft erzielt zuerst 10 Pässe hintereinander? • Auch in Form von Tigerball zu dritt oder zu viert. A und B (und C) spielen sich den Ball zu, D versucht, den Ball zu erhaschen bzw. zu berühren. • Wurfarten vorschreiben, auch mit den Füßen möglich.	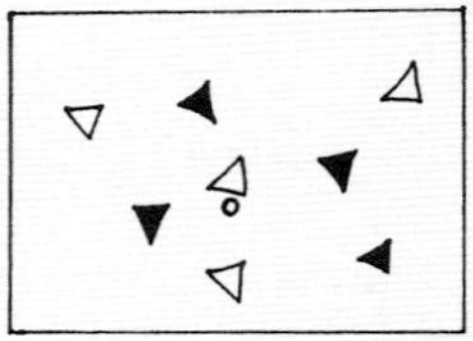
614	**Schwerer Ballkrieg** **Inhalt** Arme, Schnelligkeit **Verhalten** Pfiff = Stop!	Zwei Parteien, durch eine Mittellinie oder durch Langbänke getrennt, versuchen, möglichst viele Medizinbälle ins gegnerische Feld zu rollen (oder zu werfen). Zugerollte Bälle dürfen sofort wieder zurückgerollt werden. Bei Spielabbruch wird gezählt, in welcher Spielhälfte mehr Bälle liegen.	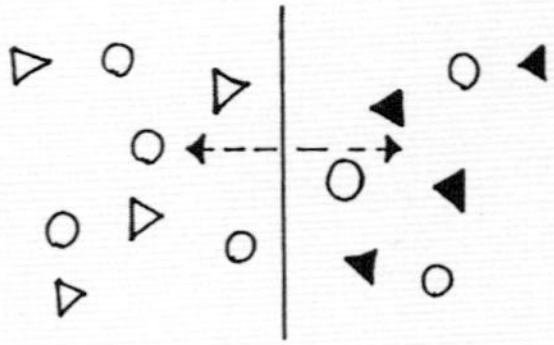
615	**Liegestützkampf** **Inhalt** Arme **Verhalten** Spielregeln einhalten!	Jeder Spieler im Liegestütz mit einem Ball zwischen die Füße geklemmt. Jeder versucht, dem anderen den Ball mit den Händen wegzuschlagen. Wer den Ball verliert, läuft eine Strafrunde. • Der Ball darf nur noch mit den Füßen weggekickt werden. • Spielfeld einschränken!	
616	**Stolperball** **Inhalt** Arme **Verhalten** Begegnung, Fairness	Zu zweit gegenüber mit Handfassung. In der Mitte des Paares liegt ein Ball. Beide versuchen, den anderen in den Ball hineinzuziehen.	

4.2.4 Bälle (Ganzkörperübungen)

Nr.	Name der Spielform Ziele/Akzente	Idee/Beschreibung	Hinweise/Organisation
617	**Fallobst** **Inhalt** Arme, Koordination **Verhalten** Zuerst üben!	Einarmige Liegestützposition. Der Ball wird mit der einen Hand hochgeworfen und mit der anderen gefangen. Wer hat in einer Minute am meisten Fänge?	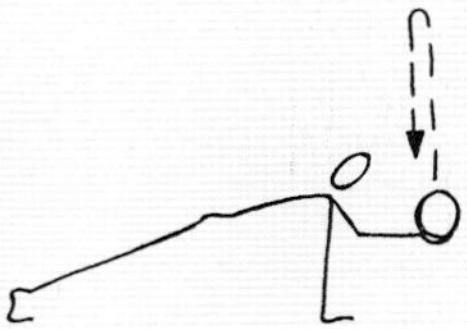
618	**Rad drehen** **Inhalt** Koordination **Verhalten** Kooperation	Zu zweit mit einem Ball. A im Liegestütz, Hände auf einen Ball gestützt, B hält A an den Oberschenkeln. A rollt den Ball vw, d. h., er stützelt auf dem Ball vw. • Auch als Stafette mit Rollentausch. • Nicht zu lange Distanzen, lieber 2x Rollenwechsel.	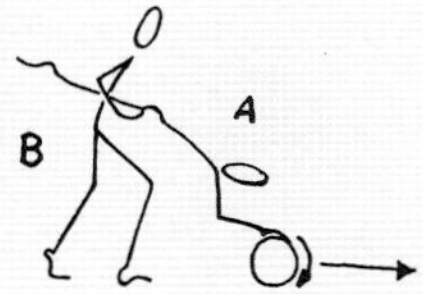
619	**Kreiswanderung** **Inhalt** Arme **Verhalten** Vorsichtig!	Jeder mit einem Ball im Liegestütz, Füße auf dem Ball. Mit den Armen im Kreis um den Ball (= Zentrum) herumstützeln. • Rücklings • Mit den Händen auf dem Ball. Mit den Füßen um den Ball herumwandern.	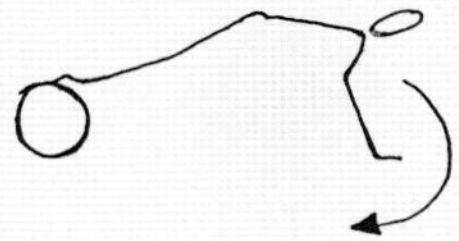
620	**Pendelball** **Inhalt** Arme, Ballgeschicklichkeit **Verhalten** Kooperation	Zu zweit im Liegestütz gegenüber, Abstand 2 bis 5 m. Sich den Ball mit der li und der re Hand zuwerfen/zurollen. • Auch mit 2 Bällen probieren. • Ist es möglich den Ball/die Bälle in einem gleichmäßigen Rhythmus hin- und herzurollen/werfen?	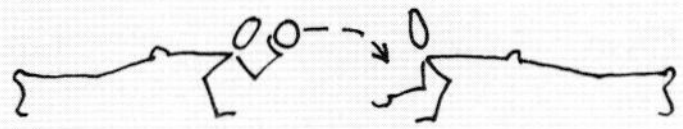
621	**Tunnel-Bau** **Inhalt** Schnelligkeit **Verhalten** Spielregeln einhalten	Mehrere Gruppen à 6–10 Spieler. Die Spieler bilden nebeneinander aufgestellt (Vierfüßler-Stand, Becken hoch) einen Tunnel. Jeder berührt seinen Nachbarn. Der Hinterste mit Ball läuft nach vorne, rollt den Ball durch den Tunnel und stellt sich vorne als weiteres Tunnelteil dazu. Der Hinterste erwartet den Ball und rennt nach vorne, etc. • Welche Gruppe hat zuerst eine bestimmte Strecke zurückgelegt? • Dasselbe aber in der Liegestützstellung.	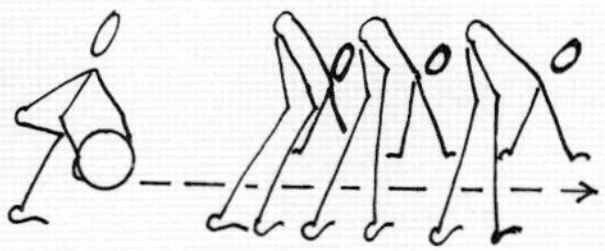

Nr.	Name der Spielform Ziele/Akzente	Idee/Beschreibung	Hinweise/Organisation
622	**Zweispänner** **Inhalt** Beine **Verhalten** Kooperation, Konzentration	Zwei Spieler nebeneinander ziehen mit dem Seil um die Hüften einen Dritten. Der Hintere leistet Widerstand. • Der Kutscher variiert den Widerstand. • Der Kutscher bestimmt die Richtung mit Kommando. Rechts – links, right – left, a destra – a sinistra, etc. (andere Sprachen).	
623	**Winkelzug** **Inhalt** Obere Rückenmuskulatur **Verhalten** Langsam	A und B im Grätschwinkelstand gegenüber, Springseile ineinander eingehängt (kreuzweise). Beide ziehen mit gestrecktem Rücken ihr Seil leicht nach hinten (3 bis 7 Sek. spannen, dann wieder lösen). Wer kann so den anderen aus dem Gleichgewicht bringen? • In Bauchlage. Wer ist schwerer?	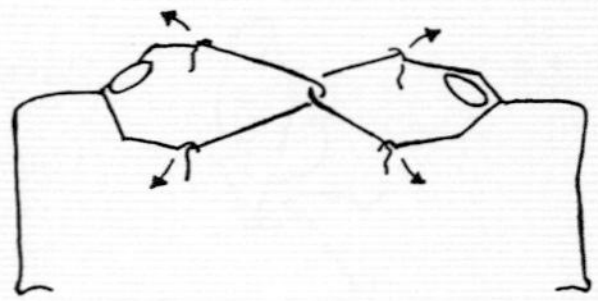
624	**Störrischer Esel** **Inhalt** Ganzer Körper, Koordination **Verhalten** Miteinader wetteifern	Zu zweit. A kreist ein Seil dem Boden nac,. B in Liegestütz. B versucht, mit den Beinen jedes Mal, wenn das Seil kommt, hochzuschnellen, so dass das Seil ohne Berührung weiterkreisen kann. • Mit den Händen hochschnellen. • Mit dem ganzen Körper hochschnellen (d. h., Hände und Füße sind kurz in der Luft).	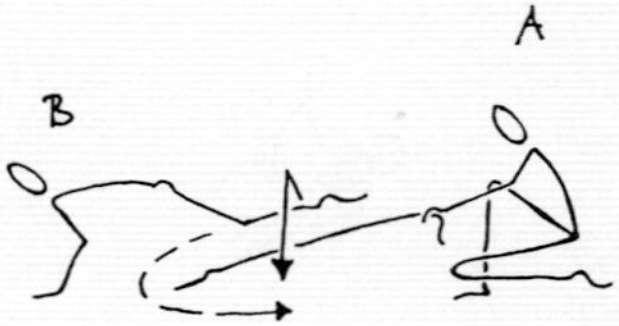
625	**Partner-Seilziehen** **Inhalt** Ganzer Körper **Verhalten** Begegnung, Wettkampf	Zu zweit, beide halten ein Seilende, die Seilmitte (Knoten, Bändel) befindet sich über einer Linie. Wer kann den anderen über die Linie ziehen? • Verschiedene Körperstellungen ausprobieren!	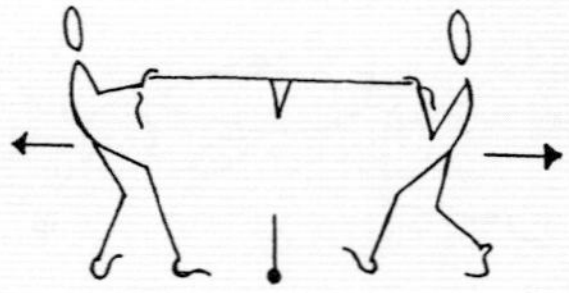
626	**Seilziehen übers Kreuz** **Inhalt** Ganzer Körper **Verhalten** Alle gemeinsam beginnen!	Zwei Springseile werden in der Mitte überkreuzt und im Kreuz ausgelegt. An jedem Ende zieht ein Spieler. Vier Malstäbe (oder andere Zeichen, z. B. Bändel) werden hinter den Ziehenden im Viereck aufgestellt. Wer kann die anderen so zu sich ziehen, dass er seinen Malstab berühren kann? • Mit zwei überkreuzten Ziehtauen, an denen vier Gruppen ziehen.	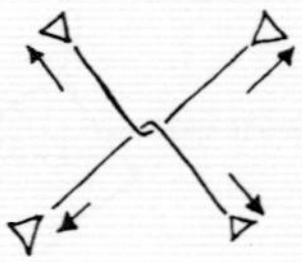

4.4 Gymnastikreifen

Nr.	Name der Spielform Ziele/Akzente	Idee/Beschreibung	Hinweise/Organisation
627	**Seiltanzen** **Inhalt** Füße, Gleichgewicht **Verhalten** Körpergefühl	Barfuß. Die Spieler versuchen, vw und rw auf dem am Boden liegenden Reifen zu balancieren. • Auch blind. • Viele Reifen liegen am Boden nebeneinander. Auf den Reifen balancierend einen Weg durch die Reifenbahn suchen.	
628	**Nest-Hocker** **Inhalt** Rumpf, Füße **Verhalten** Gleichgewicht spüren!	Jeder sitzt in einem Reifen. Abwechslungsweise mit den Zehen den Boden außerhalb des Reifens berühren, mit den Fersen innerhalb. • Mit beiden Füßen gleichzeitig. • Mit beiden Füßen gegengleich. • Ohne Abstützen der Hände (gerader Rücken!). • Zu zweit. A erfindet eine Abfolge, B macht nach.	
629	**Heiligenschein** **Inhalt** Rumpf Koordination **Verhalten** Orientierung	Reifen waagerecht, mit Außengriff gefasst. Drehen vom Schwebesitz über die Bauchlage zum Schwebesitz. Der Reifen soll dabei in der Horizontalen bleiben. • Wer kann es auch mit senkrecht gehaltenem Reifen? • Zu zweit. B hält die Füße und hilft beim Drehen.	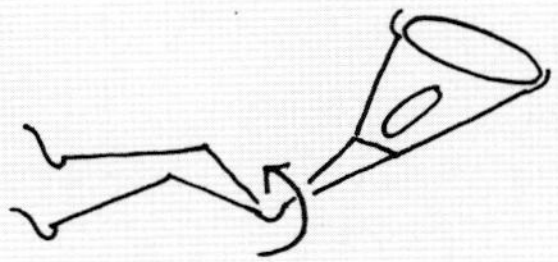
630	**Kreisen** **Inhalt** Rumpf **Verhalten** Konzentration	Sitz im Reifen. Beine anheben und mit den Zehen dem Reifen entlang nach rechts und nach links wandern. Wer ist am schnellsten wieder beim Ausgangspunkt?	
631	**Gedränge** **Inhalt** Ganzer Körper **Verhalten** Begegnung, Spaß	Kreis mit 3 bis 8 Spielern, Handfassung. Jeder versucht, mit einem Fuß in den Reifen, welcher in der Kreismitte liegt, zu stehen bzw. durch Schieben und Ziehen zu verhindern, dass dies einem anderen gelingt. • Wie oben, aber umgekehrt. Jeder versucht, den anderen in den Reifen zu ziehen bzw. zu verhindern, selbst den Reifen berühren zu müssen.	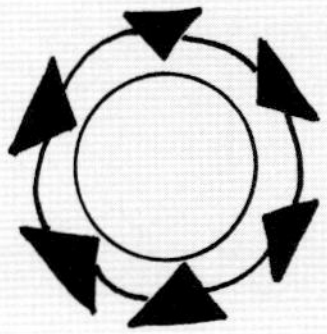

Nr.	Name der Spielform Ziele/Akzente	Idee/Beschreibung	Hinweise/Organisation
632	**Gedränge mit Flucht** **Inhalt** Ganzer Körper, Schnelligkeit **Verhalten** Begegnung	Spielgedanke wie bei „Gedränge". Sobald ein Spieler den Reifen unfreiwillig betreten hat, löst sich der Kreis auf und alle flüchten zu einem Freimal (oder zur Hallenwand). Der fehlbare Spieler versucht, einen anderen zu fangen. Gelingt ihm dies, erhält der Gefangene den Strafpunkt, welchen sonst der „Schuldige" erhalten hätte.	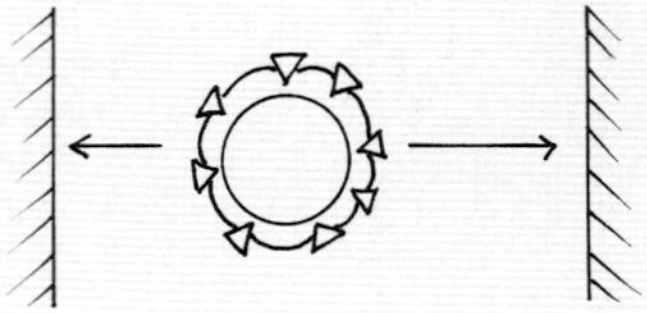
633	**Herr im Haus** **Inhalt** Ganzer Körper, Beine **Verhalten** Begegnung	A und B stehen im Reifen. Jeder versucht, den anderen aus dem Haus zu drängen. • Ohne Hände (nur mit Rempeln). • Auf einem Bein, die re Hand hält den freien Fuß. • Rücken an Rücken mit/ohne Einsatz von Armen und Händen. • Nur mit der Körperseite (welche Seite geht besser?).	
634	**Zieh- und Schiebekämpfe** **Inhalt** Ganzer Körper **Verhalten** Fair kämpfen	Viele, der im Kapitel „Kraft ohne Material" beschrieben Zieh-, Stoß- und Gleichgewichtskämpfe können auch mit Reifen durchgeführt werden, z. B.: • In den Reifen ziehen. Zu zweit mit Handfassung. Jeder versucht, den anderen in den Reifen zu ziehen. • Über die Linie ziehen oder schieben. • Hockstand, aus dem Gleichgewicht bringen.	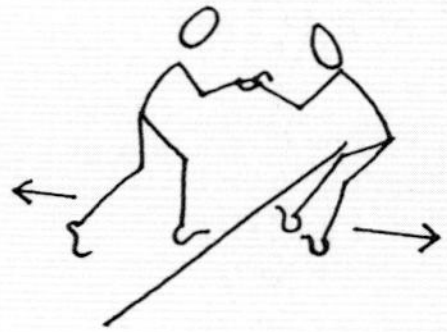
635	**Reifen-Handstand** **Inhalt** Rad/Hockwende, Schultergürtel **Verhalten** Selbstständig üben	Reifen am Boden, Hände im Reifen aufgestützt. Wer kommt mit einer Hockwende oder einem Rad auf die andere Seite? • Auch viele Reifen in der Halle verstreut. Freies Laufen und bei jedem Reifen eine Hockwende oder ein Rad ausführen.	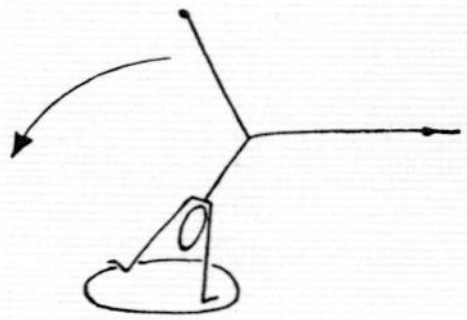
636	**Reifen-Hochsprung** **Inhalt** Arme **Verhalten** Kooperation	Dreiergruppen. A und B halten den Reifen hüfthoch (und laufen evtl. vw). C stützt sich auf die Schultern von A und B und springt in den Reifen hinein und wieder hinaus, oder schlüpft unter dem Reifen durch. • Diese Übungen können auch in einer Kolonne mit mehreren Dreiergruppen (Trägern und Läufern) geturnt werden.	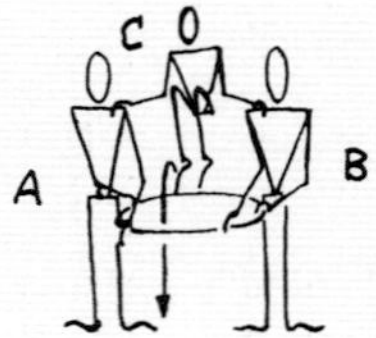

Nr.	Name der Spielform Ziele/Akzente	Idee/Beschreibung	Hinweise/Organisation
637	**Zieh- und Schiebekämpfe**	Viele der im Kapitel „Kraft ohne Material" gezeigten Zieh-, Schiebe- und Gleichgewichtskämpfe können auch mit Stab ausgeführt werden und erhalten dadurch einen besonderen Reiz. Z. B.: • Über die Linie ziehen. • Über die Linie stoßen • Aus dem Gleichgewicht bringen im Hockstand. • Stab längs, Stab quer.	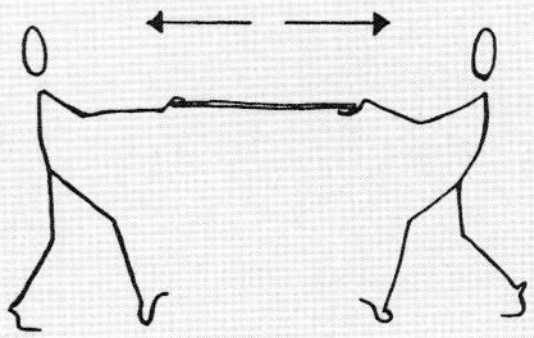
Inhalt	Ganzer Körper		
Verhalten	Fair kämpfen		
638	**Zehenspitzengefühl**	Im Sitzen den Stab mit den Fußsohlen hin- und herrollen. • Mit jedem Fuß einzeln. • Mit beiden Füßen zusammen. • Stab mit beiden Füßen und mit den (gestreckten Beinen) so hoch wie möglich heben. • Mit Turnschuhen, mit Socken, barfuß.	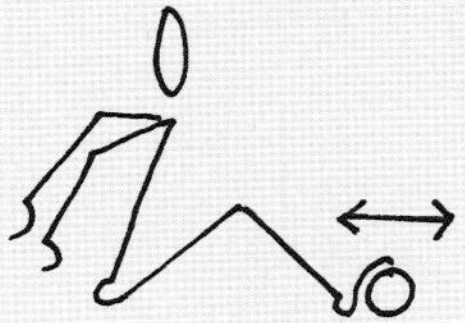
Inhalt	Füße – Bauch Hüfte vorne		
Verhalten	Konzentration		
639	**Schaukel**	Zu zweit im Kniestand gegenüber, Stab gemeinsam in Vorhalte gefasst. Langsam vw und rw „schaukeln", ohne in den Hüften einzuknicken.	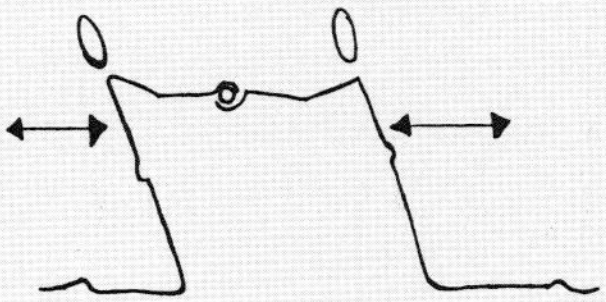
Inhalt	Rumpf – Hüfte Oberschenkel		
Verhalten	Kooperation		
640	**Kniebeuge**	Zu zweit im Hocksitz gegenüber, beide halten den Stab waagerecht in der Vorhalte. Abwechslungsweise aufrichten und setzen (d. h. A im Sitz, B im Stand). • Beide gleichzeitig aufrichten und setzen.	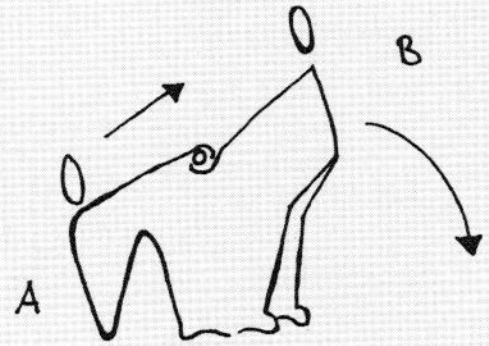
Inhalt	Beine		
Verhalten	Koordination		
641	**Sonntagsfahrer**	A und B im Hockstand gegenüber, A mit vorgestelltem li Bein, B mit rückgestelltem re Bein. Jeder hält ein Stabende in Vorhalte. Abwechselnd Vor- und Zurückschieben des Rumpfes (Die Füße bleiben dabei auf der Stelle). Nach der Verschiebung kommt B in die Stellung von A und umgekehrt.	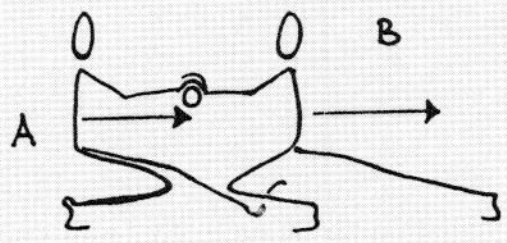
Inhalt	Beine		
Verhalten	Kooperation		

4

Nr.	Name der Spielform Ziele/Akzente	Idee/Beschreibung	Hinweise/Organisation
642	**Froschhüpfen mit Zug** **Inhalt** Beine **Verhalten** Kooperation	Zu zweit, A in Kauerstellung, Stab in Vorhalte, B steht vor A und fasst den Stab ebenfalls. Fortgesetztes Froschhüpfen, wobei B durch Ziehen am Stab Hilfe leistet.	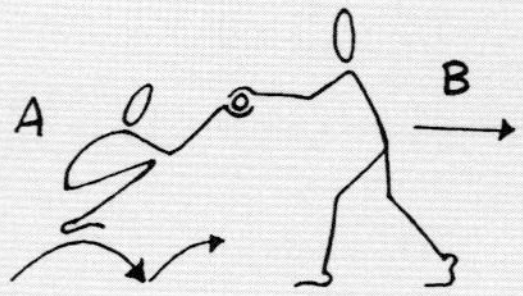
643	**Sprintbremse** **Inhalt** Ganzer Körper, Beine **Verhalten** Kooperation, Konzentration	A steht vor B, beide halten den Stab. A versucht mit hohem Knieheben, gegen den Widerstand von B vw zu sprinten. • B gibt einmal mehr, einmal weniger Widerstand. • A sagt die Richtung an in die B (rw) geht (B muss umdenken, da er ja rw geht).	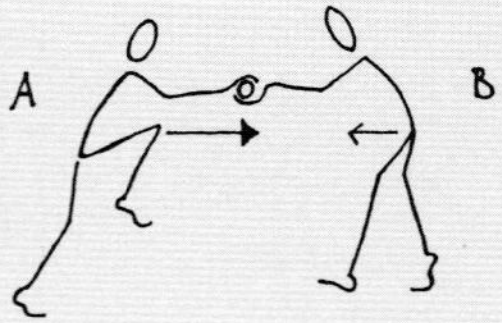
644	**Beine hoch** **Inhalt** Hüfte vorne, Beine **Verhalten** Kooperation	Zu zweit gegenüber mit 1 m Abstand, Rücken an Rücken. Langsitz, Stäbe waagerecht neben den Schultern gefasst. Beide heben 1 Bein leicht vom Boden ab. Abwechslungsweise im gemeinsamen Rhythmus. • Wer kann beide Beine gleichzeitig abheben?	
645	**Stabgerangel** **Inhalt** Füße, Rumpf **Verhalten** Begegnung, Fantasie	Zu zweit im Sitzen gegenüber, ein Stab liegt zwischen den Partnern auf dem Boden. Beide versuchen, sich mit den Zehen an den Stab zu krallen und diesen dem Partner wegzuziehen. Mit oder ohne Aufstützen der Hände (aber sicher barfuß!). • Eigene Regeln aufstellen.	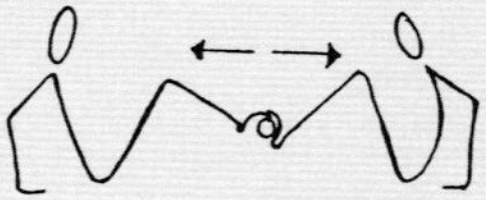
646	**Stabtransport** **Inhalt** Füße **Verhalten** Kooperation, Fantasie	Im Stehen oder Sitzen versuchen, den liegenden Stab mit den Zehen zu fassen und ein Stück mit dem Fuß durch die Halle zu transportieren. • Als Stafette. • Mit Übergeben des Stabes an einen Partner. • Gibt es noch andere Möglichkeiten den Stab zu transportieren ohne die Hände zu benutzen?	

Nr.	Name der Spielform Ziele/Akzente	Idee/Beschreibung	Hinweise/Organisation
647	**Stabgymnastik** **Inhalt** Rücken – Schultergürtel – Arme **Verhalten** Bin ich gerade?	Aus der Hochhalte den Stab auf die Schulterblätter und weiter in die Tiefhalte im Rücken senken, dann den Stab wieder in die Hochhalte zurückführen. • Im Schneidersitz mit geradem Rücken. • In Bauchlage mit gleichzeitigem Aufbäumen. • Auch gegen leichten Widerstand des Partners.	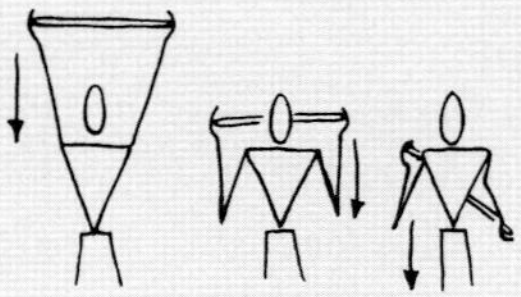
648	**Stabrampe** **Inhalt** Rücken Schultergürtel **Verhalten** Taktiler Körpersinn	Neigehaltung, Stab auf den Handflächen. Den Stab über Arme und Rücken rollen lassen und wieder zurück, bis der Stab in den Händen liegt. Dabei den Rücken gerade halten.	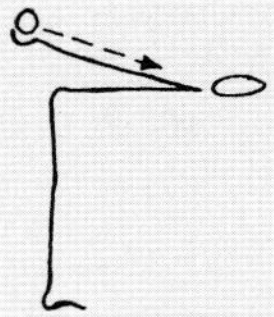
649	**Wäsche falten** **Inhalt** Rücken Schultergürtel **Verhalten** Kooperation	Zu zweit in der Grätschstellung gegenüber, je einen Stab in der Tiefhalte gefasst. Rumpf senken und die Stäbe dabei in die Seithalte heben, danach Rumpf wieder heben und die Stäbe in die Ausgangsstellung senken. Dabei immer den Rücken gerade halten (keinen „Buckel" beim Senken!).	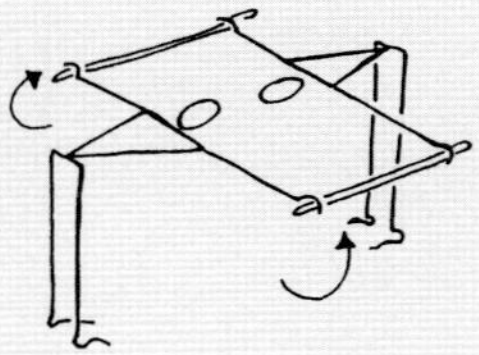
650	**Gerader Rücken** **Inhalt** Rücken Hüfte **Verhalten** Körperbewusstsein	A im aufrechten Kniesitz, Rücken gegen den von B senkrecht gehaltenen Stab. Beim Ausatmen das Becken aufrichten und mit der Lendenwirbelsäule den Stab fühlen (d. h., den ganzen Rücken gegen den Stab drücken). Beim Einatmen das Becken kippen und die Lendenwirbelsäule vom Stab lösen (Hohlkreuz).	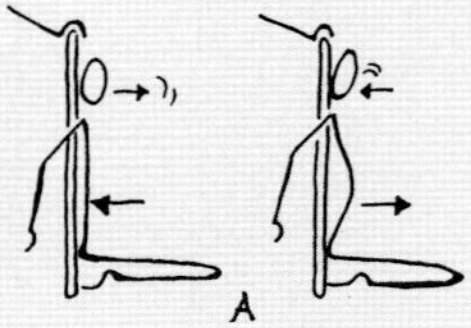
651	**Müllschlucker** **Inhalt** Bauch – Hüfte Beweglichkeit **Verhalten** Kooperation	Zu zweit in Rückenlage gegenüber, Kopf gegen Kopf, beide halten den Stab in der Hochhalte. Beide heben gleichzeitig die Beine, so dass sie mit den Füßen den Stab berühren können und senken die gestreckten, gespannten Beine wieder, wobei das Gesäß möglichst lange in der Luft bleiben soll (= Hüfte strecken).	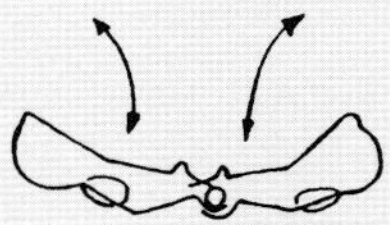

Nr.	Name der Spielform Ziele/Akzente	Idee/Beschreibung	Hinweise/Organisation
652	**Stab-Lift** **Inhalt** Rücken – Schultergürtel – Arme **Verhalten** Kooperation	Zu zweit gegenüber mit den Rücken zueinander, beide halten auf jeder Seite einen Stab in der Seithalte. Stab senken zur Tiefhalte und heben in die Hochhalte. So gerade stehen wie eine Säule (Hohlkreuz vermeiden). • Schnelle Ausführung ohne Widerstand. • Langsame Ausführung, Partner gibt Widerstand.	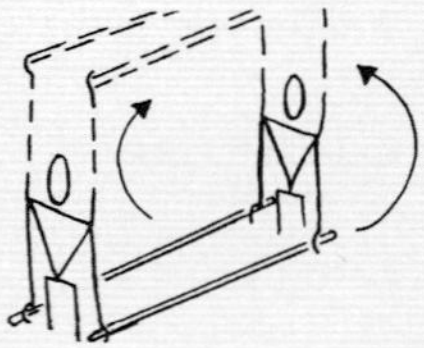
653	**Doppelliegestütz mit Stab** **Inhalt** Ganzer Körper **Verhalten** Koordination Kooperation	Zu zweit. A in Rückenlage, hält einen Stab in Vorhalte, B hinter A in Liegestütz auf dem Stab. • A beugt, B streckt die Arme. • A und B beugen und strecken die Arme gleichzeitig. • Auch in einer anderen Position möglich, z. B. B stützt mit den Händen auf den aufgestellten Knien von A.	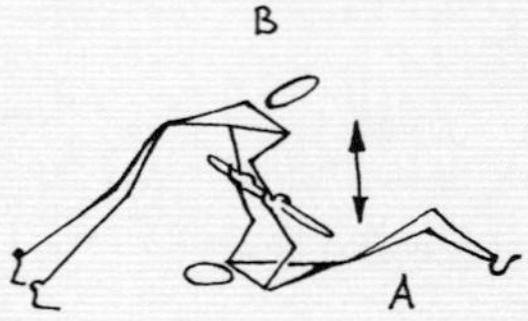
654	**Schubkarren** **Inhalt** Ganzer Körper Arme **Verhalten** Kooperation	Zu zweit. A in Liegestütz, den Stab unter seinen Füßen auf dem Boden. B hebt die Beine von A mit dem Stab auf (gerader Rücken!!). Schubkarren fahren über eine bestimmte Strecke. • Kein Durchhängen, Gesäß und Bauch spannen! • Jeder gegen jeden. Die Paare versuchen, sich gegenseitig die Stützhand wegzuziehen.	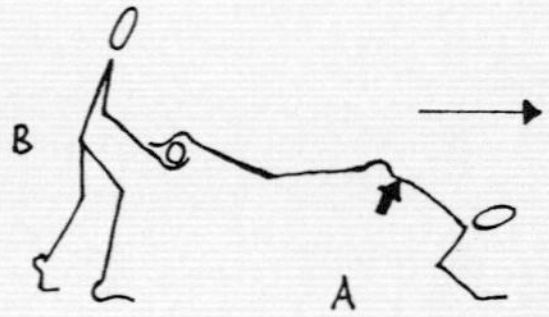
655	**Das bewegliche Reck** **Inhalt** Brust Schultergürtel **Verhalten** Kooperation	A in Rückenlage, Stab in der Vorhalte waagerecht gefasst, B steht hinter A. A zieht und drückt die gestreckten Arme gegen den Widerstand von B vor und zurück. Dabei soll immer ca. die gleich große Kraft wirken, d. h., bei den Wendepunkten werden keine Pausen gemacht, sonder die Bewegungsrichtung unverzüglich geändert.	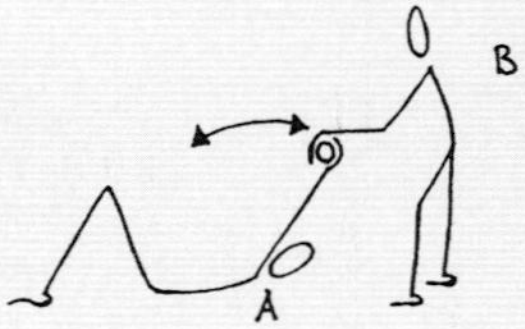
656	**Die lebende Reckstange** **Inhalt** Ganzer Körper **Verhalten** Kooperation Fantasie	• Felgaufzug, Felgabschwung. • Knieauf-, -abschwung. • Kniehangpendel, „Glockenabsprung“ (Napoleon). • Hockwende, Übersprünge. • „Treppensteigen“ mit Helfer auf den Stäben sowie „Seiltanzen“. • Unter- und Umschwünge etc.	

4.6 Spielband

Nr.	Name der Spielform Ziele/Akzente	Idee/Beschreibung	Hinweise/Organisation
657	**Büffelschwanzjagd** **Inhalt** Ganzer Körper **Verhalten** Kooperation	Paare im Huckepack, der Obere hat einen „Büffelschwanz" (= Spielband) im Hosenbund. Jedes Paar, v. a. aber der Obere, muss versuchen, möglichst viele Bänder zu erbeuten. Gestohlene Schwänze werden als Trophäen umgehängt. Das Spiel dauert maximal 2 Min., danach erfolgt Rollentausch. Erbeutetes Band = 1 Punkt; bis zum Schluss verteidigter Schwanz = 2 Punkte.	
658	**Büffelschwanz-fangen** **Inhalt** Ganzer Körper **Verhalten** Kooperation	Paare im Huckepack, der Obere hat einen „Schwanz" im Hosenbund. 2–4 Fängerpaare haben keinen Schwanz. Hat ein Fängerpaar einen Schwanz erbeutet, wird das gefangene Paar ohne Schwanz zum Fänger.	
659	**Mannschaftsjagd** **Inhalt** Ganzer Körper **Verhalten** Kooperation	Spielidee wie „Büffelschwanzjagd", aber die Paare werden in zwei Mannschaften mit verschiedenen Bändchen eingeteilt. Welche Mannschaft hat zuerst alle Schwänze des Gegners erobert?	
660	**Herdenfang** **Inhalt** Ganzer Körper **Verhalten** Kooperation	Alle Huckepackpaare bis auf ein Fängerpaar tragen einen Büffelschwanz. Wer den Schwanz verloren hat, hilft beim Fangen. Das Spiel läuft, bis die ganze „Herde" eingefangen worden ist. • Alle diese „Schwanzfangspiele" können auch im brusttiefen Wasser gespielt werden.	Wie Nr. 657 Achtet auf richtiges „Lasten-Tragen" mit geradem Rücken!
661	**Fußkunst** **Inhalt** Füße Koordination **Verhalten** Geduld!	Versuche, ein Spielband an den Barren, an die Sprossenwand oder an das Reck zu knüpfen, ohne dabei die Hände zu gebrauchen! Versuche auch, verschiedene kleinere Hallengeräte mit den Füßen vom Boden aufzuheben!	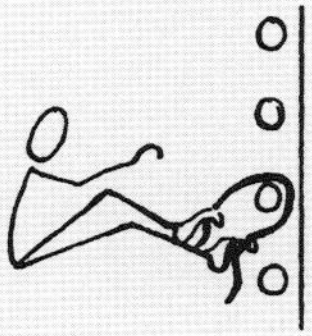

4

Nr.	Name der Spielform Ziele/Akzente	Idee/Beschreibung	Hinweise/Organisation
662	**Beinpresse** **Inhalt** Beine **Verhalten** Konzentriert üben	Der Partner sitzt auf der Langbank. (Je nach Sitzort ergibt sich eine mehr oder weniger große Belastung). Versuchen, den Partner und die Langbank mit den Beinen hochzustoßen. Zuerst ohne Partner auf der Langbank probieren. • Die Langbank kann dabei auch in die Sprossenwand eingehängt werden.	
663	**Bank-Akrobatik** **Inhalt** Hüfte hinten, Rücken **Verhalten** Gleichgewicht	Strecksitz vorlings vor der Bank, Fersen auf der Bank, Stütz hinter dem Körper. Gesäß heben in den Liegestütz rücklings, Beine parallel zum Boden. Einen Fuß abheben, das entsprechende Bein beugen und senkrecht hochstrecken und wieder auf die Bank legen. Bein jedes Mal wechseln.	
664	**Flugzeug** **Inhalt** Rücken, Schultergürtel **Verhalten** Gleichgewicht	Bauchlage quer über die Bank, Arme gebeugt vor der Brust auf den Boden gestützt. Arme strecken und dann den re (li) Arm in die Hochhalte heben. Der Oberkörper wird dabei ebenfalls angehoben. • Beide Arme zur Hochhalte zu heben.	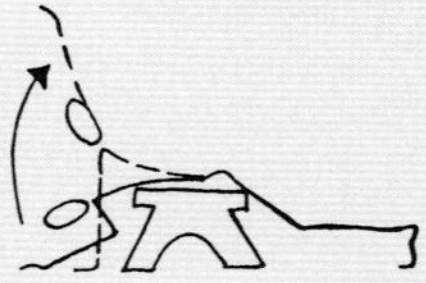
665	**Seitschere** **Inhalt** Bauch **Verhalten** Helfen	Seitlage auf der Langbank, Hände fassen die Bank. Heben und Senken der gestreckten Beine. • Ein Partner fixiert die Beine. Heben und Senken des Oberkörpers.	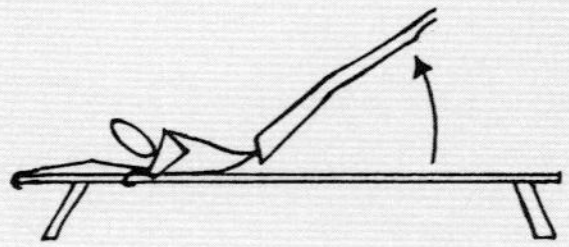
666	**Bank-Volley** **Inhalt** Rücken, Schultergürtel **Verhalten** Kooperation	A und B liegen sich auf dem Bauch gegenüber, zwischen ihnen steht die Langbank (quer). Gemeinsam den Oberkörper heben und sich den Ball über die Langbank übergeben – liegen und entspannen, dann wiederholen. • Verschiedene Bälle ausprobieren.	

4.7 Langbank

Nr.	Name der Spielform Ziele/Akzente	Idee/Beschreibung	Hinweise/Organisation
667	**Bank-Kreisen** **Inhalt** Rücken – Schultergürtel – Arme **Verhalten** Langsam ist wirkungsvoller	Bauchlage vor einem Langbankende. Durch Heben und Senken des Oberkörpers soll ein Ball in einem vertikalen Kreis um das Langbankende gekreist werden. Nach li, nach re.	
668	**Auf und hin – ab und her** **Inhalt** Bauch Hüfte vorne **Verhalten** Spaß zu zweit	Zu zweit in Rückenlage gegenüber, die Unterschenkel liegen auf der Langbank, die Füße sind ineinander verhakt. Beide heben miteinander den Oberkörper und A übergibt B über die Langbank einen (Medizin-)Ball – Senken zur Rückenlage und wiederholen.	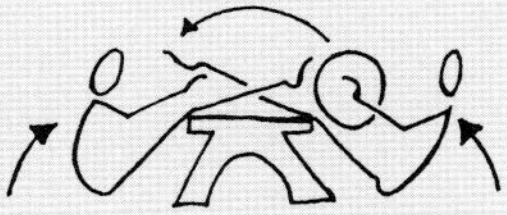
669	**Bank-Stütz-Varianten** **Inhalt** Rumpf – Schultergürtel – Arme **Verhalten** Langsam	Liegestütz vorlings mit Stütz am Bankrand. Rückspreizen des re und li Beines im Wechsel mit Beugen und Strecken der Arme. • Auch Sitz rücklings vor der Langbank, Hände auf der Bank. Beugen und Strecken der Arme.	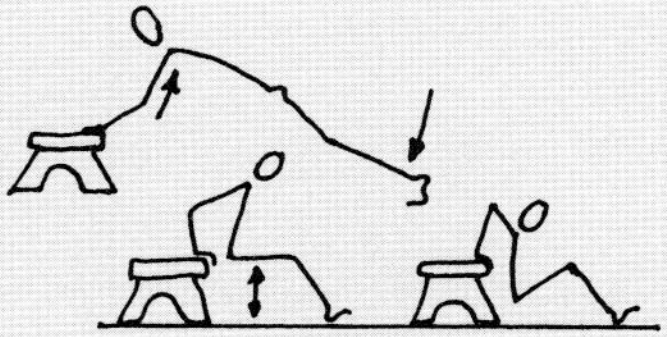
670	**Langbank-Seilziehen** **Inhalt** Ganzer Körper **Verhalten** Taktik	Bei welcher Mannschaft fällt zuerst ein Wettkämpfer von der Bank? Wer „gefallen" ist, schließt hinten wieder an und der Wettkampf beginnt von vorne. • Das Spiel ist fertig, wenn der erste „Gefallene" wieder vorne sitzt.	
671	**Sitzkampf** **Inhalt** Ganzer Körper **Verhalten** Fair kämpfen	Sitz Rücken an Rücken auf einer (oder zwei) Langbänken. • Stoßkampf: Wer sitzt zuerst nicht mehr auf der Langbank? • Ziehkampf: Wer muss zuerst die Füße vom Boden heben oder wer zieht den anderen zu sich herüber?	

4

Nr.	Name der Spielform Ziele/Akzente	Idee/Beschreibung	Hinweise/Organisation
672	**Ballettgrundschule** **Inhalt** Beine, Hüfte hinten **Verhalten** Langsam	Sprossenwand in Hüfthöhe fassen und Oberkörper senken zur Standwaage. Beugen und Strecken des Standbeines. Das andere Bein wird so weit wie möglich zurückgespreizt.	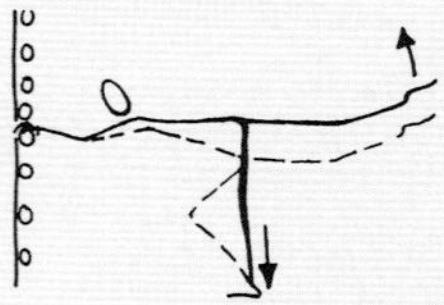
673	**Zusatzgewicht** **Inhalt** Beine – Arme, Körperspannung **Verhalten** Kooperation, Vertrauen	Zu zweit. A steht auf der 4. oder 5. Sprosse und streckt ein Bein nach hinten, B fasst dieses Bein und leistet Widerstand, während A sein Standbein beugt und streckt. • B liegt gespannt auf dem Rücken und lässt sich wie ein Brett von A hochziehen.	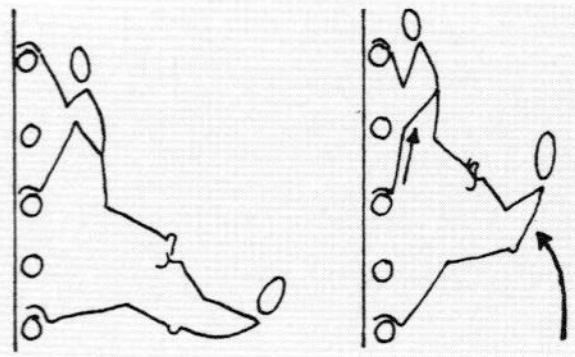
674	**Huckepack** **Inhalt** Unterschenkel, Beine **Verhalten** Vertrauen	Zu zweit. B sitzt auf den Schultern von A, A steht mit den Zehen auf der untersten Sprosse. A hebt sich und seinen Reiter mehrmals in den Zehenstand hoch. • Leichte Kniebeugen.	
675	**Einbein-Froschhupf** **Inhalt** Beine **Verhalten** Nur mutig hoch!	Mit dem Rücken zur Sprossenwand und ein Bein rw ca. auf Kniehöhe ein hängen. Abwechslungsweise mit den Händen den Boden berühren und hochschnellen zum Anziehen des Standbeines in der Luft. • Auch ohne Sprossenwand möglich. Der Partner hält das zurückgestreckte Bein des Übenden.	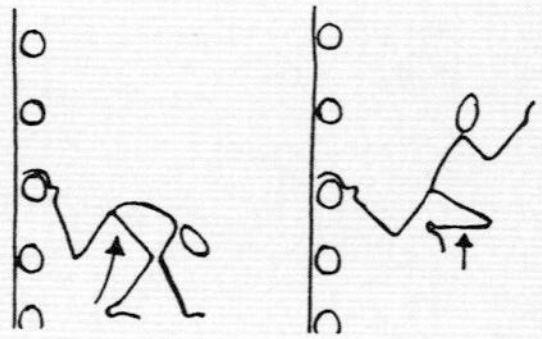
676	**Affen-Sprünge** **Inhalt** Beine, Koordination **Verhalten** Etwas Mut!	Stand vor der Sprossenwand, Griff in Schulterhöhe. Sprung zum Stand auf der 1., 2., 3. ... Sprosse, tiefes Kniewippen zum Hochstoßen und Niederspringen (Hände bleiben an der Sprosse). Wer springt höher hinauf? • Wer kann von einer Sprosse auf eine andere springen? (Hände und Füße gleichzeitig loslassen bzw. zupacken).	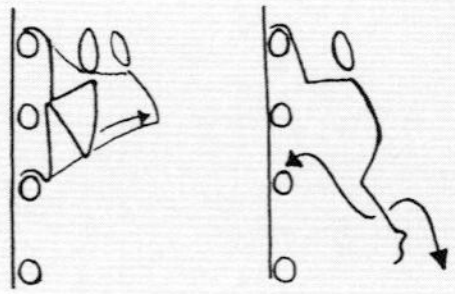

4.8.2 Sprossenwand (Rumpf)

Nr.	Name der Spielform Ziele/Akzente	Idee/Beschreibung	Hinweise/Organisation
677	**Notbremse** **Inhalt** Bauch Hüfte vorne **Ver-halten** Begegnung	Zu zweit. A in Rückenlage, unterste Sprosse gefasst, B steht vor A, der die Beine zur Senkrechten hebt. B schnellt die Füße von A Richtung Boden. A muss die Beine abbremsen, bevor sie den Boden berühren.	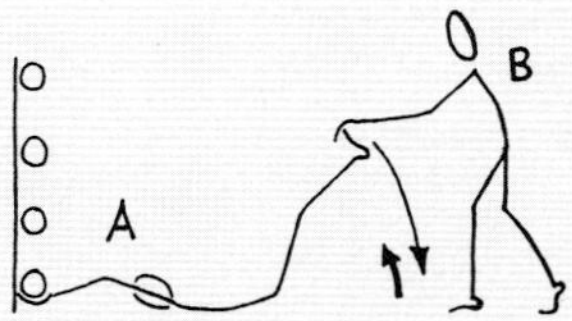
678	**Scheibenwischer (hängend)** **Inhalt** Bauch Hüfte vorne **Ver-halten** Langsam!	Hang rücklings. Mit dem li Bein zum re Arm überkreuzen und umgekehrt. Beine gehockt oder gestreckt. Auch beide Beine als „Scheibenwischer" nach re und nach li heben.	
679	**Scheibenwischer (liegend)** **Inhalt** Bauch **Ver-halten** Ganz langsam!	Rückenlage vor der Sprossenwand, unterste Sprosse gefasst. „Scheibenwischer", Beine im rechten Winkel sw re und li ablegen bzw. bis knapp über den Boden führen.	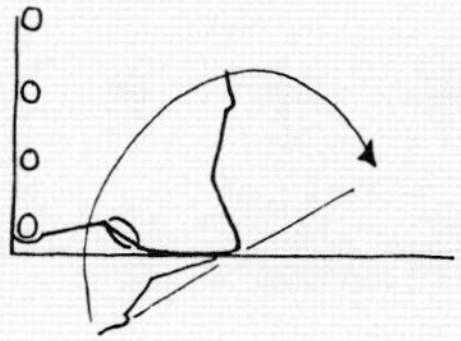
680	**Fuß-Ball-Transport 1** **Inhalt** Ganzer Körper **Ver-halten** Kooperation	Mehrere Spieler hängen in 2 m Abstand an der Sprossenwand und übergeben sich einen Ball mit den Füßen. • Vor dem Übergeben Beine zur Waagerechten heben. • Auch mit mehrere Bällen.	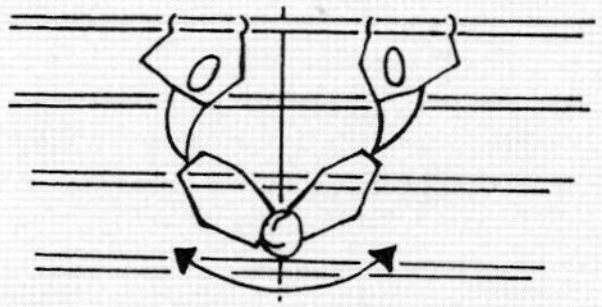
681	**Fuß-Ball-Transport 2** **Inhalt** Ganzer Körper **Ver-halten** Kooperation	Zu dritt. A und B übergeben den Ball hin und her. Wie viele Übergaben schaffen sie in 1 Min.? C hebt die heruntergefallenen Bälle auf und bringt sie wieder ins Spiel. Welche Gruppe hat nach 3 Runden (Positionen tauschen) am meisten Punkte?	

Nr.	Name der Spielform Ziele/Akzente	Idee/Beschreibung	Hinweise/Organisation
682	**Ballschleuder**	Zu zweit mit einem (Medizin-)Ball. A schleudert den Ball mit den Beinen zu B, B bringt den Ball zurück. • B wirft den Ball zu A, der stößt ihn mit den Fußsohlen zurück. • Auch an Ringen oder am hohen Reck möglich (aber schwieriger).	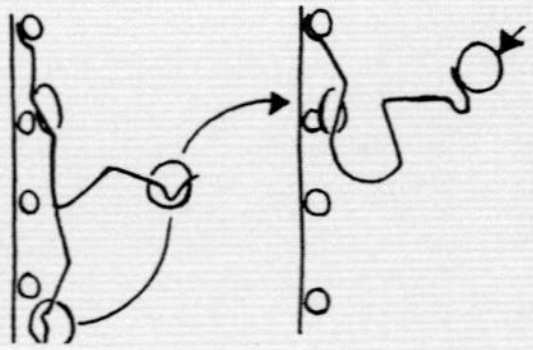
Inhalt	Bauch Hüfte vorne		
Ver-halten	Kooperation		
683	**Scharnier**	Rückenlage vor der Sprossenwand, unterste Sprosse gefasst. Beine und Oberkörper zur Kerze heben, so dass sie parallel zur Sprossenwand sind (Hüftwinkel = 180°). Langsames Senken des ganzen Körpers wie ein Brett, d. h., ohne Einknicken der Hüfte bis zur Rückenlage.	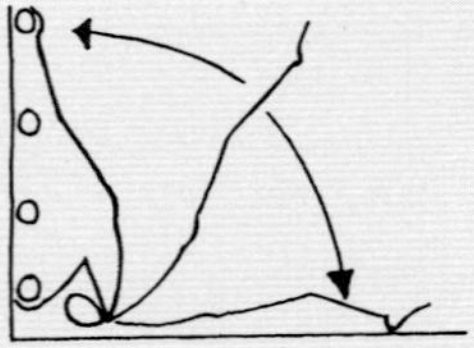
Inhalt	Bauch – Hüfte Brust		
Ver-halten	Wer kann es langsam?		
684	**Rückwärts-Spann**	Hang rücklings. Gestreckte Beine und Hüfte langsam rückwärts abheben. Spannung 3 Sek. halten und langsam wieder lösen. • Auch nur mit einem Bein oder abwechslungsweise links- rechts-links … ganz langsam!	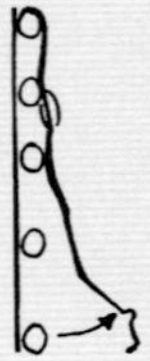
Inhalt	Rücken Hüfte hinten		
Ver-halten	Spannung halten		
685	**Flop-Bewegung**	Strecksitz rücklings an der Sprossenwand, Ristgriff über dem Kopf. Schwungvolles Vorhochdrücken des Rumpfes in den Spannbogenstand – Rückenbewegung zum Sitz.	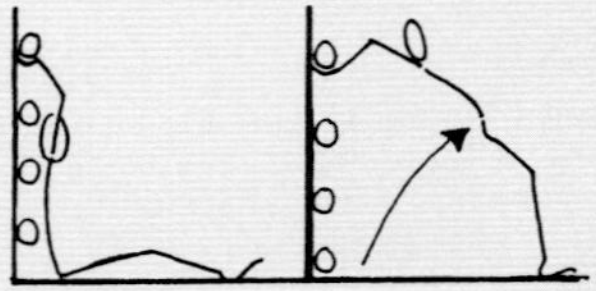
Inhalt	Rücken Hüfte hinten		
Ver-halten	Spannen – entspannen		
686	**Schräglage**	Rückenlage, Fersen auf der 3. Sprosse. Hüfte anheben, auf 10 zählen und wieder senken. Mehrere Serien. • Wer kann mit geschlossenen Augen seine Knickstellung in den Hüften genau angeben (Wie viel °?).	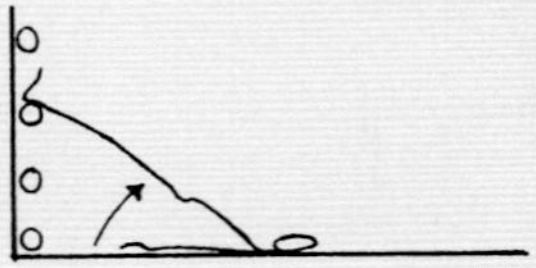
Inhalt	Rücken – Hüfte hinten – Beine		
Ver-halten	Körpergefühl		

4.8.3 Sprossenwand (Arme, Schultern)

Nr.	Name der Spielform Ziele/Akzente	Idee/Beschreibung	Hinweise/Organisation
687	**Sprossen-Spicker** **Inhalt** Schultergürtel, Arme **Verhalten** Mutig rückwärts!	Stand vor der Sprossenwand, ca. 1 m Entfernung. Fallen lassen vw in den Beugestütz und wieder abdrücken. Der Rumpf bleibt dabei gespannt, nicht durchhängen! • Auf immer tiefer liegende Sprossen stützen.	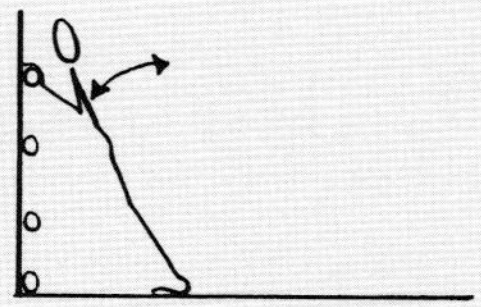
688	**Hau Ruck** **Inhalt** Koordination **Verhalten** Etwas Mut!	Hang vorlings an der Sprossenwand, Ristgriff. Rückschwingen der Beine und schnelles Anhocken der Beine zum Hockstand auf einer mittleren Sprosse (Arme bleiben lang), aufrichten in den Stand, senken zur Ausgangsstellung.	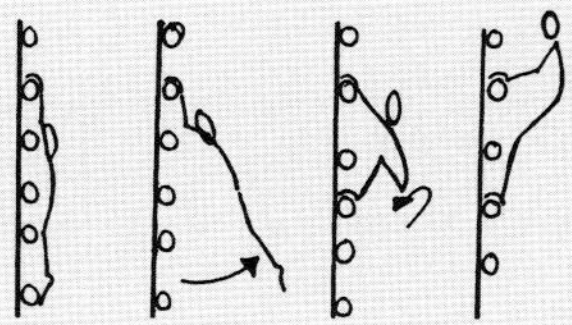
689	**Hang-Stand** **Inhalt** Schultergürtel Rumpf – Koordination **Verhalten** Mut	Ausgangsstellung siehe Skizze. Rumpf und Beine mit leichtem Schwung (oder langsam) in den Hocksturzhang heben und strecken. Dann langsam senken in die Ausgangsstellung zurück. • Bei Unsicherheit oder zu wenig Kraft 2 Partner die auf beiden Seiten an den Schultern halten.	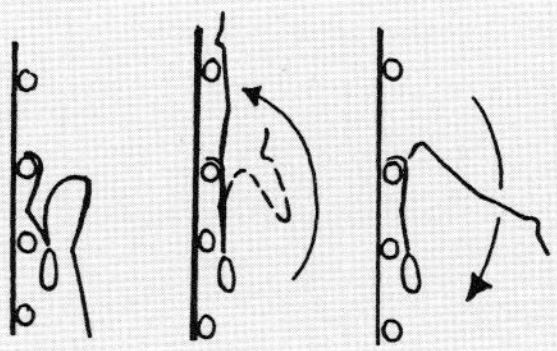
690	**Wand-Liegestütz** **Inhalt** Arme, Rumpf **Verhalten** Mutig hoch!	Liegestütz vorlings, Füße auf der 5. Sprosse. Arme beugen, strecken und danach das Becken anheben, so dass der Rumpf senkrecht zum Boden steht.	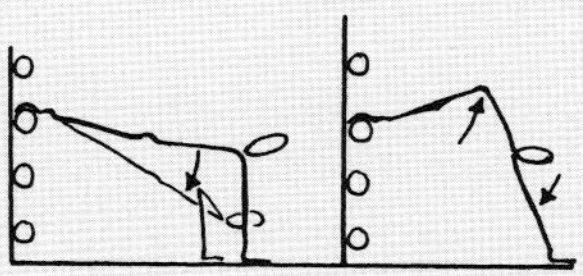
691	**Handstand-Aufbau** **Inhalt** Handstand, Schultergürtel **Verhalten** Gleichgewicht	Liegestütz, Füße in der untersten Sprosse. Langsam rw hochsteigen bis in den Handstand und zurück. • Im Handstand eine halbe Drehung um die Längsachse ausführen, so dass der Rücken zur Wand zeigt (evtl. mit Hilfe). • Aufschwingen in den Handstand gegen die Sprossenwand, eine halbe Drehung ausführen, abrollen vw.	

4

Nr.	Name der Spielform Ziele/Akzente	Idee/Beschreibung	Hinweise/Organisation
692	**Gespannt wie ein Brett** **Inhalt** Schultergürtel, Rumpf **Verhalten** Begegnung, Vertrauen	A in Bauchlage, Ristgriff an der zweiten Sprosse, Körper spannen. B hebt die Beine von A an. A versucht sich wie ein Brett heben zu lassen, ohne in Schultern oder Hüften einzuknicken. • A versucht, gegen Widerstand von B die Arme anzuziehen.	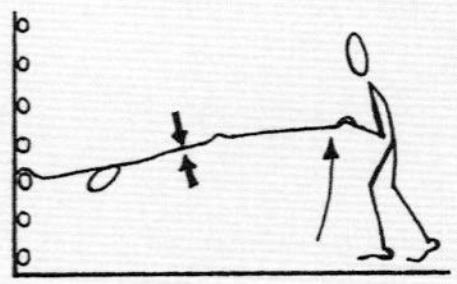
693	**Liegestützkampf** **Inhalt** Schultergürtel, Arme – Rumpf **Verhalten** Fair kämpfen	A und B nebeneinander im Liegestütz, Füße auf einer unteren Sprosse. Wer bringt den anderen durch Ziehen und Stoßen zur Aufgabe der Stützstellung?	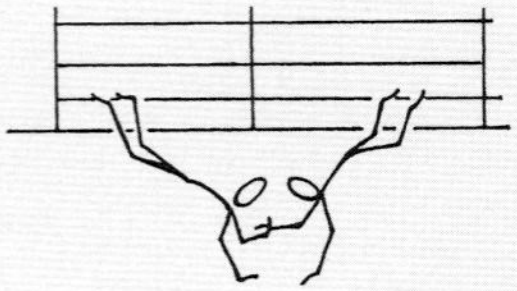
694	**Freistilklettern** **Inhalt** Schultergürtel, Arme **Verhalten** Stell dir vor: 50 m Tiefe!	Kniestand vor der Sprossenwand. Aufwärts- und abwärtshangeln vorlings mit angewinkelten Beinen (wie ein „Freistil-Kletterer"). • A und B bilden eine Klettergruppe. B versucht, den gleichen Kletterweg wie A zu klettern. (Gegenseitig sichern!)	
695	**Wandhandstand** **Inhalt** Schultergürtel, Rumpf – Hüfte **Verhalten** Vertrauen, Orientierung	A im Querstand re, Rumpfbeugen re sw, Arme in Hochhalte heben. Dann die 3. und 8. Sprosse fassen und seitspreizen des li Beines (siehe Skizze!). Anhocken mit dem re Bein, vorspreizen und senken auf den Boden. B hält mit beiden Händen das li Bein von A (Unter- oder Oberschenkel, je nach Kraft. • B hält beide Beine. A senkt und hebt das obere li Bein.	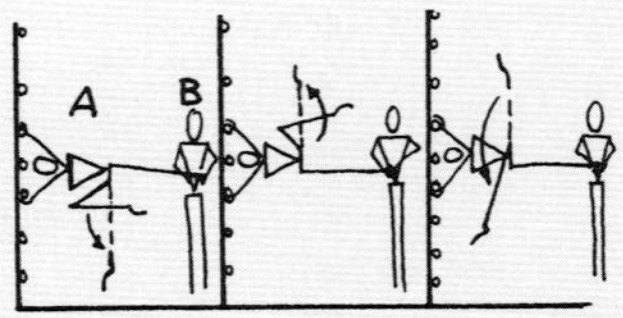
696	**Du bringst mich nicht los!** **Inhalt** Schultergürtel, Arme **Verhalten** Fair kämpfen	A steht auf der Sprossenwand, B auf dem Boden. B versucht, A von der Sprossenwand loszureißen. Denkt dabei an die Fairness-Spielregeln: • Spiel fair! • Spiel intensiv! • Tu niemandem weh!	

Nr.	Name der Spielform Ziele/Akzente	Idee/Beschreibung	Hinweise/Organisation
697	**Huckepacklauf** **Inhalt** Ganzer Körper **Verhalten** Begegnung, Vertrauen	Mattenbahn mit dünnen und dicken Matten. Huckepacklauf über die Mattenbahn schnell. Mehrere Durchgänge. • Auch Huckepacklauf über andere kleine Hindernisse wie Langbänke, Kastenteile usw. • Huckepack auf Schulter oder am Rücken.	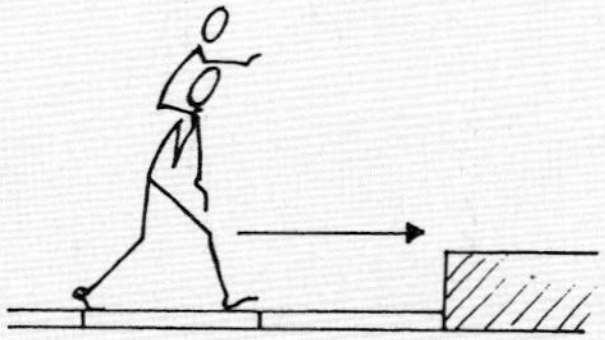
698	**Matten hoch!** **Inhalt** Hüfte vorne, Beine **Verhalten** Kooperation	Sitz zu zweit gegenüber, Mattenenden auf den Unterschenkeln. Die Matte mit den Beinen anheben und wieder senken! • Hände hinter dem Rücken abstützen/nicht abstützen.	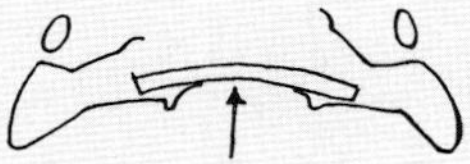
699	**Schwebende Mattenbahn** **Inhalt** Schultergürtel, Arme **Verhalten** Kooperation	Die Spieler liegen an der Längsseite der Matten auf dem Bauch nebeneinander. Die Hände werden unter die Matten geschoben. Können die Matten (bzw. die ganze Mattenbahn) angehoben werden? • In Rückenlage auch?	
700	**Doppeldecker** **Inhalt** Ganzer Köper **Verhalten** Kooperation	Zu zweit. A im „Handstand“, Füße auf den Schultern von B. A stützelt oder „springt“ (= beidhändiges, gleichzeitiges Abstoßen) über die Mattenbahn. B fixiert die Füße.	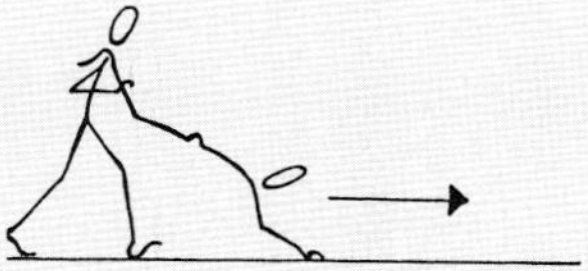
701	**Mattenschieben** **Inhalt** Ganzer Körper **Verhalten** Spielregeln einhalten!	Jeder (oder zu zweit) mit einer Matte. Liegestütz rücklings davor. Die Matte soll mit den Fersen zur anderen Seite geschoben werden. Wer ist zuerst? Evtl. muss die Matte umgedreht werden, damit sie besser gleitet.	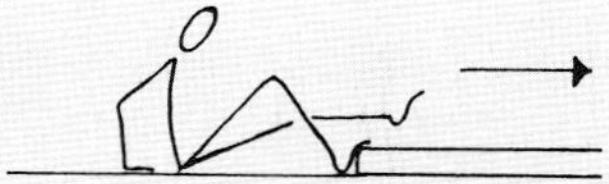

Nr.	Name der Spielform Ziele/Akzente	Idee/Beschreibung	Hinweise/Organisation
702	**Gleitmatte**	A in Liegestütz vorlings vor der Matte (glatte Seite nach unten), B hält die Beine von A. A soll die vor ihm liegende Matte abwechselnd mit der li und re Hand bis zu einer Wendemarke schieben, dort Aufgabenwechsel. Welches Paar ist zuerst im Ziel?	
Inhalt	Ganzer Körper		
Verhalten	Kooperation		
703	**Matten-Sprung-Kombinationen**	• Absprung li, Landung re, Zwischenschritt und Absprung re, Landung li, usw. • Absprung li, Landung re, Zwischenschritt und li abspringen usw. • Absprung li, Landung li, zwei Schritte und Absprung re, Landung re. • Schlusssprung mit Zwischenhupf. • Schlusssprung ohne Zwischenhupf. • Hüpfen auf einem Bein mit und ohne Zwischenhupf. • Verschiedene Sprungformen zu zweit nebeneinander (auch mit Handfassung). • Die gleichen Sprungformen von Matte zu Matte über die Zwischenräume. • Eigene Formen finden und vorzeigen.	 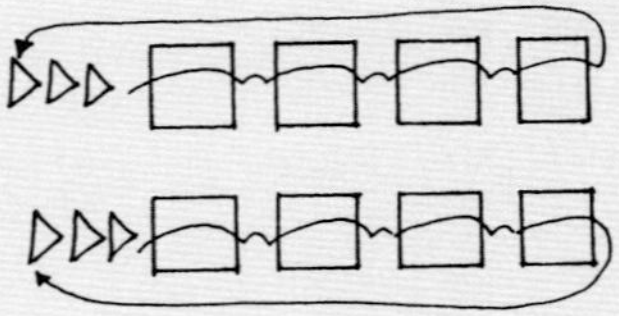
Inhalt	Beine und Fußgelenke		
Verhalten	Fantasie		
704	**Stützkraft-Stafette**	Zu dritt mit einem Barren und einem Medizinball. A stützelt mit dem Ball zwischen den Füßen zu B, B stützelt zurück zu C, C zu A ... Welche Gruppe hat zuerst 10 Durchgänge?	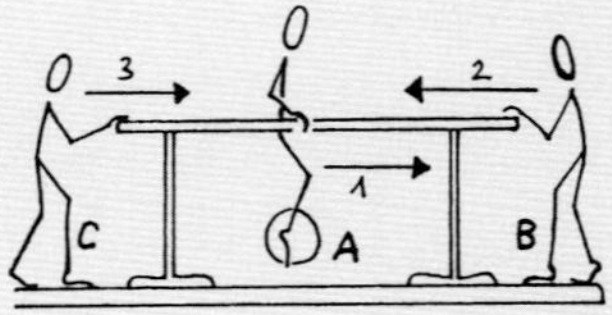
Inhalt	Schultergürtel Arme		
Verhalten	Spielregeln einhalten!		
705	**Mal oben – mal unten**	Liegehang unter dem Reck. Arme beugen und strecken. • Zu zweit. A macht Liegestütz auf der Reckstange. B hält die Füße von A!	
Inhalt	Schultergürtel Arme		
Verhalten	Kooperation, Vertrauen		

4.9 Geräte

Nr.	Name der Spielform Ziele/Akzente	Idee/Beschreibung	Hinweise/Organisation
706	**Ziehkampf**	Zu zweit mit einem Kastenteil. • Den anderen über eine Linie ziehen. • Dito, aber in den Kasten hineinstehen. • Den Kasten von außen auf Brusthöhe tragen und den anderen so über die Linie stoßen.	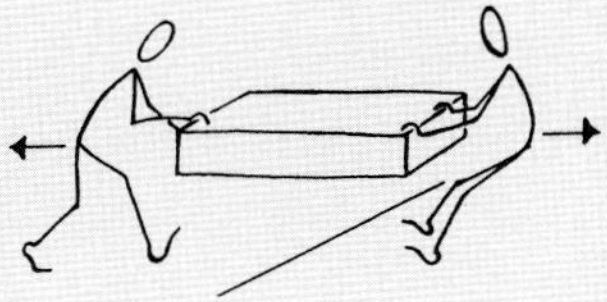
Inhalt	Ganzer Körper		
Ver-halten	Vorsicht!		
707	**Seitwärtsgang**	Von einer Seite in das Kastenteil stützeln (in Liegestütz) und auf der anderen Seite wieder hinaus. Alleine oder mehrere hintereinander. Von re nach li und von li nach re.	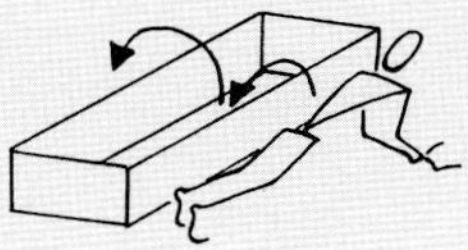
Inhalt	Ganzer Körper Arme		
Ver-halten	Mutig abstoßen!		
708	**Hochgestellt**	Kastendeckel (oder Langbank). Liegestütz mit Füßen auf dem Kasten-deckel. Mit den Händen im Halbkreis um den Kasten stützeln. • Auch als Verfolgungsrennen zu zweit rundherum. Start einander gegenüber.	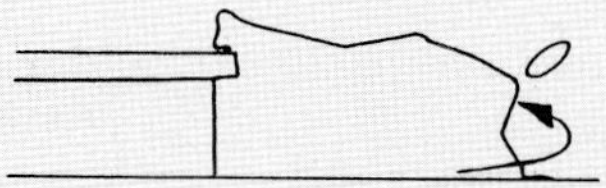
Inhalt	Arme Schultergürtel		
Ver-halten	Körper gut spannen		
709	**Kraftmaschine**	Kastendeckel auf dem Boden: A im Liegestütz mit den Füßen auf dem Kasten. B überspringt den Kasten und kriecht unter A durch. A beugt und streckt bei jedem Sprung von B die Arme. • Welches Paar macht in 2x 1 Min. (mit Wechsel) mehr Durchgänge? • Wer schafft innerhalb des Paares mehr Durchgänge?	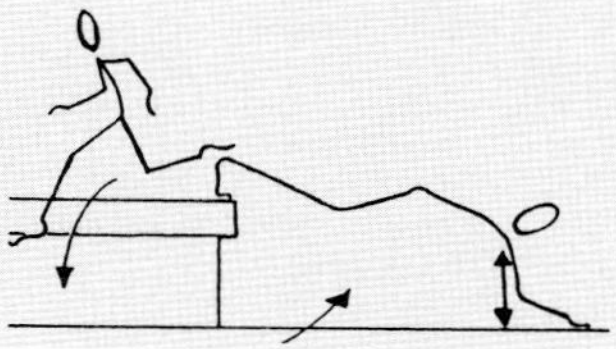
Inhalt	Ganzer Körper		
Ver-halten	Kooperation		
710	**Haie füttern**	Zu zweit. A steht auf einem Kastendeckel, mit einem Ball zwischen den Füßen, Ringe brusthoch gefasst. A stößt vom Kasten ab und pendelt im Stütz (oder im Beugehang, Beugestütz) zum offenen Kastenteil („Hai“), wo er den Ball fallen lässt und zurückpendelt. B holt den Ball jeweils zurück und legt ihn auf den Kastendeckel. Welches Paar schafft am meisten Bälle?	
Inhalt	Schultergürtel Arme		
Ver-halten	Timing		

4

Nr.	Name der Spielform Ziele/Akzente	Idee/Beschreibung	Hinweise/Organisation
711	**Hängender Fußballer**	Zu zweit. A im Stütz an den Ringen, B wirft ihm einen Ball zu. A versucht, den Ball mit den Füßen zurückzukicken. • Dasselbe im Hangen (Ringe sprunghoch).	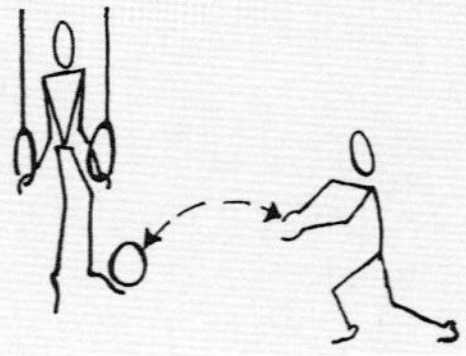
Inhalt	Arme Koordination		
Ver-halten	Kooperation		
712	**Liegestützkampf**	Zu zweit gegeneinander. Beide hängen ihre Füße in je einen Ring und gehen in Liegestütz. Wer kann den anderen durch Ziehen, Stoßen o. Ä. auf den Bauch oder zum Aushängen der Füße zwingen? • Beide Füße in einem Ring. • Ein Fuß im Ring, der andere auf dem Boden.	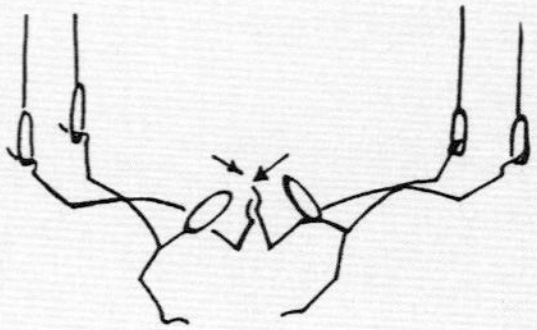
Inhalt	Schultergürtel Arme		
Ver-halten	Fair kämpfen		
713	**Ziehkampf erschwert**	Zu zweit in Liegestütz, die Füße sind in einem Paar Ringe eingehängt. Wer kann den anderen bis zum Mattenrand (Linie) ziehen?	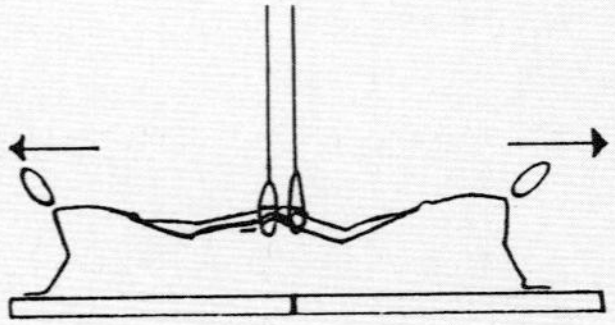
Inhalt	Ganzer Körper		
Ver-halten	Fair kämpfen		
714	**Haifischbecken**	Ringe 10 bis 20 cm über Boden. Zu zweit gegeneinander. Jeder steht mit einem Fuß in einem Ring und versucht, den Gegner zum Abstehen zu zwingen (ins Haifischbecken).	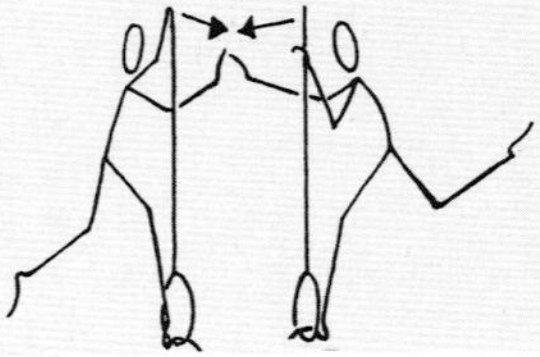
Inhalt	Ganzer Körper		
Ver-halten	Fair kämpfen		
715	**Stützkampf**	Im Stütz nebeneinander am Reck oder auf einem Barrenholm. Jeder versucht, dem anderen auf die nähere Hand zu schlagen.	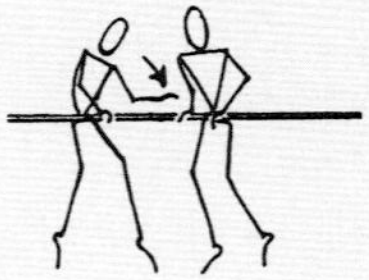
Inhalt	Schultergürtel Arme		
Ver-halten	Fair kämpfen		

Nr.	Name der Spielform Ziele/Akzente	Idee/Beschreibung	Hinweise/Organisation
716	**Flohzirkus** **Inhalt** Beine, Schnelligkeit **Verhalten** Fairness	Jeder Floh – mit einer Ausnahme – hat sein Podestchen (Reifen, Matte, Kasten, Langbank, etc.). Nur ein Floh hüpft allein durch den Zirkus. Wenn er ruft: „Achtung Feinde!" müssen alle anderen Flöhe sofort hüpfend die Plätze tauschen. Wer kein Podestchen mehr erwischt, hält als nächster nach dem Feind Ausschau.	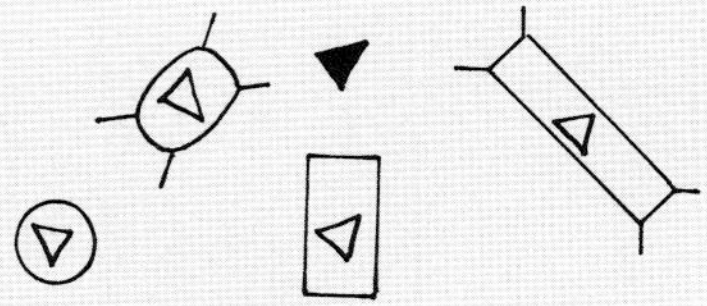
717	**Lendenheber** **Inhalt** Lenden **Verhalten** Kooperation	Zweiergruppen. A liegt auf einem Kasten oder einer Langbank. Ein Bein liegt auf dem Kasten, das andere hängt seitlich abwärts (dehnen). B hält dieses Bein am Fuß fest und gibt Widerstand während A versucht, sein Bein zu heben (kräftigen).	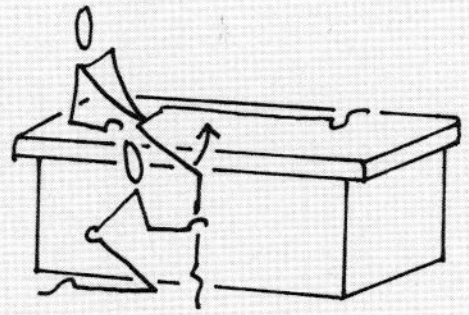
718	**Arm-Bremse** **Inhalt** Unterarme **Verhalten** Kooperation	zu zweit. A legt die Oberarme auf den Kasten und winkelt die Unterarme an. A versucht, die Ellenbogen zu beugen, während B Widerstand gibt und versucht, den Winkel zu vergößern. • A versucht, die Fäuste seitwärts auswärts zu drücken, gegen den Widerstand von B. Ebenso einwärts.	
719	**Kohle-Transport** **Inhalt** Ganzer Körper, Schnelligkeit **Verhalten** Regeln einhalten	Stafette. In einem Kastenteil sind Bälle verstaut. A nimmt einen Ball zwischen die Füße. A muss diesen Ball in den leeren Kasten bringen ohne den Ball mit den Füßen zu berühren. A läuft zurück, Handschlag an B, etc. bis alle 2 Bälle transportiert haben. • Man darf sich auf dem Hinweg nur über die Reifen (Inseln) bewegen.	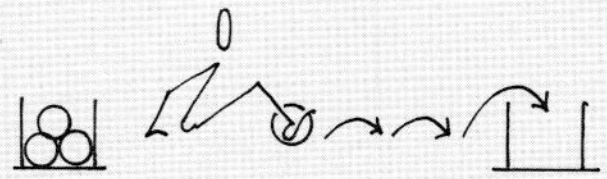
720	**Reifenwechsel** **Inhalt** Rücken **Verhalten** Kooperation	A hängt über einem Bock (Kasten). B fixiert die Füße. A wechselt die Reifen von einem Malstab zum anderen. Wenn A fertig ist, wechseln und B legt sie wieder zurück. • Einfacher: Statt Malstäbe Kegel oder Hütchen aufstellen.	

4

Kapitel 5
Dehnen

5

Hinweis: Siehe auch S. 120 ff.:
Wie und wo dehnen – Wie und wo kräftigen?

Nr.	Name der Spielform Ziele/Akzente	Idee/Beschreibung	Hinweise/Organisation
	Dehnen (Stretching)	• Gedehnt wird der **warme Muskel** (nach dem Spiel oder der Kräftigungsübung). • Dehnen kann erhitzte Gemüter **beruhigen** (nach einem Wettkampfspiel), am Schluss der Stunde. • Mit Dehnen kann das **Körperbewusstsein** gefördert werden (welcher Muskel wird gedehnt? Wo spüre ich den Zug? Wie stark ist der Zug? Wie fühlt sich ein gespannter/entspannter Muskel an? Etc. • Ein kleines **Dehnprogramm** kann über längere Zeit gemacht werden. Erfolge stellen sich relativ rasch ein und können gut gespürt und überprüft werden (Beweglichkeitstests). • Dehnübungen können auch eine **Hausaufgabe** sein (z. B. vor oder nach den schriftlichen Hausaufgaben). • Es gibt viele schöne Dehnübungen mit lustigen Namen im **Yoga** (Yoga für Kinder, siehe Literaturliste).	
721	**Beinlift** **Inhalt** Oberschenkel hinten **Ver-halten** Gleichgewicht	A im Fersensitz vor B. B legt ein Bein auf die Schulter von A und steht möglichst aufrecht. A fixiert das Bein von B und richtet sich langsam auf bis in den Kniestand. Nach dem Aufrichten bewegt sich A leicht vw und rw. B bleibt mit dem Standbein wie verwurzelt auf dem Boden. B darf jederzeit Stopp rufen. Evtl. stützt sich B mit einer Hand an der Wand ab. • Geht es auch noch, wenn A noch weiter aufsteht?	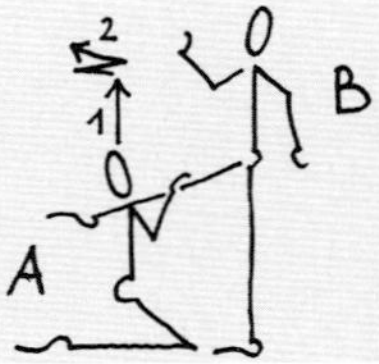
722	**Adlerflug** **Inhalt** Oberschenkel hinten, Wirbelsäule **Ver-halten** Gleichgewicht	Den re Fuß von innen fassen und das Bein schräg nach außen strecken. Abwechslungsweise re und li (Flügelschlag). • Wer kann beide Beine gleichzeitig strecken, ohne das Gleichgewicht zu verlieren?	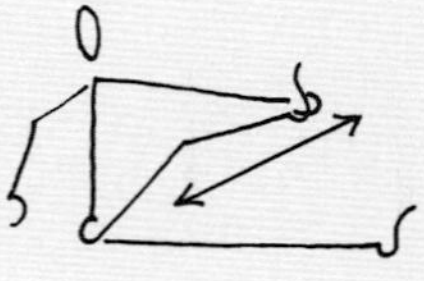

5.1.1 Ohne Material (Beine)

Nr.	Name der Spielform Ziele/Akzente	Idee/Beschreibung	Hinweise/Organisation
723	**Seitenlage**	Seitenlage. Das obere, gebeugte Bein von innen an der Ferse fassen und langsam strecken. Dann das gestreckte Bein festhalten und Richtung Kopf ziehen. Seite wechseln.	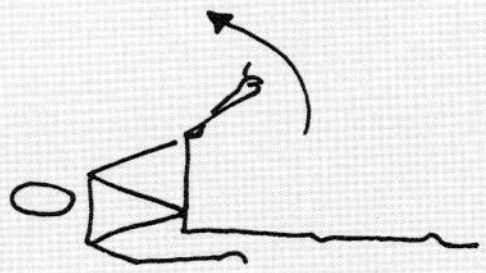
Inhalt	Hüfte innen		
Verhalten	Jeder so weit er kann		
724	**Wigwam**	Grätschstellung, vornüber neigen und die Hände auf den Boden stützen. • Ellenbogen anwinkeln und die Hände zwischen die Füße bringen. • Wer kann sogar noch den Kopf auf den Boden bringen?	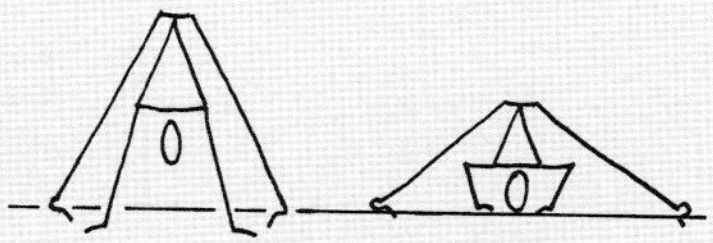
Inhalt	Beininnenseite Hüfte		
Verhalten	Gleichgewicht		
725	**Hund**	Vierfüßlerstand. Die Hüfte zur Decke stoßen, die Arme und die Beine strecken, dabei die Fersen zum Boden drücken (wie ein Hund, der sich nach dem Schlafen streckt). Die Achselhöhlen Richtung Boden schieben. Zurück in den Vierfüßlerstand und wiederholen.	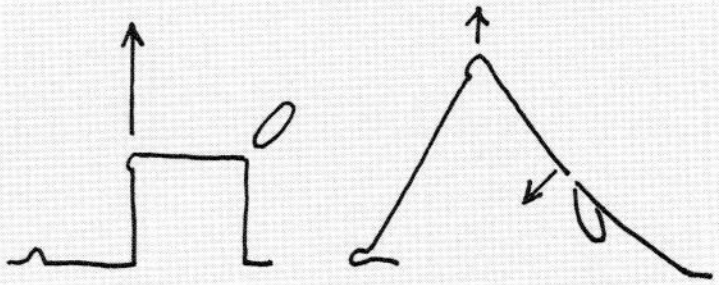
Inhalt	Beinrückseite Schultergürtel		
Verhalten	Gut atmen		
726	**Schmetterling**	Grätschsitz. Die Knie anwinkeln und mit den Händen die Füße zueinander schieben, so dass die Fußsohlen sich berühren. Möglichst gerade sitzen und die Knie zum Boden drücken. Nun fängt der Schmetterling an zu flattern, d.h., ganz sanft rhythmisch mit den Knien wippen. • Wer kann ganz regelmäßig mit den „Flügeln" schlagen?	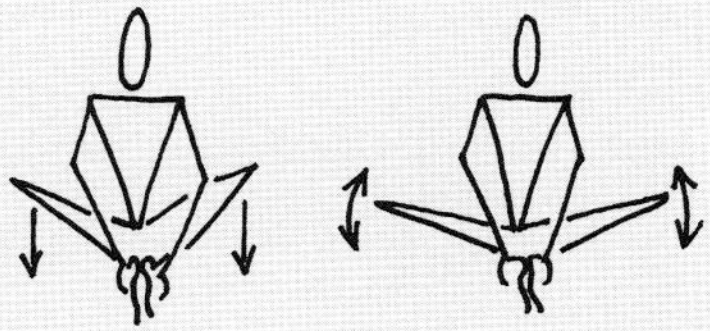
Inhalt	Oberschenkel innen Hüfte		
Verhalten	Nicht gleich aufgeben		
727	**Sonnenrad**	Grätschsitz im Kreis (3–10), oder ein kleiner Innenkreis und ein größerer Außenkreis. Die Füße berühren die des Nachbarn, die Hände liegen auf den Beinen. Einer sagt: „Links", „Rechts" oder „Mitte". Re/li = zum jeweiligen Fuß hin dehnen. Mitte = mit beiden Armen nach vorne ziehen.	
Inhalt	Oberschenkel Hüfte		
Verhalten	Begegnung		

5

Nr.	Name der Spielform Ziele/Akzente	Idee/Beschreibung	Hinweise/Organisation
728	**Dehnungs-Samba** **Inhalt** Wirbelsäule **Verhalten** Rhythmisch und langsam	Grätschsitz. Mit den Händen beim re Fuß 2x auf den Boden schlagen, 2x hinter dem Rücken in die Hände klatschen, 2x beim li Fuß auf den Boden schlagen ... Ganze Klasse im gleichen Metrum.	
729	**Kreisender Schneider** **Inhalt** Wirbelsäule Koordination **Verhalten** Experimentieren	Schneidersitz. Abrollen sw und überrollen (über den Rücken) zum Schneidersitz. Hinweise: Fußsohlen gegeneinanderhalten und mit beiden Händen fest zusammendrücken!	
730	**Kreisender Kopf** **Inhalt** Wirbelsäule **Verhalten** Gleichgewicht	Fersensitz, Arme hängen locker herab oder sind hinter dem Kopf verschränkt. Der Kopf zeichnet (samt dem Oberkörper) einen möglichst großen, vertikalen Kreis über dem Boden. Dabei den Kopf beim Rückweg zur Brust und zuvorderst in den Nacken mit weit ausgestrecktem Hals nehmen.	
731	**Klappbett** **Inhalt** Hüfte – Wirbelsäule Beine **Verhalten** Gut atmen	Gebeugte Beine, den Rumpf nach vorne beugen und Schultern, Nacken, Arme locker hängen lassen. Dann die Fußgelenke von innen her fassen. Durch Zug mit den Armen, Bauch zu den Oberschenkeln ziehen und gleichzeitig die Beine soweit als möglich strecken.	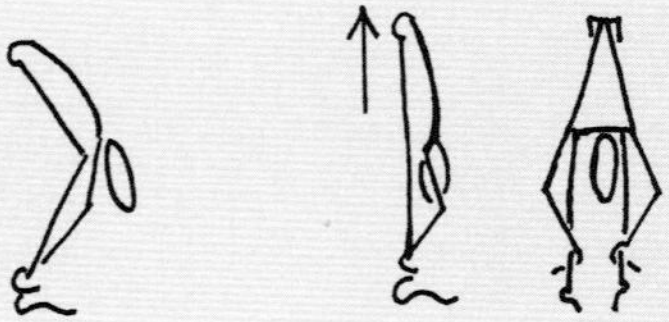
732	**Wiege-Schaukel** **Inhalt** Wirbelsäule (Rotation) Oberschenkel hinten **Verhalten** Langsam	Weiter Grätschstand, Hände hinter dem Kopf verschränkt. Den Rumpfvorbeugen und mit den Ellenbogen abwechselnd re und li langsam auf den Boden tippen (übers Kreuz). • Beide Ellenbogen tippen gleichzeitig auf den Boden.	

5.1.2 Ohne Material (Rumpf/Wirbelsäule)

Nr.	Name der Spielform Ziele/Akzente	Idee/Beschreibung	Hinweise/Organisation
733	**Senkrechtstarter** **Inhalt** Wirbelsäule Oberschenkel hinten **Verhalten** Langsam ziehen! Gleichgewicht	Zu zweit in Rückenlage gegenüber, Beine senkrecht in der Luft, Gesäß an Gesäß. Beine grätschen und sich zwischen den Beinen durch die Hände reichen. Durch gegenseitigen Zug an den Händen die Oberkörper heben und zueinander ziehen. • Die Bein bleiben geschlossen, die Hände greifen außen an den Beinen durch.	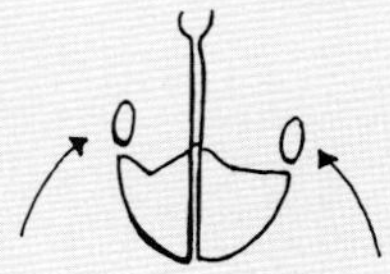
734	**Einbein-Roller** **Inhalt** Wirbelsäule **Verhalten** Je langsamer desto schwieriger	Zurückrollen zum Berühren des Bodens mit den Füßen hinter dem Kopf. Rasches Vorrollen und versuchen, nur mit einem Bein aufzustehen und das andere gestreckt nach vorne zu halten. • Einfacher: Mit beiden Füßen aufstehen. • Wer es schnell kann, versucht es langsam.	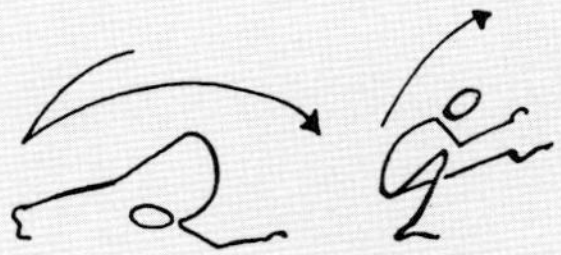
735	**Knoten** **Inhalt** Wirbelsäule (Rotation) **Verhalten** Begegnung	Die Partner stehen sich gegenüber mit Handfassung. Beide übersteigen mit den Beinen die Arme, führen eine Drehung aus und steigen mit den Beinen wieder aus. Alles ohne Loslassen der Hände.	
736	**Sonnenblume** **Inhalt** Wirbelsäule Hüfte **Verhalten** Gut atmen	Alle liegen bäuchlings im Kreis mit ca. 1 m Abstand zum Nachbarn. Die Hände neben den Schultern aufstützen und langsam strecken. Dabei Bauch und Hüfte hängen lassen und den Blick nach oben richten. Diese Stellung etwas halten. Dann zum Fersensitz schieben, die Arme ausgestreckt. In dieser Stellung entspannen und tief „ins Becken" atmen. Alles wiederholen und die Übung mit der Entspannungsstellung beenden.	

Nr.	Name der Spielform Ziele/Akzente	Idee/Beschreibung	Hinweise/Organisation
737	**Doppelspann** **Inhalt** Wirbelsäule Brust **Verhalten** Begegnung	Zu zweit im Stand Rücken an Rücken, Arme in Hochhalte gefasst. Beide machen gleichzeitig einen großen Schritt re vw (ohne die Hände zu lösen), verharren einige Sekunden und gehen dann wieder in die Ausgangsstellung. Dito, Schritt li vw. • Wie oben, aber vw nebeneinanderstehen und einen großen Schritt nach außen machen. Darauf achten, dass weder Oberkörper noch Arme ausweichen.	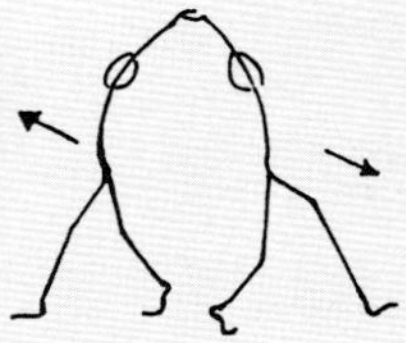
738	**Schildkröte** **Inhalt** Wirbelsäule **Verhalten** Beruhigen	Langsitz mit geradem Rücken. Die Arme einzeln durch die leicht gebeugten Knie schlängeln. Die Handflächen zeigen nach oben. Die Hände weit nach hinten ziehen. Die Beine so weit als möglich strecken.	
739	**Pflug** **Inhalt** Wirbelsäule Beine **Verhalten** Langsam	Rückenlage, Knie angewinkelt, Arme neben dem Körper. Knie nun anziehen und neben den Ohren ablegen. • Ist es möglich noch die Beine zu strecken? Vorsicht bei Nackenproblemen!	
740	**Unterschwung** **Inhalt** Brust Wirbelsäule **Verhalten** Kooperation	Zu zweit mit gefassten Händen gegenüberstehen. Mit den Armen einen großen (vertikalen) Kreis schwingen und sich selbst unter den Armen durchdrehen (A dreht nach li, B nach re). Auch bei einer halben Drehung stoppen und in der Bogenspanne kurz verweilen.	
741	**Ellenbogentanz** **Inhalt** Wirbelsäule **Verhalten** Nicht ausweichen!	Stand, Hände hinter dem Kopf verschränkt, Ellenbogen zurückziehen. Wechselseitig das re oder das li Knie nach außen sw hochziehen und mit dem entsprechenden Ellenbogen dieses Knie berühren (durch Seitneigen des Oberkörpers). Kein Ausweichen mit Hüfte und Ellenbogen!	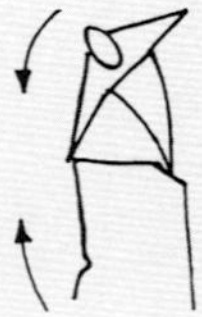

5.1.3 Ohne Material (Arme/Schultern)

Nr.	Name der Spielform Ziele/Akzente	Idee/Beschreibung	Hinweise/Organisation
742	**Kuh**	Schneidersitz. Beine noch mehr kreuzen, so dass die Knie übereinander und die Füße neben den Hüften liegen. Die li Hand hinter den Rücken zwischen die Schulterblätter schieben, Handfläche nach außen. Die re Hand kommt der li von oben entgegen (Handfläche zum Rücken) und greift die Finger der li Hand. Gerade sitzen und Schultern entspannen. Beine und Arme wechseln.	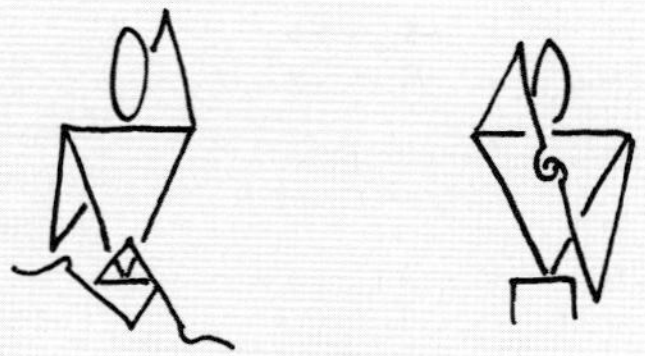
Inhalt	Schultern Hüfte		
Ver-halten	Sorgfältig aufbauen		
743	**Gebetshaltung**	Die Handflächen hinter dem Rücken aufeinanderlegen, die Finger zeigen nach unten. Dann die Hände so drehen, dass sie nach oben zeigen. Die Hände so weit wie möglich nach oben schieben. Die Finger sollen sich dabei berühren. • Evtl. mit Hilfe.	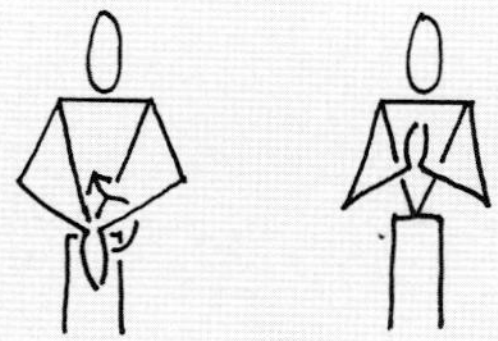
Inhalt	Schultern Arme		
Ver-halten	Nicht gleich aufgeben		
744	**Schulterrollen**	Leichte Grätschstellung, Arme in Seithalte. Schulterblätter so nah wie möglich an die Wirbelsäule heranziehen. Dann soweit als möglich hinausziehen (etwas wegstoßen wollen). • Gleichzeitig re wegstoßen, li heranziehen, wechseln. • Arm vorne einrollen, dann hinten heranziehen. Arme einzeln/zusammen. • Gegengleich: Li Arm vorne einrollen, re Arm hinten heranziehen, wechseln.	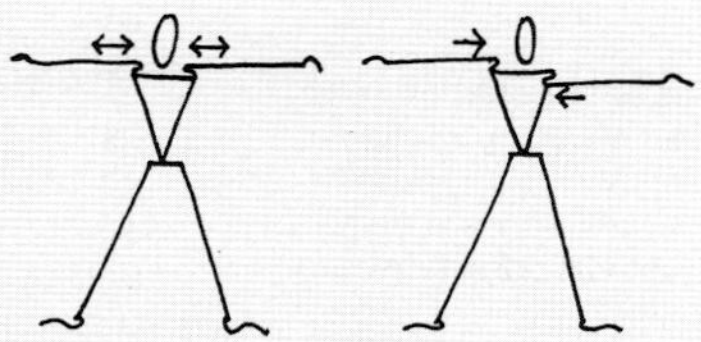
Inhalt	Schultergürtel Arme: Kraft		
Ver-halten	Durchhalten		
745	**Fisch**	Rückenlage, Arme neben dem Körper, Handflächen zum Boden. Den Brustkorb anheben und auf die Ellenbogen stützen, diese nahe zueinander stoßen, so dass sie parallel liegen. Die Hände flach unter das Steißbein schieben (Daumen nebeneinander), so dass man leicht auf den Handrücken sitzt. Nun den Kopf langsam in den Nacken legen. Wenn es geht so weit nach hinten legen, dass der Scheitel den Boden berührt.	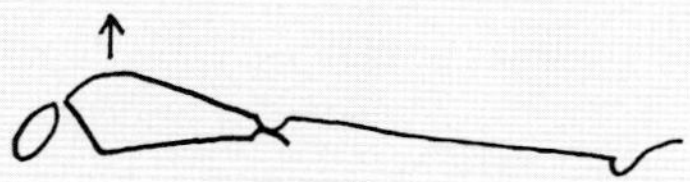
Inhalt	Brustwirbelsäule Brustkorb		
Ver-halten	Gut atmen		
746	**Armdrücker**	Zu zweit gegenüber. A im Grätschwinkelstand, Hände im Nacken verschränkt. B zieht die Ellenbogen von A bis zum Anschlag rw hoch. • Mit gestreckten Armen, welche hochgezogen werden.	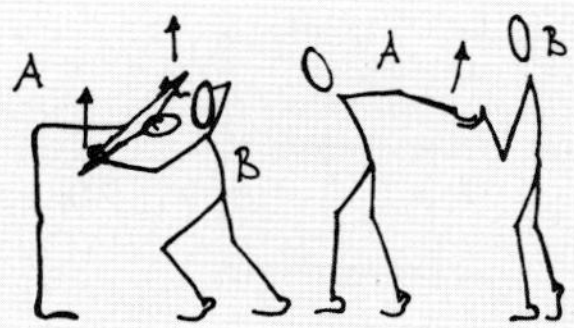
Inhalt	Brust		
Ver-halten	Vorsichtig ziehen		

Nr.	Name der Spielform Ziele/Akzente	Idee/Beschreibung	Hinweise/Organisation
747	**Arm-Spanner vorwärts**	Grätschsitz, Arme in Vorhalte. **Kräftigen:** Arme gegen Wiederstand zur Seite auseinanderziehen. **Dehnen:** Gestreckte Arme vor der Brust überkreuzen und auseinanderziehen.	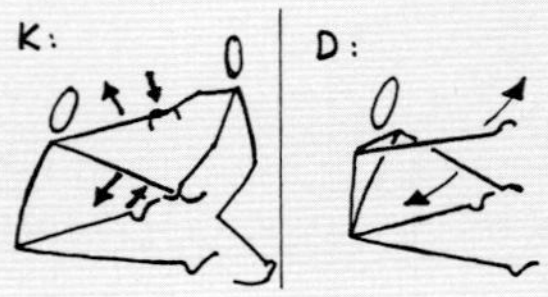
Inhalt	Schultergürtel Oberarm außen		
Ver-halten	Vorsichtig ziehen		
	Diese Dehntechnik sollte nur mit disziplinierten und motivierten Gruppen ausgeführt werden (Verletzungsgefahr!).	Bevor du zu weiteren Übungen nach dem Prinzip der Vorermüdung gehst, sollen die folgenden Überlegungen diese Idee verdeutlichen: Das Vorermüdungsprinzip nutzt die Tatsache aus, dass sich ein ermüdeter Muskel leichter dehnen lässt als ein „frischer". Die Kräftigung erfolgt in den nun folgenden Beispielen statisch, das heißt, der Übende versucht, einen unüberwindbaren Widerstand des Partners zu überwinden. Diese Anstrengung soll ca. 7 Sek. dauern. Danach entspannt sich der Übende, und sein Partner führt ihn langsam bis zum „Anschlag" in die Dehnstellung (soweit gehen, bis der Übende STOPP sagt). Dort 10 bis 15 Sek. verweilen und sich möglichst entspannt auf diese Dehnstellung konzentrieren.	Die beiden Buchstaben K und D bedeuten: K = Kräftigung D = Dehnung
748	**Bein-Spanner rücklings**	Rücklage, ein Bein gestreckt abgehoben. **Kräftigen:** Das gestreckte Bein gegen Widerstand abwärts drücken. **Dehnen:** Bein Richtung Oberkörper drücken. (Dabei evtl. Knie mit der Hand fixieren, damit das Bein gestreckt bleibt).	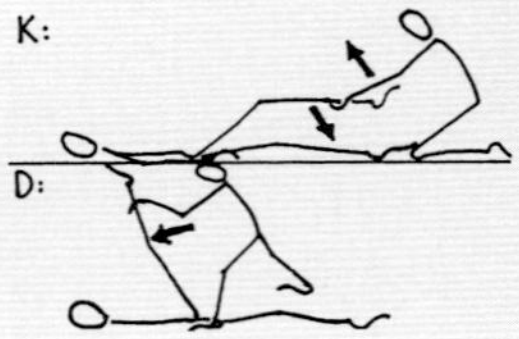
Inhalt	Oberschenkel hinten		
Ver-halten	Dosieren		

5.1.4 Ohne Material (Vorermüdung)

Nr.	Name der Spielform Ziele/Akzente	Idee/Beschreibung	Hinweise/Organisation
749	**Bein-Spanner** **Inhalt** Oberschenkel vorne, Hüfte vorne **Verhalten** Vertrauen	Bauchlage, ein Bein rw abgehoben. **Kräftigen:** Das Bein gegen den Widerstand auf den Boden abwärts drücken. **Dehnen:** Das Bein rw hochdrücken. (Dabei evtl. das Gesäß des Partners mit einem Fuß beschweren, damit es nicht abheben kann). • Mit gebeugtem Bein.	
750	**Scher-Spanner** **Inhalt** Hüfte innen **Verhalten** Langsam!	Rückenlage, die Beine gegrätscht in der Luft. **Kräftigen:** Die Beine gegen Widerstand zusammenziehen. **Dehnen:** Die Beine seitwärts-abwärts Richtung Boden auseinanderspreizen.	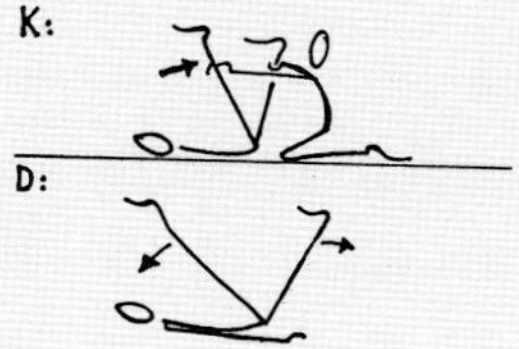
751	**Rücken-Spanner** **Inhalt** Oberschenkel hinten, Wirbelsäule **Verhalten** Gefühl für den Partner	Grätschsitz, Blick geradeaus, aufrechte Haltung. **Kräftigen:** Oberkörper gegen Widerstand rückwärts drücken. **Dehnen:** Oberkörper vw-abwärts drücken. Der Partner schiebt in der Mitte des Rückens.	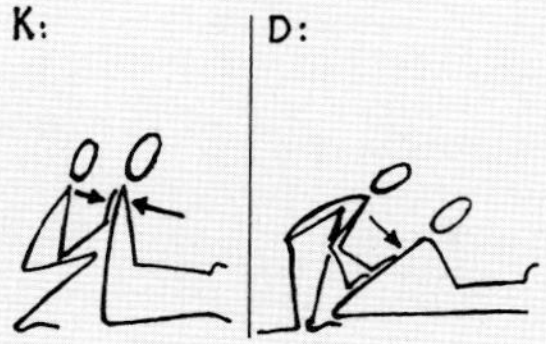
752	**Brust-Spanner** **Inhalt** Brust, Oberarme innen **Verhalten** Sorgfältig	Langsitz, Arme in Hochhalte, Ellenbogen möglichst gestreckt. **Kräftigen:** Arme vw-abwärts ziehen. **Dehnen:** Arme rw-hochziehen. Damit der Rücken gerade bleibt, muss ein Unterschenkel sw gegen den Rücken gestemmt werden.	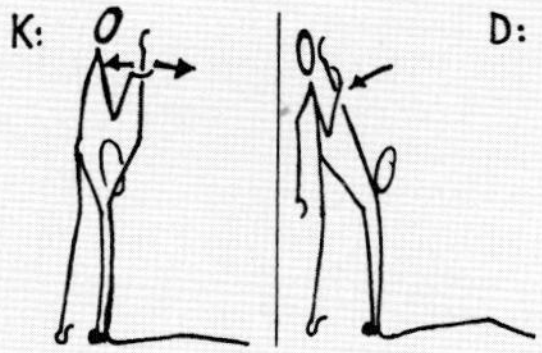
753	**Arm-Spanner rückwärts** **Inhalt** Arme innen **Verhalten** Auf Signal des Partners hören	Langsitz mit leicht angewinkelten Beinen, die Arme hinter dem Rücken lang strecken. **Kräftigen:** Arme gegen den Widerstand auseinanderziehen. **Dehnen:** Arme gegeneinander drücken und leicht aufwärts ziehen. • In Bauchlage.	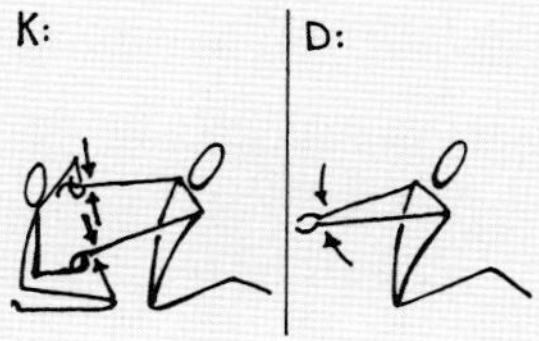

Nr.	Name der Spielform Ziele/Akzente	Idee/Beschreibung	Hinweise/Organisation
754	**Kugellager** **Inhalt** Oberschenkel hinten Kraft: Arme **Verhalten** Ohne Abstützen versuchen	Hürdensitz, das gestreckte Bein wird auf den Ball gelegt, die Arme stützen seitlich ab. Gesäß anheben und mit der Oberschenkelmuskulatur auf dem Ball vor- und zurückgleiten.	
755	**Hürden-Kreis** **Inhalt** Oberschenkel hinten Hüfte innen **Verhalten** Bewegungsqualität	Hürdensitz. Den Ball in einem möglichst großen Kreis um den Körper rollen. Nach re und li. Wer kann es mit gestrecktem vorderem Bein?	
756	**Achter-Schlaufe** **Inhalt** Hüfte innen **Verhalten** Schwerpunkt immer tief halten!	Weite Ausfallstellung sw. Abwechselnde Gewichtsverlagerung nach re und li und den Ball in einer 8 um die Füße rollen. • Im Grätschstand.	
757	**Ball-Twist** **Inhalt** Wirbelsäule Kraft: Arme **Verhalten** Gleich stark ziehen wie der Partner	Zu zweit im Grätschstand, Rücken an Rücken. Beiden fassen den Ball zwischen den Beinen und ziehen, zuerst leicht, dann immer etwas kräftiger.	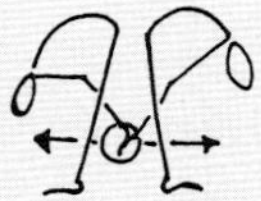
758	**Teppichleger** **Inhalt** Oberschenkel hinten Wirbelsäule **Verhalten** Selbsteinschätzung	Im Grätschstand. Den Ball möglichst weit zwischen den Beinen nach hinten und in Richtung Liegestütz nach vorne rollen. Wie weit kommst du nach hinten (= dehnen), wie weit nach vorne (= kräftigen)?	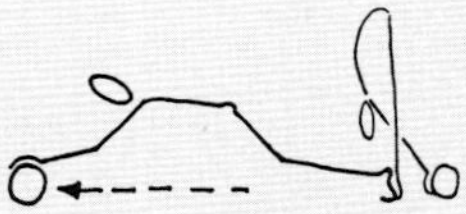

Nr.	Name der Spielform Ziele/Akzente	Idee/Beschreibung	Hinweise/Organisation
759	**Spar-Wurf** **Inhalt** Oberschenkel hinten, Wirbelsäule **Verhalten** Kooperation	Zu zweit im Hürdensitz gegenüber, Abstand 3 bis 5 m. Sich einen Ball so zuwerfen, dass der andere ihn gerade noch vor den Füßen fangen kann, indem er seinen Rumpf stark vorneigt.	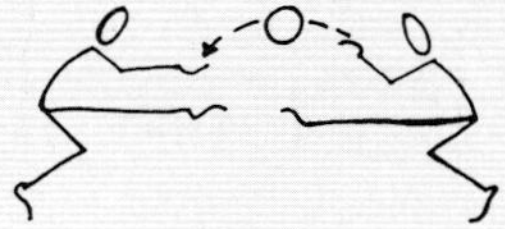
760	**Eingewickelt** **Inhalt** Oberschenkel hinten, Wirbelsäule **Verhalten** Beine ganz strecken	Oberkörper vorneigen und den Ball um Füße, Knie, Oberschenkel und Hüfte rollen, danach wieder abwärts. • Der Ball soll den Körper dabei berühren. • Der Ball soll den Körper dabei nicht berühren.	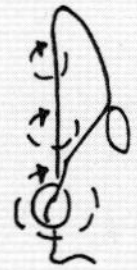
761	**Perlenmuschel** **Inhalt** Oberschenkel hinten, Wirbelsäule **Verhalten** Langsam ausführen	Langsitz. Den Ball zwischen die Füße klemmen (mit gestreckten Beinen), rw durch die Kerze rollen und den Ball hinter dem Kopf mit den Füßen in die Hände übergeben. Beine dabei möglichst gestreckt lassen. Wer kann den Ball hinter dem Kopf deponieren und ihn wieder mit den Füßen holen?	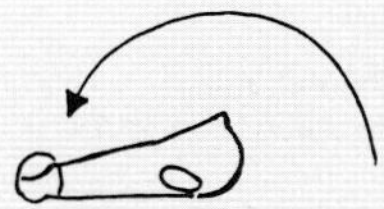
762	**Kobra** **Inhalt** Wirbelsäule, Brust – Bauch **Verhalten** Hüfte auf dem Boden spüren	Bauchlage. Stütze dich mit beiden Händen auf den Ball und versuche, dich so hochzustoßen, dass die Hüfte noch den Boden berührt.	
763	**Seitenwind** **Inhalt** Wirbelsäule, Rumpf seitlich **Verhalten** Spannung suchen und wirken lassen	Leichte Grätschstellung, den Ball (Tennis-, Handball) in der re Hand in Hochhalte. Seitbeugen der Oberkörpers nach li, Ball fallen lassen und mit der re Hand fangen. Seite wechseln.	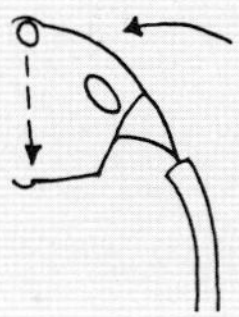

Nr.	Name der Spielform Ziele/Akzente	Idee/Beschreibung	Hinweise/Organisation
764	**Satellit** **Inhalt** Wirbelsäule (Rotation) Kraft: Rücken **Verhalten** Langsam Augen schließen!	Zu zweit Rücken an Rücken im Sitz (Schneidersitz, Grätschsitz ...) den Ball beidhändig in der Hochhalte gefasst, Arme und Körper gut gestreckt. Langsames Kreisen des Balles über den Köpfen. Die Rücken sollen sich dabei auf der ganzen Länge berühren.	
765	**Deckenschraube** **Inhalt** Wirbelsäule (Rotation) Kraft: Rücken **Verhalten** Gerader Rücken!	Sitz mit gegrätschten und angehockten Beinen, den Ball mit beiden Händen über dem Kopf halten, Arme und Oberkörper gut strecken. Oberkörper drehen sw nach li und nach re.	
766	**Schaukelstuhl** **Inhalt** Wirbelsäule (Rotation) Becken **Verhalten** Je langsamer desto schwieriger	Kniestand, den Ball beidhändig gefasst. Li und re neben die Füße absitzen und mit dem Ball gegengleich so weit außen wie möglich den Boden berühren.	
767	**Durchhänger** **Inhalt** Schultern Arme **Verhalten** Langsam und sorgfältig	Kniestand, Hände auf den Ball stützen und die Schultern durchhängen lassen. Den Ball nach rechts rollen, so dass eine Köperseite mehr gedehnt wird, dort bleiben, dann wieder in die Mitte zurück, etwas bleiben und dann noch auf die andere Seite. Bei der ganzen Übung nur Schultern durchhängen lassen, das Becken hängt nicht, sondern soll stabilisiert werden.	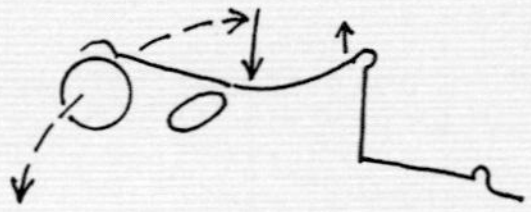
768	**Hinterrücks** **Inhalt** Brust Hüfte innen **Verhalten** Bewegungsqualität!	Hürdensitz, den Ball mit beiden Händen hinter dem Rücken soweit als möglich rw rollen und wieder zurück. Die Arme bleiben gestreckt.	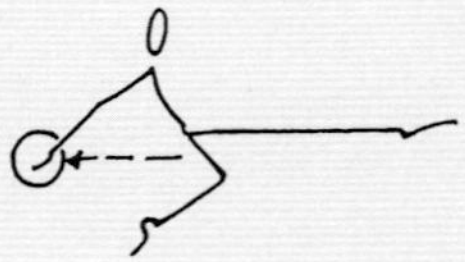

5.3 Springseil

Nr.	Name der Spielform Ziele/Akzente	Idee/Beschreibung	Hinweise/Organisation
769	**Stehauf-Männchen**	Bauchlage, das Seil vierfach in der Hochhalte. Zuerst strecken und lang werden, dann „klein“ werden und mit gestreckten Beinen immer näher zu den Händen und zum Seil „wandern“ bis zum Stand. Dann wieder zurück zur Bauchlage.	
Inhalt	Oberschenkel hinten Wirbelsäule		
Ver-halten	Gegenseitig beobachten!		
770	**Überkopf**	Seil mehrfach zusammengelegt ziemlich eng hinter dem Rücken fassen. Oberköper nach vorne beugen und die Arme über Kopf nehmen und in diese Stellung hineinsinken. Kopf locker baumeln lassen. Langsam wieder zurück in die Ausgangsstellung.	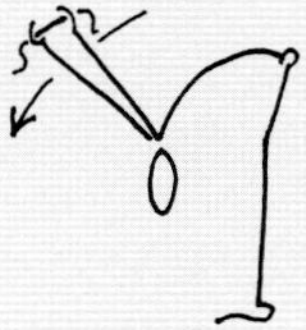
Inhalt	Arme Schultern		
Ver-halten	Kopf leeren		
771	**Bogenspanner**	A und B stehen sich gegenüber mit dem Rücken zueinander, eine Seillänge Abstand. Die beiden Seile sind in der Mitte überkreuzt, jeder hält seine beiden Seilenden. Arme sw führen und gleichzeitig einen Ausfallschritt vw machen. Dadurch werden Brust und Arme gedehnt. Einige Sekunden verharren und dann wieder entspannen. Hohlkreuz vermeiden!	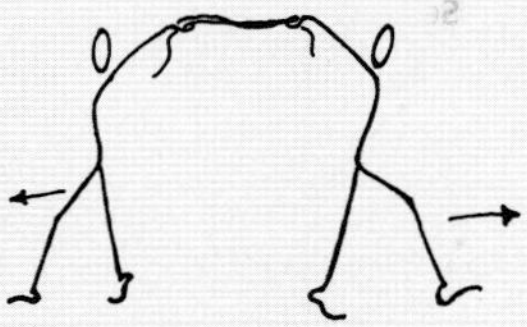
Inhalt	Brust Oberarm vorne		
Ver-halten	Nicht reißen		
772	**Einsteigen**	Grundstellung, vierfaches Seil in Vorhalte. Das Seil vw und rw übersteigen, ohne es loszulassen. • Auch mit Überspringen. • Seil vorne übersteigen, hinter dem Rücken hochführen und wieder übersteigen.	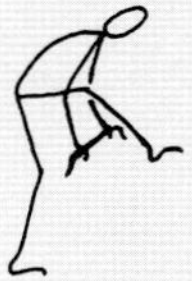
Inhalt	Wirbelsäule Koordination		
Ver-halten	Wetteifern: Wer schafft es?		
773	**Übergabe**	A und B im Grätschsitz, Rücken gegen Rücken. A hält das vierfache Seil in Vorhalte, dreht den Oberkörper sw nach re und übergibt das Seil an B, welcher seinen Oberkörper ebenfalls nach re dreht und das Seil übernimmt. Danach drehen beide nach li und B übergibt das Seil an A (Das Seil beschreibt eine 8).	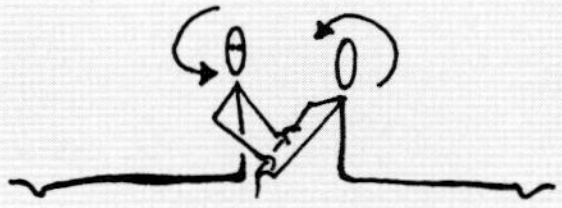
Inhalt	Oberschenkel hinten Wirbelsäule		
Ver-halten	Begegnung		

5

Nr.	Name der Spielform Ziele/Akzente	Idee/Beschreibung	Hinweise/Organisation
774	**Ruderboot** **Inhalt** Oberschenkel hinten Wirbelsäule **Verhalten** Langsam wirkt mehr und besser!	A und B im Lang- oder Hürdensitz gegenüber, die Fußsohlen berühren sich. Beide halten das vierfache Seil in Vorhalte (A hält außen, B dazwischen). Langsames Senken und Vorneigen des Oberkörpers im Wechsel, Blick geradeaus. • Wie weit geht es mit gebeugtem und wie weit mit geradem Rücken!	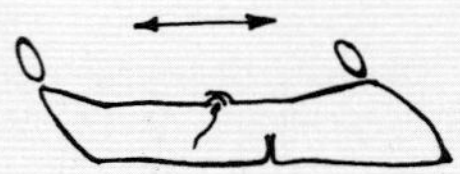
775	**Zerreißprobe** **Inhalt** Beine hinten **Verhalten** Schön langsam!	Rückenlage, das Seil vierfach zusammengelegt in der Vorhalte gefasst. Ein Bein beugen und mit der Fußsohle gegen das gespannte Seil aufwärts drücken, bis das Knie gestreckt ist. Die Ferse soll dabei gegen die Decke zeigen. Das andere Bein auf dem Boden in die Länge ziehen. • Mit beiden Beinen gleichzeitig (Rücken bleibt am Boden). • Dehnung verstärken durch Abwärtsziehen der Fußspitzen.	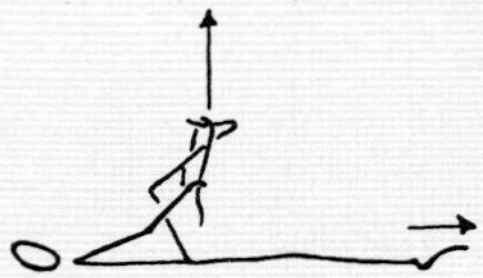
776	**Seilzug** **Inhalt** Oberschenkel hinten Wirbelsäule **Verhalten** Wo dehnst du jetzt? Spürst du es?	Langsitz, das Seil um die Füße legen und an beiden Enden halten. Rumpfbeugen vw unter gleichzeitigem Seilzug mit gestreckten Armen. • Unterschied: Gebeugter Rücken – gestreckter Rücken.	
777	**Gummi-Mensch** **Inhalt** Oberschenkel hinten Wirbelsäule **Verhalten** Beine möglichst immer strecken!	Grätschsitz (oder Grätschstand), halbiertes Seil über dem Kopf gespannt. Ohne die Arme zu beugen oder das Seil zu lösen, den linken Fuß mit der rechten Hand berühren und umgekehrt? Wer kann das Seil mit beiden Armen hinter einem Fuß ablegen und wieder zurückholen (Knie strecken!)?	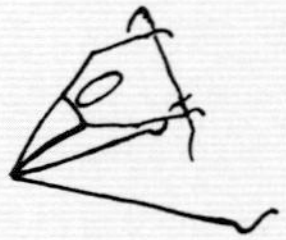
778	**Vier-Takt** **Inhalt** Oberschenkel hinten Wirbelsäule **Verhalten** Wie beweglich bist du?	Grätschstand, doppeltes Seil in der Hochhalte. Mit der rechten Hand den linken Fuß berühren – zurück zur Hochhalte – mit der linken Hand den rechten Fuß berühren – Hochhalte. Das Seil bleibt dabei immer gespannt.	

5.4 Gymnastikreifen

Nr.	Name der Spielform Ziele/Akzente	Idee/Beschreibung	Hinweise/Organisation
779	**Steuerrad** **Inhalt:** Oberschenkel hinten Hüfte innen **Verhalten:** Spürst du, wo gedehnt wird?	Grätschsitz, Reifen zwischen den gestreckten Beinen auf den Boden gelegt. Abwechselnd mit der re oder der li Hand dem Reifen entlang nach vorne fahren. Gibt es einen Unterschied zwischen re und li? • Mit beiden Händen gleichzeitig. • Den Reifen weiter nach vorne legen.	
780	**Birne auswechseln** **Inhalt:** Wirbelsäule (Rotation) **Verhalten:** Wo Kraft? Wo Dehnung?	Schneidersitz, Reifen waagerecht über dem Kopf in der Hochhalte gefasst. Drehen des Oberkörpers nach li und nach re. Der Reifen soll dabei stets in der Horizontalen über dem Kopf bleiben. Der Rücken bleibt gerade (Kraft).	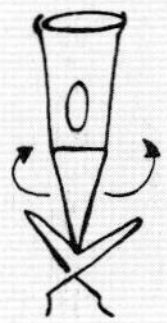
781	**Teller-Service** **Inhalt:** Wirbelsäule (Rotation) **Verhalten:** Langsam und leise	Schneidersitz oder Grätschsitz. Wer kann den Reifen mit beiden Händen durch eine Drehung des Oberkörpers hinter sich ablegen und ihn von der anderen Seite wieder holen?	
782	**Scheinwerfer** **Inhalt:** Rumpf seitlich Wirbelsäule **Verhalten:** Wo Kraft? Wo Dehnung?	Schneidersitz, Reifen senkrecht in der Hochhalte gefasst. Den Reifen mit gestreckten Armen weit zur Seite ziehen, bis der Reifen den Boden berührt. Dabei nicht nach vorne ausweichen (Kraft: Rumpf).	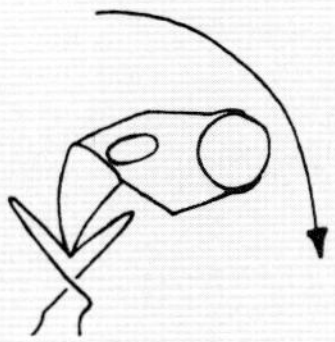
783	**Fallschirm** **Inhalt:** Körperseiten **Verhalten:** Lang – länger	Mit beiden Händen den Reifen waagerecht über dem Kopf halten. Dabei den Körper möglichst gerade und lang machen. Die re Seite in die Länge ziehen, zur Mitte, dann die li Seite langziehen, zurück zur Mitte. Ruhig stehen, alles langziehen, den Reifen fallen lassen, ohne dass er den Körper berührt.	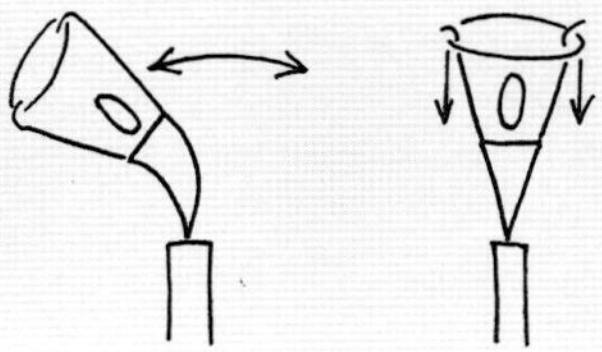

Nr.	Name der Spielform Ziele/Akzente	Idee/Beschreibung	Hinweise/Organisation
784	**Storch** **Inhalt** Oberschenkel vorne **Verhalten** Hüften nach vorne. Spürst du warum?	In der Bauchlage oder im Stand, das Becken in aufrechter Haltung fixiert, Stab waagerecht an beiden Enden gefasst hinter dem Gesäß. Ein Fuß wird mit dem Rist am Stab eingehängt. Mit dem Unterschenkel gegen den Stab drücken, bis die Arme nach hinten hochgehoben werden. Danach entspannen und Becken nach vorne drücken, so dass der Oberschenkel (Vorderseite) gedehnt wird. Mehrmals wiederholen.	
785	**Sturmboot** **Inhalt** Oberschenkel vorne Hüfte innen **Verhalten** Vorsichtig ziehen	Zu zweit im Grätschsitz gegenüber, Füße gegeneinandergestemmt, Stab waagerecht gefasst. A neigt seinen Oberkörper so weit zurück, dass das Gesäß von B abgehoben wird. B muss dabei seine Beine gut durchstrecken!	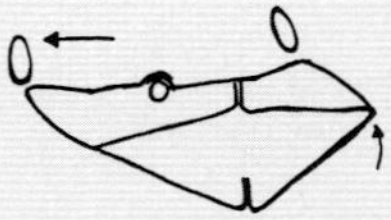
786	**Langsitz-Rudern** **Inhalt** Oberschenkel hinten Wirbelsäule **Verhalten** Wo sind meine Grenzen?	Grätschsitz oder Langsitz, Stab waagerecht an beiden Enden gefasst. Oberkörper vorneigen (Blick geradeaus) und den Stab vor den Füßen ablegen und wieder zurückholen. Die Beine bleiben dabei möglichst gestreckt. • Stab ablegen, unter den Beinen nach hinten rollen, rw-hoch über den Kopf und wieder vor die Füße legen.	
787	**Zauberstab** **Inhalt** Wirbelsäule **Verhalten** Konzentration	Schneidersitz, Stab mit gestrecktem Arm vor dem Körper senkrecht auf den Boden gestellt. Mit beiden Händen dem Stab entlang hoch- und hinuntergreifen, der Stab soll dabei immer senkrecht bleiben. • Mit geschlossenen Augen: Wie hoch bist du jetzt, ... jetzt ...?	
788	**Wanderstab** **Inhalt** Oberschenkel vorne Wade **Verhalten** Wo spürst du es?	Auf den Stab gestützt. Den Fuß oberhalb des Fußgelenkes fassen und gegen das Gesäß ziehen. • Schrittstellung, das hintere Bein gestreckt. Hüfte nach vorne schieben, bis der Zug in der Wade spürbar wird. Beide Fußspitzen zeigen gerade nach vorne. • Wie oben, aber hinteres Bein leicht beugen (dehnt Achillessehne).	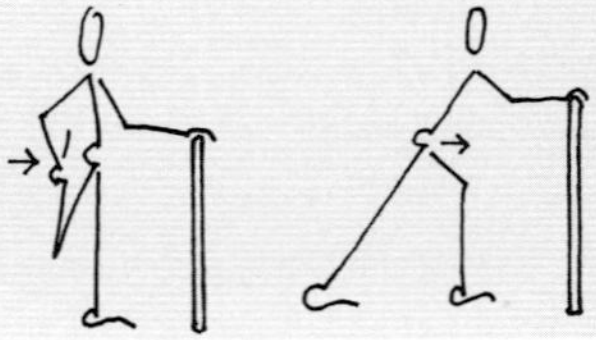

Nr.	Name der Spielform Ziele/Akzente	Idee/Beschreibung	Hinweise/Organisation
789	**Wellengang**	Zu zweit im Grätschsitz gegenüber, Füße gegeneinandergestemmt, Stab in Vorhalte waagerecht gefasst. Abwechselnd Rumpfbeugen vw und rw und Rumpfbeugen sw zur entgegengesetzten Seite. • Gegeneinander (einer bietet etwas Widerstand).	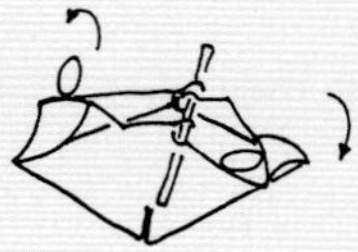
Inhalt	Oberschenkel hinten Wirbelsäule		
Verhalten	Kooperation		
790	**Decke tapezieren**	Zu zweit mit zwei Stäben in der Hochhalte, Rücken zueinander. Rumpfkreisen nach re und nach li. (Die Stäbe sollen über den Köpfen einen möglichst großen horizontalen Kreis beschreiben). • A bremst, B zieht. • Zu dritt.	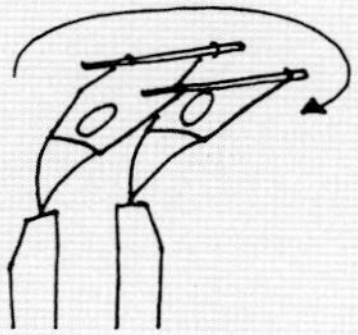
Inhalt	Wirbelsäule (Rotation) Kraft: Rumpf		
Verhalten	Kooperation		
791	**Liegestuhl**	Strecksitz, Rücken an Rücken, Stab in der Hochhalte von beiden waagerecht gefasst. Wechselseitiges Rumpfbeugen vw mit Hochziehen des Partners in die Spannbeuge. • Mit leichtem Nachfedern. • Rumpfbeugen vw gegen Widerstand des Partners.	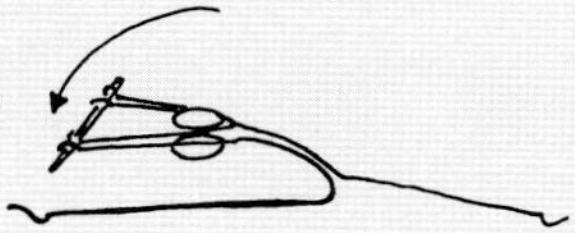
Inhalt	Brust – Bauch Oberschenkel hinten		
Verhalten	Spannen Entspannen		
792	**Stab-Walzer**	Zu zweit gegenüber, Stäbe waagerecht an den Enden gefasst. Stabschwingen nach re und li und in einer „Walzerdrehung" die Stäbe über den Kopf schwingen und selbst in entgegengesetzter Richtung mit drei (Walzerschritten) untendurch drehen (der eine dreht nach li, der andere nach re). • Auch zu Walzermusik.	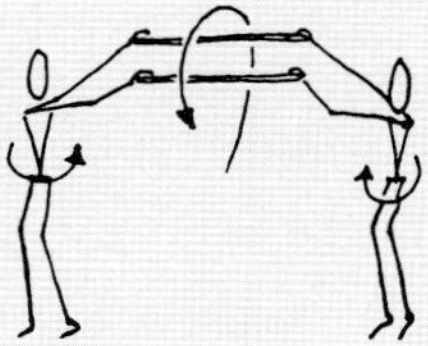
Inhalt	Schultergürtel Wirbelsäule		
Verhalten	Kooperation		
793	**Auskugeln**	Bauchlage, Stab in der Hochhalte breit gefasst. Arm rw führen und den Stab zum Gesäß führen, dann wieder zurück zur Hochhalte. Langsam! So eng wie möglich! • Gleiche Übung in verschiedenen Positionen (Kniestand, Schneidersitz, Stand, etc.).	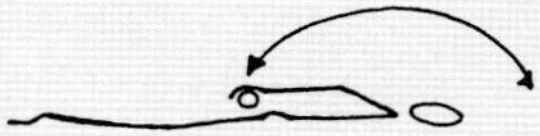
Inhalt	Brust Oberarme vorne		
Verhalten	Beweglichkeit testen		

Nr.	Name der Spielform Ziele/Akzente	Idee/Beschreibung	Hinweise/Organisation
794	**Kreisband** **Inhalt** Oberschenkel hinten Wirbelsäule **Ver-halten** Nicht schummeln!	Grundstellung, das Band in Hochhalte gefasst. Senken des Oberkörpers und das Band unter den Füßen (mit gestreckten Beinen) durchschieben durch Anheben zuerst der Zehen, dann der Fersen. Danach das Band hinter dem Rücken und über den Kopf hochheben und wieder zur Hochhalte bringen. • Wer schafft es mit gestreckten Beinen?	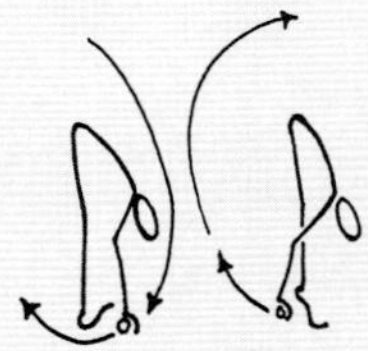
795	**Pfeffermühle** **Inhalt** Hüfte innen Oberschenkel hinten Wirbelsäule **Ver-halten** Langsam und miteinander	Langsitz zu zweit gegenüber, Fußsohle gegeneinander, das Band mit einer Hand in der Vorhalte gefasst, die andere Hand stützt seitlich neben dem Körper. Oberkörper vor- und zurückbeugen. • Im Grätschsitz, Band mit beiden Händen gefasst. Mit den Händen zwischen den Beinen einen große „Pfeffermühle“ drehen, d. h., mit dem Oberkörper einen weiten Kreis beschreiben.	
796	**Handtuch** **Inhalt** Schultern **Ver-halten** Körpergefühl	Schneidersitz, Langsitz oder Sitz auf einer Langbank, etc. Das Band hinter dem Rücken fassen von unten. Das Handtuch leicht nach oben und unten ziehen (wie trockenrubbeln). Dabei den Rücken gerade halten und die Ellenbogen nach hinten drücken. • Geht eine Seite besser als die andere? • Wie fühlt es sich nachher an?	
797	**Bär** **Inhalt** Oberschenkel hinten Wirbelsäule **Ver-halten** Gleichgewicht	Hänge das Spielband an beide Füße. Versuche nun, die Beine völlig zu strecken. • Wer kann dies auch, ohne je die Füße auf dem Boden abzustellen?	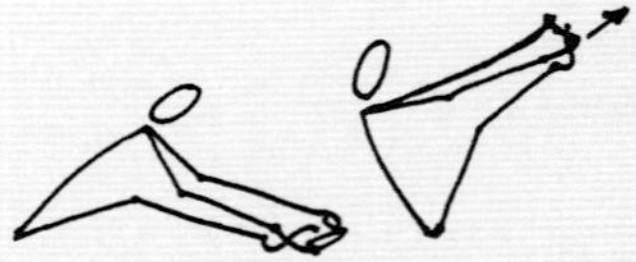

5.7 Langbank

Nr.	Name der Spielform Ziele/Akzente	Idee/Beschreibung	Hinweise/Organisation
798	**Bank-Rudern** **Inhalt** Oberschenkel hinten, Wirbelsäule **Verhalten** Fantasie	Zwei Bänke im Abstand von ca. 1 m parallel nebeneinander, die Übenden sitzen zu zweit gegenüber, Handfassung in Schulterhöhe, die Beine gegen den untersten Teil der gegenüberstehenden Bank gestellt. Abwechselnd den Oberkörper vor- und zurückbeugen. Beine bleiben möglichst gestreckt. • Welches Paar findet eine Variation dieser Übung?	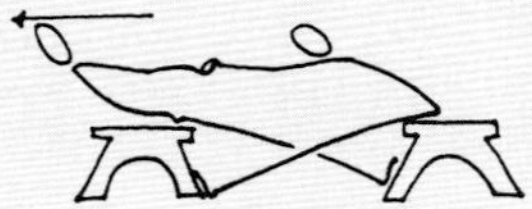
799	**Beweglichkeitstest** **Inhalt** Oberschenkel hinten, Wirbelsäule **Verhalten** Wie steht es bei dir?	Kauerstellung auf der Bank, Bankkante gefasst. Hochdrücken der Hüfte bis die Beine gestreckt sind, ohne mit den Händen loszulassen. • Beim Hochdrücken wird ein Bein rw hochgespreizt zur Standwaage. • Einfacher: Stand an der Vorderkante der Bank. Oberkörper hängen lassen, Beine bleiben gestreckt. Wie weit kommst du mit den Fingerspitzen?	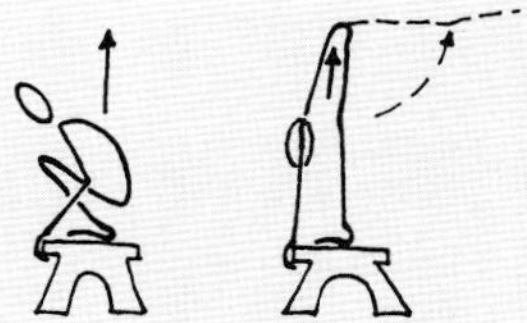
800	**Kniefall** **Inhalt** Hüfte vorne **Verhalten** Es soll nicht schmerzen!	Ausfallschritt mit einem Bein auf der Langbank, Oberkörper aufrecht. Hüfte leicht vorschieben und Dehnung einige Sekunden wirken lassen. Hände auf dem Oberschenkel aufstützen. Beinwechsel.	
801	**Verneigen** **Inhalt** Brust, Wirbelsäule **Verhalten** Durchhängen erlaubt	Kniestand vor der Bank, die Hände auf der Bank aufgestützt, den Kopf locker hängen lassen. Schultern und Brust Richtung Boden drücken. • Becken einmal stabilisieren, einmal hängen lassen (Unterschied).	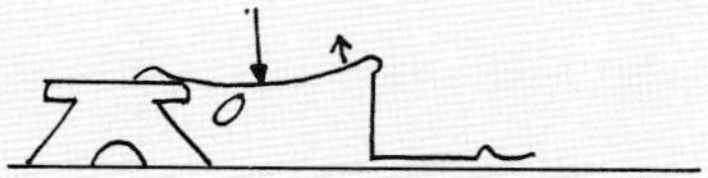
802	**Bank-Schieben** **Inhalt** Hüfte vorne **Verhalten** Ganz langsam	Versuche, das gestreckte Bein möglichst weit nach vorne zu stoßen. Gleiche Übung, aber seitwärts (Richtung Spagat).	

Nr.	Name der Spielform Ziele/Akzente	Idee/Beschreibung	Hinweise/Organisation
803	**Kletteraffe** **Inhalt** Innere Hüftmuskulatur – Wirbelsäule **Verhalten** Wie tief kommst du?	Stand auf der dritten Sprosse, mit den Händen auf Brusthöhe fassen. Mit dem Gesäß im Hangwinkelstand Richtung Boden wippen, und mit den Händen immer näher zu den Füßen hinabsteigen. Auf jeder Sprosse von neuem federn. Mit gegrätschten oder geschlossenen Beinen.	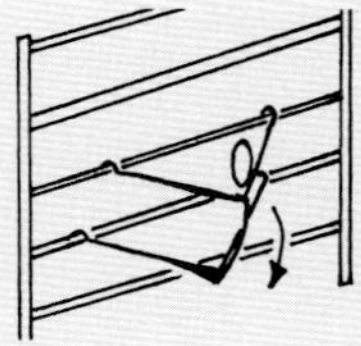
804	**Ballett-Stellung** **Inhalt** Hüfte innen Rumpf seitlich **Verhalten** Langsam wie ein Ballett-Tänzer	Querstand re vor der Sprossenwand, re Bein in Hüfthöhe auf die Sprosse stellen, Arme in Hochhalte. Rumpfbeugen re sw zum eingehängten Bein – Aufrichten – tiefes Rumpfbeugen vw, die Hände berühren beim Standbein den Boden und zurück in die Ausgangsstellung.	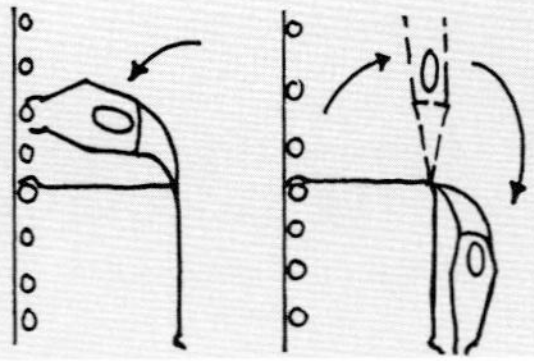
805	**Armbrust** **Inhalt** Oberarme vorne Schultern **Verhalten** Behutsam ausführen	Stand rücklings zur Sprossenwand. Sprosse auf Schulterhöhe fassen, die Hände soweit zueinander rutschen wie es geht. Stellung halten. Dann langsam mit dem Oberkörper durch Kniebeugung nach unten und vorne verlagern. Stellung langsam lösen.	
806	**Rückschritt** **Inhalt** Hüfte vorne **Verhalten** Vergleiche mit den anderen	Stand vorlings auf der 7. bis 10. Sprosse, Ristgriff auf Beckenhöhe. Rückspreizen des li Beines mit gleichzeitigem Beugen des re Knies. Mit der li Fußspitze den Boden berühren, einige Sekunden verharren und dann wieder in die Ausgangsstellung zurückkehren. Beinwechsel.	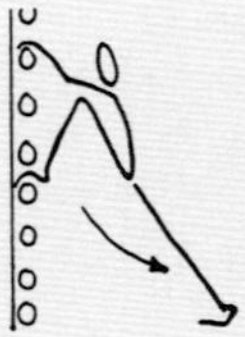
807	**Kletterwand-Rettung** **Inhalt** Hüfte vorne **Verhalten** Kooperation	B hängt rücklings an der Sprossenwand, A kriecht unter seinen Rücken und drückt mit seinem gewölbten Rücken gegen den Rücken von B. B lässt sich passiv nach vorne drücken und dehnen.	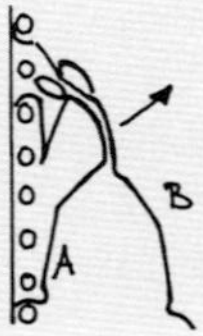

5.8 Sprossenwand

Nr.	Name der Spielform Ziele/Akzente	Idee/Beschreibung	Hinweise/Organisation
808 **Inhalt** **Ver-halten**	**Pfeil und Bogen** Hüfte hinten Merke ich wo es zieht?	Seitstand zur Sprossenwand, li Unterarm stützt sich ca. auf Kniehöhe auf eine Sprosse. Das re Knie beugen und das li Bein unten durchgestreckt von sich wegschieben, bis es in der Hüftaußenseite zieht.	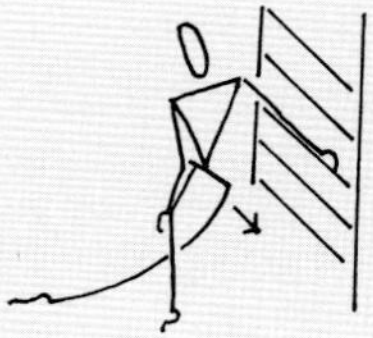
809 **Inhalt** **Ver-halten**	**Brustraus** Brust Wirbelsäule Körpergefühl	Sitz rücklings gegen die Sprossenwand, Arme greifen in Hochhalte. Oberkörper und Brust vordrücken (von der Sprossenwand weg) und diese Stellung 10 bis 15 Sek. halten. • Auch im Wechsel mit starkem Zurückdrücken des oberen Teils der Wirbelsäule (Rundrücken) gegen die Sprossenwand. • Beim Vordrücken einatmen, beim Zurückdrücken ausatmen. • Dasselbe mit dem unteren Rücken.	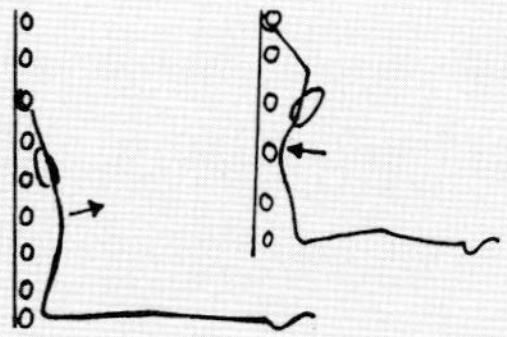
810 **Inhalt** **Ver-halten**	**Durchhänger** Brust Bauch Augen schließen	Bauchlage vor der Sprossenwand, Oberkörper anheben und 3. oder 4. Sprossen fassen. Man kann sich passiv „in die Arme hineinhängen" (Kopf hängen lassen, Brust Richtung Boden ziehen).	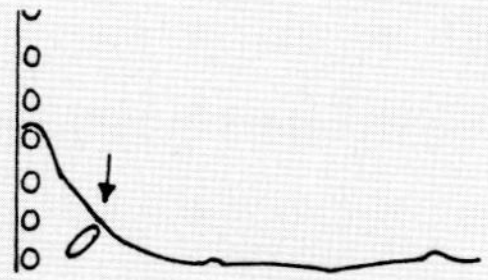
811 **Inhalt** **Ver-halten**	**Halbmond** Rumpf seitlich Langsam!	Querstand vor der Sprossenwand, re Seite dicht an der Sprossenwand, die re Hand fasst eine Sprosse in Hüfthöhe, die li Hand fasst unter dem Kopf. Rumpfbeugen re sw, dabei den Rumpf von der Sprossenwand wegdrücken, die Füße bleiben am Ort. Nicht nach vorne oder hinten ausweichen. Seitenwechsel.	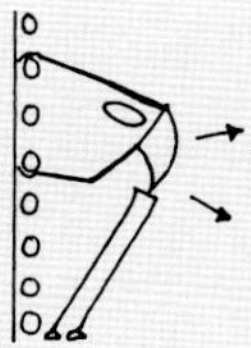
812 **Inhalt** **Ver-halten**	**Hängebrücke** Brust Spürst du die Spannung?	Kniewinkelstand mit Ristgriff auf Schulterhöhe. Den Kopf hängen lassen und Brust Richtung Boden ziehen. • Im Grätschwinkelstand. • Im Grätschwinkelstand von Sprosse zu Sprosse abwärts greifen.	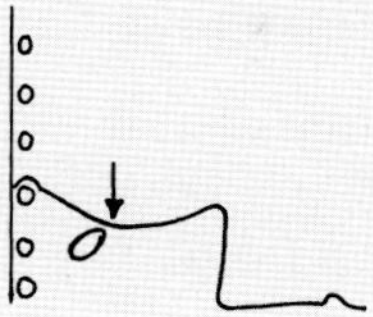

Nr.	Name der Spielform Ziele/Akzente	Idee/Beschreibung	Hinweise/Organisation
813	**Auf der Kante**	Rückenlage auf einem Kasten (o. Ä.), mit dem Gesäß am Kastenende. Ein Bein zur Brust ziehen, das andere Bein entspannt hängen lassen. Wie weit hinunter hängt das Bein? (Guter Beweglichkeitstest).	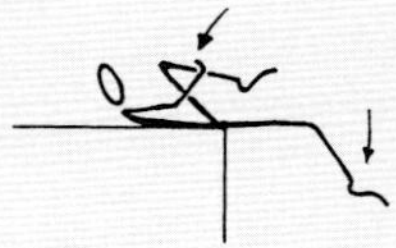
Inhalt	Hüfte		
Ver-halten	Vor allem gut für Läufer!		
814	**Bauch raus!**	Stand vor dem Kasten (o. Ä.). Ein Bein rückwärts hochheben und den Fußrist auf den Kasten legen. Hüfte nach vorne drücken. Versuche auch, das Standbein leicht zu beugen!	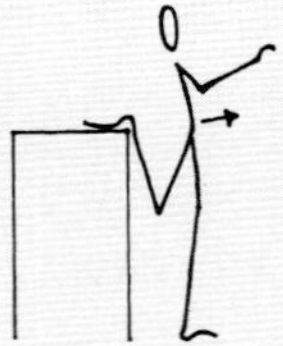
Inhalt	Oberschenkel vorne Hüfte vorne		
Ver-halten	Sind deine Hüft-beuger verkürzt?		
815	**Kasten-Walzer**	A und B halten einen Kastenteil (o. Ä.) und schwingen ihn sw nah rechts und links und führen ihn in einem großen Kreis über die Köpfe. Dabei müssen beide eine Dehnung in entgegengesetzter Richtung unter dem Kasten ausführen (= Walzerdrehung).	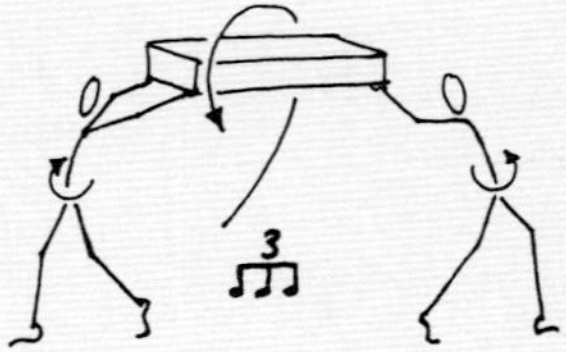
Inhalt	Oberschenkel vorne Brust		
Ver-halten	Spaß zu zweit		
816	**Rollmops**	Auf der Vorderkante von einem Kastenteil, einer Langbank, etc. Mit dem Kopf vornüber beugen, zwischen die Knie. Mit den Händen zwischen die Beine und von innen die Fußgelenke fassen. Dehnung durch Zug der Arme verstärken. Kopf locker hängen lassen.	
Inhalt	Lendenwirbelsäule		
Ver-halten	Sinken lassen		
817	**Wandspagat**	Wer kommt am tiefsten? Gesäß möglichst nahe an der Wand. Versuche, beide Füße auf gleicher Höhe möglichst weit nach unten zu drücken. Bleibe möglichst lange in dieser Stellung. Guter Beweglichkeitstest: Wandmarkierungen anbringen (Kreide oder Malerband). Üben und nach 1 Monat erneut messen.	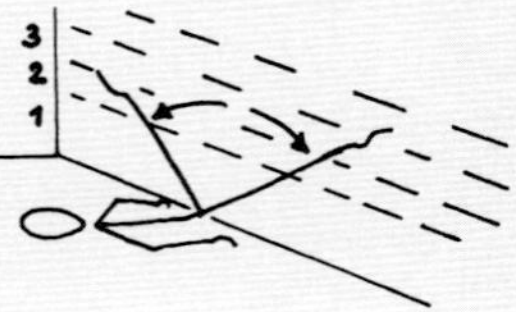
Inhalt	Hüfte innen		
Ver-halten	Vergleichen		

Stretching-Basisprogramm

TOP TEN

10 Übungen für die wichtigsten Muskelgruppen

Nach Spring, H., 1986

Wie dehnen?

- Nehmen Sie die abgebildete Dehnstellung ein.
- Ändern Sie *langsam* die Position in Richtung der Pfeile, die
- Dehnung wird dadurch verstärkt.
- Vermeiden Sie ruckartige Bewegungen *(kein Wippen).*
- Ein leichtes Ziehen im zu dehnenden Muskel ist normal.
- Halten Sie diese Stellung 15–30 Sekunden.
- Atmen Sie regelmäßig und ruhig, versuchen Sie, sich zu entspannen.

1 Hintere Unterschenkelmuskulatur

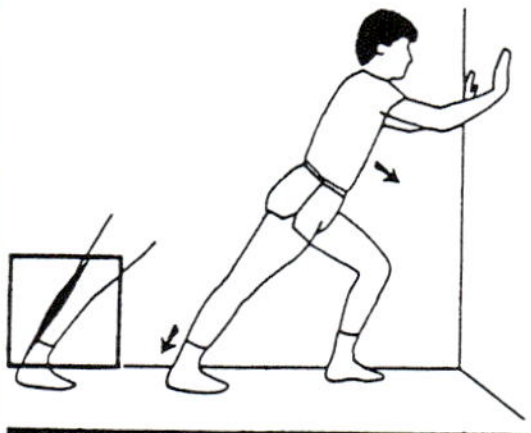

↙ Ferse auf den Boden drücken
↘ Körper gleichmäßig nach vorne neigen

2 Vordere Oberschenkelmuskulatur

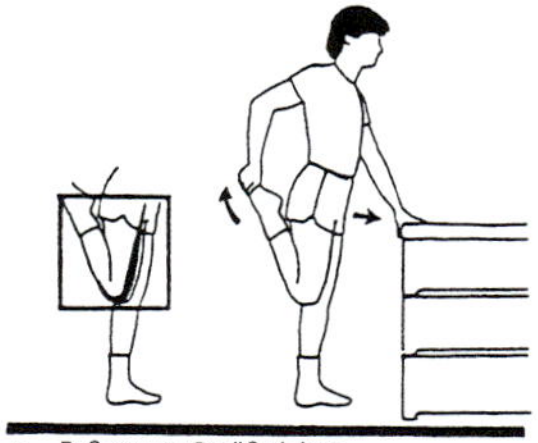

↖ Fuß gegen Gesäß ziehen
→ Becken vorschieben

3 Hintere Oberschenkelmuskulatur

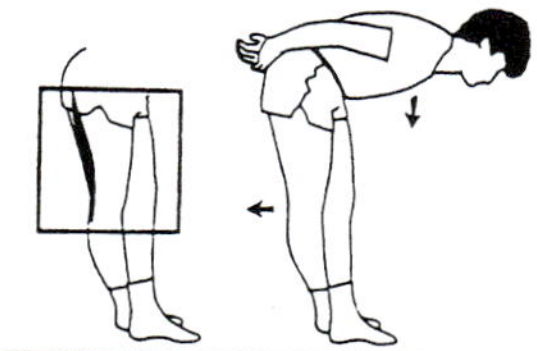

← Knie strecken
↓ Oberkörper nach vorne neigen

4 Vordere Hüftmuskulatur

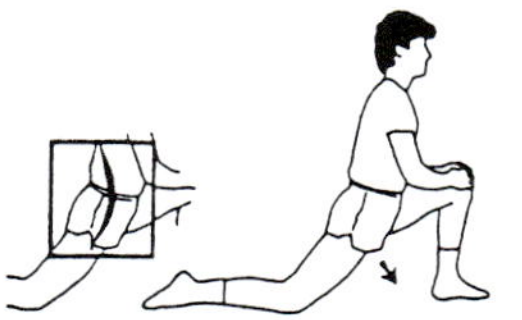

↘ Hüfte nach vorne abwärts drücken

5 Hintere Hüftmuskulatur

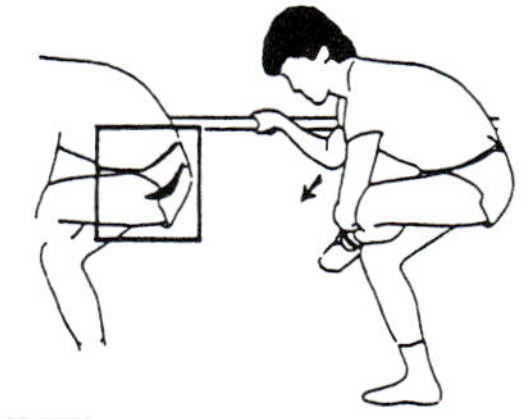

↙ Oberkörper nach vorne neigen

6 Innere Hüftmuskulatur

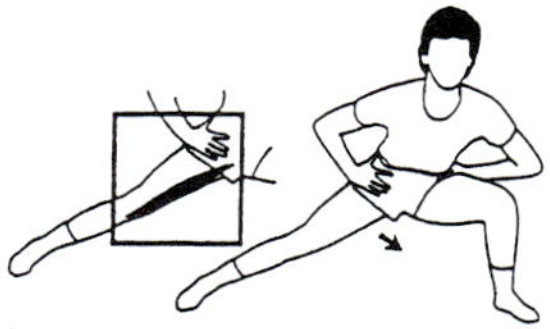

↘ Becken schräg nach unten schieben

7 Rückenmuskulatur

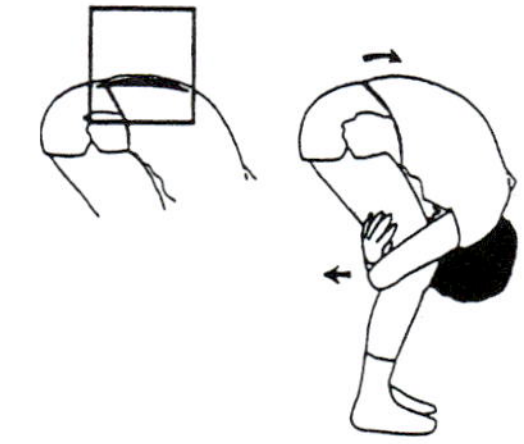

← Knie strecken
→ Rundrücken verstärken

8 Seitliche Rumpfmuskulatur

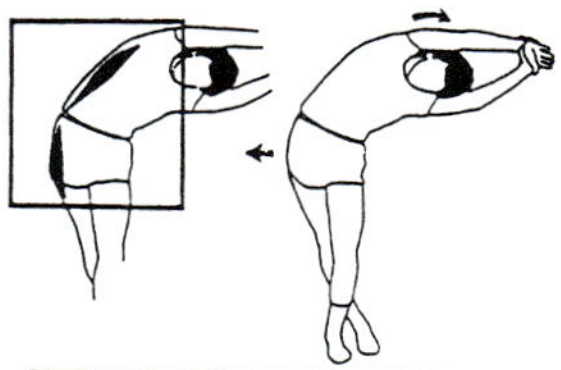

← Hüfte seitwärts schieben
→ Rumpf zur Gegenseite ziehen

9 Brustmuskulatur

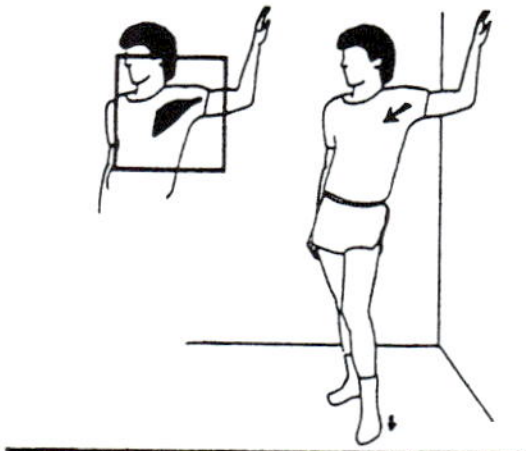

↓ Mit gleichseitigen Bein Schritt nach vorne
↙ Schulter nach vorne verlagern

10 Schultergürtelmuskulatur

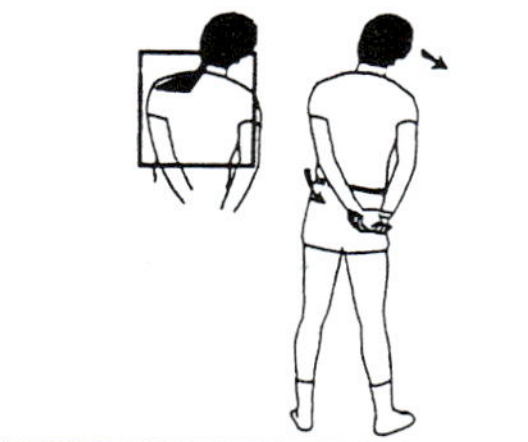

↘ Kopf zur Gegenseite neigen
↓ Arm nach unten ziehen

Kapitel 6
Koordinieren

Keine Praxis ohne Theorie – keine Theorie ohne Praxis !

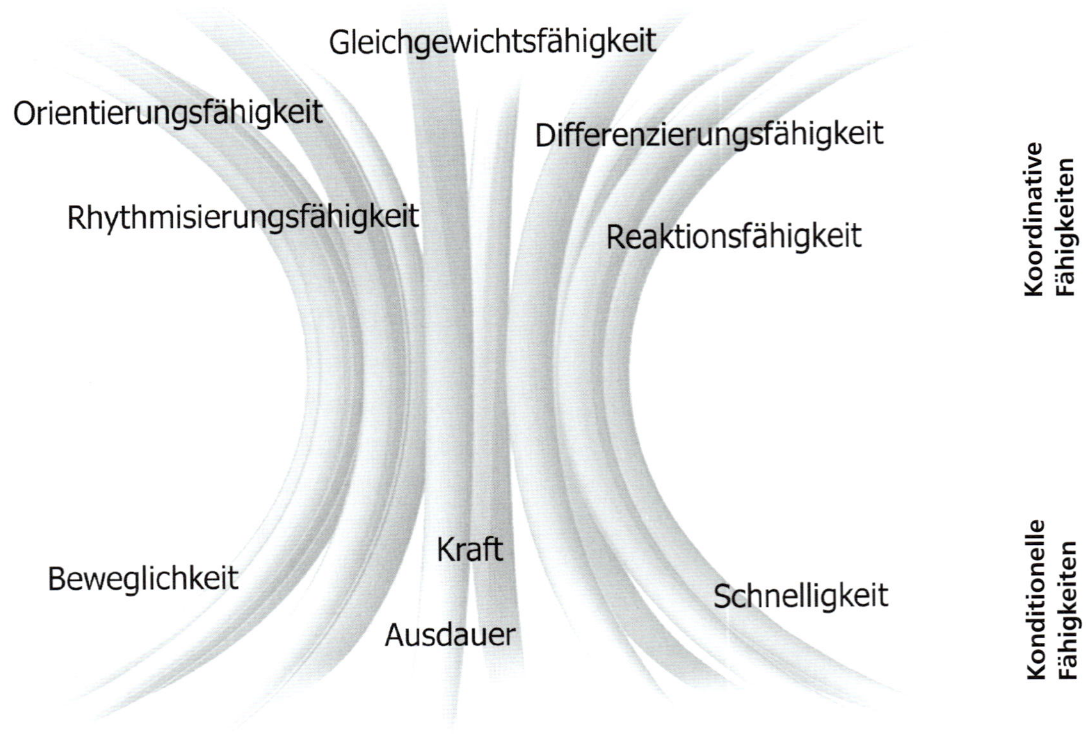

Konditionelle und koordinative Fähigkeiten sind gegenseitig voneinander abhängig.
Ohne ausreichende konditionelle Grundlagen können die koordinativen Fähigkeiten nicht optimal gefördert werden.
Beide gehören zusammen und sollten deshalb auch im Training immer wieder miteinander trainiert werden.

In der Folge sollen die einzelnen koordinativen Fähigkeiten definiert werden:

Orientierungsfähigkeit
Diese Fähigkeit ermöglicht es, sich in der Vielfalt von Positionen und Bewegungen (Zeit, eigener Körper, Gegner, Mitspieler, Ball, Spielfeld) zu orientieren. Sie beinhaltet die Antizipationsfähigkeit.

Differenzierungsfähigkeit
Sie erlaubt es, die eintreffenden Sinnes-Informationen auf das Wichtigste zu überprüfen (differenzieren) und die eigene Bewegungsantwort entsprechend zu dosieren.

Gleichgewichtsfähigkeit
Das Gleichgewicht halten oder nach Positionsänderungen schnell wieder einnehmen zu können, ist von dieser Fähigkeit abhängig.

Rhythmisierungsfähigkeit
Damit ist das Vermögen gemeint, einen Bewegungsablauf rhythmisch zu gestalten oder einen vorgegebenen Rhythmus zu erfassen.

Reaktionsfähigkeit
Die wichtigsten Informationen schnell aufnehmen, um eine zweckmäßige Bewegungsantwort auszuführen.

In den folgenden Übungs- und Spielformen werden diese Begriffe verwendet unter „INHALT“. Dabei handelt es sich um Akzente, denn die einzelnen koordinativen Fähigkeiten lassen sich nicht scharf voneinander trennen. Sie sind gegenseitig sowie mit den konditionellen Fähigkeiten vernetzt.

In diesem Kapitel wird das Schwergewicht auf die Schulung und Verbesserung der koordinativen Fähigkeiten gelegt. Dabei ist es kaum möglich und auch wenig sinnvoll, einzelne koordinative Fähigkeiten völlig isoliert von anderen trainieren zu wollen. Wir haben versucht, Akzente (siehe INHALT) zu setzen.

Nr.	Name der Spielform Ziele/Akzente	Idee/Beschreibung	Hinweise/Organisation
818 **Inhalt** **Verhalten**	**Fußetreten** Reaktion Fair kämpfen	Zu zweit. Beide versuchen, durch geschicktes Tupfen und Ausweichen den anderen auf die Füße zu treten. • Wer kann dem anderen auf die Unterschenkel schlagen? • Wer kann dem anderen auf die Wade schlagen? (Vorsicht vor dem Zusammenstoßen mit den Köpfen!)	
819 **Inhalt** **Verhalten**	**Partner-Rad** Differenzierung Vertrauen	A in Bauchlage, B schlägt über A hinweg ein Rad. Abwechselnd fortgesetzt. Folgende Varianten sind möglich: • Ein Arm setzt auf der rechten, der andere auf der linken Seite von A auf. • Beide Hände setzen „hinter" A auf (hinübergreifen!). • A in Bankstellung, B stützt hinter den Füßen von A auf. • A in Bückhalte. Geht es auch so?	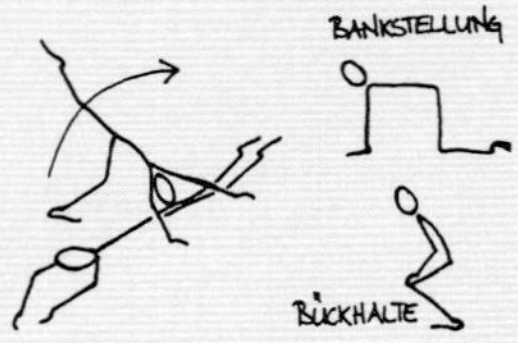
820 **Inhalt** **Verhalten**	**Drei für Zwei** Rhythmus Konzentration Fantasie	Während die Füße eine 2-Takt-Bewegung ausführen (z. B. Hampelmann oder Wechselhüpfen), machen die Arme gleichzeitig eine 3-Takt-Bewegung (z. B. vor – seit – hoch). • Verschiedene andere Kombinationen von Hüpfen und Armbewegungen, so z. B. mit Armkreisen o. Ä. • Wer kann: Arme Hampelmann, Beine Wechselhüpfen vw und rw, oder umgekehrt? Wer findet eigene „Kombinationsmöglichkeiten"?	
821 **Inhalt** **Verhalten**	**Armkreisen** Differenzierung Konzentration	Wer kann mit dem rechten Arm doppelt so schnell kreisen wie mit dem linken? Wer kann gleichzeitig noch marschieren, laufen, rückwärts gehen oder sogar (in verschiedenen Formen) hüpfen?	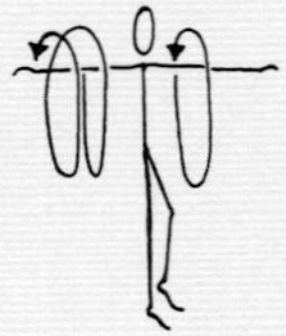
822 **Inhalt** **Verhalten**	**Zappeltanz** Differenzierung Körperbeherrschung	Im Stand. Arme in Seithalte (oder angewinkelt). Wer kann Hüftkreisen nach rechts (oder nach links) und gleichzeitig Schulterkreisen vorwärts oder rückwärts? Wer schafft es mit unterschiedlichen Tempi?	

Nr.	Name der Spielform Ziele/Akzente	Idee/Beschreibung	Hinweise/Organisation
823	**Uhrwerk** **Inhalt** Differenzierung **Verhalten** Auch gegenseitig lernen!	Grätschstand, Arme in Tiefhalte. Li Arm heben zur Seithalte, dann in die Vorhalte führen und zur Tiefhalte senken. Der re Arm beschreibt den gleichen Weg, führt aber nur auf jede dritte Zählzeit eine Bewegung aus. Wem gelingt dies? Auch wieder in verschiedenen Geschwindigkeiten? Sprachlich rhythmisieren hilft (ta-ta-tam). Hinweis: Gegenseitig beobachten!	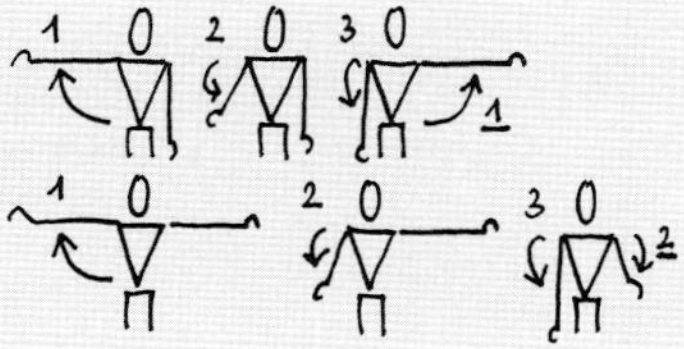
824	**Gegengleich** **Inhalt** Differenzierung **Verhalten** Konzentration	Grätschstand, Arme in Tiefhalte. 1 re Arm über die Seithalte in die Hochhalte heben. li Arm über die Vorhalte in die Hochhalte führen. 2 Senken: re Arm über die Seithalte, li Arm über die Vorhalte. Wer kann gleichzeitig noch laufen, hüpfen, springen?	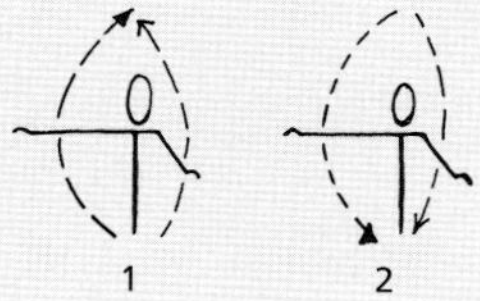
825	**Immer schön nacheinander** **Inhalt** Orientierung **Verhalten** Konzentration	Grätschstand, Arme in Tiefhalte. 1 Arme heben über die Seit- in die Hochhalte. 2 Senken li. 3 heben li, senken re. 4 Senken li in die Ausgangsstellung. Wieder von vorne beginnen!	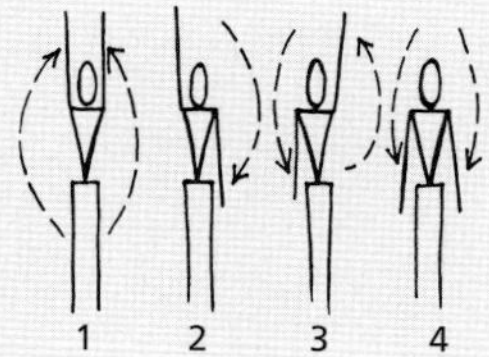
826	**Zahnrad** **Inhalt** Orientierung **Verhalten** Konzentration	Grätschstand, Arme in Seithalte. 1 Außenarmkreisen li (mit gestrecktem Arm), Unterarmkreisen re (mit angewinkeltem Arm). 2 Dito, aber gegengleich. Wechsel ohne Unterbruch.	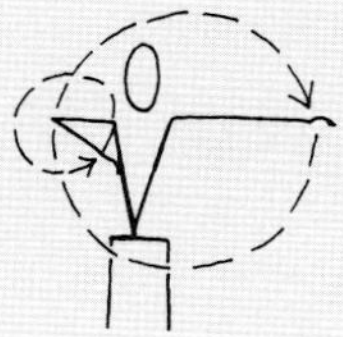
827	**Schuhplattler** **Inhalt** Differenzierung **Verhalten** Spaß!	Im Hüpfen am Ort. 1 re Hand zu li Fuß vorne. 2 li Hand zu re Fuß vorne. 3 re Hand zu li Fuß hinten. 4 li Hand zu re Fuß hinten. Tempo steigern, natürlich auch zu „entsprechender Musik"!	

6

Nr.	Name der Spielform Ziele/Akzente	Idee/Beschreibung	Hinweise/Organisation
828	**Ball haschen** **Inhalt** Orientierung **Ver-halten** Rücksicht auf die Mitspieler!	Ca. 10 Medizinbälle liegen in der Halle verstreut. Die Gruppe dribbelt um den Mittelkreis (oder frei im Raum). Auf Pfiff versucht jeder, dribbelnd (oder prellend, je nach Aufgabenstellung) einen Medizinball zu erhaschen. Wer keinen mehr erwischt, führt eine Startübung (z. B. mit einem Medizinball) aus, bevor er wieder mitspielt. • Mit einem zweiten Signal (2 Pfiffe): Andere Zusatzaufgabe!	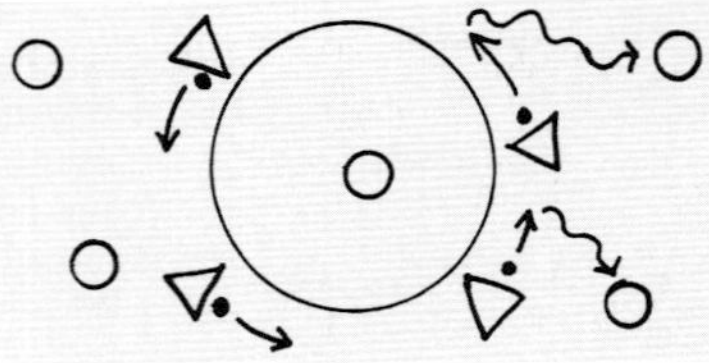
829	**Dribbel-Duo** **Inhalt** Orientierung **Ver-halten** Peripheres Sehen, Kooperation	A und B stehen nebeneinander mit Handfassung. B prellt mit der freien Hand einen Ball. C steht A und B gegenüber und versucht, B den Ball regelgerecht (nach vorgängig vereinbarten Spielregen) wegzuschnappen. A versucht, dies mit seinem Körper (ohne Einsatz seiner Arme) zu verhindern. • Auch C mit einem Ball. • Alle prellen einen Ball.	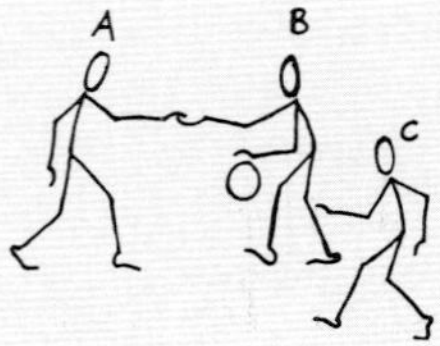
830	**Teamarbeit** **Inhalt** Orientierung **Ver-halten** Konzentration, Peripheres Sehen	Jeder besitzt einen Ball und einen Gymnastikreifen. Auf Kommando werden alle Reifen angedreht und die Klasse dribbelt frei in der ganzen Halle. Dabei muss die Klasse versuchen, alle „absterbenden Reifen" wieder neu anzudrehen, so dass immer alle Reifen in Bewegung bleiben. • Zwischen jedem „Andrehen" eine Zusatzaufgabe, z. B.: Dribbeln zur nächsten Wand.	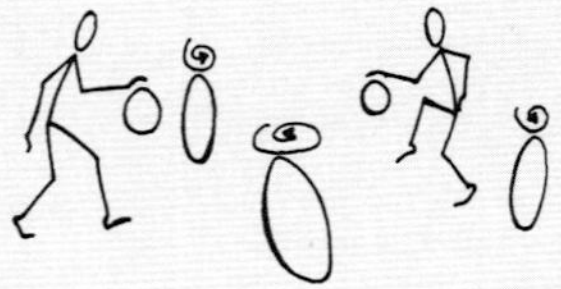
831	**Reifen-Antrieb** **Inhalt** Orientierung **Ver-halten** Peripheres Sehen, Konzentration	Zu zweit oder zu dritt mit einem Reifen. Der Reifen wird angedreht und die Gruppe läuft mit den Bällen (dribbelnd, am Fuß führend, jonglierend ...) um den Reifen herum. Dabei müssen immer alle dafür sorgen, das der Reifen in Bewegung bleibt. • Gleichzeitig versuchen, einen Ballon in der Luft zu „halten". • Der Drehsinn des „Kreisels" bestimmt die Laufrichtung. • Der Drehsinn des „Kreises" bestimmt die Hand: li oder re Hand!	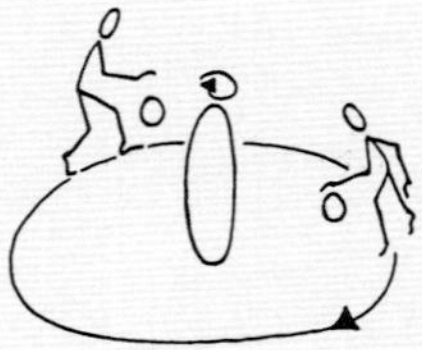
832	**Ball-Artist** **Inhalt** Differenzierung **Ver-halten** Peripheres Sehen, Konzentration	Jeder mit einem (Hand-)Ball und einem Tennisball. Mit der einen Hand den Ball prellen, mit der anderen Hand gleichzeitig den Tennisball hochwerfen und wieder fangen. Fortgesetzt. • Wer kann dasselbe in Bewegung (vw, rw, sw, usw.)? • Gleichzeitig versch. Positionen einnehmen (knien, sitzen, kauern).	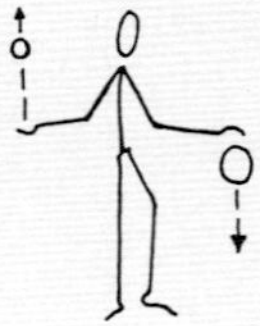

6.2.1 Bälle (Dribbeln)

Nr.	Name der Spielform Ziele/Akzente	Idee/Beschreibung	Hinweise/Organisation
833	**Linienlaufen**	Ein (Tennis-)Ball darf nur den Linien entlang geprellt (gerollt) werden. Verschiedene Aufgabenstellungen: • Der Ball soll die Linie jeweils berühren. • Der li oder re Fuß bleibt immer in Linienkontakt. • Verschiedene Linienfarben oder Linienformen bedeuten verschiedene Fortbewegungs- und Prellarten. • Wer kann dies auch mit zwei Bällen gleichzeitig?	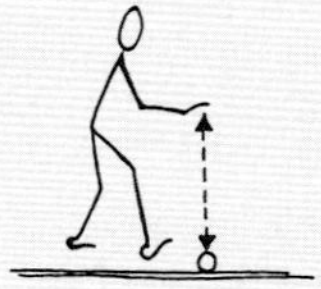
Inhalt	Differenzierung		
Verhalten	Konzentration		
834	**Verkehrspolizei**	Die Gruppe stellt sich in lockeren Reihen dem Verkehrspolizisten gegenüber auf und dribbelt einen Ball. Der Polizist zeigt mit den Armen die Richtung an, in der geprellt oder gedribbelt werden soll. • Rasch/langsame Wechsel von re, li, vw, rw, diagonal. • Verkehrt: Nach rechts zeigen heißt, nach links gehen und umgekehrt. Auch mit akustischen Signalen kombinieren!	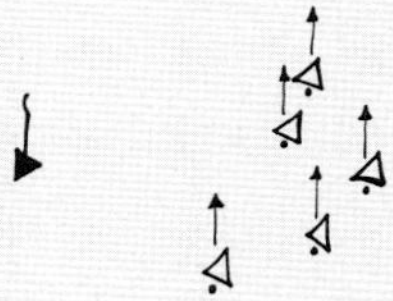
Inhalt	Reaktion		
Verhalten	Peripheres Sehen Aufmerksamkeit		
835	**Im Stangenwald**	Möglichst viele Malstäbe werden in unregelmäßigen Abständen als „Wald" in der halle aufgestellt. Verschiedene Aufgaben, z. B.: • Freies Dribbeln im Stangenwald, ohne zusammenzustoßen oder „Bäume" umzuwerfen. • Jeder „Baum" muss beim Vorbeilaufen mit der freien Hand an der „Wurzel" berührt werden. Laufend Handwechsel li/re.	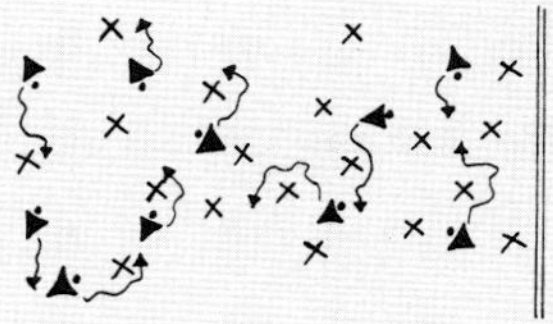
Inhalt	Orientierung		
Verhalten	Rücksicht nehmen		
836	**Kunstprellen**	Zu zweit möglichst nahe gegenüber, jeder mit zwei Bällen. Nur prellen beide gleichzeitig im gleichen Rhythmus beide Bälle. Auf Kommando wechseln sie nun die Plätze und übernehmen ohne Unterbrechung die Bälle des Partners. Gelingt dies auch nur mit dem Wechsel eines Balles? (Verschiebung nicht um 180° wie oben beschrieben, sondern nur um 90°!).	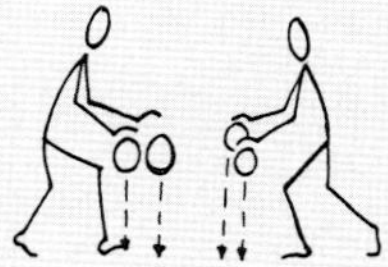
Inhalt	Rhythmus		
Verhalten	Freude, denn dies ist „zirkusreif"!		
837	**Wechselprellen**	A und B stehen sich gegenüber mit je einem Ball. Beide prellen im gleichen Rhythmus ihren Ball. Dann übergibt A seinen Ball an B, und B prellt beide Bälle nacheinander. Gelingt dies auch, wenn versucht wird, mit gekreuzten Armen zu prellen? Wer findet (und kann!) noch schwierigere Formen?	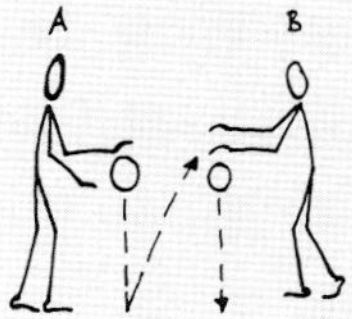
Inhalt	Differenzierung		
Verhalten	Zu zweit etwas erreichen		

Nr.	Name der Spielform Ziele/Akzente	Idee/Beschreibung	Hinweise/Organisation
838	**Taktmaschine** **Inhalt** Rhythmus **Verhalten** Freude an Kombinationen	Wer kann mit zwei Bällen wie folgt prellen. Mit der li Hand doppelt so schnell wie mit der re Hand und gleichzeitig sich dabei noch fortbewegen? • Wer kann zu einem Walzer prellen? (re Hand = Metrum, li Hand = Takt, d. h. also: re 3er, li 1er). • Wer findet eigene Kombinationsmöglichkeiten heraus?	
839	**Motor starten** **Inhalt** Differenzierung **Verhalten** Ein Kunststück zum Vorzeigen	Wer kann den auf dem Boden liegenden Ball durch „Klopfen" mit der Hand (oder mit dem Fuß) zum Prellen bringen? • Wer kann den Ball mit dem Fuß (Fußsohle) prellen?	
840	**Beat-Finder** **Inhalt** Rhythmus **Verhalten** Kooperation	Zu zweit mit einem Ball. A prellt mit dem Ball einen Rhythmus vor (z. B. 4x kurz, 2x lang). B übernimmt den Ball, ohne den vorherigen Rhythmus zu unterbrechen. Findet weitere Rhythmen und Folgen! • Geht es auch zu viert mit zwei Bällen? Vielleicht sogar in der Fortbewegung?	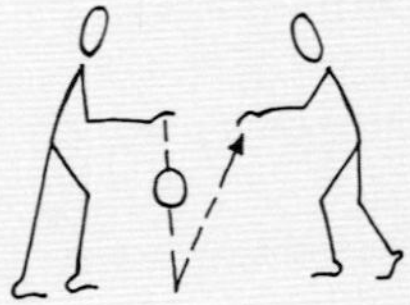
841	**Prellapparat** **Inhalt** Rhythmus **Verhalten** Spaß zu zweit	Zu zweit mit zwei Bällen. A prellt gleichzeitig mit zwei Bällen einen Rhythmus z. B. auf 4/8-Zeiten. B übernimmt beide Bälle und versucht, den Rhythmus von A zu übernehmen. Der Rhythmus geht so lange hin und her, bis er sitzt. Dann wird gewechselt. • Ist es möglich nach 4x/3x/2x schon ohne Stopp den Rhythmus zu wechseln?	
842	**Auf und ab …** **Inhalt** Differenzierung **Verhalten** Konzentration	Wer kann einen Ball prellen und sich dabei hinsetzen, hinlegen und wieder aufstehen, ohne dabei den Ball zu verlieren? Wer steht zuerst wieder? Wer braucht am wenigsten Ball-Boden-Kontakte? • Pro Ball-Prellen muss versucht werden, eine neue Position einzunehmen, z. B.: Stehen – knien – sitzen – liegen – sitzen – knien …	

Nr.	Name der Spielform Ziele/Akzente	Idee/Beschreibung	Hinweise/Organisation
843 **Inhalt** **Verhalten**	**Engpass** Differenzierung Eigene Grenzen erleben	Für jeden Spieler liegt ein Gymnastikreifen irgendwo in der Halle. Alle prellen (dribbeln) frei in der Halle und versuchen, durch die Reifen zu steigen, ohne dass der Ball dabei verloren geht. • Der Ball muss nicht durch den Reifen, d. h., den Ball z. B. vor dem Reifen einmal stark prellen, durch den Reifen steigen, weiter prellen. Oder aber: Der Ball muss durch den Reifen!	
844 **Inhalt** **Verhalten**	**Kampf-Platz** Gleichgewicht Reaktion (Eigene) Spielregeln einhalten	A und B stehen mit je einem Fuß in einem Gymnastikreifen und fassen die inneren Hände gegenseitig. Mit der äußeren Hand dribbeln beide einen Ball. Wer kann den anderen zum Abheben des Fußes „zwingen“, ohne dabei selber den „Boden zu verlieren“? • Sobald A oder B den Reifen „verlassen“ hat, starten beide zu einem Basketballkorb. Wer erzielt zuerst einen Treffer?	
845 **Inhalt** **Verhalten**	**Dunkelkammer** Differenzierung Konzentration Vertrauen	Im Grätschsitz, Hürdensitz, Stand o. Ä. Wer kann mit geschlossenen Augen in diesen verschiedenen Körperstellen den Ball prellen, ohne diesen zu verlieren? Wer kann blind prellend von einer zur anderen Köperstellung wechseln. Gelingt es sogar, dass wir alle blind miteinander durch die Halle prellen, ohne aufeinanderzustoßen?	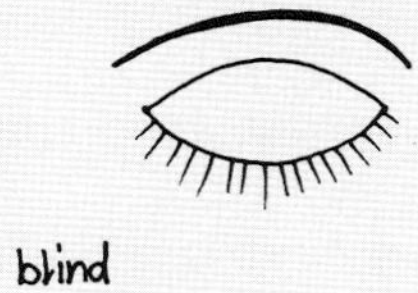
846 **Inhalt** **Verhalten**	**Der Dirigent** Differenzierung Peripheres Sehen Spaß	Die Spieler stellen sich im Kreis auf. Jeder hat einen Ball. Ein Spieler steht im Kreis. Die Kreisspieler bestimmen heimlich einen „Dirigenten“, welcher laufend neue Dribbelarten, -rhythmen usw. mit dem Ball vorzeigen darf. Diese „neuen Formen“ werden von den anderen Kreisspielern sofort übernommen, jedoch ohne zu verraten, wo sie diese Übung „abgeschaut“ haben. Merkt der Spieler im Kreis, wer der Dirigent ist? Wenn ja, dann Wechsel der Aufgabe!	
847 **Inhalt** **Verhalten**	**Kettenprellen** Rhythmus Miteinander!	Zu viert auf einer Linie. A, B und C haben je zwei Bälle, D ohne Ball. Auf Kommando prellen A, B und C ihre Bälle 4x (8x) im gleichen Metrum, wechseln dann eine Platz nach li (re) weiter und übernehmen die Bälle des „Nachbarn“. Das Metrum soll beibehalten werden. Der Äußerste läuft jeweils um die Kette herum und schließt auf der anderen Seite wieder an. Sind längere Reihen möglich?	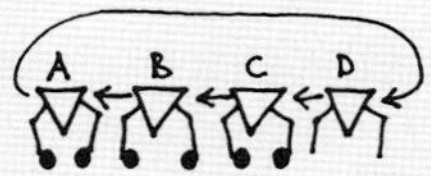

6

Nr.	Name der Spielform Ziele/Akzente	Idee/Beschreibung	Hinweise/Organisation
848 **Inhalt** **Ver-halten**	**Quadratprellen** Orientierung Gute Zusammen-arbeit	A und B stehen sich gegenüber. A besitzt zwei rote Bälle, B zwei weiße. Beide prellen ihre beiden Bälle im selben Metrum 4x und rücken danach um einen Ball weiter nach rechts (oder links). Somit prellen danach beide je zwei verschiedenfarbene Bälle, bevor sie wieder um einen Platz weiterrücken. Wie oft gelingt dies, ohne dabei die Bälle zu verlieren?	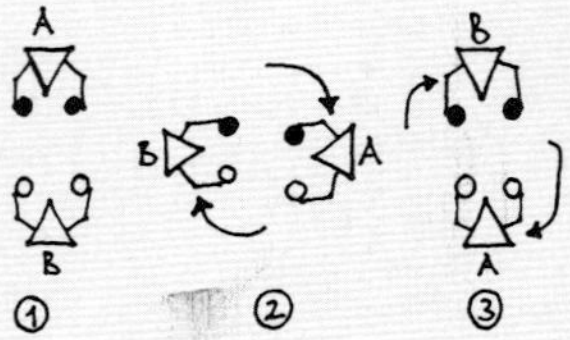
849 **Inhalt** **Ver-halten**	**Basket-Finte** Orientierung Nicht gleich aufgeben	Wer kann den Ball von der rechten in die linke Hand prellen, links aufnehmen und mit Schwung hinter dem Rücken wieder in die rechte Hand übergeben? Gegengleich! Auch als Wettbewerb!	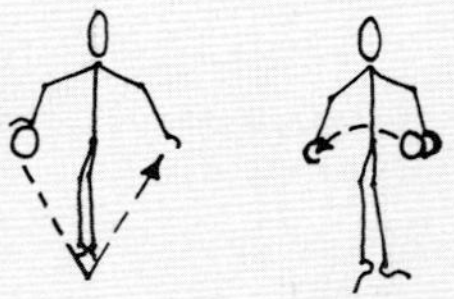
850 **Inhalt** **Ver-halten**	**Show-Dribbeln** Beidhändigkeit Immer wieder üben	Gehen mit großen Schritten und gleichzeitig dribbeln. Versuche nun, während des Gehens zwischen den Beinen durchzudribbeln. Erster Schritt: 1x Prellen rechts Zweiter Schritt: 1x Prellen zwischen den Beinen nach links Dritter Schritt: 1x Prellen links usw.	
851 **Inhalt** **Ver-halten**	**Ball-Parcours** Gleichgewicht Ball und Spieler = eine „Einheit"	Die Halle ist vollgestellt mit verschiedensten Geräten. Nun soll versucht werden, über und unter möglichst allen Geräten zu klettern, zu steigen, zu hangeln usw., und dabei immer mit dem Ball zu prellen. Wer verliert den Ball (beinahe) nie? • Zu zweit: A geht vor, B folgt nach und kopiert.	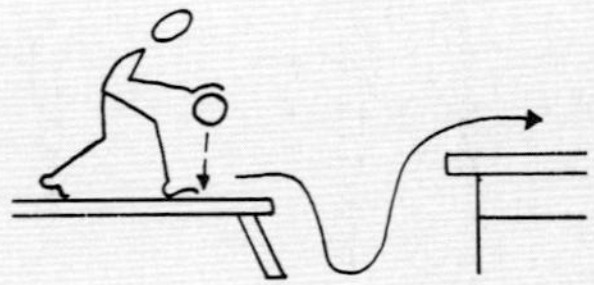
852 **Inhalt** **Ver-halten**	**Zick-Zack-Prellen** Orientierung Konzentration	Hochstellung, den Ball vor dem Körper mit beiden Händen gefasst. Den Ball beidhändig zwischen den Beinen nach hinten zu prellen und dort den Ball wieder mit beiden Händen fassen. Nun soll der Ball von hinten wieder nach vorne geprellt werden. Fortgesetzt, auch als Wettbewerb, z. B.: Wer hat den Ball zuerst 10x geprellt, aber ohne Fehler!	

Nr.	Name der Spielform Ziele/Akzente	Idee/Beschreibung	Hinweise/Organisation
853	**Floh-Spiel**	3 bis 6 Spieler stellen sich in einem Kreis auf. Ein weiterer Spieler befindet sich im Vierfüßlergang in der Mitte des Kreises. Die Kreisspieler rollen sich mit Händen oder Füßen einen Ball durch die Mitte zu und versuchen, den Mittelspieler so zu treffen. Dieser weicht aber durch geschicktes Hochschnellen dem Ball aus. Die Spieler können auf der Kreislinie stehen oder sich verschieben.	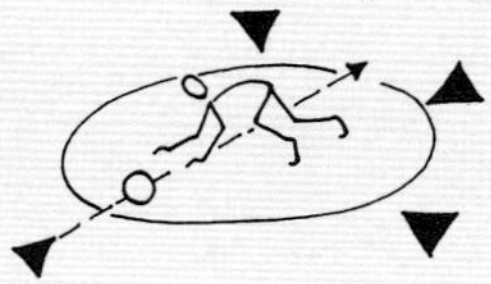
Inhalt	Reaktion		
Verhalten	Spaß		
854	**Fuß-Kick-Ball**	Zu zweit mit einem Ball. Den Ball zwischen die Füße klemmen und auf verschiedene Arten dem Partner zuwerfen. Auch aus dem Hockstand. Flüchtiges Aufschwingen in den Handstand und dann den Ball über den Kopf zum Partner schleudern. Der Partner versucht, den Ball fußballtechnisch sauber anzunehmen.	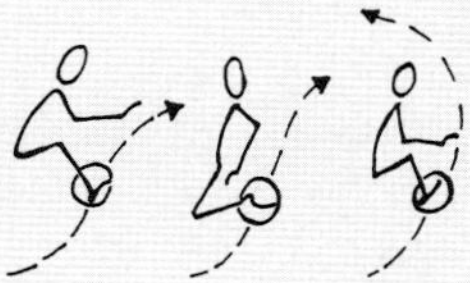
Inhalt	Orientierung		
Verhalten	Wer ist der bessere Akrobat?		
855	**Einwurf rückwärts**	Zwei Spieler stehen sich gegenüber mit einem Ball. A beugt sich weit zurück (Ball in Hochhalte) und versucht, den Ball zwischen seinen eigenen Beinen durch zum Partner zu prellen. B übernimmt den Ball irgendwie (nach Fußballregeln) und versucht seinerseits den „Einwurf rückwärts"!	
Inhalt	Differenzierung		
Verhalten	Wer kann es besser?		
856	**Doppeldecker**	A und B stehen sich im Abstand von 5 bis 10 m gegenüber. A hält beide Bälle und rollt, prellt oder wirft beide Bälle gleichzeitig (oder anfänglich kurz nacheinander) zu B. B versucht, beide Bälle zu fangen und sie genau gleich wieder zu A zurückzuspielen.	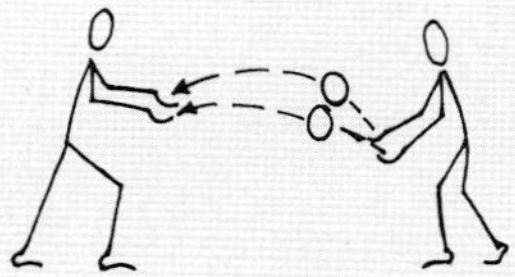
Inhalt	Reaktion Beidhändigkeit		
Verhalten	Kooperation		
857	**Hand-Fuß-Ball**	A und B stehen mit je einem Ball gegenüber. Ball 1 wird mit dem Fuß hin und her geschoben, während Ball 2 hin und her geworfen wird. • Sucht weiter Hin- und Her-Formen.	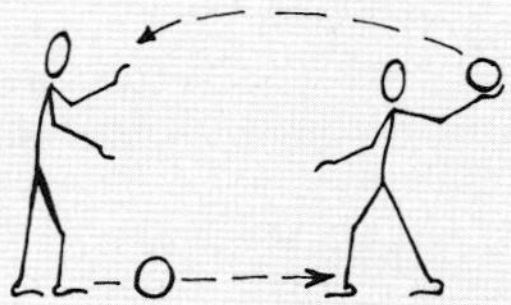
Inhalt	Orientierung		
Verhalten	Konzentration Peripheres Sehen		

Nr.	Name der Spielform Ziele/Akzente	Idee/Beschreibung	Hinweise/Organisation
858	**Hock-Wurf** **Inhalt** Orientierung **Verhalten** Eigene Grenzen erleben	Jeder mit einem Ball. Grätschstand, Ball in Tiefhalte. Nun wird der Ball durch die Beine über Rücken und Kopf nach vorne geworfen und (wenn möglich) aufgefangen, ohne dass der Ball auf den Boden fällt. Wer kann vor dem Fangen des Balles noch eine halbe Drehung ausführen? • Wer kann den Ball mit dem Fuß „auffangen"?	
859	**Reaktionstest 1** **Inhalt** Reaktion **Verhalten** Spaß	Zu zweit. A im Langsitz, Blick geradeaus. B steht hinter A und hält einen Ball in Vorhalte. Plötzlich lässt B den Ball los und A versucht, den Ball aufzufangen, sobald er ihn sieht. • A schließt die Augen und öffnet erst auf Zuruf von B. • Verschiedene Armpositionen von A. • Wer Erfolg hat sucht neue (schwierigere) Positionen.	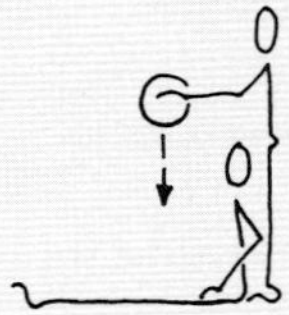
860	**Reaktionstest 2** **Inhalt** Orientierung, Reaktion **Verhalten** Fairer Wettstreit zu zweit	Zu zweit. A mit dem Rücken zu B, mit Blick zu einer Wand. B wirft A einen Ball zu und ruft: „Jetzt!" In diesem Augenblick darf sich A umdrehen und versucht, den Ball noch zu fangen (oder abzuwehren). • Das Zuspiel wird immer ungenauer. • Das Zuspiel ist so ungenau, dass es nur noch mit einem „Torhüter-Sprung" gefangen werden kann (Matten legen!).	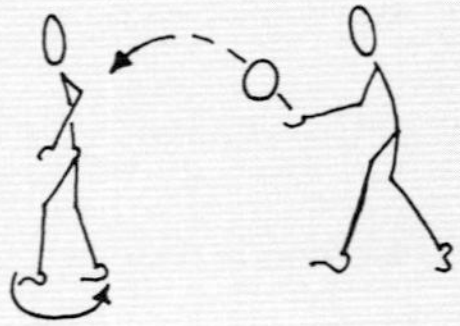
861	**Hocke-Fang** **Inhalt** Differenzierung **Verhalten** Eigene Grenzen erleben	Wer kann einen Ball hochwerfen und diesen in der Hocke zwischen den Unterschenkeln wieder auffangen, wobei die Arme um die Oberschenkel herumreichen und zwischen den Unterschenkeln hervorgestreckt werden? • Einfachere Version: Arme zwischen den Oberschenkeln.	
862	**Liege-Fang** **Inhalt** Orientierung, Reaktion **Verhalten** Sich selbst herausfordern	Gleiche Idee wie oben. Doch jetzt wird nach dem Hochwerfen des Balles die Rückenlage eingenommen und versucht, in dieser Position den Ball zu fangen, bevor dieser auf den Boden fällt. Wirf nun den Ball etwas weiter weg. Gelingt es, den Ball noch vor dem Herunterfallen in einer „unmöglichen" Körperhaltung zu fangen, bevor dieser den Boden berührt? • 1x Aufprellen erlaubt.	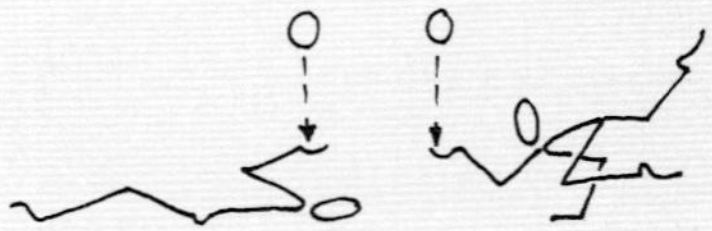

6.2.3 Bälle (Jonglieren und andere Kunststücke)

Nr.	Name der Spielform Ziele/Akzente	Idee/Beschreibung	Hinweise/Organisation
863 **Inhalt** **Verhalten**	**T-Shirt-Wurf** Differenzierung Orientierung Grenzen ausloten Kooperation	1 kl. Ball aufwerfen und im T-Shirt auffangen, Höhe variieren. • Den Ball einmal aufwerfen, dann mit dem Shirt mehrmals hochspicken. • Zu zweit: A wirft den Ball zu B, B fängt den Ball mit dem Shirt. • Wie oben, aber B versucht den Ball direkt aus dem Shirt zurückzuspielen.	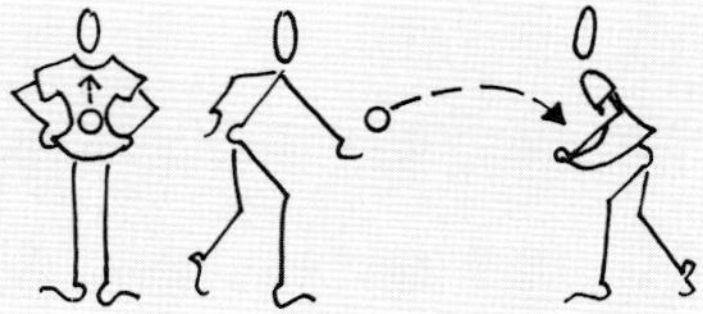
864 **Inhalt** **Verhalten**	**Übers Kreuz** Differenzierung Konzentration	Den Ball fortgesetzt übers Kreuz zur anderen Hand werfen, versuchen am Ort stehen zu bleiben und beide Seiten möglichst gleich zu werfen. • Mit 2 Bällen abwechselnd, zuerst nur werfen und zu Boden fallen lassen, dann den ersten Ball fangen, wenn das geht, auch den 2. • Nun re werfen, li werfen, re fangen, re werfen, li fangen, li werfen.	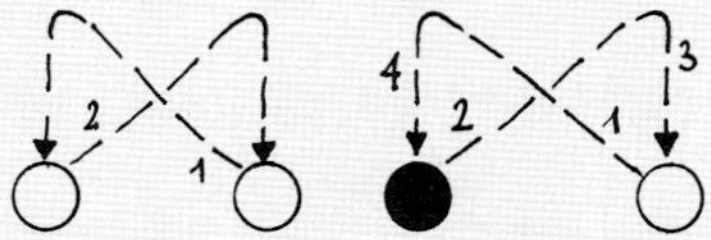
865 **Inhalt** **Verhalten**	**Säule** Differenzierung Orientierung Grenzen ausloten Konzentration	Einen kl. Ball gerade aufwerfen und mit der gleichen Hand wieder fangen. • Auch mit der anderen Hand. • Kannst du dabei herumgehen und jemand anderen begrüßen? • 2 Bälle abwechslungsweise in der gleichen Hand hochwerfen, re u. li. • Wie oben und herumgehen, jemanden begrüßen, einen Ball am Fuß, etc.	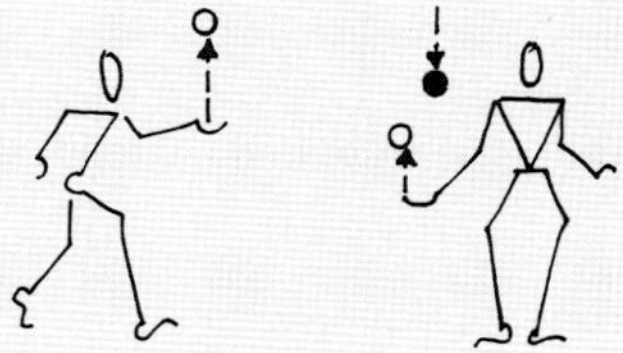
866 **Inhalt** **Verhalten**	**Verfolgen** Differenzierung Konzentration	Mit der re Hand einen Ball fortgesetzt aufwerfen und fangen. Mit der li Hand einen anderen Ball gleichzeitig den gleichen Weg führen (parallel). • Wie oben, aber den 2. Ball im Wechsel zum 1. führen (abwechslungsweise). • Säule mit 2 Bällen in der re Hand. Die li Hand führt einen Ball parallel zu einem der anderen Bälle.	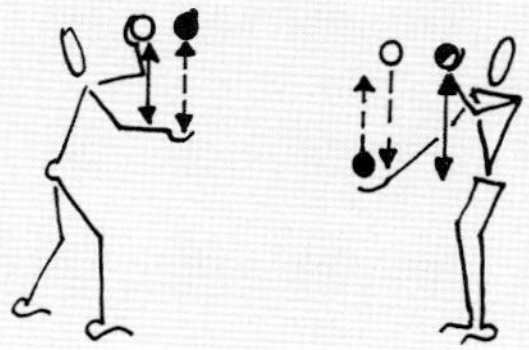
867 **Inhalt** **Verhalten**	**Kreis** Differenzieren Konzentration	Einen Ball so hochwerfen, dass er einen kleinen Kreis nach außen beschreibt. Wenn der Ball am höchsten ist, „jetzt" rufen. • 2 Bälle in einer Hand, den 2. Ball bei „jetzt" hochwerfen. • Wer kann das mit beiden Händen gleichzeitig? • Wer kann das mit beiden Händen abwechslungsweise = jonglieren mit 4 Bällen.	

Nr.	Name der Spielform Ziele/Akzente	Idee/Beschreibung	Hinweise/Organisation
868	**Artisten-wettbewerb**	Wer kann 2 (3) Bälle gleichzeitig jonglieren? Wer kann 2 Bälle mit einer Hand jonglieren (= nacheinander hochwerfen und wieder fangen, fortgesetzt)? Wer kann mit 2 (3) Bällen gegen eine Wand jonglieren? Wenn dies noch nicht geht, dann empfiehlt es sich, dasselbe zuerst mit Rollen gegen die Wand zu erproben. Beginne ganz langsam übers Kreuz!	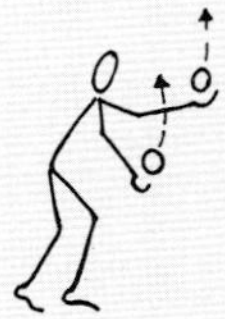
Inhalt	Orientierung		
Ver-halten	Konzentration Spaß		
869	**Ball-Artist**	Arme in Seithalte. Auf jeder Hand liegt ein Ball. Beide Bälle gleichzeitig aufwerfen und wieder fangen? • Wer kann beide Bälle hochwerfen und vor dem Auffangen eine halbe oder sogar eine ganze Drehung ausführen? • Zwischen dem Aufwerfen und Fangen: Klatschen, hüpfen, jem. etwas zurufen, etc. • Unterschiedliche Bälle verwenden.	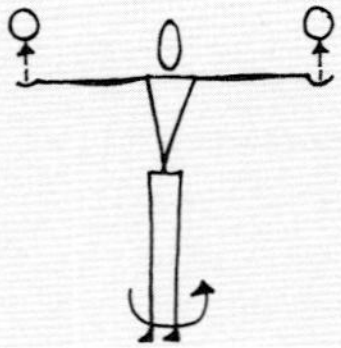
Inhalt	Orientierung		
Ver-halten	Mut zum Experimentieren!		
870	**Sprung-Fang**	Ball in Vorhalte. Wer kann durch einen Winkelsprung mit den Füßen den Ball in der Luft berühren? Wer kann den Ball im Sprung unter den Oberschenkeln durch auf die andere Seite übergeben? Wer kann ...? • Eigene Formen finden und vorzeigen.	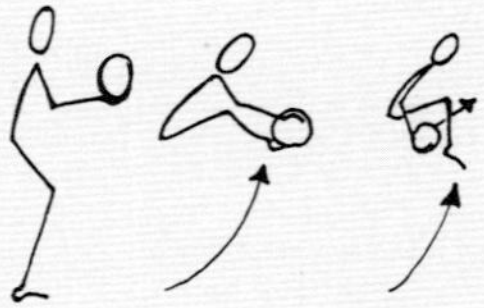
Inhalt	Differenzierung		
Ver-halten	Mut zum Experimentieren!		
871	**Ballfang verkehrt**	Wer kann den Ball über dem Kopf in Bogenspannung halten, hinter dem Rücken fallen lassen und nach einer halben Drehung wieder auffangen? • Den Ball zwischen den gegrätschten Beinen auffangen. • Den Ball nur mit einer Hand fangen! • Den Ball mit dem Fuß „fangen"!	
Inhalt	Orientierung Reaktion		
Ver-halten	Ausprobieren!		
872	**Ballschule**	Wer kann den Ball hochwerfen und vor dem Fangen: • 10x in die Hände klatschen? • 2x Armkreisen rw ausführen? • 1x schuhplattern? • Ein Rolle vw oder rw ausführen? • Sich hinsetzen und wieder aufstehen vor dem Fangen? Usw.!	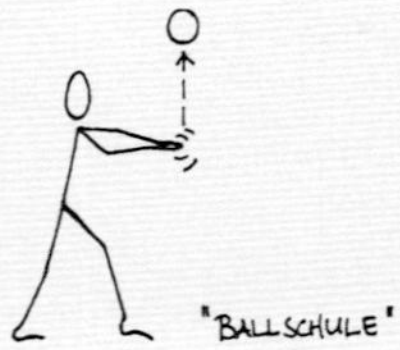
Inhalt	Orientierung		
Ver-halten	Eigene Formen finden		

Nr.	Name der Spielform Ziele/Akzente	Idee/Beschreibung	Hinweise/Organisation
873	**Dreh-Fang**	Wer kann seinen Ball hochwerfen, beim Aufprellen überspringen (beidbeinig gleichzeitig abspringen zur Grätsche über den Ball) und den Ball nach einer halben Drehung wieder fangen, bevor dieser wieder den Boden berührt? Wenn es nicht gelingt, dann versuche erst einmal nur einbeinig über den Ball zu springen! Gelingt es evtl. zu zweit?	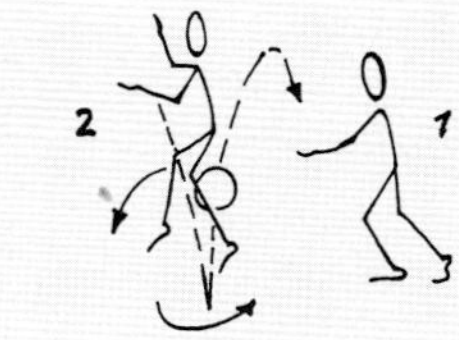
Inhalt	Orientierung Reaktion		
Verhalten	Eigene Lösung finden		
874	**Sprung-Ball**	Wer kann den Ball so hochprellen, dass er 2x, 3x oder sogar 4x unter dem springenden Ball durchkriechen kann? • Auch zu zweit: A wirft B den Ball. B versucht, so oft wie möglich unter dem prellenden Ball durchzulaufen, bzw. am Schluss zu „hechten". Wer schafft mehr? • Welche 2er-Gruppe schafft gemeinsam am meisten (je 1 Versuch)?	
Inhalt	Orientierung Reaktion		
Verhalten	Lust am Experimentieren		
875	**Flipperkasten**	Wirf den Ball so gegen die Wand, dass du ihn überspringen kannst bevor er den Boden erreicht. • Nach dem Sprung eine halbe Drehung ausführen und versuchen, den Ball vor einem weiteren Bodenkontakt aufzufangen. • Der Partner wirft den Ball an die Wand. • Der Ball muss im Sitz, in Rückenlage gefangen werden!	
Inhalt	Orientierung Reaktion		
Verhalten	Gemeinsam experimentieren		
876	**Fangen erschwert**	Wer kann den Ball von Gesichtshöhe aus fallen lassen, 1x unter, 1x über dem fallenden Ball klatschen und diesen wieder fangen, bevor er auf den Boden fällt? • Wie oben, aber der Ball wird nur mit einer Hand gehalten: Ball fallen lassen, 1 ganze Drehung ausführen und den Ball wieder auffangen. Anfänglich leicht hochwerfen, dann immer weniger hoch!	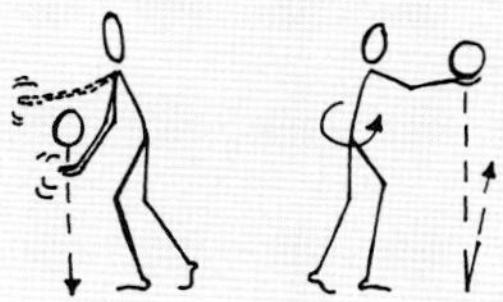
Inhalt	Reaktion		
Verhalten	Mut zum Risiko!		
877	**Ball-Waage**	Arme in Seithalte, Handflächen nach oben. In einer Hand liegt ein Ball. Wer kann nun den Ball von der Hand über den Arm zur Schulter und wieder zurückrollen lassen, ohne dass der Ball auf den Boden fällt? • Wer kann den Ball von der Hand über den Arm und die Brust zur anderen Hand rollen lassen. Auch über die Schultern möglich! • Verschiedene Bälle ausprobieren.	
Inhalt	Differenzierung		
Verhalten	Wer findet heraus wie's geht?		

Nr.	Name der Spielform Ziele/Akzente	Idee/Beschreibung	Hinweise/Organisation
878	**Rebounds**	Wer kann den Ball fortwährend an die Wand spielen, in der Luft fangen und direkt wieder an die Wand werfen vor dem Bodenkontakt mit den Füßen? • Zu zweit miteinander? • Zu zweit (abwechslungsweise) gegeneinander? • Als Gruppe? • Als Circuit-Station in einem Konditions- oder Spielparcours!	
Inhalt	Rhythmus		
Ver-halten	Miteinander erproben		
879	**Hüpfball**	Grätschstand, Ball zwischen den Knien oder zwischen den Füßen. Schlusshüpfen vw, sw, rw. • Über und um kleine Hindernisse wie Langbänke o. Ä. • Mit Medizinbällen. • Als Wettbewerb zu zweit. Wer kann den Partner durch Ziehen und Stoßen dazu bringen, den Ball zu verlieren?	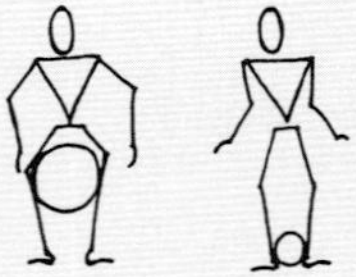
Inhalt	Gleichgewicht		
Ver-halten	Eigene Formen suchen		
880	**Überhol-Ball**	Den Ball nach vorne rollen, hinterherlaufen, den Ball überspringen und ihn nach einer halben Drehung aufnehmen. • Zu zweit. Jeder rollt dem anderen den Ball. • Tempo des Balles gegenseitig variieren.	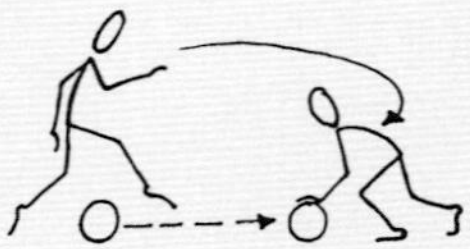
Inhalt	Reaktion Differenzierung		
Ver-halten	Mit- und füreinander spielen		
881	**Schritt-Ball**	Fortgesetzte Ausfallschritte vw, bei jedem Schritt den Ball unter den Beinen auf die andere Seite übergeben. • Als Wettbewerb. Wer hat so zuerst eine bestimmte Strecke zurückgelegt? • Gelingt es auch mit geschlossenen Augen?	
Inhalt	Orientierung		
Ver-halten	Spielregeln einhalten		
882	**Drall-Ball**	Versuche dem Ball einen vw-, rw- , sw-Drall zu geben. • Gerade hochwerfen. • Jemandem zuwerfen. • Ball über Kopf hochwerfen (wie Basketball-Korbwurf) einhändig/beidhändig. • Wer kann dem Ball einen solchen Drall geben, dass er auf dem Zeigefinger „tanzt“.	
Inhalt	Differenzierung		
Ver-halten	Konzentration		

Nr.	Name der Spielform Ziele/Akzente	Idee/Beschreibung	Hinweise/Organisation
883	**Jonglierstafette** **Inhalt** Differenzierung **Verhalten** Konzentration	4er-Gruppen. Den Ball auf zwei Stäben transportieren und übergeben. Aufgabe: Drei verschiedene Bälle müssen von jedem Spieler 1x (2x) über eine bestimmte Strecke getragen werden. Als Erschwerung können zusätzlich kleine Hindernisse eingebaut werden, z. B. Langbänke, Kastenelemente usw.	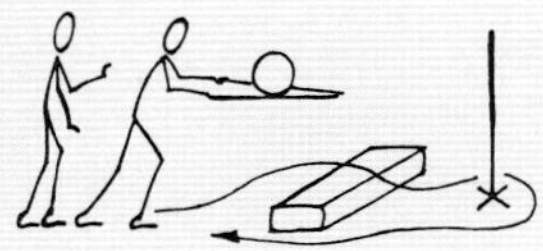
884	**Schulterball** **Inhalt** Orientierung **Verhalten** Körperbewusstsein	Wer kann: • Im Winkelstand den Ball auf dem Nacken balancieren? • Dito, aber senken zur Bauchlage, ohne den Ball zu verlieren? • Den Ball leicht hochwerfen und diesen im Winkelstand auf dem Nacken „weich" auffangen? Für Könner: Auch mit einem kleinen Ball!	
885	**Lauerkatze** **Inhalt** Reaktion **Verhalten** Fairness, Konzentration	Zu zweit mit zwei Bällen. A hält in jeder Hand auf Kopfhöhe einen Ball und lässt den einen plötzlich fallen. B steht gegenüber von A (Abstand höchstens 2 m) und versucht, den Ball aufzufangen (wenn nötig durch einen Hechtsprung), bevor der Ball auf den Boden fällt. Abstände individuell vergrößern, bis es nicht mehr geht.	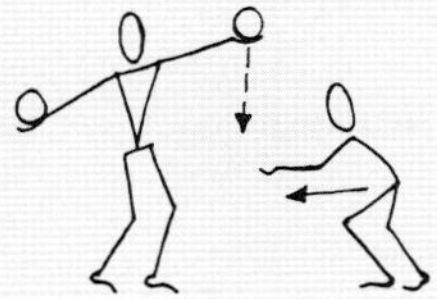
886	**Slalomläufe** **Inhalt** Orientierung, Differenzierung **Verhalten** Nicht gleich aufgeben	Zwei verschiedene Bälle sollen im Slalom um Malstäbe (Keulen, Hütchen usw.) gerollt werden. Je größer der Unterschied der beiden Bälle ist, desto schwieriger wird die Aufgabe. Versucht dies zuerst auch ohne Hindernisse! • 1 Ball im Slalom, 1 Ball gerade.	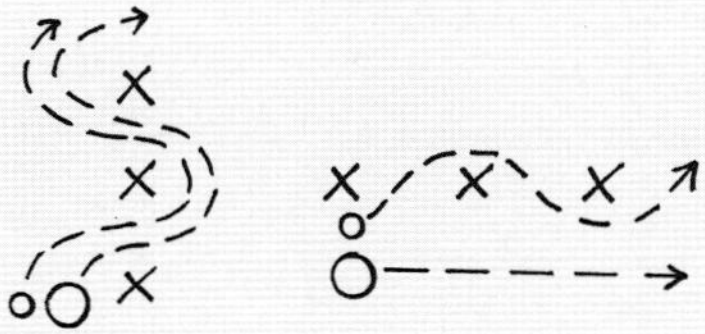
887	**Blind-Fang** **Inhalt** Orientierung **Verhalten** Konzentration, Kooperation	Den Ball vor dem Körper aufwerfen und in verschiedenen Körperstellungen hinter dem Körper wieder fangen (z. B. in der Hocke, einhändig, etc.). • Zu zweit. A wirft den Ball auf über B, und B versucht, den Ball hinter seinem Rücken zu fangen. Wie gelingt dies ohne Fangfehler?	

Nr.	Name der Spielform Ziele/Akzente	Idee/Beschreibung	Hinweise/Organisation
888	**Prellball**	Zu zweit, B mit einem Medizinball, A mit einem Volleyball, Abstand ca. 3 m. A wirft den Ball zu B. B stößt den anfliegenden Ball mit dem eigenen Ball so zurück, dass ihn A wieder fangen kann. • Verschiedene Körperstellungen sowohl beim Hin- als auch beim Zurückstoßen ausprobieren!	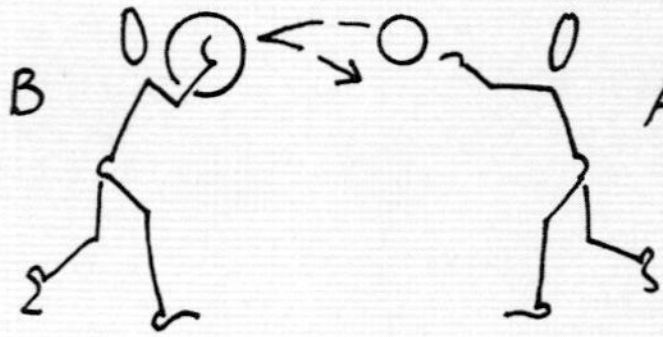
Inhalt	Differenzierung		
Verhalten	Spaß zu zweit		
889	**Ball-Tänzer**	Wer kann auf einem Medizinball möglichst lange stehen? Wer kann sich sogar auf einem Medizinball fortbewegen (Vorsicht!)? Zuerst mit Hilfe! • Als Wettbewerb. Auf LOS! stehen alle sofort auf ihren Medizinball (Mattenunterlage!). Wer bleibt länger oben? • Welches Paar kann sich in dieser „unbequemen Stellung“ sogar noch einen Ball zuspielen und fangen?	
Inhalt	Gleichgewicht		
Verhalten	Vorsichtig die Grenzen erleben		
890	**Bein-Torwart**	A + B stehen hintereinander vor einer Wand. A rollt einen Ball durch die gegrätschten Beine von B gegen die Wand. B blickt zur Wand (Fairness!) oder vor sich auf den Boden und versucht, den Ball zu erhaschen, bevor dieser die Wand berührt. Zuspiel anfänglich langsam, dann variieren.	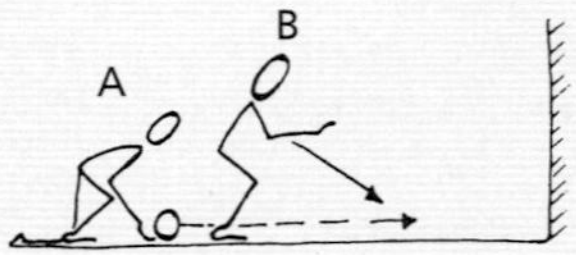
Inhalt	Reaktion		
Verhalten	Konzentration Fairness		
891	**Zirkus-Nummer**	Rückenlage, Beine zur Senkrechten heben. Wer kann einen Medizinball auf den Fußsohlen balancieren? Schwierigkeit steigern, so z. B.: Leichtes Beugen und Strecken der Beine bis zum „Werfen“ und „Fangen“ des Balles mit den Fußsohlen! • Evtl. zu zweit. A = Akrobat, B = Assistent.	
Inhalt	Orientierung Differenzierung		
Verhalten	Höchste Konzentration!		
892	**Transport-unternehmen**	Zu zweit. Der Medizinball muss eine gewisse Strecke transportiert werden, darf aber den Boden nicht berühren. Zudem dürfen weder die Hände noch die Füße den Ball berühren. Beide müssen jedoch mit dem Medizinball in Kontakt bleiben. Welche Lösung ist die beste?	
Inhalt	Orientierung		
Verhalten	Kooperation Fantasie		

Nr.	Name der Spielform Ziele/Akzente	Idee/Beschreibung	Hinweise/Organisation
893	**Raubball**	Jeder zweite Spieler erhält einen (Basket-)Ball, mit dem er frei in der Halle herumdribbelt. Die anderen Spieler ohne Ball versuchen, dem dribbelnden Spieler den Ball (nach vorgängig vereinbarten Spielregeln) wegzuschnappen und diesen dann ihrerseits wiederum zu verteidigen.	
Inhalt	Orientierung		
Verhalten	Faires Spiel mit eigenen Regeln		
894	**Ballraub**	Alle Spieler dribbeln bzw. führen mit dem Fuß einen Ball. Jeder versucht, einem anderen den Ball korrekt wegzuspielen bzw. seinen eigenen nicht zu verlieren (Ball nur von unten wegschlagen!). Wer den Ball verliert, läuft dribbelnd eine Runde ums Spielfeld (oder wirft 5 Körbe usw.), und spielt danach wieder mit. Spezielle Regeln: Nur von vorne angreifen erlaubt.	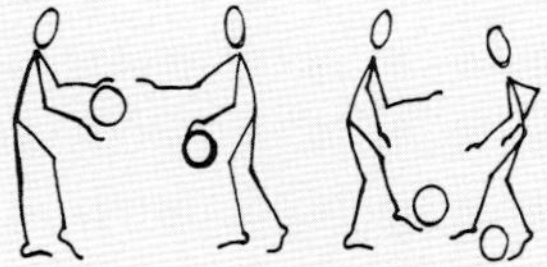
Inhalt	Orientierung		
Verhalten	Spielregeln einhalten		
895	**Königsprellen**	Alle beginnen im Feld 1 mit Prellen und versuchen, sich gegenseitig den Ball nach vereinbarten Spielregeln korrekt wegzuschnappen bzw. wegzuspielen. Wer den Ball verliert, verlässt das „Königsfeld“, wechselt ins „Herzogfeld“ und spielt dort weiter. Verliert man wieder, dann gehts weiter „abwärts“, siegt man dagegen wieder, dann darf man wieder ins „Königsfeld“. Wer ist am Schluss König?	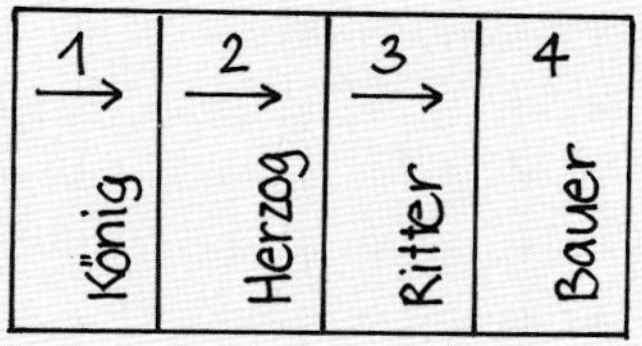
Inhalt	Dribbling Orientierung		
Verhalten	Fairness ohne Spielleiter		
896	**Seitenwechsel**	Jeder mit Ball dribbelnd. Seitenwechsel durch ein Tor, das immer enger wird, ohne Ballverlust (Körperkontakt je nach Sportart erlaubt oder verboten). Wer oder welche Partei sitzt zuerst mit dem Ball hinter der Grundlinie? • Wie oben, aber man darf sich dabei den Ball gegenseitig wegspielen. Wer bringt mehr „beschützte Bälle“ wieder zurück?	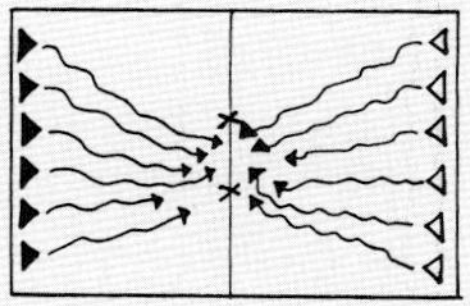
Inhalt	Dribbling Orientierung		
Verhalten	Fairness auch wenns eng wird!		
897	**Ausbrechen**	Gruppe A dribbelt in einem möglichst großen, markierten Kreis. Gruppe B dribbelt außerhalb und versucht, Spieler der Gruppe A, welche ausbrechen wollen, zu berühren. Welche Gruppe hat nach 2 Minuten mehr Ausbrecher? Nach geglücktem Ausbruch hat der Betreffende 2 Versuche, einen Korb zu erzielen. Welche Gruppe hat nach 2 Minuten mehr Körbe? Wer hat zuerst 10 Körbe?	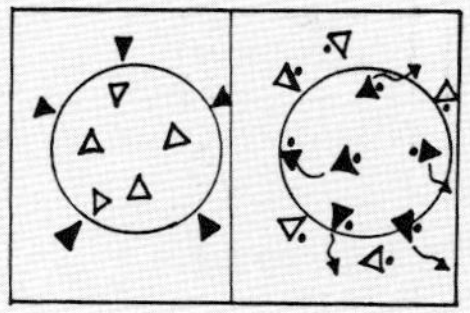
Inhalt	Dribbling		
Verhalten	Selber zählen ... fair zählen!!		

6

Nr.	Name der Spielform Ziele/Akzente	Idee/Beschreibung	Hinweise/Organisation
898 **Inhalt** **Ver-halten**	**Nummerndribbling** Reaktion Orientierung Konzentration Fairness	2 (oder 4) Gruppen. Jeder Spieler mit einem Ball. Jeder Spieler ist innerhalb der Gruppe nummeriert. Alle dribbeln frei in ihrem Feld (oder in der ganzen Halle). Auf Nummernruf müssen die entsprechenden Spieler möglichst schnell ins Feld des Gegners dribbeln und dort einen Korb erzielen (2-Takt- oder Standwurf). Die Gruppe der „Schnelleren" erhält 2 Punkte. Auch mehrere Nummern rufen!	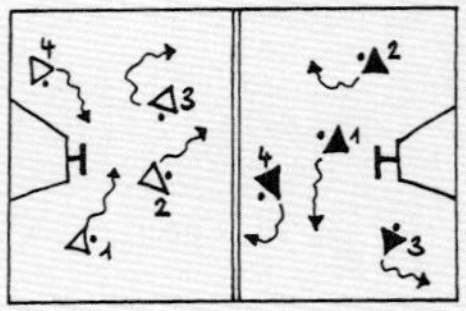
899 **Inhalt** **Ver-halten**	**Dribblingfang auf Zeit** Reaktion Dribbling Richtung zählen = Fairness!!	Halle in zwei Hälften aufgeteilt. 2 Gruppen je in einem Feld. Jeder Spieler dribbelt einen Ball (oder führt ihn am Fuß). Auf Signal schickt jede Gruppe einen Fänger in die gegnerische Hälfte, welcher 1 Minute Zeit hat, möglichst viele Gegner zu fangen. Nach 1 Minute werden die Erfolge der beiden Fänger verglichen und der entsprechenden Gruppe ein Punkt zugesprochen. Welche Gruppe hat nach 5 Durchgängen die meisten Punkte?	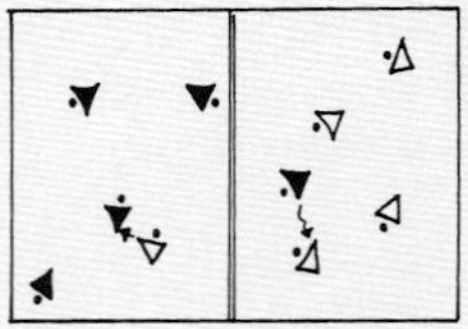
900 **Inhalt** **Ver-halten**	**Schwarzer Mann mit Dribbeln** Orientierung Konzentration Spaß	Der „Schwarze Mann" steht in der Hallenmitte ohne Ball. Die anderen Spieler versuchen, in ein gegenüberliegendes Freimal zu dribbeln (quer oder diagonal durch die ganze Halle). Der Schwarze Mann versucht, einen Ball regelrecht herauszuspielen, zu erhaschen. Gefangene legen ihren Ball weg und helfen dem Schwarzen Mann (oder wechseln mit ihm den Platz).	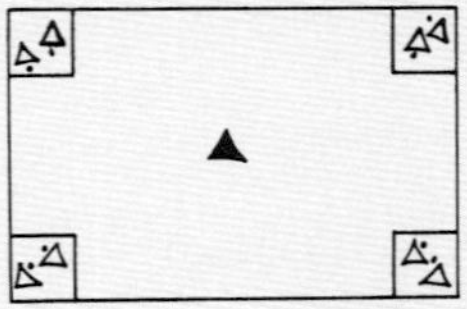
901 **Inhalt** **Ver-halten**	**Tag und Nacht mit Dribbling** Reaktion Aktionsschnelligkeit Konzentration Fairness	Zwei Gruppen (Tag/Nacht) gegenüber an der Mittellinie. Jeder dribbelt seinen Ball am Ort. Auf Kommando „Nacht" flieht die entsprechende Gruppe dribbelnd und die anderen versuchen, sie noch vor Erreichen der Grundlinie (nicht Wand/Gefahr!) zu berühren. • Kommando durch Spieler! • Verschiedene Startpositionen. • Ball haschen/Freimal aber im Rücken des Gegners!	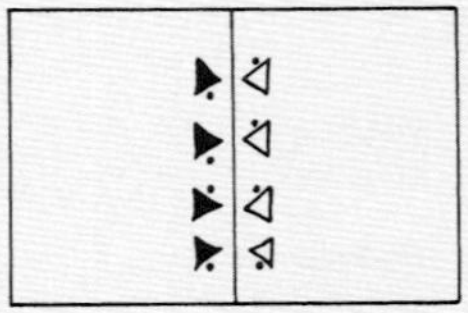
902 **Inhalt** **Ver-halten**	**Volleyball-Jonglier-Fangen** Orientierung Gute Technik trotz Stress!	Jeder jongliert einen Ball (10-Finger-Pass). 3 bis 4 Fänger (evtl. mit einem anderen Ball) versuchen, durch einen genauen Pass den Ball eines Mitspielers zu treffen. Treffer = Rollenwechsel! Die Distanz der Werfer muss dem Können der Gruppe angepasst werden. Auch in Form von „Schwarzer Mann" möglich. Dabei muss die Strecke jonglierend zurückgelegt werden. Schwarzer Mann wirft den Ball!	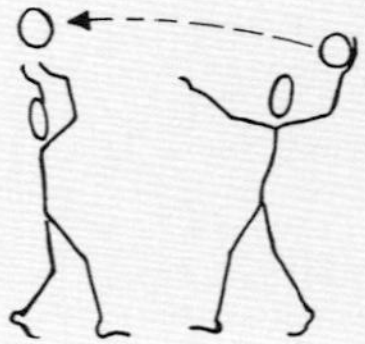

6.3 Springseil

Nr.	Name der Spielform Ziele/Akzente	Idee/Beschreibung	Hinweise/Organisation
903	**Seil-Sprung-Tänzer** **Inhalt** Gleichgewicht **Verhalten** Mut	Verschiedene Formen des Seilspringens auf erhöhter Unterlage (Dicke Matte, Kastenoberteile, Pferd, Trampolin, Langbank). Am Ort oder in Fortbewegung (vw, sw, rw usw.). Z. B.: Minitramp gegenseitig schräg gestellt. Seilspringen und nach jedem Seildurchschwung auf das andere Minitrampolin springen.	
904	**Seil-Ball-Artist** **Inhalt** Rhythmus **Verhalten** Kooperation, Spaß	A und B schwingen das Seil, C springt hinein und versucht, während des Springens einen Ball zu prellen, jonglieren, werfen und wieder fangen usw. • A und B haben je einen Ball und gemeinsam 1 Seil. Beide schwingen das Seil, und gleichzeitig wird im gleichen (oder in einem anderen) Rhythmus geprellt. Auch in Fortbewegung!	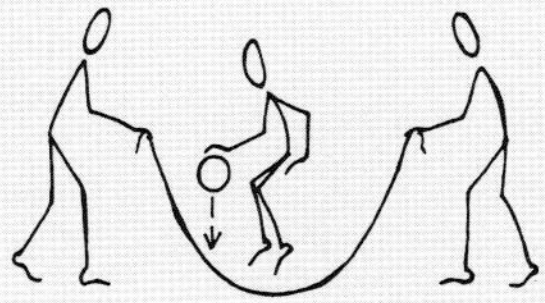
905	**Hochseilrad** **Inhalt** Gleichgewicht, Orientierung **Verhalten** Wer könnte auf da hohe Seil ...?	Seil in einer Geraden auf dem Boden ausgelegt. Wer kann das Rad so gerade schlagen, dass es sowohl mit den Händen als auch mit den Füßen nicht vom Seil „fällt"? • Wer kann das auch auf seiner „schwächern Seite"? • Wer kann das einhändig?	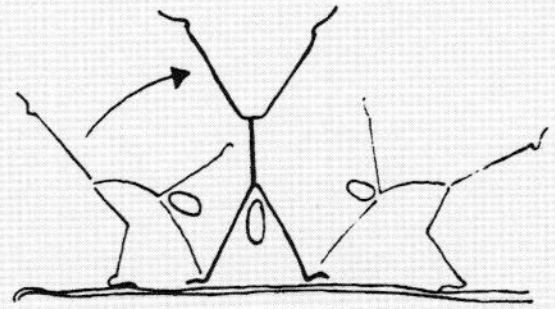
906	**Übergabe-Stafette** **Inhalt** Orientierung **Verhalten** Halt die Hände zurück!	3er- bis 5er-Gruppen, Sitz hintereinander barfuß. Das Seil wird mit den Füßen rw über die Kerze übergeben und vom Nächsten mit den Füßen übernommen. Der Hinterste läuft mit dem Seil zur Spitze der Gruppe. Welche Gruppe hat zuerst 5 Durchgänge?	
907	**Mutsprung** **Inhalt** Schnellkraft, Orientierung **Verhalten** Eigene Grenzen akzeptieren!	Das Seil wird vierfach zusammengelegt. Das Seil wird mit beiden Händen so vor dem Körper gehalten. Wer kann nun über das Seil springen, ohne es loszulassen? Geht es vw und rw? Wer kann sogar fortgesetzt vw und rw springen? (Achtung: Das Seil so halten, dass man es im Notfall loslassen könnte). • Einfacher: Das Seil nur halbieren.	

Nr.	Name der Spielform Ziele/Akzente	Idee/Beschreibung	Hinweise/Organisation
908	**Cowboy** **Inhalt** Differenzierung **Verhalten** Spaß ... sobald es gelingt! Üben!	Seil doppelt gefasst. Wer kann das Seil als „Lasso" 1x über dem Kopf und 1x unter dem Gesäß durchschwingen? Wem gelingt dies mehrmals hintereinander? Hinweis: Zuerst nur 1x untendurch und dazwischen wieder einige Male obendurch. „Oben-Schwünge" immer verringern!	
909	**Ringelnatter** **Inhalt** Reaktion **Verhalten** Spaß zu zweit Eigene Regeln	Ein Spieler hält das Seil an einem Ende fest und führt damit schlängelnde Bewegungen auf dem Boden aus. Der andere versucht, das freie Ende zu erhaschen oder darauf zu stehen oder darüber zu springen, und dabei vom Seil nicht berührt zu werden. Entscheidet euch für eine Form, bzw. für eine Spielregel!	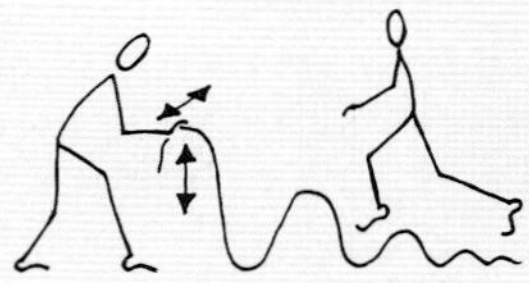
910	**Zehenartist** **Inhalt** Fußgeschicklichkeit **Verhalten** Fantasie	Das Seil liegt über den Schultern, ohne Schuhe und Socken. Wer kann ohne Hilfe der Hände das Seil abschütteln, dann einen Knoten ins Seil binden (nur mit den Füßen und Zehen)? Wer schafft dies zuerst? • Eigene Aufgaben erfinden, die die anderen lösen müssen.	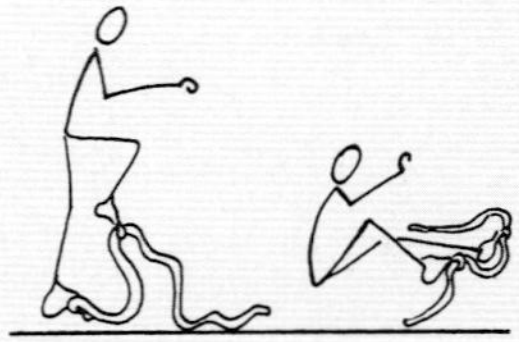
911	**Hampelmann** **Inhalt** Orientierung **Verhalten** Üben auch wenns nicht gleich klappt!	Seil an beiden Enden gefasst, linke Hand in Hüfthöhe, rechte Hand über dem Kopf. Mit der rechten Hand das Seil um den Körper schwingen und nacheinander mit dem einen und dem anderen Bein darübersteigen, -hüpfen oder -springen.	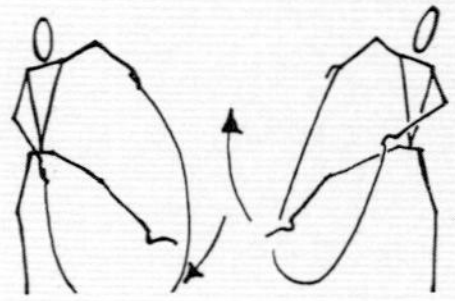
912	**Double Dutch** **Inhalt** Rhythmus **Verhalten** Nicht aufgeben, es ist schwierig!	A und B schwingen je ein Seil mit der linken bzw. rechten Hand. C springt von seiner schwierigen Seite hinein (sobald das Seil auf seiner Seite hochkreist) und beginnt unverzüglich zu springen. Ausspringen auch nach der schwierigen Seite. Gelingt dies sogar in einer Gruppe von 2 und mehreren Springern?	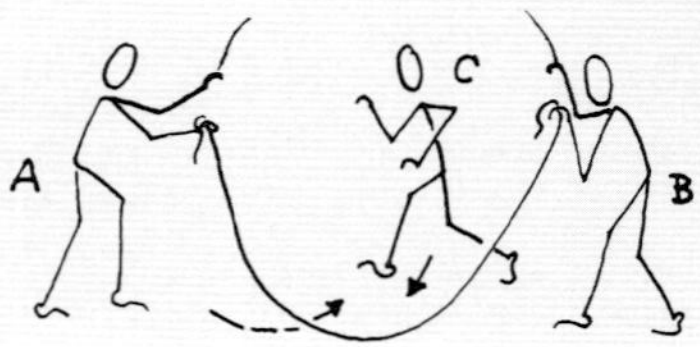

Nr.		Idee/Beschreibung	Hinweise/Organisation
913	**Hula-Hopp**	Wer kann einen Reifen um die Hüfte kreisen lassen? Wer dies beherrscht, kann zusätzlich einen Reifen am Handgelenk kreisen lassen? Noch nicht schwierig genug? Dann noch zusätzlich vw, rw oder sw laufen!	
Inhalt	Differenzierung		
Verhalten	Nicht gleich aufgeben!		
914	**Reifenjonglage**	Reifen einhändig (senkrecht) gefasst. Aus leichtem Anschwingen den Reifen hochwerfen und wieder auffangen. • Auch zu zweit. Jeder fängt den Reifen des anderen auf (re/li). • Sich den Reifen aus kleinen Entfernungen zuwerfen. • A wirft den Reifen zu B, während B seinen Reifen zu A rollt. • Weitere Formen erfinden und vorzeigen.	
Inhalt	Differenzierung		
Verhalten	Zu zweit etwas erproben		
915	**Reifentrio**	3 Spieler halten einen Reifen mit je einem Fuß. Welche Gruppe hüpft am längsten, ohne den Reifen zu verlieren? • Als Wettrennen über eine bestimmte Stecke. • Gegenseitige Behinderung durch „Anrempeln" gestattet.	
Inhalt	Gleichgewicht Kraft		
Verhalten	Kooperation Fairness		
916	**Balltransport**	Mit einem Reifen soll ein Ball (oder verschiedene Bälle) über eine bestimmte Strecke gezogen werden. • Frei in der Halle oder mit Raumbegrenzung. • Als Wettrennen über einen bestimmte Distanz. • 1 Reifen mit Ball in jeder Hand.	
Inhalt	Differenzierung		
Verhalten	Konzentration		
917	**Bumerang**	Jeder wirft seinen Reifen knapp über dem Boden nach vorne und gibt dem Reifen mit der Hand einen Rückwärtsdrall. Welcher Reifen rollt wieder zu seinem Werfer zurück? Wer kann den zurückrollenden Reifen mit einer Grätsche überspringen?	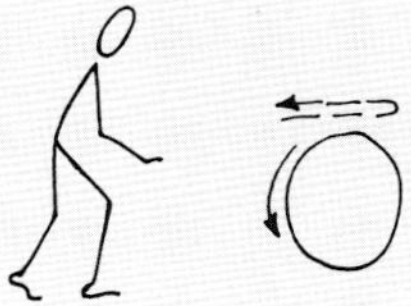
Inhalt	Differenzierung		
Verhalten	Experimentieren		

Nr.	Name der Spielform Ziele/Akzente	Idee/Beschreibung	Hinweise/Organisation
918	**Glitschiger Fisch** **Inhalt** Reaktion **Ver-halten** Mut zum Risiko	Stab senkrecht in der re Hand an einem Ende gefasst, Arm in der Vorhalte. Griff lösen, so dass der Stab nach unten gleitet und versuchen, den Stab am anderen Ende so knapp wie möglich wieder aufzufangen. • In beiden Händen einen Stab halten, loslassen und wieder fangen. • Rechts halten, fallen lassen und links auffangen usw.	
919	**Heiße Kartoffel 1** **Inhalt** Reaktion **Ver-halten** Immer schwieriger	Stab waagerecht vor der Brust, Arme in Vorhalte. Den Stab loslassen und dicht über dem Boden wieder auffangen. • Mit Rumpfbeugen vw (Beine gestreckt). • Mit Rumpfsenken (in die Knie gehen). • Mit weiter und enger Handhaltung. • Mit Klatschen 1x über und 1x unter dem Stab. • Mit ...	
920	**Roll-Stopp** **Inhalt** Differenzierung Reaktion **Ver-halten** Konzentration	Arme in Vorhalte, der Stab liegt auf den Armen in Schulternähe. Arme leicht senken, so dass der Stab nach vorne bis über den Handrücken rollt. Den Stab rasch auffangen, bevor dieser auf den Boden fällt. • Fangen in verschiedenen Griffarten (Kamm-, Rist-, Zwiegriff). • Vor dem Auffangen 2x klatschen usw.	
921	**Fang den Stab 1** **Inhalt** Orientierung Reaktion **Ver-halten** Spaß am Experimentieren	Stab in Hochhalte. Rückbeugen, den Stab hinter dem Rücken fallen lassen und nach einer schnellen halben Drehung wieder auffangen. Gelingt dies auch noch, wenn in dieser kurzen Zeit weitere „Zusatzaufgaben" ausgeführt werden müssen?	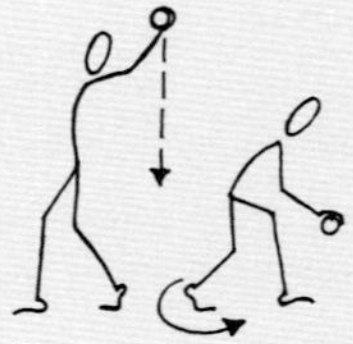
922	**Fang den Stab 2** **Inhalt** Reaktion **Ver-halten** Miteinander immer schwieriger	A und B stehen einander gegenüber, rechter Arm in Vorhalte, Stab senkrecht in der rechten Hand am untersten Ende gefasst, freies Ende zeigt nach oben. Auf ein Zeichen lassen beide ihren Stab los und versuchen, denjenigen des Partners aufzufangen, bevor er auf den Boden fällt. Sobald A den Stab fallen lässt, lässt auch B „los"!	

6.5.1 Gymnastikstab (Werfen, Fangen, Laufen)

Nr.	Name der Spielform Ziele/Akzente	Idee/Beschreibung	Hinweise/Organisation
923	**Heiße Kartoffel 2** **Inhalt** Reaktion **Verhalten** Kooperation, Konzentration	Zu zweit mit einem Stab. A hält den Stab waagerecht in Vorhalte, B hält die Arme in Vorhalte über den Stab. Plötzlich lässt A den Stab los. B muss versuchen, den Stab aufzufangen, bevor er den Boden berührt. • A steht und hält den Stab auf Hüfthöhe (auf Brusthöhe von B, der in Rückenlage auf dem Boden liegt). Gehts auch so?	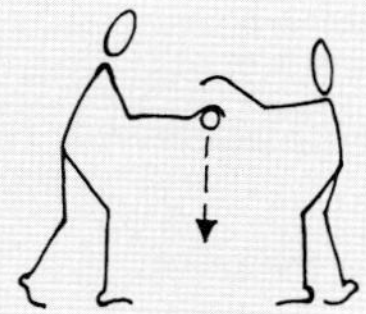
924	**Knallstab** **Inhalt** Reaktion **Verhalten** Spaß am Experimentieren	Jeder mit einem Stab. Den Stab senkrecht vor sich auf den Boden stellen. Eine vorher bestimmte Übung ausführen und den Stab wieder auffangen, bevor er auf den Boden fällt. • Eine ganze Drehung ausführen. • Re und li Bein über den Stab schwingen. • Hinter dem Rücken in die Hände klatschen. • Wer spurtet am weitesten, bis der Stab auf den Boden fällt?	
925	**Platzwechsel** **Inhalt** Reaktion, Schnelligkeit **Verhalten** Gemeinsam wetteifern	Zu zweit mit je einem Stab im Abstand von 3 bis 10 m gegenüber: Beide stellen ihren Stab senkrecht auf den Boden, lassen ihn auf ein Zeichen hin los und spurten zum Stab des Partners, um den Stab aufzufangen, bevor er zu Boden fällt. Welches Paar schafft die größte Distanz? • Mit mehreren Spielern im Kreis mit Seitwärtsverschiebung. • In einer Kolonne mit Hochwerfen und vw-Verschiebung.	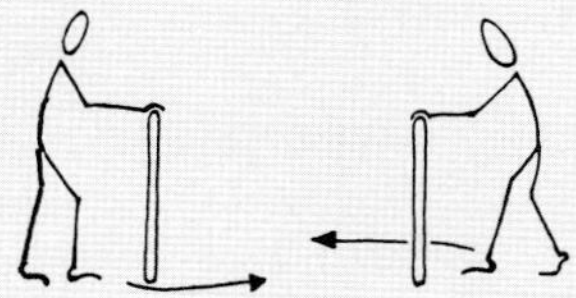
926	**Flugzeit-Aufgabe** **Inhalt** Reaktion, Orientierung **Verhalten** Schwierigkeit steigern	Jeder mit einem Stab. Stab waagerecht hochwerfen und, nach Ausführen einer Zusatzaufgabe (= Flugzeit!), wieder fangen. • Mit beiden Händen, mit einer Hand, mit gekreuzten Händen. • Stand auf einem Bein, verschiedene Stellungen. • Eine ganze Drehung, Boden berühren. • Nach dem Wurf sitzen, in Rückenlage usw. Achtung: Jeder braucht genug Platz!	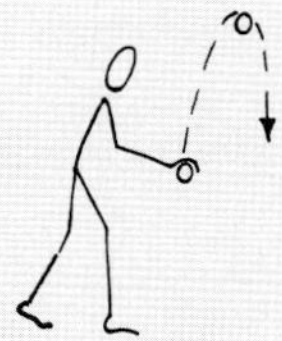
927	**Stabwechsel** **Inhalt** Reaktion **Verhalten** Miteinander wetteifern	Zu zweit mit je einem Stab gegenüber. Auf ein Zeichen werfen beide ihren waagerecht gehaltenen Stab in die Luft, tauschen die Plätze und fangen den Stab des Partners auf. • Distanz vergrößern. Welches Paar schafft so die größte Distanz, aber immer mit der Bedingung, beide Stäbe fangen zu können! • Distanz kleiner, aber beide sitzen und wechseln die Plätze! Achtung: Genug Platz zwischen den Paaren!	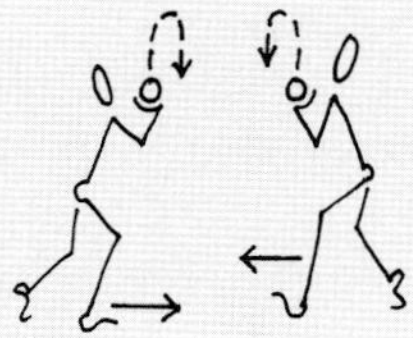

Nr.	Name der Spielform Ziele/Akzente	Idee/Beschreibung	Hinweise/Organisation
928	**Lastenträger** **Inhalt** Gleichgewicht **Verhalten** Konzentration	Wer kann den Stab über die Schultern legen und so ohne Hilfe der Hände die Halle durchqueren? Wer kann sich auf diese Weise hinsetzen und wieder aufstehen? Wer kann den Stab auch auf dem Kopf tragen? Wer kann ...	
929	**Fußjongleur** **Inhalt** Gleichgewicht, Differenzierung **Verhalten** Freude am Experimentieren	Versuche, den Stab auf möglichst verschiedenen Körperteilen zu balancieren und dich gleichzeitig noch fortzubewegen. • Auf Signal sofort anhalten. • Mit Positionswechsel: Vom Stand in den Sitz, auf die Knie ... • Vom Fuß in die Hand wechseln durch Hochkicken. Hinweis: Korrigiere vorerst mit ganz schnellen, kleinen Schritten!	
930	**Propeller** **Inhalt** Differenzierung **Verhalten** Konzentration	Stab vertikal oder horizontal einhändig in der Mitte gefasst. Wer kann den Stab durch Griffwechsel in Drehung um die Querachse versetztten? • Wer kann jeweils nach einer Drehung des Stabes mit der einen Hand in die andere Hand wechseln, ohne aber den „Propeller-Rhythmus" zu verändern?	
931	**Transportstafette** **Inhalt** Differenzierung **Verhalten** Nur miteinander geht es gut	2er- oder 4er-Gruppen. Diverse Gegenstände (z. B. verschiedene Bälle) müssen zu zweit mit zwei Stäben um ein Wendemal (oder durch einen Parcours) und zurück transportiert werden. Welche Gruppe hat zuerst 5 Durchgänge oder ist am schnellsten? • Welche Gruppe hat zuerst alle Bälle auf der anderen Seite? • Es können auch größere Gegenstände getragen werden oder ein Mitspieler.	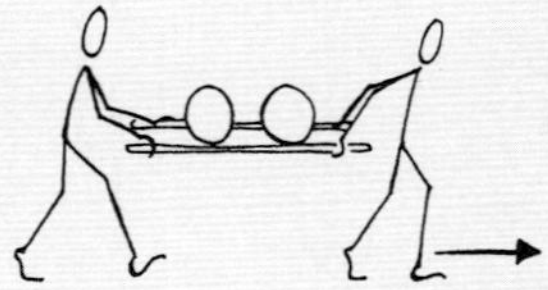
932	**Eisenbahn** **Inhalt** Orientierung **Verhalten** Sind wir ein Team?	4 bis 10 Spieler laufen in einer Kolonne. Jeder hält in seiner re Hand einen Stab nach vorne und ergreift mit der li Hand das Stabende des hinteren Läufers. In dieser Formation können verschiedene Strecken durchlaufen und Hindernisse überstiegen werden. Auf ein Zeichen lässt jeder den Stab seines Vordermannes los und wechselt die Stellung der Arme (also mit re Hand den Stab des Hintermannes erfassen/langsam üben!)	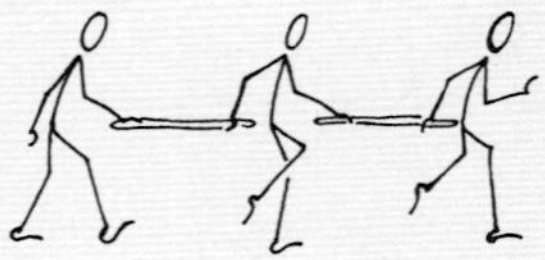

Nr.	Name der Spielform Ziele/Akzente	Idee/Beschreibung	Hinweise/Organisation
933	**Karussell** **Inhalt** Orientierung Gleichgewicht **Ver-halten** Schwindelerregende Erlebnisse ...	Zu zweit gegenüber mit je einem Stab. Beide fassen die Enden der Stäbe, lehnen sich zurück und beginnen sich im Kreis zu drehen (erst ganz langsam, dann immer schneller). • Auch zu viert, Stäbe übers Kreuz gefasst. • Auch im Kreis zu viert.	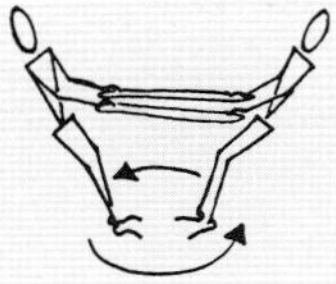
934	**Giftschlange** **Inhalt** Orientierung Differenzierung **Ver-halten** Nicht mogeln!	Zu zweit mit einem Stab. A in Rückenlage, B geht seitlich an A vorbei und führt einen Stab über dem Boden unter dem Körper von A durch. A muss nacheinander Beine, Rumpf, Rücken und Kopf heben, damit der Stab durchgezogen werden kann. Der Stab (Giftschlange!) darf dabei keinen Körperteil berühren. • In Bauchlage, mit oder ohne Hilfe der Arme.	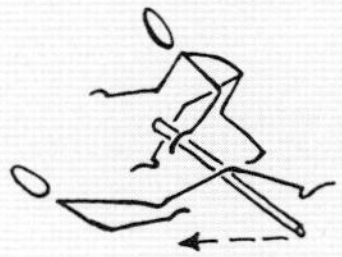
935	**Einsteigen bitte!** **Inhalt** Orientierung **Ver-halten** Spaß miteinander	Zu zweit gegenüber mit je einem Stab, Stäben in Tiefhalte gefasst. Beide Partner steigen von der gleichen Seite (für den eine ist dies links, für den anderen rechts!) mit einem Bein zwischen die Stäbe hinein, drehen sich nach außen, steigen mit dem anderen Bein heraus und drehen sich weiter bis zur Ausgangsposition. • Welche Zweiergruppe ist zuerst 5x ein- bzw. ausgestiegen?	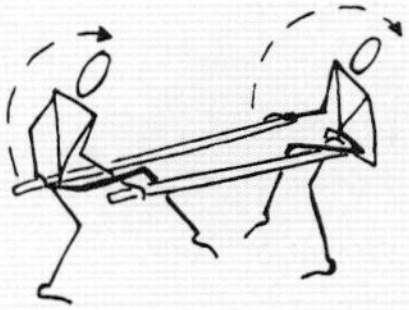
936	**Stabwurf** **Inhalt** Orientierung Differenzierung **Ver-halten** Zirkusatmosphäre erleben!	Wer kann mit zwei Stäben einen dritten hochwerfen und diesen wieder (mit den zwei Stäben) auffangen? • Wer kann den Stab nach einer Stab-Drehung in der Luft sogar wieder auffangen? • Höhe variieren.	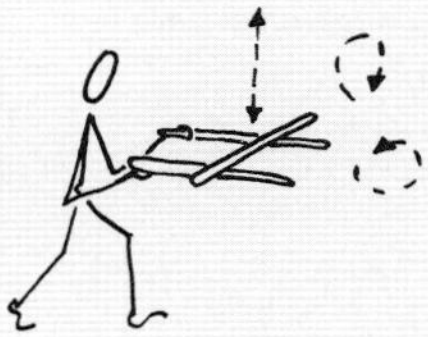
937	**Stabjongleur** **Inhalt** Orientierung Differenzierung **Ver-halten** Zirkusreifen testen ...	Wem gelingt es, mit zwei Stäben einen dritten möglichst lange in der mehr oder weniger senkrechten Stellung hin- und herzuwerfen, ohne dass dieser dritte Stab auf den Boden fällt? Hinweis: Stelle anfänglich den dritten Stab auf den Boden und versuche nun, mit den anderen beiden Stäben den dritten leicht hin- und herzuführen!	

6

Nr.	Name der Spielform Ziele/Akzente	Idee/Beschreibung	Hinweise/Organisation
938	**Knotenband** **Inhalt** Orientierung, Reaktion **Verhalten** Konzentration	Versuche, das Band auf verschiedenen Körperteilen zu tragen oder zu jonglieren. • Auf Fuß, Knie, Handrücken, Oberarm, Kopf ... mit zusätzlichen Bewegungsaufgaben wie Laufen, Hüpfen usw. • Hinter dem Rücken, über dem Kopf oder zwischen den Beinen loslassen, dann $\frac{1}{2}$-Drehung ausführen und wieder fangen. • Mit der linken Hand fallen lassen, rechts auffangen usw.	
939	**Fallmaschine** **Inhalt** Reaktion **Verhalten** Fairness	Band mit Knoten, zu zweit. Beide lassen gleichzeitig ihr Band li los und fangen dasjenige des Partners re auf. • Auf Kommando (Pfiff, Klatschen, Wort). • Mit Necken. Sobald A sein Band loslässt, muss auch B seines fallen lassen (Täuschungen erlaubt/nicht erlaubt). • Eigene Ideen?	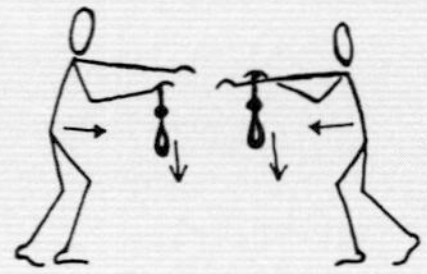
940	**„Schafott"** **Inhalt** Reaktion, Schnelligkeit **Verhalten** Höchste Konzentration	Das Band ist verknotet. A in Rückenlage, B hält das Spielband erst über dem Bauch, dann über der Brust und schließlich über dem Kopf (Steigerung). Nun lässt B das Spielband irgendwann los und A versucht, diesem „Fallbeil" durch schnelles Wegrollen zu entkommen. • Fallhöhe verkleinern, dann wird es wesentlich schwieriger. • Drehrichtung kurz vor dem Fall bestimmen, z. B.: „Links!"	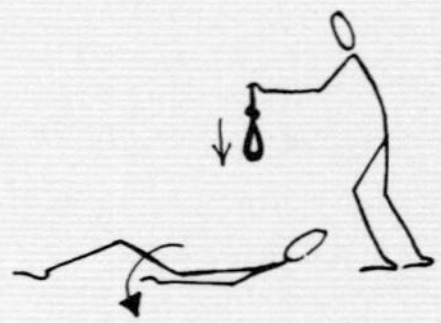
941	**Gordischer Knoten** **Inhalt** Differenzierung **Verhalten** Geduld	Barfuß. Wer kann in sein Band einen Knoten nur mit den Füßen (ohne Hände) machen? • Wer kann den Knoten eines anderen wieder öffnen? • Zu zweit. Beide Bänder miteinander verknoten.	
942	**Schneeflocke** **Inhalt** Orientierung, Reaktion **Verhalten** Spaß	Wirf das Band möglichst hoch und versuche, dieses mit irgendeinem vorher bestimmten Körperteil aufzufangen. • Zu zweit. Du wirfst mir, ich werfe dir. Wer aufwirft bestimmt zugleich, mit welchem Körperteil aufgefangen werden muss.	

Nr.	Name der Spielform Ziele/Akzente	Idee/Beschreibung	Hinweise/Organisation
943	**Bankviereck** **Inhalt** Je nach Aufgabenstellung **Verhalten** Miteinander, Fantasie	Zwei Bänke werden parallel zueinander aufgestellt, zwei andere an den Enden quer darauf, so dass ein Viereck entsteht. Die Spieler stellen sich in Doppelreihen auf und führen im Strom Übungen aus. • Im Slalom: Tiefe Bank überspringen, hohe Bank unten durchkriechen. • Hochwenden über die hohen und niederen Bänke. Synchronsprünge zu zweit: A bestimmt den Rhythmus, B übernimmt • A führt B, welcher die Augen schließt, oben und unten durch!	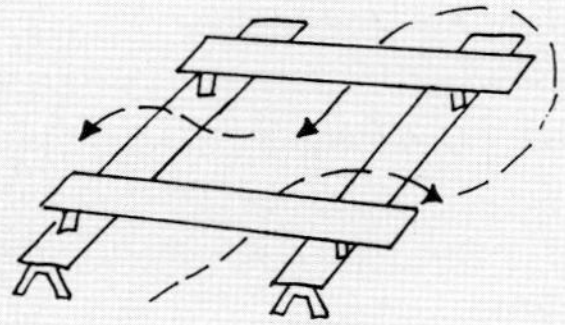
944	**Balljojo** **Inhalt** Differenzierung **Verhalten** Linke und rechte Hand vergleichen	Wechselhüpfen sw über die Langbank und dabei einen Ball immer auf der rechten (li) Seite der Bank prellen. Gegengleich. • Den Ball der Langbank prellen und sw Wechselhüpfen. • Andere Kombinationen von Prellen und Hüpfen erarbeiten lassen. Dann einige dieser Formen gemeinsam durchspielen.	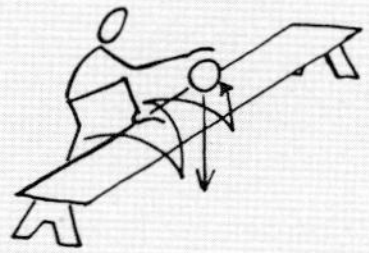
945	**Wegrecht 1** **Inhalt** Gleichgewicht **Verhalten** Taktik, Fairness	Zu zweit auf der Schmalkante gegenüber. Wer zwingt den anderen durch Stoßen und Ziehen zuerst zum „Verlassen" der Langbank? • Als Einzelwettbewerb: Der Verlierer bleibt bei seiner Bank, der Sieger wechselt zur nächsten Bank. • Als Gruppenwettkampf: Welche Partei holt in 5 Durchgängen am meisten Punkte?	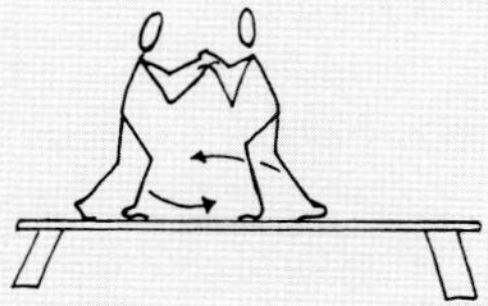
946	**Wegrecht 2** **Inhalt** Gleichgewicht **Verhalten** Fairness	Wie „Wegrecht 1", aber man darf sich nur noch mit den Füßen aus dem Gleichgewicht bringen. Auch als Gruppenwettkampf. Auf je einer Langbank stehen sich die beiden Mannschaften gegenüber. Die Gruppenmitglieder fassen sich gegenseitig um die Schultern. Welche Gruppe muss zuerst absteigen oder reißt zuerst auseinander? Spielregeln, wie gestoßen oder gezogen werden darf vereinbaren!	
947	**Team-Klettern** **Inhalt** Gleichgewicht **Verhalten** Zueinander Sorge tragen!	A befindet sich in irgendeiner Stellung auf der Langbank. B versucht, A ohne Berührung und ohne herunterzufallen zu übersteigen. • Gelingt es A, durch die gegrätschten Beine von B zu kriechen, ohne B zu berühren und ohne zu fallen? • Gelingt es A und B, gleichzeitig auf der Bank zu kreuzen, ohne dass einer von beiden fällt?	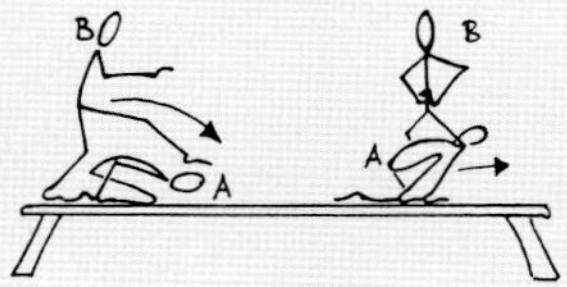

6

Nr.	Name der Spielform Ziele/Akzente	Idee/Beschreibung	Hinweise/Organisation
948	**Klettervarianten** **Inhalt** Orientierung **Verhalten** Konzentraion	Wir steigen vorlings und rücklings auf und ab, mit kleinen oder mit möglichst großen Schritten. Wir klettern auf gleicher Höhe die ganze Sprossenwand vorlings hin und rücklings wieder zurück. • Zu zweit. A steigt auf und ab, und B versucht, parallel zu A immer dieselben Schritte sofort nachzumachen. Aufgabenwechsel. • Versucht auch, blind zu klettern!	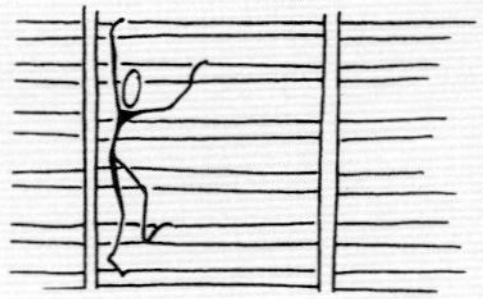
949	**Free Style** **Inhalt** Orientierung **Verhalten** Sicherheit vor Risiko	Sucht verschiedene Möglichkeiten des Kletterns und Steigens. • Vorlings und/oder rücklings. • Wie weit kommt ihr mit den Füßen voran? • Mit einem „verletzten" Arm oder Bein? • Zu zweit, wobei einer die Sprossen nur mit den Händen, der andere nur mit den Füßen berühren darf? (Gegenseitig helfen!)	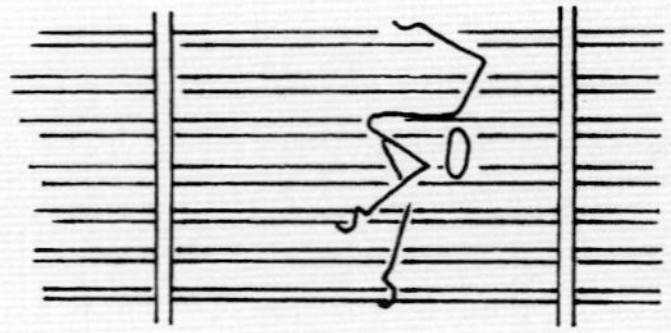
950	**Gegenverkehr** **Inhalt** Orientierung **Verhalten** Fairness, Spaß	Die ganze Gruppe ist an der Sprossenwand. Nur beginnt ein emsiges Klettern in alle Richtungen: Aufwärts, seitwärts, über- und untereinander durch. Regel: Wer von rechts und/oder von unten kommt, hat Vortritt! Oder: Bei jedem Treffen einigt man sich, wer von beiden Vortritt hat.	
951	**Goldschmuggler** **Inhalt** Orientierung **Verhalten** Abenteuerstimmung	Verschiedene Geräte müssen über die ausgeschwenkte Sprossenwand geschmuggelt werden (z. B. Medizinbälle, kleine Bälle, Keulen, Malstäbe usw.) • Ganze Gruppe: Eine Matte (= Panzerschrank) sorgfältig auf die andere Seite schmuggeln.	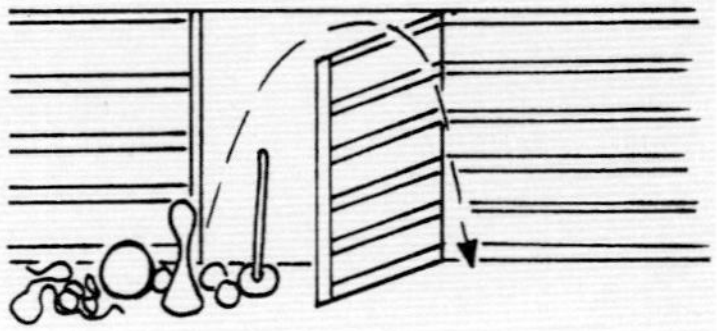
952	**Gefängnisflucht** **Inhalt** Orientierung, Differenzierung **Verhalten** Abenteuerstimmung	Wer kann mit zusammengebundenen Händen und/oder Füßen über die Gefängnismauer klettern? • Wer schafft dies sogar bei Nacht (verbundene oder geschlossenen Augen)?	

Nr.	Name der Spielform Ziele/Akzente	Idee/Beschreibung	Hinweise/Organisation
953	**Abfahrtsrennen**	Die Beine eines „Pferdes" werden in verschiedener Länge eingestellt. A rüttelt an diesem wackligen Pferd, während B stehend oder in der Hocke versucht, möglichst lange oben zu bleiben. B darf bestimmen, wie „wild" sein Pferd ist. • Wer schafft dies sogar einbeinig möglichst lange? (Matten legen/Verletzungsgefahr!)	
Inhalt	Gleichgewicht		
Verhalten	Trotz allem Fairness		
954	**Raumschiff**	Sucht Stellungen an den Geräten ... • Bei denen der Kopf unten ist. • Die einen (kleinen) Hüftwinkel beinhalten. • Bei denen gehangen, gestützt wird. • Bei denen der Rücken parallel zum Boden und der Körper in der Luft ist ... usw.	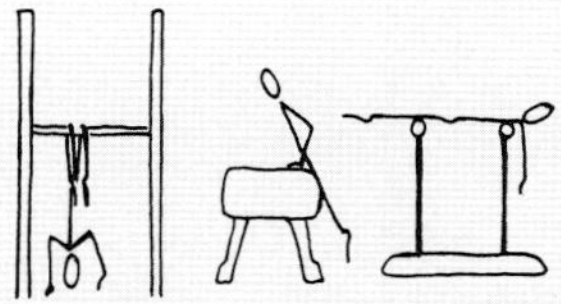
Inhalt	Orientierung		
Verhalten	Körper- und Raumerfahrungen		
955	**Hochseetest**	Ein Ende einer Langbank wird an einem tief hängenden Ringpaar gut befestigt. Versuche, auf das Boot zu steigen ohne zu fallen. A steht „auf Deck", B und C bestimmen den Seegang (und sichern gleichzeitig). A darf die Windstärke selber bestimmen!	
Inhalt	Gleichgewicht		
Verhalten	Riskieren – helfen sichern		
956	**Rollen-Tänzer**	Halte dich mit beiden Händen an der Sprossenwand und versuche, vorsichtig auf das Brett zu stehen. Suche nun das Gleichgewicht durch schnelle, kleine Gewichtsverlagerungen in den Füßen. Wichtig: Der Schwerpunkt muss immer genau über der Rolle sein. Wenn dies gelungen ist, dann kannst du versuchen, auf das Brett zu springen und sofort das Gleichgewicht zu suchen! Am Anfang mit Hilfe! Rohr: ca. 15 cm Durchmesser. Brett: ca. 60 x 35 cm.	
Inhalt	Gleichgewicht		
Verhalten	Erfolgserlebnis nach dem Üben!		
957	**Schlittschuhlaufen**	Unter beiden Füßen sind gut gleitende Lappen (Filzschuhe, Jutesäcke o. Ä.) Links und rechts werden Geräte als Abstoßwiderstände befestigt (z. B. eine Seite ist die Wand, die andere ein Reckpfosten oder eine gut befestigte Langbank/hochgestellt). Versuche nun, im gleichmäßigen Rhythmus hin und her zu laufen! (Evtl. gleichzeitig mit Stock und Puck jonglieren li/re).	
Inhalt	Gleichgewicht Rhythmus		
Verhalten	Das macht Spaß!		

Kapitel 7
Kooperieren

7

Nr.	Name der Spielform Ziele/Akzente	Idee/Beschreibung	Hinweise/Organisation
958	**Schwebender Reiter**	Zu zweit. A im Knieliegestütz vorlings. B steht auf dem Rücken von A (1 Fuß in Schulterhöhe, 1 Fuß auf der Höhe des Steißbeines). Pferd und Reiter versuchen nun, sich gemeinsam so fortzubewegen. • Die Reiter versuchen auch, Platzwechsel vorzunehmen und auf ein anderes Pferd umzusteigen, ohne den Boden zu berühren. Wichtig: Das „Pferd" muss den Rücken spannen!!	
Inhalt	Koordination Kraft		
Ver-halten	Mut zum Risiko		
959	**Reiterkampf**	Wie oben, aber der Reiter steht auf zwei Pferden. Wer kann andere Reiter zum Absteigen zwingen?	
Inhalt	Koordination und Kraft		
Ver-halten	Mut Vertrauen		
960	**Lebende Mauer**	Zwei Gruppen. Gruppe A baut sich zu einer stabilen, „lebenden" Mauer auf (mit gegenseitigem Kontakt). Gruppe B versucht, diese Mauer zu überwinden (ohne Schaden anzurichten). Als „Gerüst" darf die mauerbildende Gruppe ein Gerät (Barren, Reck) benutzen, ebenso darf die andere Gruppe eine „Leiter" suchen (Sprungbrett ...).	
Inhalt	Muskelspannung halten		
Ver-halten	Helfen Vertrauen		
961	**Gruppenpuzzle**	Gruppen von 5 bis 10 tanzen oder laufen frei in der Halle. Auf Kommando finden sich die Gruppen zusammen und stellen eine vorgegebene Zahl, einen Buchstaben oder eine Figur mit ihren Körpern dar. • Als Darstellungsfolgen (1., 2. Akt ...) zu bestimmten Themen (Märchen, Geschichten).	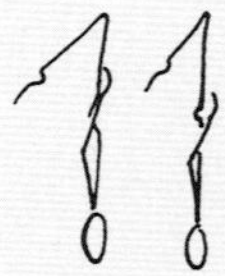
Inhalt	Tanzen Laufen		
Ver-halten	Gestalten		
962	**Improvisation**	Lieddarstellung. Kleingruppen (2 bis 6 Personen) versuchen, den Inhalt eines Liedes durch Bewegungen so darzustellen, dass die anderen erraten können, welches Lied gemeint ist.	
Inhalt	Differenzierung		
Ver-halten	Gestalten		

7.1 Ohne Material

Nr.	**Name der Spielform** Ziele/Akzente	Idee/Beschreibung	Hinweise/Organisation
963	**Fresken** **Inhalt** Muskelspannung halten **Verhalten** Körpersprache bewusst machen	Eine Gruppe formiert sich zu einem Fresko und stellt dabei etwas Bestimmtes dar, das die anderen herausfinden sollen. Z. B. Stellt ein Turngerät, ein Schlachtgemälde, ein Tier etc. dar! • Mit Bewegung: Stellt einen Fuß dar, einen rauschenden Wald, einen Marktplatz ...	
964	**Sportpantomime** **Inhalt** Je nach Sportart **Verhalten** Körpersprache bewusst erleben	Die Spieler sollen als Gruppe eine Sportpantomime z. B. mit dem Thema „Basketball" aufführen. Dabei sollen nicht nur die Basketballspieler, sondern auch Trainer, Schiedsrichter, Zeitnehmer, Zuschauer ... dargestellt werden. Weniger das genormte Basketballspiel soll im Mittelpunkt stehen, sondern eher lustige, tragische, komische Basketballspielsituationen werden erfunden und parodiert.	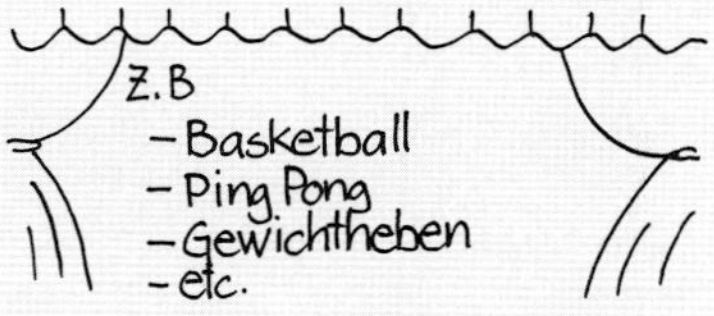
965	**Pyramidenbau** **Inhalt** Körperspannung halten **Verhalten** Gestalten	Gruppen von 6 bis 10 sollen versuchen, eine möglichst stabile/originelle/ästhetische etc. Pyramide zu bilden, an der alle beteiligt sind. • Mit möglichst wenig Bodenkontakt. • Jeder muss mit mind. 4 Spielern Kontakt haben. • Fortbewegung in der Pyramide muss möglich sein.	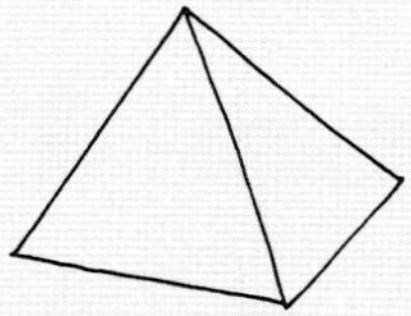
966	**Doppelrolle** **Inhalt** Koordination, Rollen **Verhalten** Vertrauen, Mut	A in Rückenlage, Beine senkrecht in die Luft gestreckt, B steht hinter A und fasst die Fußgelenke von A. A ergreift die Gelenke von B. B macht Rolle vw (A muss die Füße nahe bei seinem Gesäß aufsetzen). B zieht A durch das Rollen zum Stand. Die Doppelrolle lässt sich auch zu dritt ausführen.	
967	**Übersprungrolle** **Inhalt** Rhythmus **Verhalten** Vertrauen	A im Grätschsitz, Arme in Hockhalte, B steht hinter A, stützt sich auf die Hände von A und überhockt ihn. Ohne die Hände loszulassen, schließt B an seiner Hocke eine Rolle vw zum Grätschsitz an, durch welche A in den Stand gezogen wird.	

7

Nr.	Name der Spielform Ziele/Akzente	Idee/Beschreibung	Hinweise/Organisation
968	**Übergrätsch-Rolle** **Inhalt** Koordination **Verhalten** Vertrauen	A und B stehen sich in 2 bis 3 m Entfernung gegenüber. A führt eine Rolle vw aus, B springt mit einem Grätschsprung über den rollenden A. Danach führen beide eine halbe Drehung aus und A überspringt die Rolle von B.	
969	**Wechselrolle** **Inhalt** Rhythmus **Verhalten** Vertrauen	B und C steht hintereinander, A steht den beiden in 2 bis 3 m Entfernung gegenüber. B macht eine Rolle vw zu A, A überspringt B mit einem Grätschsprung und schließt eine Rolle vw zu C an, C überspringt A und B macht eine halbe Drehung usw.	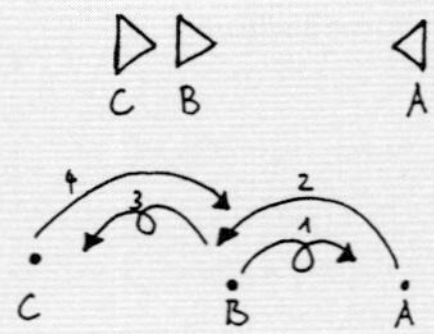
970	**3er-Rolle sw** **Inhalt** Stütz- und Schnellkraft Arme **Verhalten** Gruppenrhythmus	A, B und C liegen nebeneinander (Abstand ca. 1 m) auf dem Bauch. A rollt von der Mitte zur Seite und B überhechtet den rollenden A zur Mitte hin. Von der Mitte rollt B sofort weiter nach außen und C überhechtet ihn zur Mitte und rollt weiter zur Seite.	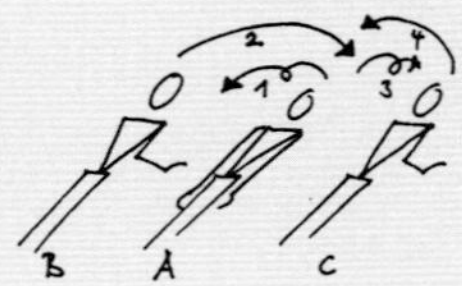
971	**Partner überspringen** **Inhalt** Stützkraft Arme **Verhalten** Vertrauen in den „Stütz-Partner"	Vorübung: A in Rückenlage, Arme in Vorhalte, B stütz sich von hinten auf die Arme von A und macht mit gehockten und gestreckten B einen einen Winkelstütz. Überspringen: A in Rückenlage, B steht hinter ihm und ergreift seine Hände, B hockt zwischen seinen Händen über den Oberkörper von A und landet in Grätschstellung bei den Hüften von A, ohne Loslassen der Hände zieht er A in den Stand.	
972	**Tatzelwurm** **Inhalt** Stützkraft Arme Körperspannung **Verhalten** Spaß	4 bis 10 Spieler stehen im Liegestütz vorlings hintereinander, die Füße liegen auf den Schultern des Hinteren. • Arme beugen und strecken. • Vw-Bewegung über eine bestimmte Strecke. • Auch im Liegestütz rücklings versuchen. • Gemeinsam eine Rolle sw und wieder in die Liegestütz.	

Nr.	Name der Spielform Ziele/Akzente	Idee/Beschreibung	Hinweise/Organisation
973	**Lindwurm** **Inhalt** Differenzierung **Verhalten** Spaß Fantasie	4er- bis 6er-Gruppen. Jede Gruppe soll versuchen, mit möglichst wenig Bodenkontakten eine bestimmte Strecke zurückzulegen. Die Gruppe muss dabei immer Körperkontakt untereinander haben. Z. B.: • Als Tausendfüßler (1 Paar Beine am Boden). • Sw rollend, die Hände fassen die Füße des Hinteren (keine Füße am Boden). • etc.	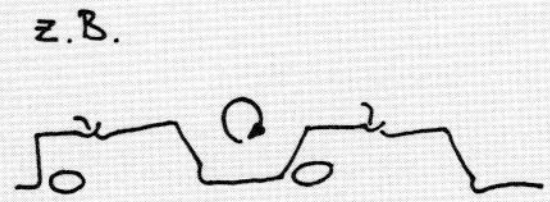
974	**Fuß-Fließband** **Inhalt** Stützkraft Beine Spannung **Verhalten** Getragen werden!	Die Spieler bilden zwei Reihen auf dem Rücken liegend, möglichst nahe gegenüber, Beine senkrecht in die Luft gestreckt. Ein Spieler legt sich bäuchlings gespannt am einen Ende der Reihe auf die Füße der Mitspieler und wird von diesen (mit den Füßen) vw bis ans andere Ende der Linie befördert. • Evtl. Helfer auf der Seite.	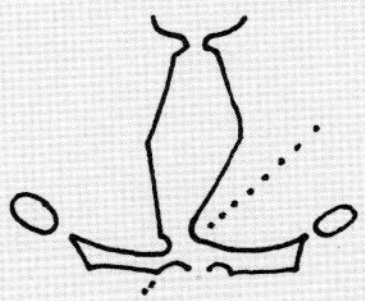
975	**Hand-Fließband** **Inhalt** Stützkraft Arme Körperspannung **Verhalten** Nur fliegen ist schöner!	Zwei Reihen versetzt in Rückenlage, Kopf auf Schulterhöhe des Nebenspielers. Ein Spieler wird mit den Händen weitergereicht (spannen!).	
976	**Fischwerfen** **Inhalt** Kraft Arme Körperspannung **Verhalten** Gemeinsam einem anderen „helfen"	Zwei Reihen stehen mit gefassten Händen gegenüber. Der Fisch legt sich mit dem Rücken auf die Arme der anderen und macht sich steif. Durch gemeinsames Vor-hoch-Schleudern wird es durch die Reihe bis ans Ende geworfen. Die Fische werden immer größer und schwerer.	
977	**Zielscheibenfangen** **Inhalt** Reaktion Schnelligkeit **Verhalten** Helfen	3 Spieler geben sich die Hände im Kreis und bestimmen einen von ihnen als Zielscheibe. Ein Fänger muss von außen versuchen, der Zielscheibe, welche sich mit dem Kreis verschiebt und ausweicht, auf den Rücken zu schlagen. Dabei darf er nicht durch den Kreis reichen. Auch größere Gruppen möglich.	

Nr.	Name der Spielform Ziele/Akzente	Idee/Beschreibung	Hinweise/Organisation
978	**Puzzle-Lauf**	Eine Gruppe hat eine Strecke (1 bis 3 km) zurückzulegen. Die Gruppenmitglieder teilen die Strecke unter sich beliebig auf. • Mit Vorgabe einer Mindeststrecke. • Mit Hindernissen. • Jeder läuft mindestens 3x ein Teilstück.	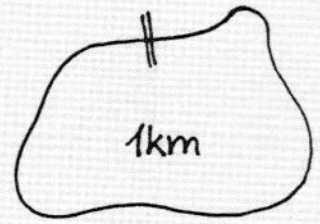
Inhalt	Ausdauer		
Ver-halten	Eigene Spielregeln finden		
979	**Aufstand**	Mannschaften zu 4 bis 6 Spielern setzen sich jeweils in einem Außenstirnkreis hinter die Startlinie und laufen auf Pfiff um ein Wendemal und zurück (oder durch einen Parcours). Dabei darf der Kreis nie auseinanderbrechen, auch beim Aufstehen nicht. Welcher Kreis sitzt zuerst wieder hinter der Linie?	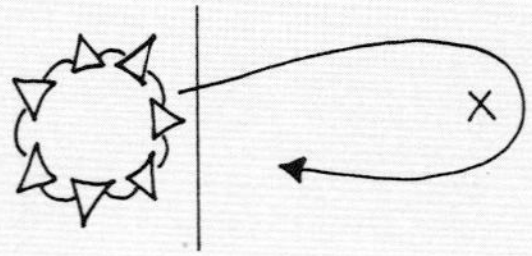
Inhalt	Schnelligkeit		
Ver-halten	Spaß		
980	**Puppentransport**	Zu dritt. A und B stehen nebeneinander, C steht zwischen ihnen, hakt bei beiden Partnern die Arme ein und hockt die Beine an (oder streckt sie waagerecht nach vorne). • C legt seine Arme auf die Schultern von A und B. • C hält die Arme gespannt in Seithalte, A und B tragen ihn an den Oberarmen und Handgelenken im „Kreuzhang".	
Inhalt	Kraft Arme – Beine Körperspannung		
Ver-halten	Geteilte Last ist halbe Last!		
981	**Schulter-Hocksprung**	Zu dritt. A und B stehen nebeneinander und geben sich die Hände. C stützt sich von hinten auf die Schultern von A und B und überhockt deren Arme. Fortgesetzt vw und rw. • Mit mehreren Gruppen in der Kolonne mit Fortbewegung.	
Inhalt	Stütz- und Sprungkraft		
Ver-halten	Vertrauen		
982	**Hochtransport**	A und B stehen hintereinander in der Hocke, C steht zwischen ihnen und stützt sich mit den Armen auf den Schultern von B ab (Liegestütz). B hebt die Beine von C in die Hochhalte und A und B richten sich auf zum Abtransport von C. • Auch als Stafette (mit oder ohne Hindernisse) mit Rollenwechsel. • Evtl. noch ein Träger (hält die Hüfte von C).	
Inhalt	Körperspannung		
Ver-halten	Gegenseitiges Vertrauen nötig!		

Nr.	Name der Spielform Ziele/Akzente	Idee/Beschreibung	Hinweise/Organisation

983 Tausendfüßler

Inhalt: Beweglichkeit, Gruppen-Koordination

Verhalten: Aufeinander Rücksicht nehmen, Spaß

Die Spieler stehen Rücken an Rücken in zwei Linien versetzt. Die Spieler beider Linien grätschen die Beine, beugen den Oberkörper vw, kreuzen die Arme und fassen zischen den Beinen hindurch die Hände der beiden seitlich hinter ihnen stehenden Spieler. In dieser Haltung soll versucht werden, eine bestimmte Strecke zurückzulegen, ohne dass der Tausendfüßler zerreißt. Die Laufrichtung kann in Richtung der Linien oder senkrecht dazu festgelegt werden.

- Als Mannschaftswettlauf mit zwei oder drei Tausendfüßlern.
- Jede Linie innerhalb des Tausendfüßlers spielt als Mannschaft und versucht, die gegnerische Linie über die eigene Standlinie zu ziehen.

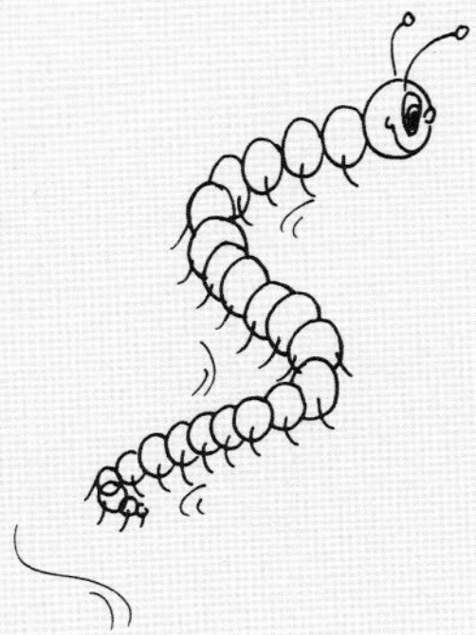

984 Zweier-Hüpfstafetten

Inhalt: Kraftausdauer Beine

Verhalten: Gegenseitig angleichen

Hüfen vw, rw, sw oder im Kreis herum in verschiedenen Stellungen.
Z. B.:

- Innere Hände gefasst, das innere Bein von hinten über die Arme hängen und hüpfen bis ins Ziel.
- Mit der inneren Hand des seitgespreizte Bein des anderen fassen.
- Der Hintere gibt dem Vorderen ein Bein in die Hand, der Vordere hüpft auf einem Bein.
- Der Vordere spreizt ein Bein rw, der Hintere hält es und hüpft auf einem Bein.
- Kombination: Der Vordere spreizt das li Bein rw, der Hinter das re Bein vw.

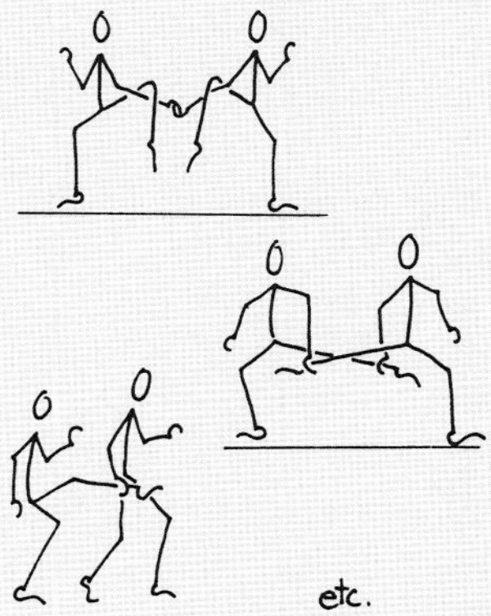

985 Dreier-Hüpfstafetten

Inhalt: Koordinaton

Verhalten: Spaß

Die meisten dieser Stellungen lassen sich auch in der 3er-Gruppe ausführen.

- Neue Formen erfinden und vorführen.
- Geht das auch mit der ganzen Klasse/Gruppe?

Nr.	Name der Spielform Ziele/Akzente	Idee/Beschreibung	Hinweise/Organisation
986	**Kanonengeschoss** **Inhalt** Schnellkraft Beine **Verhalten** Helfen – sichern Vertrauen – Spaß	Zu viert. A in Rückenlage, Beine angewinkelt in der Luft, B setzt sich auf die Füße von A und gibt den beiden Helfern C und D je eine Hand. Durch rasches Beinstrecken stößt A B in die Luft, C und D sorgen für eine sichere Landung.	
987	**Handstand zu viert** **Inhalt** Kraft Körperspannung **Verhalten** Vertrauen	A steht hinter B mit gestreckten Armen. B fasst A an den Unterarmen, bückt sich und zieht A so in den Handstand. C + D helfen A, indem sie die Unterschenkel fassen und A vollständig in den Handstand führen. Mit Matte: Handstandabrollen (mit Hilfe)/ohne Matte: A so sichern, dass er nicht rückwärts fällt und A geht zurück auf die Füße.	
988	**Wechsel-Handstand** **Inhalt** Anwendung und Training Handstand **Verhalten** Helfen	Zu zweit in raschem Wechsel in den Handstand schwingen und sich gegenseitig stützen. • A schwingt auf den Fußristen von B in den Handstand und hängt seine Knie über die Schultern von B, vw-Bewegung möglich?	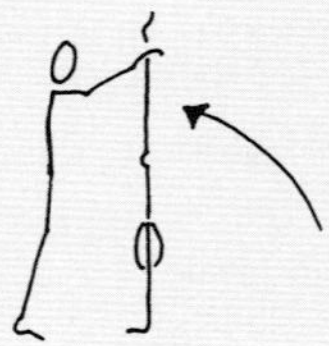
989	**Karussell in Bauchlage** **Inhalt** Körperspannung Orientierung **Verhalten** Vertrauen ins „Karussell“	Zu dritt. A und B gegenüber mit Handfassung. C legt sich vorlings auf ihre Arme. A und B drehen den gespannten C im Kreis herum. • Nach dem „Karussell“ laden A und B C langsam über den Handstand ab.	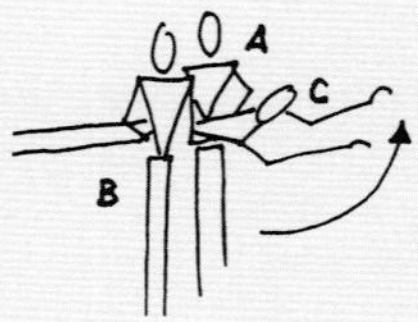
990	**Karussell in Rückenlage** **Inhalt** Spannung (C) A + B: Gerader Rücken **Verhalten** Vertrauen	Gleiche Hilfestellung von A und B wie bei „Karussell in Bauchlage“, aber C legt sich nun in Rückenlage auf die Arme von A und B. Nun darf C das Dreh-Tempo bestimmen (C nicht im Hohlkreuz!). Danach wird C langsam über den Handstand rw (= langsamer Überschlag rückwärts) „abgeladen“. Wichtig: Gute Körperspannung, Hände zur Landung vorbereiten!	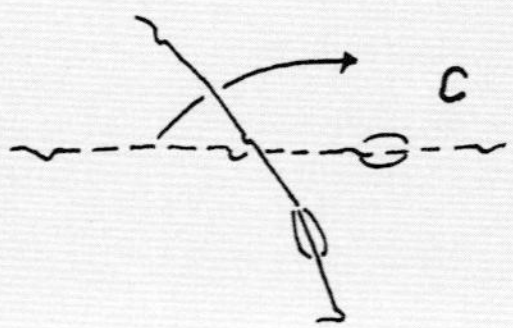

7.1.1 Ohne Material (Akrobatik zu zweit)

Nr.	Name der Spielform Ziele/Akzente	Idee/Beschreibung	Hinweise/Organisation
	Akrobatische Übungen können ganz vielseitig eingesetzt werden	• Zur Kräftigung. • Zur Förderung von Kooperation (es funktioniert nur in einem guten Team!). • Bin ich zuverlässig? Kann ich vertrauen? • Wo sind meine Grenzen? Was kann ich besser, was der andere? • Finden wir eigene Formen (Kreativität)? Akrobatische Übungen kann man als größeres Thema anbieten, d. h., auf eine Aufführung hin (Zirkus, Pyramiden, etc.) und dementsprechend an den Figuren „herumfeilen" bis sie sicher sind und auch das Zusammenbauen der Figuren zur Vorführung gehört. Mit einfachen Figuren beginnen und zunehmend schwieriger werden. Am Anfang sollten mit zusätzlichen Helfern die Figuren gesichert werden (bis die Sicherheit und das Vertrauen aufgebaut sind).	
991	**Zweierpaket**		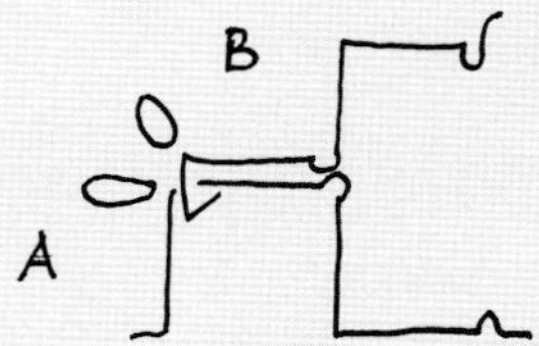
Inhalt	Gleichgewicht	A in Bankstellung. B legt sich mit dem Rücken auf den Rücken von A und hält sich mit den Armen an A fest.	
Verhalten	Begegnung		
992	**Leiter**		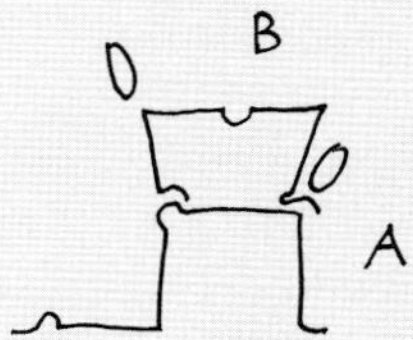
Inhalt	Gleichgewicht	A in Bankstellung. B steht rücklings auf A, die Füße auf den Schultern von A, die Hände auf der Hüfte. Je „steifer" A steht, umso leichter ist es für B.	
Verhalten	Nicht wackeln		
993	**Waage**		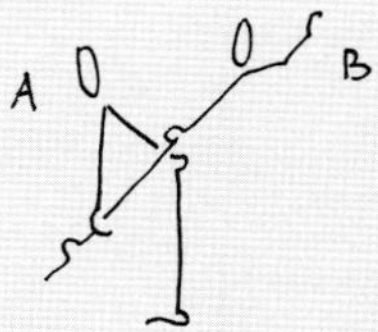
Inhalt	Kraft Körperspannung	A und B Rücken an Rücken. B stützt mit den Händen am Boden und sitzt rücklings auf A. A hält die Unterschenkel von B. B richtet sich langsam auf.	
Verhalten	Schritt für Schritt		

Nr.	Name der Spielform Ziele/Akzente	Idee/Beschreibung	Hinweise/Organisation
994	**Standwaage** **Inhalt** Gleichgewicht, Stützkraft **Verhalten** Mut, Vertrauen	A in Rückenlage, die Arme senkrecht in die Höhe gestreckt. B macht eine Standwaage auf den Händen und Füßen von A. • Ganz langsam auf und ab, zuerst nur B, dann auch A und schließlich sogar beide gleichzeitig!	
995	**Liegewaage** **Inhalt** Gleichgewicht, Stützkraft **Verhalten** Mut, Vertrauen	Wie oben bei „Standwaage", aber B legt sich bäuchlings auf die Füße von A. Geht es auch frei schwebend, also ohne Handfassung von B?	
996	**Kniewaage** **Inhalt** Gleichgewicht, Stützkraft Arme **Verhalten** Mut zum Experimentieren	Wie oben bei „Standwaage", aber B versucht nun eine Kniestandwaage mit Stütz auf den Knien von A. Langsam und gemeinsam ab und auf!	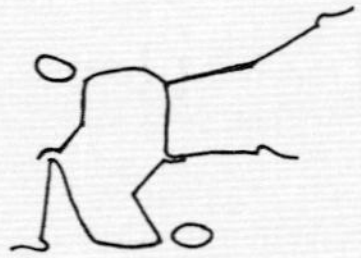
997	**Knie-Schulterstand** **Inhalt** Gleichgewicht, Stützkraft **Verhalten** Mut, Vertrauen	A in Rückenlage mit gebeugten Beinen, die Fußsohlen auf dem Boden flach und fest aufgestützt. B stützt sich auf den Knien von A, und A stützt B an den Schultern. B schwingt (vorsichtig) auf zum Schulterstand.	
998	**Knie-Langsitz** **Inhalt** Stützkraft rücklings, Gleichgewicht **Verhalten** Gemeinsam die Grenzen erleben	A in Rückenlage, Hüft- und Kniewinkel bei 90° fixiert. B macht einen Winkelstütz auf den Knien von A, A stütz B an dessen Fußgelenken. • Von dieser Position ausgehend, die Lage weiter verändern (z. B.: A öffnet die Beine leicht, B führt Liegestütz rücklings aus).	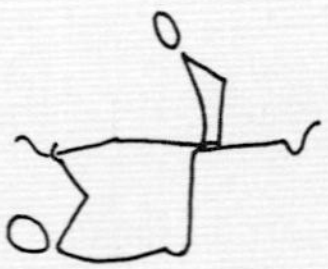

Nr.	Name der Spielform Ziele/Akzente	Idee/Beschreibung	Hinweise/Organisation
999	**Liegehang** **Inhalt** Stütz- und Zugkraft Arme **Verhalten** Vertrauen	A in Rückenlage, Beine senkrecht. B macht Liegehang an den Füßen von A. Dabei kann A durch Stützen an den Schultern helfen, bzw. sichern. • B lässt sich rw hinunter und zieht sich wieder hoch. A hilft dabei.	
1000	**Doppeldecker-kniestand** **Inhalt** Gleichgewicht Kraft **Verhalten** Wie findet ihr das Gleichgewicht?	A in Knieliegestütz vorlings, ein Bein nach hinten hochgestreckt („Kniestandwaage"). B führt nun seinerseits ebenfalls eine Kniestandwaage auf dem Rücken von A aus. Für B: Vorsichtig mit dem Knie abstützen, sonst schmerzt es bei A!	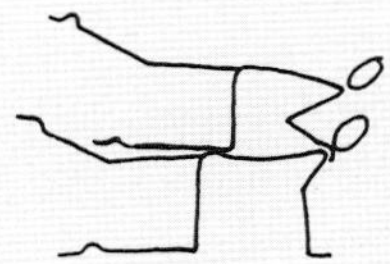
1001	**Schulterkniestand** **Inhalt** Gleichgewicht **Verhalten** Aufeinander abgestimmt	Wie bei „Doppeldecker-Kniestand", aber nun stützt B mit den Händen vor A auf dem Boden und mit einem Knie auf den Schultern von A. • Beide versuchen, die gestreckten Beine gleichzeitig in alle Richtungen zu bewegen (auf- und abwärts, kreisen usw.).	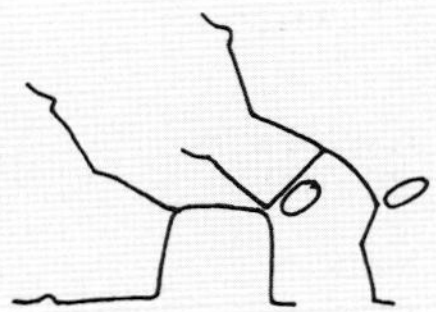
1002	**Knie-Hochstand** **Inhalt** Gleichgewicht **Verhalten** Harmoniert ihr miteinander?	A in Bankstellung rücklings, B steht balancierend auf den Knien von A. Könnt ihr miteinander so vw laufen? • Evtl. mit einem Helfer für B.	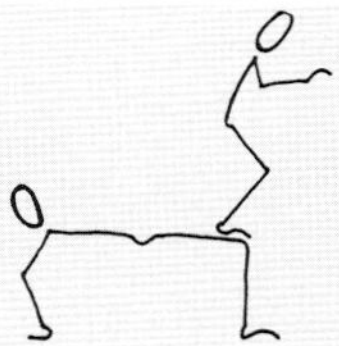
1003	**Knie-Handstand** **Inhalt** Gleichgewicht **Verhalten** Mut Vertrauen	A im Einbeinkniestand, ein Bein aufgestellt, so dass der Oberschenkel waagerecht steht. B schwingt sich auf dem Oberschenkel von A in den Handstand. A hilft beim Aufschwingen und Stützen. Anfänglich empfiehlt es sich, einen weiteren Helfer C einzusetzen!	

Nr.	Name der Spielform Ziele/Akzente	Idee/Beschreibung	Hinweise/Organisation
1004	**Fuß-Handstand** **Inhalt** Differenzierung **Verhalten** Mut Vertrauen	A im Kniestand, Arme in Hochhalte. Nun schwingt B auf den Fesseln von A (also „hinter A") in den Spreizhandstand. A versucht, das hintere Bein von B zu fassen. Hinweis: Langsam in den Handstand schwingen! (Evtl. mit einem zusätzlichen Helfer).	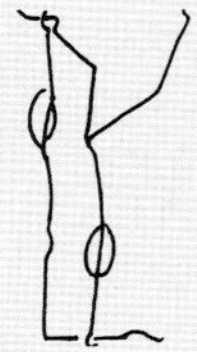
1005	**Seitenwagen** **Inhalt** Gleichgewicht **Verhalten** Den Partner „spüren"	A und B im einbeinigen Seitliegestütz gegenüber versetzt, so dass beide mit der freien Hand das in der Luft gestreckte Bein des anderen halten können. Könnt ihr so vw marschieren?	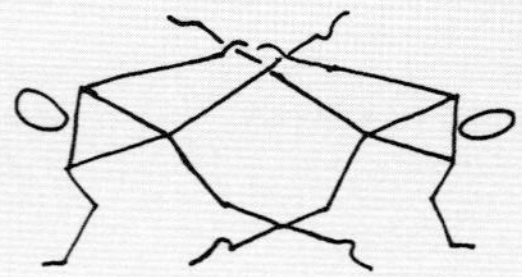
1006	**Schulter-Brücke** **Inhalt** Gleichgewicht Kraft **Verhalten** Kräfte des anderen spüren	A und B in Bankstellung voreinander, die Hände über die Schultern des anderen gelegt. Nun stellt sich C mit je einem Fuß auf die Rücken von A und B und sucht das Gleichgewicht. • Gelingt dies gut, dann versuchen A und B, sich leicht zu bewegen. Kann C trotzdem noch auf den Rücken stehen, ohne zu fallen?	
1007	**Wasserbett** **Inhalt** Orientierung **Verhalten** Spaß am Experimentieren	Ausgangsstellung von A und B wie bei „Schulter-Brücke". Aber jetzt legt sich C rücklings auf die Rücken von A und B. A und B versuchen durch leichtes, gemeinsames Bewegen C vom Rücken zu werfen.	
1008	**Im 3. Stockwerk** **Inhalt** Gleichgewicht **Verhalten** Dosierung des anderen spüren	A und B in Bankstellung eng nebeneinander. C in Bankstellung auf den Rücken von A und B. Gelingt es nun D, auf dem Rücken von C stehend zu balancieren, ohne zu fallen? • Kann sich das ganze Reitergespann langsam vorwärts bewegen, ohne den Artisten D zu verlieren? Wer kann am längsten stehen?	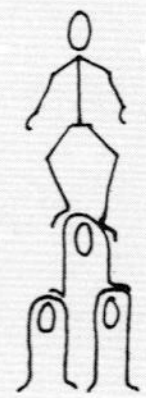

Nr.	Name der Spielform Ziele/Akzente	Idee/Beschreibung	Hinweise/Organisation
1009	**Familienzelt** **Inhalt** Stützen und Spannen **Verhalten** Gemeinsam im Gleichgewicht	A in Bankstellung, B steht aufrecht auf dem Rücken von A. C und D gehen links und rechts von A und B in Liegestütz. B versucht, die Füße von C und D zu halten. Anfänglich C und D langsam nacheinander, schließlich C und D miteinander!	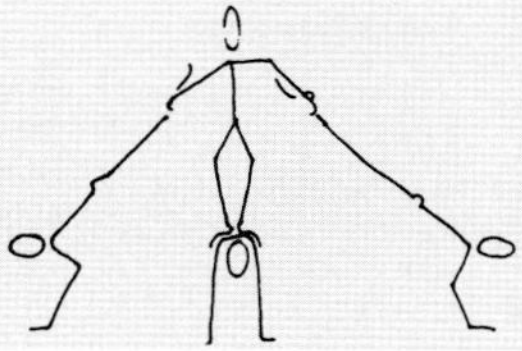
1010	**Hand-Kniestand** **Inhalt** Stützkraft Arme Gleichgewicht **Verhalten** Spaß im Krafttraining	A und B in Rückenlage gegenüber. Kopf an Kopf, Arme in Vorhalte. C macht eine Kniestandwaage (oder beidbeinige Bankstellung) auf den Händen von A und B. Gelingt es A und B sogar, C wie in einem Lift langsam zu heben und zu senken? • C bestimmt: Auf! ... Ab! ... Stopp! ... usw.	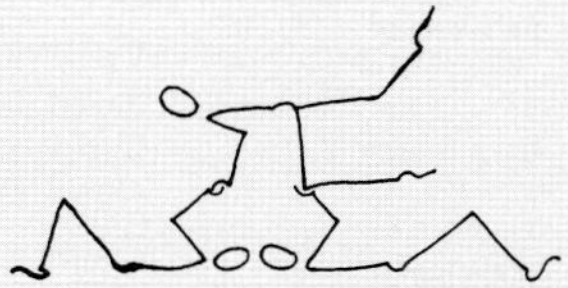
1011	**Hand-Kniestand im 2. Stock** **Inhalt** Stützkraft Arme Kraft Rumpf **Verhalten** Arbeit „teilen" Sehr gut spannen	A und B im Kniestand gegenüber, Arme in Hochhalte. C macht eine Kniestandwaage (oder beidbeinige Bankstellung) auf den Händen von A und B. Funktioniert auch bei dieser Form der Lift (siehe oben)? • Gelingt dies auch, wenn A und B stehen? Vorsicht bei A und B: Gut spannen, gerader Rücken!	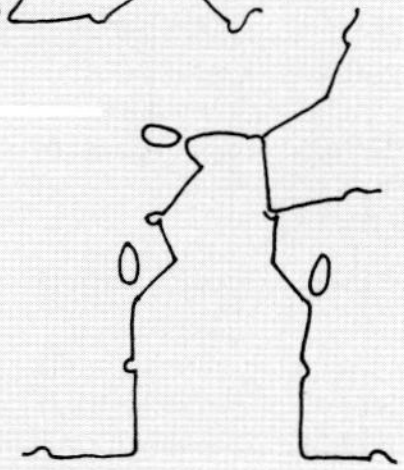
1012	**Oberschenkel-Handstand** **Inhalt** Spannung Gleichgewicht **Verhalten** Helfen Unterstützen	A in leichter Hocke (evtl. gegen eine Wand). B steht auf die Oberschenkel von A und wird von A um die Hüften gehalten. C schwingt nun gegen B in den Handstand und wird von B gehalten. Welche Pyramide steht am schnellsten, am längsten?	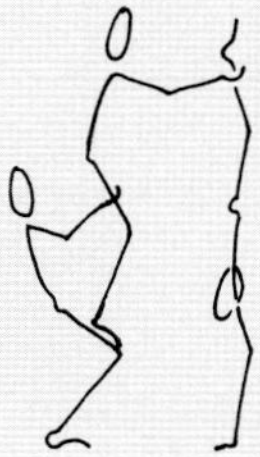
1013	**Baugerüst** **Inhalt** Gleichgewicht Kraft **Verhalten** Vertrauen	A in Grätschstellung, Gewicht auf dem rechten Bein. Der rechte Oberschenkel steht beinahe waagerecht. Nun steigt B auf den rechten Oberschenkel von A und wird gleichzeitig von A gehalten. Schließlich schwingt C in den Handstand und wird von B gehalten. Zirkusreif?	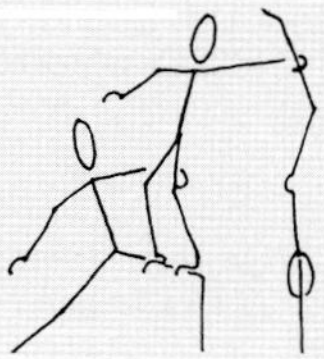

7

Nr.	Name der Spielform Ziele/Akzente	Idee/Beschreibung	Hinweise/Organisation
1014	**Spezialtransport** **Inhalt** Kraft, Koordination **Verhalten** Spaß	3er- bis 6er-Gruppen. Je einer der Gruppe soll 3 bis 5 verschiedene Bälle ins Ziel tragen und dabei von den Mitspielern selbst getragen werden. Die Stafette ist fertig, wenn jeder der Gruppe die Bälle 1x getragen hat. Fällt ein Ball zu Boden, muss die Gruppe mit allen Bällen zurück zum Start. • Nur die zwei Leichtesten müssen getragen werden.	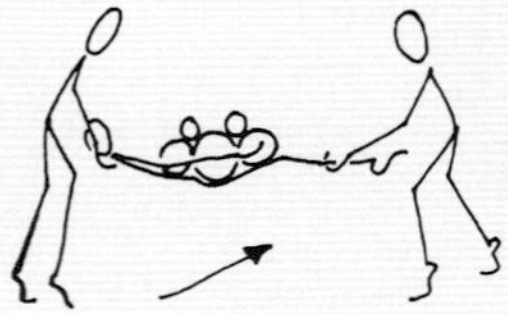
1015	**Ballspicker** **Inhalt** Koordination **Verhalten** Schaffen wir es gemeinsam?	Vierergruppen, jeder mit einem Medizinball und pro Gruppe ein Gymnastikball (o. Ä.). Der Gymnastikball soll mit den Medizinbällen durch Schlagen und Stoßen möglichst lange innerhalb der Gruppe in der Luft gehalten werden. Welche Gruppe schafft die meisten Zuspiele? Welche Gruppe macht in 60 Sek. die wenigsten Fehler? • Mit Volleyball und 1 Ballon.	
1016	**Blubber-Ball** **Inhalt** Reaktion, Aktionsschnelligkeit **Verhalten** Peripheres Sehen	Jeder hat einen Ball und prellt diesen am Ort. Auf „Los" verlassen alle ihren Ball und stehen außerhalb des Spielfeldes. Sobald ein Ball (in der Nähe) nicht mehr hochspringt, läuft einer hin, „kickt" den Ball wieder an und rennt wieder aus dem Feld. Auch als Wettbewerb.	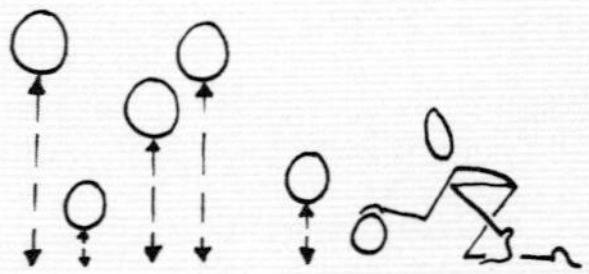
1017	**Kreisprellen** **Inhalt** Rhythmus, Koordination **Verhalten** Eine Aufgabe gemeinsam lösen	Alle Spieler bilden einen Innenfrontkreis, jeder prellt im gleichen Rhythmus den Ball: 2x kurz, 1x lang. Bei 1x lang gibt es eine Verschiebung um einen Platz nach re. Jeder übernimmt dort den Ball des Partners und dribbelt im gleichen Rhythmus (ohne Unterbrechung) weiter.	
1018	**Rhythmusbande** **Inhalt** Rhythmus **Verhalten** Auf andere hören und reagieren	Jeder Spieler prellt seinen Ball frei am Ort oder in der Fortbewegung. Prellend versucht die Klasse, ein gemeinsames Metrum zu finden. • Auch mit einfachen Rhythmen, z. B. kurz-kurz-lang. • Wer setzt „seinen" Rhythmus durch?	

Nr.	Name der Spielform Ziele/Akzente	Idee/Beschreibung	Hinweise/Organisation
1019	**Förderband** **Inhalt** Gleichgewicht **Verhalten** Jeder hilft dem andern – Spaß	Ein Spieler legt sich auf 2 bis 3 hintereinanderliegende Medizinbälle und rollt darauf vw. Ein oder zwei Helfer tragen rasch die hinten frei werdenden Bälle nach vorne, damit der Spieler weiterbefördert werden kann.	
1020	**Kontaktpunkt 1** **Inhalt** Orientierung **Verhalten** Druck und Gegendruck spüren	Zweigruppen, Rücken an Rücken. Ein Medizinball klemmt in Hüfthöhe zwischen den beiden Partnern. Beide drehen sich um die eigene Achse, einer nach li, der andere nach re. Der Ball darf nicht zu Boden fallen. • Mit verschiedenen Bällen (bis Tennisball). • Mit Fortbewegung oder mit Lageveränderungen.	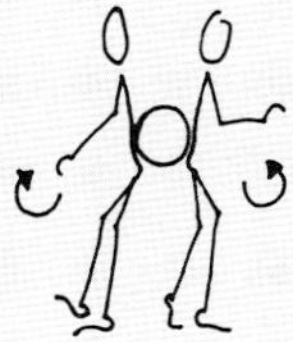
1021	**Kontaktpunkt 2** **Inhalt** Orientierung Differenzierung **Verhalten** Druck geben und aufnehmen	A und B klemmen einen Ball zwischen ihre Bäuche (oder Rücken). Nach Vorgabe werden mit dem eingeklemmten Ball Figuren, Zahlen oder Buchstaben in den Raum „gezeichnet“, ohne dass der Ball dabei herunterfällt.	
1022	**Kopfballtransport** **Inhalt** Stützkraft Körpergefühl **Verhalten** Druck und Gegendruck spüren	Zu zweit gegenüber im Liegestütz, einen Ball zwischen die Köpfe geklemmt. Welches Paar kann so eine bestimmte Strecke zurücklegen, ohne den Ball zu verlieren? • Auch über leicht Hindernisse.	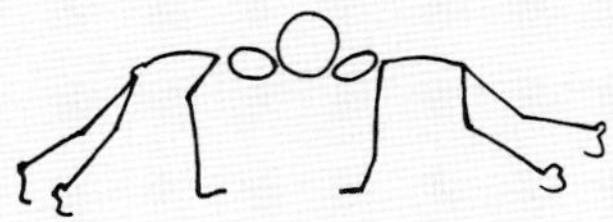
1023	**Ball treffen** **Inhalt** Orientierung Timing **Verhalten** Fairness auch ohne Schiedsrichter!	Jeder dribbelt frei in der Halle mit seinem Ball. Kommt ein Mitspieler entgegen, werfen beide ihren Ball so gegeneinander, dass die Bälle sich treffen und wieder zurückprallen. • Nur rechts, nur links, beidhändig werfen erlaubt! Wer schafft am meisten Treffer?	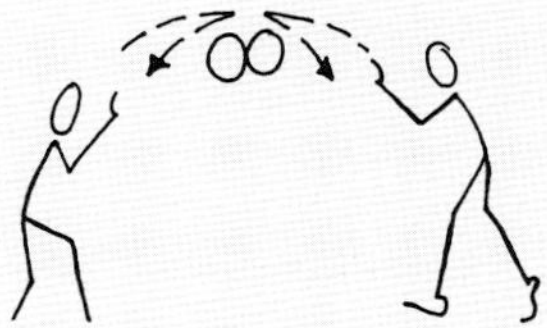

7

Nr.	Name der Spielform Ziele/Akzente	Idee/Beschreibung	Hinweise/Organisation
1024	**Schutzball** **Inhalt** Peripheres Sehen Taktik im Zuspiel **Verhalten** Spieler und Ball beobachten	Ein bis drei Fänger ohne Ball versuchen, die übrigen Spieler (Hasen) zu berühren. Die Hasen haben 1 bis 3 Bälle, die sie sich zupassen können. Wer den Ball besitzt, kann nicht gefangen werden.	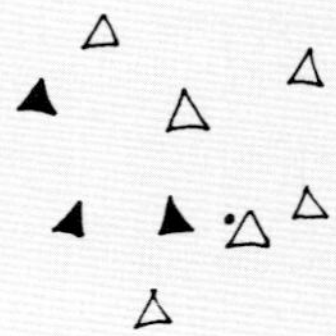
1025	**Ball-Stafette** **Inhalt** Kraftausdauer **Verhalten** Taktik	Pro Gruppe 6 bis 8 Teilnehmer, jeder mit einem Medizinball. A läuft zur anderen Seite, legt seinen Ball nieder und läuft zurück. Dann laufen A und B gemeinsam, B legt seinen Ball ab – zurück ... Es wird immer ein „Wagen" mehr angehängt. Welche Gruppe hat zuerst alle Medizinbälle hinter der Linie?	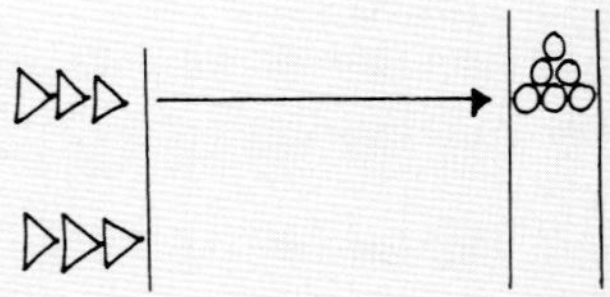
1026	**Medizinball-Stafette** **Inhalt** Kraft- und Schnelligkeitsausdauer **Verhalten** Nach gemeinsamer Taktik kämpfen	Aufgabe wie oben, aber welche Gruppe hat aus den Bällen zuerst eine (höchste) Pyramide aufgetürmt? Die Pyramide muss 3 Sek. lang frei stehen können. Je nach Abmachung darf die Wand als Stütze miteinbezogen werden.	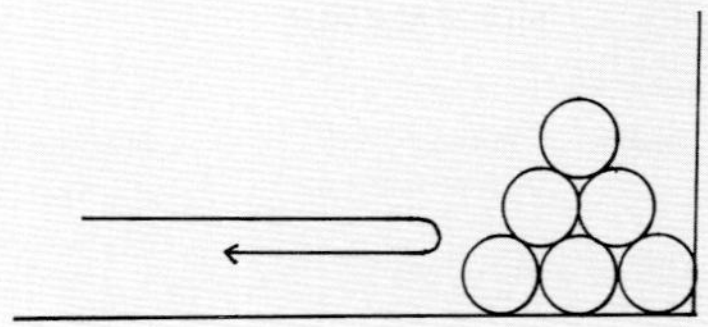
1027	**Medizinball-transport** **Inhalt** Je nach Lösung der Aufgabe! **Verhalten** Fantasie	2er- oder 3er-Gruppen. Jede Gruppe soll versuchen, einen Medizinball durch die Halle zu transportieren. Dabei dürfen während des Transportes weder der Ball noch die Fußsohlen des Ballträgers den Boden berühren. Der Ball muss zusammen mit den Trägern am Ziel ankommen. Bewertung: Auf Zeit oder Originalität.	
1028	**Ball-Lauf** **Inhalt** Stützkraft Arme **Verhalten** Gutes Teamwork!	A im Liegestütz rücklings. B legt erst einen Ball unter den linken Fuß von A, dann einen zweiten unter den rechten Fuß. Nun hebt A seinen linken Fuß und B legt den Ball etwas weiter vorne hin. A stützt wieder auf den Ball, hebt seinen rechten Fuß, B legt den Ball etwas weiter vorne unter den rechten Fuß von A usw. Welcher Zweiergruppe gelingt dies über eine gewisse Strecke? • Auch zu dritt.	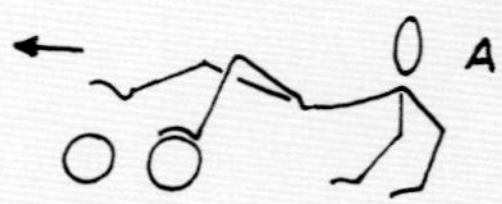

Nr.	Name der Spielform Ziele/Akzente	Idee/Beschreibung	Hinweise/Organisation
1029	**Mehrfachseil-springen** **Inhalt** Rhythmus **Ver-halten** Sich dem Partner anpassen können	Verschiedene Formen von Seilspringen zu zweit oder zu dritt. Siehe im Kapitel „Springen". • Z. B.: 3er-Gruppen mit drei Seilen nebeneinander. Jeder hält je ein eigenes und ein fremdes Seilende. Versucht so miteinander zu springen!	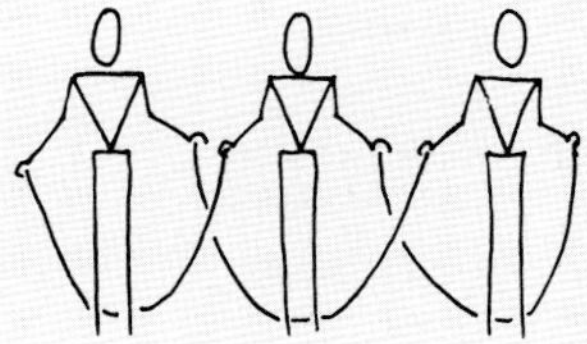
1030	**Kniffliger Zweier** **Inhalt** Rhythmus, Orientierung **Ver-halten** Nicht locker lassen	A und B halten je ein Seil gemeinsam in der re und eines gemeinsam in der li Hand. Jetzt wird abwechslungsweise geschwungen und gehüpft. Zuerst nur mit einem Seil schwingen und hüpfen auf beiden Seiten. Dann beide Seile nehmen und nur schwingen. Dann schwingen und 1x/2x/3x etc. hüpfen. • Evtl. Endform zeigen (Zeichnung) und selber erarbeiten lassen.	
1031	**Doppelseilsprung** **Inhalt** Rhythmus **Ver-halten** Gemeinsam etwas erproben	A + B schwingen ein Schwungseil. C versucht den Schwung so auszunutzen, dass er seilspringend zwischen A + B kommt.	
1032	**Seilschwung-Tor** **Inhalt** Orientierung, Rhythmus **Ver-halten**	Bevor ein Sprung (Pferdsprung, Hochsprung, Weitsprung, Minitramp-Sprung o. Ä.) ausgeführt wird, muss durch ein schwingendes Seil gelaufen werden. • Mehrere schwingende Seile müssen vor dem Sprung durchlaufen werden.	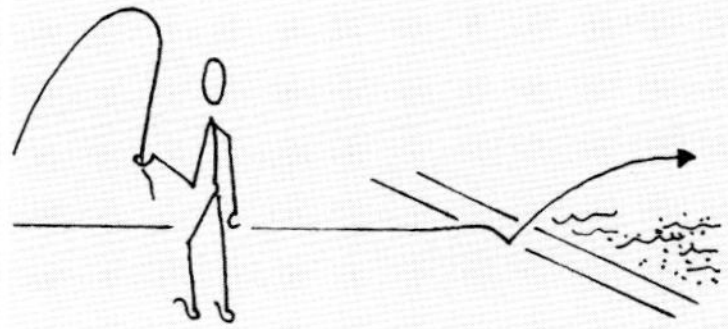
1033	**3er-Wechsel** **Inhalt** Rhythmus **Ver-halten** Spaß	A und B schwingen das Seil. C springt im Seil. C springt aus dem Seil, übernimmt das Seilende von B, B springt hinein usw. Auch als Wettbewerb! • Alle müssen immer im Metrum hüpfen und zudem sollte das Seil immer geschwungen werden. Wie lange schafft ihr es?	

7

Nr.	Name der Spielform Ziele/Akzente	Idee/Beschreibung	Hinweise/Organisation
1034	**Stabwechsel** **Inhalt** Orientierung **Verhalten** Konzentration	8 bis 10 Spieler bilden einen Kreis. Jeder hält seinen Stab in der re Hand. Auf Kommando werden die Stäbe in einer Richtung gleichzeitig weitergeworfen (oder weitergereicht). „Hopp“ = nach re, „Hipp“ = nach li. Die Aufgabe besteht darin, den Stab auf die eine Seite zu werfen und auf der anderen zu fangen, ohne dass ein Stab zu Boden fällt.	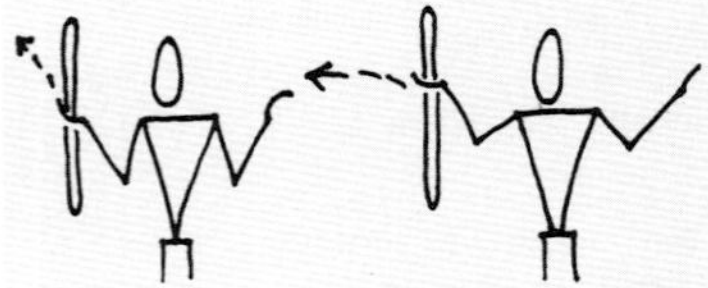
1035	**Hipp Hopp** **Inhalt** Reaktion **Verhalten** Konzentration	Die Stäbe werden nicht geworfen oder übergeben, sondern senkrecht auf den Boden gestellt. Auf „Hipp“ oder auf „Hopp“ lässt jeder seinen Stab los und versucht, denjenigen seines Nachbarn noch zu erwischen, bevor der Stab zu Boden fällt. • Stabwechsel in freier Aufstellung. Auf Zeichen muss jeder seinen Stab loslassen und zu einem anderen Stab wechseln.	
1036	**Fechten** **Inhalt** Geschicklichkeit, Reaktion **Verhalten** Spaß	A und B machen einen Fechtkampf gegeneinander, führen aber alle Schläge in Zeitlupentempo aus. • Eine feste Schlagfolge in Zeitlupe einüben: Ausweichen, drucken, überspringen, abblocken ... • Diese Folge wird zur Musik rhythmisiert. • Wenn die Folge gut beherrscht wird, wird das Tempo verdoppelt.	
1037	**Stangenwaage** **Inhalt** Körperspannung, Kraft Arme (Helfer) **Verhalten** Vertrauen	A + B halten 2 Stäbe. C legt sich „steif wie ein Brett“ auf die Stäbe. A und B versuchen, C immer im Gleichgewicht zu halten. C erschwert dies, indem er die (gespannte) Körperlage, z. B. durch Anziehen eines Armes o. Ä. laufend verändert.	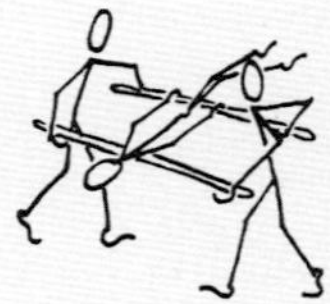
1038	**Stab-Überschlag** **Inhalt** Schulung Handstand-Überschlag **Verhalten** Vertrauen	A und B halten 2 Stäbe senkrecht übereinander. C führt einen Handstand aus und lässt sich von A und B mittels der Stäbe langsam „überschlagen“. (Anfänglich nur mit dem oberen Stab, die freie Hand der Helfer fasst an den Schultern von C).	

7.5 Langbank

Nr.	Name der Spielform Ziele/Akzente	Idee/Beschreibung	Hinweise/Organisation
1039	**Laufstafetten** **Inhalt** Schnelligkeit **Verhalten** Spaß in der Gruppe	Laufstafetten mit einem oder mehreren Hindernissen (Bänke) und verschiedenen Aufgaben, die gruppenweise gelöst werden müssen. Z. B.: • Die Gruppenmitglieder sind durch Sprungseile oder Bänder miteinander verbunden (Schlange). • Ein Gruppenmitglied muss getragen werden. • Über die erste Bank laufen, die zweite hinter die Startlinie tragen und sich daraufstellen.	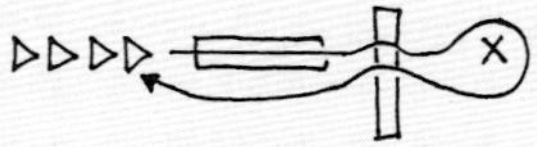
1040	**Transportstafette** **Inhalt** Kraft, Schnelligkeit **Verhalten** Gemeinsam fair wetteifern	Die Gruppen stehen hinter der Grundlinie der Hallenlängsseite. Auf der gegenüberliegenden Seite jeder Gruppe steht je eine Bank quer. Auf Zeichen laufen die Gruppen zu ihrer Bank, führen eine bestimmte Übung an der Bank aus (z. B. Überspringen, Durchkriechen, Überlaufen), dann wird die Bank gemeinsam auf die andere Seite getragen und alle stehen auf die Bank. • Mit verschiedenen Fortbewegungsarten.	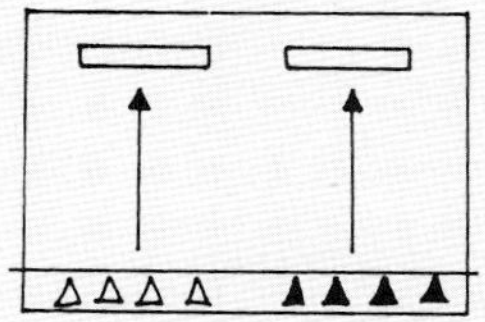
1041	**Bank heben** **Inhalt** Kraft – Arme, Rumpf **Verhalten** Wer gibt das Kommando?	Mehrere Spieler gleicher Größe hintereinander im Querstand neben der Bank. Hebt die Bank über eure Köpfe und stellt sie auf der anderen Seite sorgfältig wieder ab! Wie müsst ihr die Bank ergreifen, wenn ihr die Ausgangsstellung nicht ändern wollt? • Auch fortgesetzt mit Überspringen der Bank, ohne Frontwechsel oder die Bank loszulassen.	
1042	**Klebebank** **Inhalt** Kraft Arme, Rumpf **Verhalten** Spaß am Fitnesstraining	3 bis 4 Spieler gleicher Größe tragen die Bank in der Hochhalte. Setzt euch, kniet euch nieder, legt euch auf den Rücken, ohne dass die Bank den Boden berührt! Findet ihr weitere Formen?	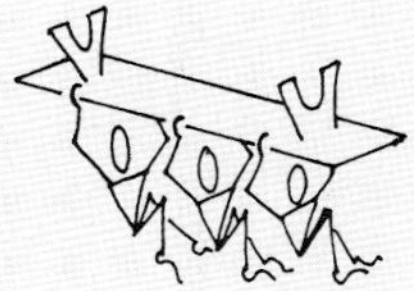
1043	**Ägyptisches Transportrennen** **Inhalt** Koordination, Dosierte Kraft **Verhalten** Spaß	Pro Gruppe 4 bis 6 Spieler. Eine umgedrehte Langbank, auf der ein „König" sitzt, wird mittels 6 Stäben zum anderen Ende der Halle befördert. Die freigewordenen Stäbe werden laufend wieder nach vorne gebracht. Die Bank darf den Boden nie berühren. Jeder soll einmal transportiert werden. Welche Gruppe ist zuerst fertig?	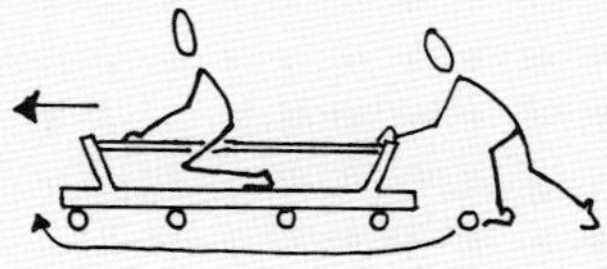

Nr.	Name der Spielform Ziele/Akzente	Idee/Beschreibung	Hinweise/Organisation
1044	**Platzwechsel** **Inhalt** Orientierung **Verhalten** Aufeinander Rücksicht nehmen	Zu zweit auf gleicher Höhe an der Sprossenwand. Wechselt eure Plätze! • Mit Hilfe der Füße (Abstützen erlaubt/nicht erlaubt). • Gelingt dies auch, wenn drei Spieler sich kreuzen? • Oder sogar eine ganze Gruppe?	
1045	**Kaminklettern** **Inhalt** Differenzierung Orientierung **Verhalten** Einander Sorge tragen	Zu zweit. Innen am Partner hinunter- und außen über den Partner wieder hinaufklettern. Auch umgekehrt. • Als Zweier-Gruppenwettbewerb: Wie oft könnt ihr während zwei Minuten über- bzw. untereinander durchklettern?	
1046	**Schwebeklettern** **Inhalt** Körperspannung Orientierung **Verhalten** Gegenseitiges Vertrauen ist alles!	Ein Mitglied der Gruppe wird über den Köpfen der Helfer sw transportiert. Dieser „schwebende Kletterer" hält sich mit den Händen an der Sprossenwand und „wandert" seitwärts. • Der Kletterer wird nur auf den Füßen der Helfer, welche in Rückenlage die Füße hochhalten, „getragen".	
1047	**Mutiger Bergsteiger** **Inhalt** Kraft Arme Orientierung **Verhalten** Mut und Vertrauen	Wem gelingt es, sich an der Sprossenwand um 360° zu drehen. Anfänglich mit Hilfe der Partner, die sichern, stützen, drücken. Geht es auch alleine?	
1048	**Falltür** **Inhalt** Körperspannung **Verhalten** Etwas riskieren Viel vertrauen	Einer steht auf der untersten Sprosse und lässt sich (ganz gespannt) rw fallen. Die anderen (2–4) Helfer fangen den Fallenden sicher auf.	

7.7 Geräte

Nr.	Name der Spielform Ziele/Akzente	Idee/Beschreibung	Hinweise/Organisation
1049	**4-Wände-Lauf** **Inhalt** Reaktion, Schnelligkeit **Verhalten** Regeln einhalten, Gut absprechen	Gruppen zu 4 bis 6 Spieler sitzen je um ein Gerät (z. B. um eine Matte) herum im Schneidersitz. Die Arme sind gekreuzt und halten mit der rechten Hand den linken Fuß des Nebenmannes fest. Auf Signal starten alle, berühren alle vier Wände der Halle und setzen sich wieder in die Ausgangsposition. Welche Gruppe ist zuerst wieder am alten Platz?	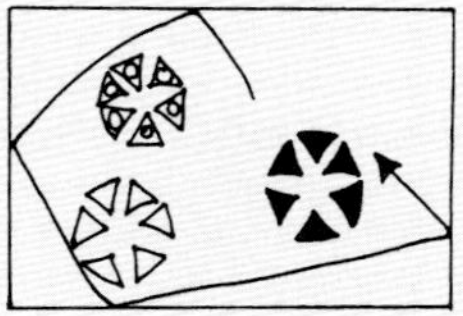
1050	**Gruppenbild** **Inhalt** Körperspannung, Orientierung **Verhalten** Gegenseitig absprechen	3er- oder 4er-Gruppen laufen frei zur Musik durch die Halle. Bei Musikstopp (ohne Musik bei Signal) erstarrt die Gruppe sofort auf einem Gerät zu einem (vorgängig abgesprochenen und eingeübten) Gruppenbild. Sobald die Musik wieder ertönt weiterlaufen, bis zu diesem Moment bleiben aber alle erstarrt bis zu den Fingerspitzen!	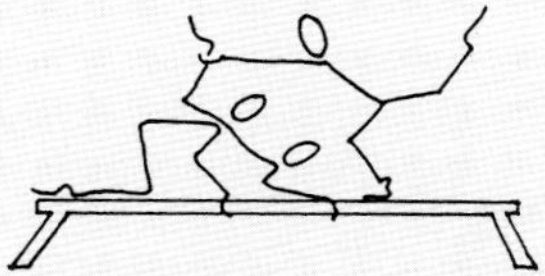
1051	**Mattenball-schleudern** **Inhalt** Kraft **Verhalten** Schleuderrhythmus vereinbaren	4er-Gruppen mit je zwei Matten versuchen, einen Ball über eine bestimmte Distanz zu schleudern und wieder aufzufangen. Gelingt dies, so spielen sich die Paare den Ball gegenseitig zu und versuchen wiederum, den Ball der anderen Gruppe zu fangen. • Als Endloskette: A und B schleudern den Ball zu C und D und überholen C und D. Dann werfen C und D den Ball zu A und B usw.	
1052	**Mattentransporter** **Inhalt** Kraftausdauer **Verhalten** Taktik des Tragens besprechen	2er-(4er-)-Gruppen: Die Gruppen sollen verschiedene Bälle auf einer Matte gleichzeitig durch einen kleinen Parcours (um die anderen Geräte herum etc.) oder über eine bestimmte Strecke transportieren. Heruntergefallene Bälle müssen einzeln mit der Matte ins Ziel getragen werden (und dürfen nur mit dem Fuß auf die Matte befördert werden).	
1053	**Bob fahren** **Inhalt** Schnelligkeits-ausdauer **Verhalten** Zweier-Bob ist Teamwork!	Zwei Spieler laufen in einem Kastenteil („Bob“) über eine vorgeschriebenen Strecke (evtl. mit Hindernissen). • Frei durch die Halle. • Als Stafette hin und zurück, evtl. mit Platzwechseln nach der Hälfte der Strecke. • Verschiedene Fortbewegungsarten vorgeschrieben: vw, rw, hüpfen, etc.	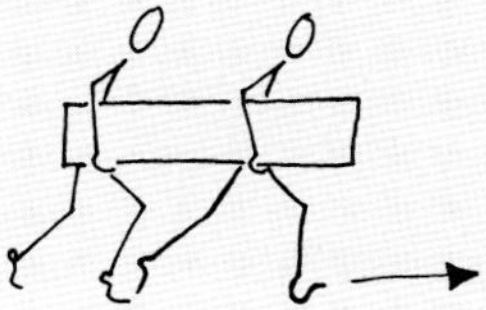

Wer nach weiteren Koordinationsformen sucht, findet im Band „1015 Spiel- und Kombinationsformen in vielen Sportarten" verschiedene Anregungen. Dieser Band versteht sich als Experimentierfeld im Bereich des Sportfächer übergreifenden Sportgedankens. Er regt an, Sport umfassender, Sportarten übergreifend, zu verstehen. So werden bekannte Übungsformen verschiedener Sportarten miteinander verbunden, vernetzt. Die eine wird als Schwerpunkt-, die andere als Ergänzungssportart verstanden. Dabei wird das (Lern-)Ziel auf zwei Sportarten aufgeteilt. Dadurch entstehen zum Teil völlig neue Spiel- und Übungsformen, vielleicht sogar neue Sportarten. Denn irgendeinmal kam jemand doch auf die Idee, Sportarten miteinander zu kombinieren. Nur so ist es zu erklären, dass Sportarten wie: Wasser-Ball, Eis-Hockey, Rad-Ball, Wasser-Ski, Kunst-Radfahren, Synchron-Schwimmen usw. entstanden.

All diese Spiel- und Übungsformen (oder Kombinationssportarten) fordern ein hohes Maß an Koordinations- aber auch an Kooperationsfähigkeit!

Symbolisches Modell der Idee „1015 Spiel- und Kombinationsformen in vielen Sportarten".

Der Sport(-unterricht) braucht Impulse. Neue Spiel + Fitnessgeräte sind zwar faszinierend, doch entscheidend ist unsere Einstellung zur Bewegung, unser Verständnis von Sport!

Deshalb: Nicht (nur) Sportaren lernen, sondern mit Hilfe von Sportarten SPORT treiben!

Kapitel 8
Organisationsformen zum Aufwärmen, einmal anders

8

Name der Organisationsform Ziele/Akzente	Idee/Beschreibung	Hinweise/Organisation
Einlaufen, aufwärmen ... wie organisieren? Kleine Änderungen in der Organisation des Aufwärmens können (und sollen!) dazu beitragen, die Bereitschaft zum Mitmachen zu steigern. Mit den folgenden – vielleicht nicht alltäglichen – Organisationsformen möchten wir zeigen, wie ins Aufwärmen ein „roter Faden" gebracht werden kann. Viele der Spiel- und Übungsformen aus den vorangegangenen Kapiteln lassen sich in einer der folgenden Organisationsform „verpacken". Oft würde es schon genügen, die Sozialform leicht zu verändern, um eben das Aufwärmen attraktiver zu gestalten. Wie wärs?		
Einlaufen mit Würfeln Vor allem für Formen des Laufens oder Hüpfens in der Gruppe.	4er-Gruppen, jede Gruppe mit einem Würfel, einem Papier und einem Bleistift ausgerüstet. Auf Pfiff laufen alle Gruppen eine bekannte (oder neu ausgesteckte) Runde (ca. 200 m, je nach den gegebenen Platzverhältnissen). Danach darf jedes Gruppenmitglied einmal würfeln und seine Zahl zum bereits Gewürfelten dazuzählen. Darauf wird wieder eine Runde gelaufen und anschließend gewürfelt. Welche Gruppe erreicht zuerst 100 Punkte? Welche Gruppe erreicht zuerst genau 100 Punkte? • Bei dieser Form wird so lange gewürfelt (bzw. gelaufen und danach gewürfelt), bis die Zahl 100 genau erreicht wird. Beispiel: 98, dann würfelt jemand 5 = 103, dann jemand 3 = 100 ... fertig!	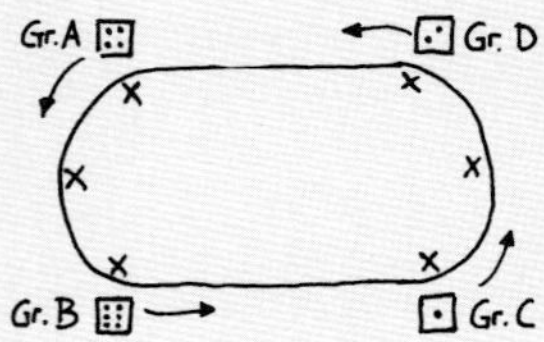
Der Würfel bestimmt Als Variation zu verschiedenen Lauf- und Hüpfformen. Der Zufall spielt mit!	3er-, 4er- oder 5er-Gruppen mit je einem Würfel ausgerüstet. Die gewürfelte Zahl bestimmt, wie die nächste Runde (oder Strecke) gelaufen oder gehüpft werden muss. Die jeweilige Aufgabe wird von allen ausgeführt, z. B.:	Beispiele: 1er: Auf einem Bein hüpfen 2er: Auf zwei Beinen hüpfen (gleichz.) 3er: Auf zwei Beinen und einer Hand 4er: Auf allen vieren laufen 5er: Ganze Gruppe läuft als Kreis 6er: Ein Mitglied wird getragen usw.

Name der Organisationsform Ziele/Akzente	Idee/Beschreibung	Hinweise/Organisation
Würfelparcours Je nach Übungsauswahl kann das Ziel ein gesamtes Aufwärmen sein oder ein Teil daraus (z. B. nur Kräftigungsübungen).	Gruppenweise oder einzeln. Die gewürfelte Zahl bestimmt, welche Übung als nächste geturnt wird, z. B.: 1er: 2 Runden traben 2er: 10x Liegestütz 3er: 20x Rumpfheben aus der Rückenlage (Beine angezogen) 4er: 40x Seilspringen (40 Durchzüge) 5er: Beliebige Stretchingposition einnehmen und (leise) die 12er-Reihe aufsagen (1 x 12 = 12/2 x 12 = 24 ...) 6er: Eine Breite Froschhüpfen Das ganze „Programm" kann auch mit zwei Würfeln gespielt werden. Somit muss die Übungsauswahl auf 11 erhöht werden. Es ist ferner möglich, einen Joker einzubauen. Dieser Joker (z. B. die Zahl 2 x 6, also 2 Sechser mit einem Wurf) berechtigt zu einer freien Übung (oder zum Ausführen!). • Wer hat zuerst das ganze Programm durch usw.!	
Kreis-Improvisationen Alle denken und machen mit, Hemmungen überwinden lernen.	Die Spieler stehen in einem möglichst großen Innenfrontkreis. Ein Spieler beginnt, indem er bis zur Mitte des Kreises und wieder zurück eine Bewegungsart vorzeigt, welche die anderen Spieler, ebenfalls bis zur Mitte und wieder zurück, gemeinsam nachmachen. Dann kommt der nächste, etc. • Dito, aber in einem zweiten Teil werden vorwiegend gymnastische Übungen vorgezeigt usw.	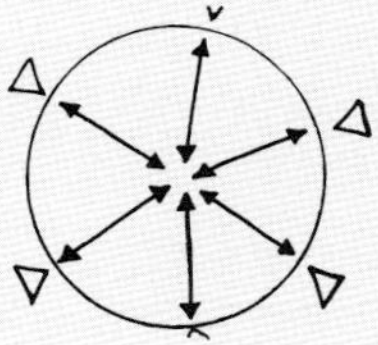
Partnerübungen im Doppelkreis Mögliche Ziele: Dehn- und Kräftigungsgymnastik, Kampf- und Raufspiele. Fördern der Sozialbezüge: Miteinander und gegeneinander!	Die Spieler stellen sich im Doppelkreis zu zweit gegenüber auf. Es werden verschiedene Partnerübungen ausgeführt: Dehnen, Kräftigen, Partner-Kampfspiele ... Nach jeder Übung werden die Partner gewechselt. Der innere Kreis bleibt stehen, der äußere verschiebt sich um eine Position nach rechts und es beginnt von neuem. • Der Leiter bestimmt die Übungen. • Ein Teilnehmer beginnt. Danach (nach dem Wechsel) darf dieser einen neuen „Oberturner" bestimmen.	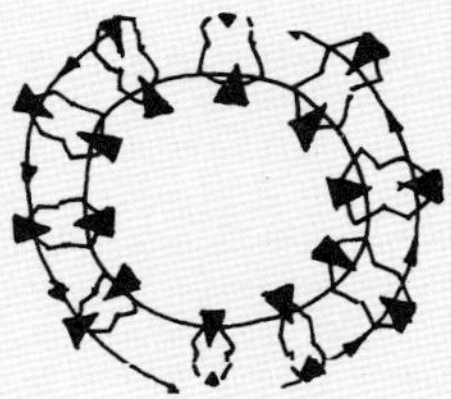

Name der Organisationsform Ziele/Akzente	Idee/Beschreibung	Hinweise/Organisation
Lotto 1 Je nach Zielsetzung und Belastungsmaß ergeben sich daraus entsprechende Übungen. Fairness ... auch ohne Kontrolle	Grundidee wie beim Würfelparcours. Jede Zahl bedeutet eine bestimmte Übung. Jeder Spieler erhält zu Beginn einen „Lottoschein" und versucht, möglichst rasch alle Zahlen auf diesem Schein durchzustreichen. Würfelt z. B. ein Spieler eine Drei, so streicht er die Drei auf seinem Lottozettel, führt die entsprechende Übung aus und darf dann wieder würfeln. Würfelt er nun aber eine Zahl, die er bereits gestrichen hat (z. B. in unserem Fall wiederum eine Drei), so muss er Übung drei trotzdem ausführen, kann aber über der bereits gestrichenen Zahl einen Punkt anbringen. Sieger ist, wer zuerst alle Zahlen auf dem Lottoschein gestrichen oder über einer (gestrichenen!) Zahl drei Punkte angezeichnet hat (d. h.: Diese Übung wurde 4x gewürfelt ... und somit auch 4x ausgeführt!).	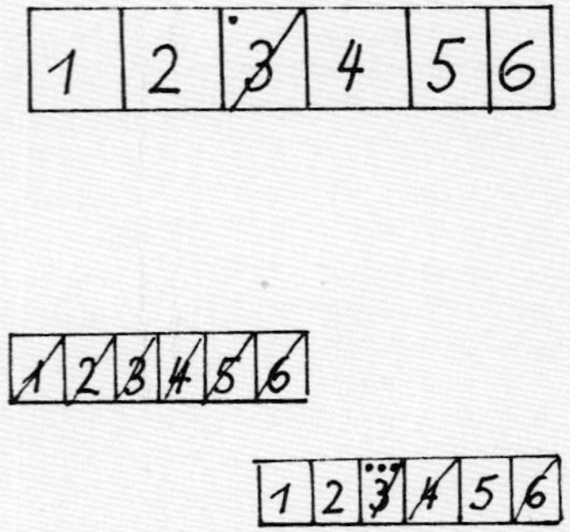
Lotto 2 Verschiedene Variationen wie bei Lotto 1!	Diese Form läuft gleich wie Lotto 1, aber der Lottozettel ist etwas komplizierter (und lässt dementsprechend mehr Möglichkeiten zu). Würfelt ein Spieler z. B. eine Eins, so streicht er alle 1er auf dem Zettel durch und führt Übung 1 aus. Ziel ist es, möglichst rasch alle Zahlen einer Kolonne durchzustreichen. Dabei gelten: • Alle waagerechten Kolonnen oder • Alle senkrechten Kolonnen oder • Die Diagonalen. Wer zuerst alle Zahlen einer Kolonne gestrichen hat oder über einer Zahl 3 Punkte machen konnte, hat gewonnen. • Spiel mit zwei Würfeln. Der Lottoschein muss nun Zahlen von 2–12 aufweisen. Entsprechend müssen 11 Übungen (anstatt 6 bei einem Würfel) ausgedacht werden!	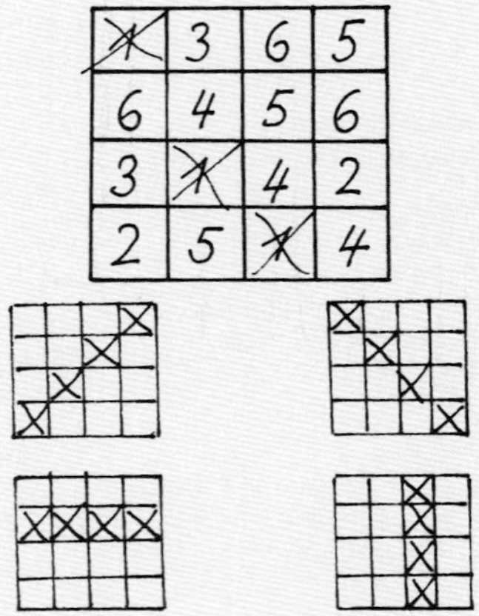

Name der Organisationsform Ziele/Akzente	Idee/Beschreibung	Hinweise/Organisation
Das Los bestimmt! Ganzes Aufwärmprogramm möglich! Akzente, Ziele und Belastungsmaß auf die Trainingsgruppe abstimmen!	In einer Schachtel befinden sich Lose mit – dem Könnensstand der Teilnehmer angepassten – Aufgaben. Die Spieler ziehen einzeln, paarweise oder in kleinen Gruppen ein Los, führen die entsprechende Übung aus und ziehen das nächstes Los. Sind alle Lose gezogen, ist das Aufwärmen beendet. Es ist von Vorteil, auf den Losen auch anzugeben, wo die entsprechenden Übungen geturnt werden sollen (z. B. große Skizzen auf Packpapier oder Tafel). Damit kann im Freien das ganze Areal ausgenützt werden. Zudem kommen die Spieler somit zwischen den einzelnen Übungen (je nach Streckenlänge) zum Laufen. • Das Gleiche kann auch mit einer (oder mehreren) Lottokarte(n) durchgeführt werden. Die Kärtchen werden nacheinander (in freier Reihenfolge) aufgedeckt und entsprechende Übung geturnt. Hat eine Gruppe alle Kärtchen aufgedeckt, ist das Aufwärmen beendet. Welche Gruppe ist zuerst fertig?	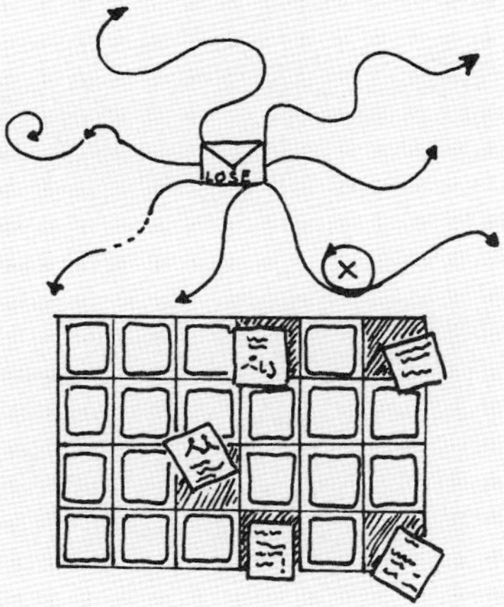
Zehnerlei Akzente, Ziele beliebig wie bei „Das Los bestimmt"	Dieses Einlaufen besteht aus 10 Übungen, welche nacheinander von der ganzen Gruppe geturnt werden, und zwar die erste Übung mit 10 Wiederholungen, die zweite mit 9 usw. bis zur letzten Aufgabe, welche jeder 1x ausführt. Beispiel: 10x: Eine kleine Runde laufen (50–100 m) 9x: An der Sprossenwand im Hang rücklings die Beine anheben (Knie zu den Ohren) 8x: Liegestütz rücklings, ½ Drehung zum Liegestütz vorlings usw. 7x: Im Grätschsitz: Rumpfbeugen vw (links – Mitte – rechts = 1x) 6x: 10 m Froschhüpfen 5x: Eine Länge Seil springen 4x: Gegen die Wand in den Handstand schwingen, im Handstand ruhig auf 4 zählen = 1x 3 x: usw. • Die Spieler bringen die 10erlei-Aufgaben!	1. = 10x 2. = 9x 3. = 8x 4. = 7x 5. = 6x 6. = 5x 7. = 4x 8. = 3x 9. = 2x 10. = 1x

8

Name der Organisationsform Ziele/Akzente	Idee/Beschreibung	Hinweise/Organisation
Nonstop-Lauf Ganzes Aufwärmprogramm mit Schwerpunkt LAUFEN	4er-Gruppen bestreiten ein genau festgelegtes Einlaufprogramm mit Dehn- und Kräftigungsübungen. Diese Übungen sind allen bestens vertraut. Einer der Gruppe muss immer auf der Rundbahn am Laufen sein. Die Läufer können sich in frei gewählten Abständen ablösen. Bei Beginn des Einlaufens wird die Zeit bekannt gegeben.	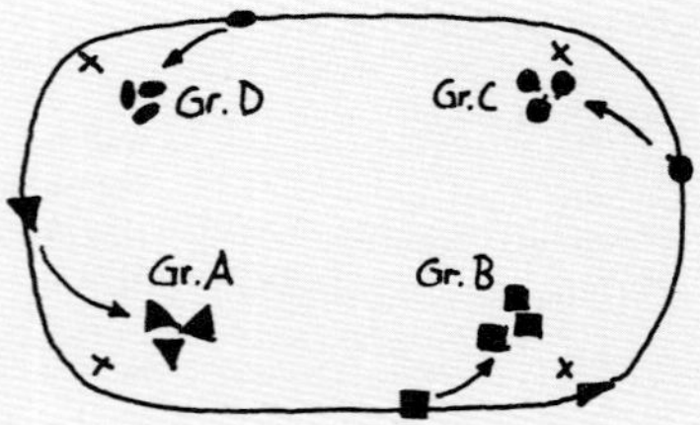
Pyramiden-Lauf Ganzes Aufwärmprogramm mit Schwerpunkt LAUFEN	Die ganze Gruppe turnt gemeinsam ein. Nach jeder (oder jeder zweiten) gymnastischen Übung werden Runden zu ca. 100 m gelaufen, und zwar nach der ersten Übung 1 Runde, nach der zweiten 2 Runden usw. bis 4 Runden. Ab der vierten Runde wird die Rundenzahl wieder verringert. Die Streckenlänge und das Tempo soll dem Trainingszustand der Gruppe angepasst werden.	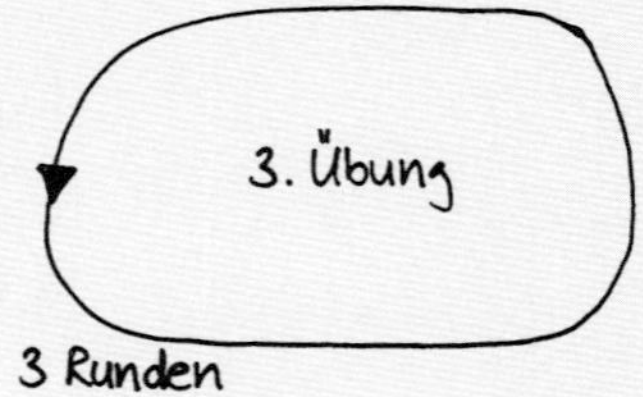
Miteinander Ganzes Aufwärmprogramm mit verschiedenen Schwerpunkten möglich. Immer mit Partnerbezug!	Die Gruppe stellt sich paarweise auf den gegenüberliegenden Längs- oder Querseiten auf. Die Partner laufen aufeinander zu, führen in der Mitte eine vorgegebene Übung gemeinsam aus und laufen zur anderen Hallenseite zurück. • Jede Zweiergruppe denkt sich (zu einer vorgegebenen Zielsetzung wie z. B. Kräftigung der Bauchmuskulatur) eine Übung aus. Wer findet (k)eine?	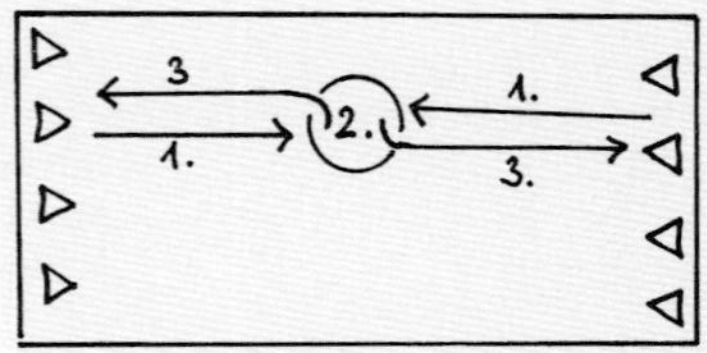
Beinahe wie üblich! Ein „übliches" Aufwärmprogramm wird in ein Spiel oder in eine Spielform integriert.	Wir spielen z. B. Schnappball, Fußball o. Ä. in kleinen Gruppen. Nach einem bestimmten Zeitintervall oder nach einem Torerfolg der einen oder anderen Mannschaft wird eine vorgegebene Übung ausgeführt. Die ausgewählten Übungen sollen einen Bezug zum folgenden Hauptteil der Sportstunde haben.	Mögliche Organisationsform: Die Mannschaft, welche ein Tor erzielt hat, darf die Übung bestimmen oder: Die Mannschaft, welche ein Tor „erhalten" hat, muss die Übung in doppelter Zahl ausführen.

Name der Organisationsform Ziele/Akzente	Idee/Beschreibung	Hinweise/Organisation
Aufwärmen mit und an Geräten Je nach Fertigkeiten werden entsprechende Aufgabenstellungen ausgedacht.	Exemplarisch soll hier hier am Beispiel Reck gezeigt werden, wie sich sehr einfache, aber nicht weniger wirksame Aufwärmprogramme gestalten lassen. Es werden 6 Recke auf drei verschiedenen Hüfthöhen aufgebaut. Die Spieler stellen sich in drei Kolonnen hinter die ihrer Größe entsprechenden Stangen. Die Kolonnen laufen möglichst dicht hintereinander zur 1. Stange, führen dort nacheinander die geforderte Übung aus, laufen zur Wand und zur 2. Stange, turnen dort die gleiche Übung nochmals und stellen sich wieder auf ihre Übung nochmals und stellen sich wieder auf ihre Ausgangsposition (siehe Skizze). Übungsbeispiele: • Stange frei überwinden. • Stange überqueren ohne Hilfe der Beine. • Stange überqueren ohne Hilfe der Arme. • Stange überspringen und mit einem Fuß abstoßen zur weichen Landung (Hände auf den Boden!). • Hockwende über die Stange (Zwiegriff). • Flanke über die Stange (Reck nur mit einer Hand gefasst). • Stange überhocken, Übergrätschen mit Partnerhilfe. • Über die Stange balancieren (Rumpf stabil halten, nur mit den Händen das Gleichgewicht suchen). • Zu zweit auf der Stange balancieren: Wer bleibt von beiden länger oben? Welche Zweiergruppe bleibt am längsten im Gleichgewicht?. • Liegehang: Liegestütz „verkehrt". • Liegestütz auf der Stange: Arme beugen und strecken. Der Partner hält die Füße (... und geht gleichzeitig immer auch in die Knie). • Liegehang: Im Päckchen mit den Füßen zwischen den Armen durchschlüpfen. • Seitwärts über die Stange stützeln. • Verschiedene Dehnübungen lassen sich an der Stange sehr gut ausführen, z. B.: Grätschwinkelstand, Stange in Hockhalte gefasst: Arm- und Brustmuskulatur dehnen. • Verschiedene Formen von Gruppenwettbewerben.	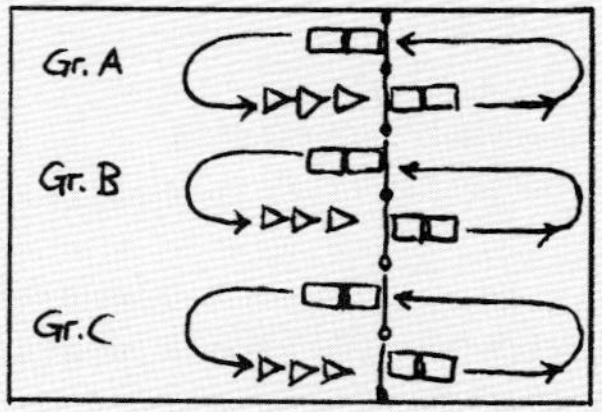 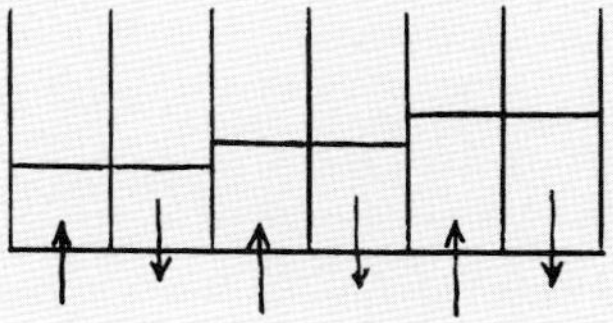  

8

Name der Organisationsform Ziele/Akzente	Idee/Beschreibung	Hinweise/Organisation
Aufwärmen im Geräteparcours Je nach Alter und Fertigkeiten werden entsprechende Aufgaben gestellt. Vor allem bei Kindern bis 12 Jahren können alle möglichen Tummelformen dazu verhelfen, Spaß an und mit Geräten zu erleben und sich nach eigenem Können darin, darüber und darum herumzubewegen. Aber auch größere Kinder und Erwachsene können so bereits erworbene Ängste an Geräten abbauen und die Freude daran zurückgewinnen. Je nachdem, welchen Geräteparcours man für den Hauptteil benötigt, werden die Geräte aufgestellt. Ein kleiner Parcoursplan kann helfen, diesen schnell und selbstständig aufzubauen. Solche Parcours mehrmals benützen und evtl. für nachfolgende Stunden stehen lassen (in Absprache mit dem nachfolgenden Spielleiter).	Die Spieler laufen frei zwischen den Geräten, umkreisen, überklettern diese je nach Lust und Laune. Aufgabe zwischen den Geräten: • Verschiedene Fortbewegungsarten wie: Laufen, hüpfen, gehen, hinken, stolpern, schleichen, kriechen, seitwärts, rückwärts, auf allen vieren, etc. • Möglichst langer/kurzer Weg zwischen den Geräten. • Groß/klein sein zwischen den Geräten. • Wie ein Motorrad, Auto, Traktor, Velo, Trotti, etc. • Wie ein Bär, eine Echse, ein Affe, ein Hase, ein Vogel, etc. • Nach jedem Überqueren eines Gerätes ein Hütchen/Malstab/ eine Wand berühren. • Zwischen jedem Gerät eine andere Fortbewegungsart (keine Wiederholungen). Mit Musik. Bei Musikstopp: • Auf ein Gerät sitzen, stehen, liegen, stützen, knien, an ein Gerät hangen, sich verstecken, etc. • Statuen machen (keine Bewegung während der Musikpause). • Zu zweit auf ein Gerät (jedes Mal mit einem anderen Partner). • Unter ein Gerät, neben ein Gerät liegen. • Auf eine Hallenlinie liegen, auf eine Ecke knien. • Eine Dehn-Kräftigungsübung ausführen, allein oder A zeigt vor B, macht nach.	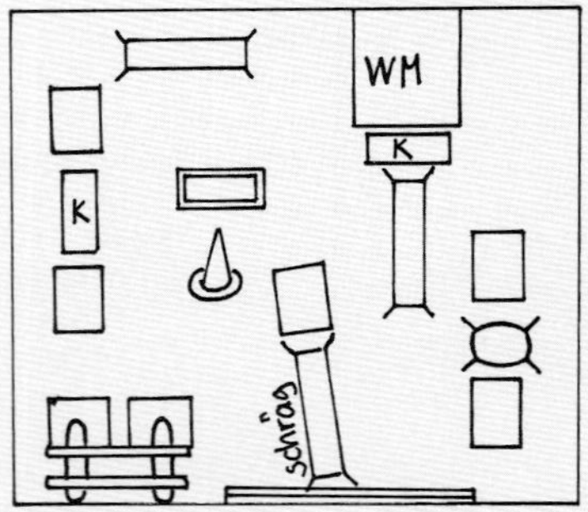 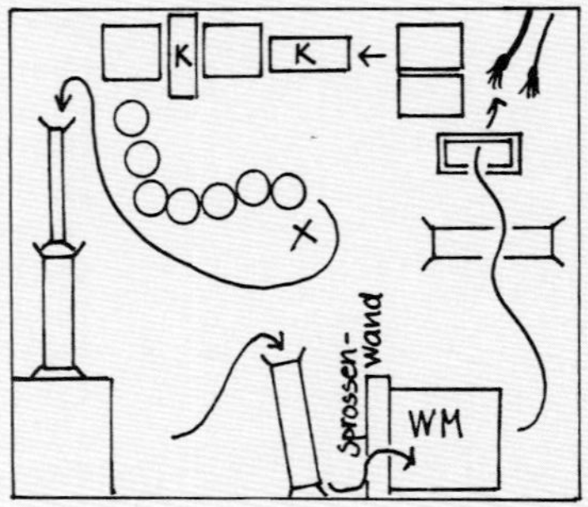

Bleib auf dem Teppich!

Auf S. 266 folgt ein Vorschlag für ein lustvolles, intensives Aufwärmprogramm

Nr.	Name der Spielform Ziele/Akzente	Idee/Beschreibung	Hinweise/Organisation
1054	**Tretrollerfahren** **Inhalt** Laufen Kreislauf anregen **Verhalten** Alle in Bewegung Spaß	Wir fahren Tretroller: • Durcheinander • Hin und her • In kleinen Wettbewerbsformen hin und her in der Breite der Sporthalle. • Diese oder ähnliche Übungen können auch mit den folgenden kombiniert bzw. „gemischt“ werden.	Material: Teppich – Resten (Musterstücke o. Ä.) 
1055	**Boden reinigen** **Inhalt** Dehnen – Kräftigen: Rücken – Bauch **Verhalten** Erproben etwas riskieren	Kniestand, Hände auf den Teppich aufgestützt. Nun den Teppich langsam nach vorne schieben und wieder zurückziehen. Immer weiter vw und rw, immer mehr drücken („reinigen“!). • „Staubsauger“: A hebt die Beine von B und stößt bzw. zieht B in der ganzen Halle. Gegengleich! • Auch als Gruppenwettbewerb.	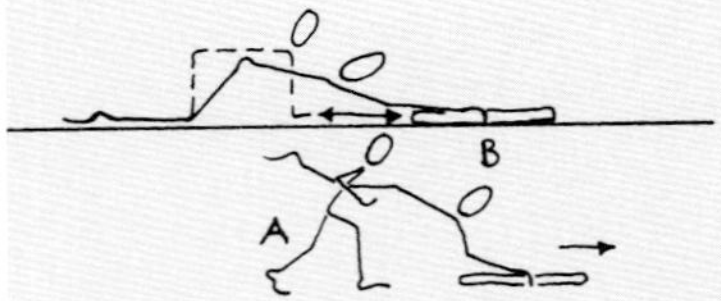
1056	**Wasserskifahren** **Inhalt** Kraft Beine Gleichgewicht **Verhalten** Spaß zu zweit Vertrauen	A steht in der Hocke auf dem Teppich. B zieht A wie ein Motorboot. Wechsel. • Gelingt dies auch, wenn A auf nur einem Bein steht („Mono-Ski“)? • Wer findet eigene „Wasserski-Formen“?	
1057	**Surfbrett-Start** **Inhalt** Koordination Kraft Beine **Verhalten** Mut zum Risiko	Lege den Teppich in einem Abstand von ca. 5 m auf den Boden. Laufe (schnell) an und „lande“ mit beiden Füßen (evtl. kurz nacheinander, denn so ist es einfacher!) auf dem Teppich. Versuche nun, möglichst eine lange Strecke zu gleiten. Steigere das Anlauftempo. Wer kann so am weitesten gleiten? • Wer legt eine vorgegebene Strecke mit möglichst wenigen Surf-Starts zurück?	
1058	**Raupe** **Inhalt** Kraft Bauch Koordination **Verhalten** Fröhlicher Wettstreit Regeln!	A und B bilden eine Zweier-Gruppe (Raupe). Ausgangslage: Liegestütz, Hände und Füße auf je einem Teppich-Stück. Wir versuchen nun zu „robben“. Nach fünfmaligem Robben mit Händen und Füßen (nacheinander) wird gewechselt. Welche Zweier-Gruppe hat zuerst eine vorgegebene Strecke (z. B. Hallenbreite) zurückgelegt?	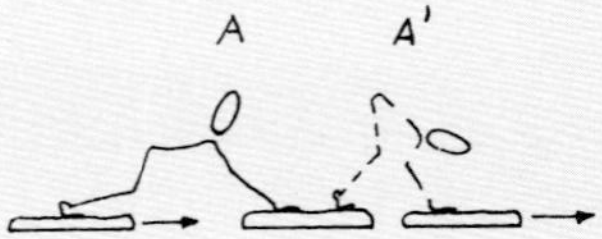

	Zielgruppe, Anlage, Material, Dauer, usw.	(Nummern-)Reihenfolge der Aufwärmprogramme aus dem Buch „1000 Spiel- und Übungsformen zum Aufwärmen"								
1059	9. Schuljahr/18 Knaben/Hartplatz oder Halle/Handbälle/15 Min.	86	601	615	754	857	267			
1060	5. Schuljahr/25 Mädchen/Halle/Reifen/ca. 20 Min.	147	779	780	629	633	149	631		
1061	Freizeitsportler/ca. 16/Halle mit glattem Boden/20 Teppichstücke 40 x 40 cm/20 Min.	1054	1055	1056	1057	1058				
1062	usw.									
1063										
1064										
1065										
1066										
1067										
1068										
1069										
1070										
1071										
1072										
1073										

9 (Meine) Top-Aufwärm-Programme

	Zielgruppe, Anlage, Material, Dauer, usw.	(Nummern-)Reihenfolge der Aufwärmprogramme aus dem Buch „1000 Spiel- und Übungsformen zum Aufwärmen“								
1074										
1075										
1076										
1077										
1078										
1079										
1080										
1081										
1082										
1083										
1084										
1085										
1086										
1087										
1088										

9 Eigene Ideen (evtl. mehrfach fotokopieren und als Lektionspräparation verwenden)

Nr.	**Name der Spielform** Ziele/Akzente	Idee/Beschreibung	Hinweise/Organisation
Inhalt **Ver-halten**			
Inhalt **Ver-halten**			
Inhalt **Ver-halten**			
Inhalt **Ver-halten**			
Inhalt **Ver-halten**			

9 Eigene Ideen (evtl. mehrfach fotokopieren und als Lektionspräparation verwenden)

Nr.	**Name der Spielform** Ziele/Akzente	Idee/Beschreibung	Hinweise/Organisation

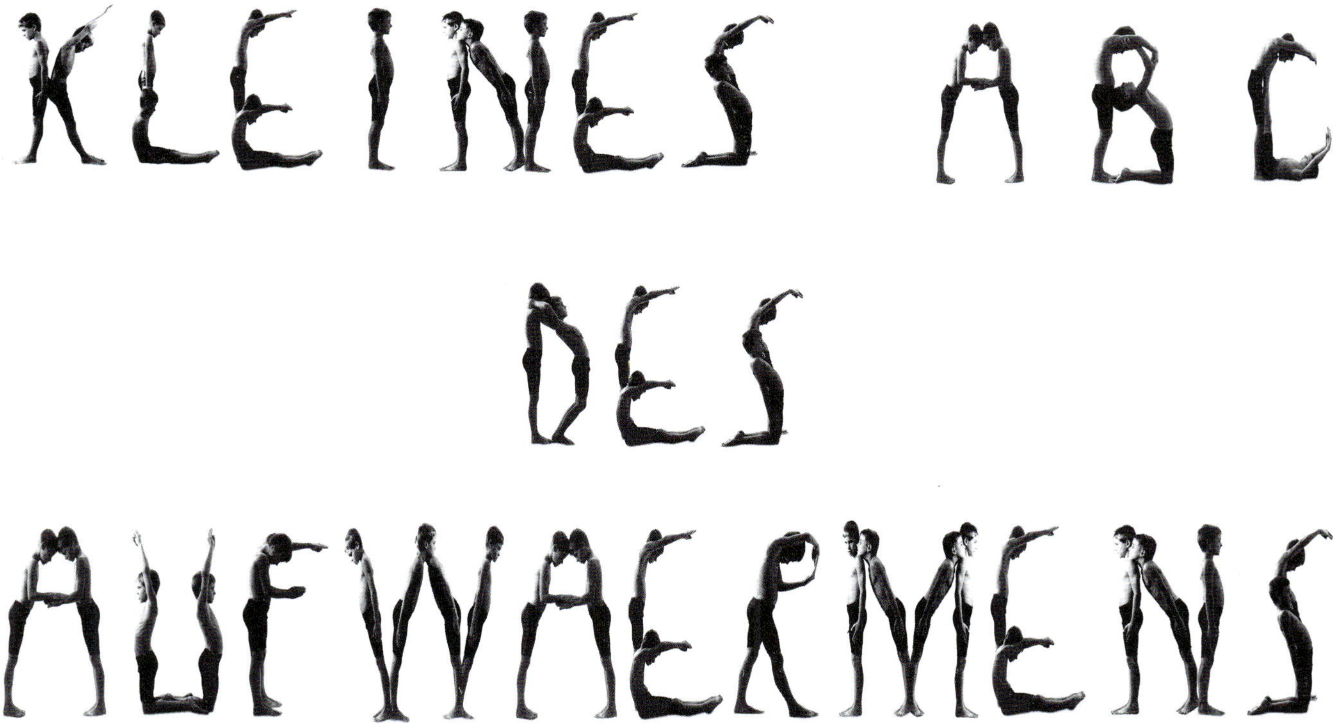
KLEINES ABC
DES
AUFWAERMENS

Buchstabe	Absicht/Akzent	Didaktische Überlegungen und Konsequenzen	Leitidee
	Anregung von Atmung, Herztätigkeit, Blutzirkulation	• Sofort alle in Bewegung setzen. • Einfache, evtl. zum Teil bekannte Formen. • Alle machen (gerne) mit. Also Wahl einer motivierenden (Lauf-)Form. • Anfänglich nicht zu intensive, schnelle Formen (alters- und trainingsabhängig).	Sport für alle
	Anpassen an die Gegebenheiten	• Wie kommen die Teilnehmer in die Stunde? Aufgeschlossen? Fröhlich? Verärgert? • Was war kurz vorher? (Z. B. eine Prüfung?) • Wie ist die Stimmung? (Z. B. 1. Morgenstunde) • Drängt sich eine kurzfristige Umstellung auf?	Den „Puls" fühlen
	Animiern	• Die ersten Worte, die ersten (Spiel-)Formen, die Art und Weise des Auftretens, der Blick, der Ton, die Sprache, die eigene Ausstrahlung usw. All dies entschiedet häufig über das (gute) Gelingen einer Sportstunde. • Es lohnt sich, immer wieder an diese Dinge zu denken, bzw. sich diesbezüglich zu bemühen.	Anfang gut – vieles gut
	Außentemperatur	• Hohe Außentemperaturen verkürzen die Aufwärmzeit. • Regnerisches Wetter und Kälte verlängern das Einlaufen. • Zweckmäßige Kleidung gleicht klimatische Unterschiede etwas aus. • Besser zu warm als zu kalt angezogen.	Wetterkarte

Buchstabe	Absicht/Akzent	Didaktische Überlegungen und Konsequenzen	Leitidee
	Beweglichkeit	• Dehnen der großen Muskelgruppen, vor allem im Hinblick auf die nachfolgenden Belastungen. • Grundsatz: Erst nach dem Aufwärmen mit Dehnübungen beginnen. • Langsam und gefühlvoll dehnen.	Langsam und gezielt dehnen
	Bezug zum Hauptteil	• Der „rote" Faden sollte schon beim Aufwärmen spürbar und transparent werden.	Wozu?
	Bekannte Formen	• Bedeutung der Regelmäßigkeit und der Wiederholung (Trainingseffekt) erwähnen. • Ohne (zu) lange Erklärungen sollte sofort begonnen werden.	Altes in neuem Gewand
	Beidseitigkeit	• Alle Übungen, vor allem beim Aufwärmen, sollten links und rechts (sowohl mit den Händen wie mit den Füßen) ausgeführt werden. Dies wäre ein wesentlicher Beitrag zur Förderung der Koordinationsfähigkeit.	Vielseitig heißt auch beidseitig!
	Bauchmuskeltraining	• Durch ihre Struktur (phasische Muskulatur) und zugleich durch die „Unterforderung" im Alltag (wir sitzen zu viel), neigt die Bauchmuskulatur dazu, schwächer zu werden. Deshalb muss diese Muskelgruppe in jeder Sportstunde gezielt gefördert, d. h. trainiert werden. Dabei ist besonders darauf zu achten, dass nicht die Hüftbeuger, sondern wirklich gezielt die Bauchmuskulatur trainiert wird!	Kein schlaffer Bauch

Buchstabe	Absicht/Akzent	Didaktische Überlegungen und Konsequenzen	Leitidee
	Bewegungsmangel	• Wer nichts für seine Gesundheit tut, riskiert, an ihr Raubbau zu treiben, sie zu verlieren: Gesundheit ist leichter verloren als wiedergewonnen! • Durch die meist sitzende Arbeitsweise treten immer mehr Haltungs- und Bewegungsprobleme auf. Wenn in jedem Aufwärmprogramm gezielte Bewegungs- und Haltungsübungen durchgeführt werden, dann kann dadurch zu einem regelmäßigen, täglichen Haltungstraining angeregt werden.	Nichts tun ist Raubbau am Körper! Wer rastet, der rostet!
	Begründen	• Einblick geben in die Notwendigkeit spezifischer Zweckgymnastik. Wozu sind welche Übungen (nicht) gut. Welches Belastungsmaß? Hinweis zu individuellen Übungen (z. B. bei starkem Längenwachstum; nach Verletzungen; bei Rückenschmerzen; bei Mangel an spezieller Kraft usw.). • Anregungen geben für Bewegungs-Hausaufgaben!	Wozu? Warum? Wie?
	Chance	• Immer wieder auf die Wichtigkeit der regelmäßigen Gymnastik, der Haltung usw. hinweisen. • Hausaufgaben. • Trainingsfortschritte beobachten lernen (z. B. Zunahme der größeren Beweglichkeit vor bzw. nach dem Aufwärmen). • Individuelle Trainingstipps geben (z. B.: „Du solltest diese Übung jeden Tag ausführen, denn Deine Beweglichkeit ist nicht gut!"). • Nicht Zwang, sondern Einsicht motiviert! Wozu tun wir das so? Welches ist die Absicht? Wie sollte die Übung (nicht) durchgeführt werden? usw.	Steter Tropfen höhlt den Stein!

Buchstabe	Absicht/Akzent	Didaktische Überlegungen und Konsequenzen	Leitidee
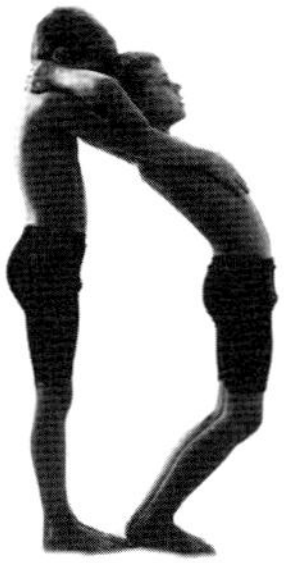	Dehnen	• Vor allem verspannte Muskelgruppen (wie z. B. die Rückenmuskulatur) sollten vor dem Kräftigen gezielt gedehnt werden. (Siehe auch Kapitel „Wo dehnen!", „Wo kräftigen!") • Keine übertriebenen schwunghaften Bewegungen (wippen), denn die Muskulatur wehrt sich dagegen. • Dehnen braucht Zeit (10–20 Sek. pro Dehnstellung). • Bei jedem Aufwärmen Akzente setzen, denn es ist im Normalfall zeitlich nicht möglich, alle Muskelgruppen optimal zu dehnen. • Die Dehnfähigkeit ist im Kindesalter am größten, nimmt jedoch mit zunehmendem Alter ab. • Warme, gut durchblutete Muskeln und Bänder lassen sich besser dehnen; deshalb vor dem Dehnen durch Laufen, Hüpfen, Springen, die ganze Muskulatur aufwärmen und „betriebsbereit" machen.	Alles mit der Ruhe! Grünholz! Warmlaufen! „Betriebsbereitschaft"
	Disziplin	• Ein minimales Maß an Disziplin ist zwingend. Durch die Auswahl der Übungen im Verlauf des Aufwärmens kann sich der Leiter die Arbeit schwer(er) oder etwas leicht(er) machen. • Bei Klassen oder Gruppen, die man noch nicht gut kennt, empfiehlt es sich, mit einfachen Formen zu beginnen und diese im Verlauf der Zeit zu „steigern". • <u>Zu</u> lustbetonte Übungen zu Beginn einer Sportstunde sind schon mancher Lehrperson bezüglich Disziplin zum Verhängnis geworden. • Es ist nicht ratsam, bei einer disziplinarisch schwierigen Sportgruppe gleich mit Partnerübungen zu beginnen! • Das notwendige Maß der disziplinarischen Maßnahmen richtet sich immer nach der entsprechenden Sportgruppe: Hinhören ... beobachten ... entsprechende (disziplinarische) Konsequenzen ziehen!	Mut zur Disziplin!

Buchstabe	Absicht/Akzent	Didaktische Überlegungen und Konsequenzen	Leitidee
	Einstimmen	• Durch stufengemäße Übungswahl, vor allem zu Beginn des Aufwärmens, versuchen, eine gute Unterrichtsatmosphäre zu schaffen.	Spaß + Freude
	Einbewegen	• Während Kinder und Jugendliche ohne Probleme sofort zu schnellem Laufen aufgefordert werden können, ist mit zunehmendem Alter diesbezüglich Vorsicht am Platz. Also: Je älter, desto langsamer beginnen.	Warmlaufen ist altersabhängig
	Erlebnisorientiert	• Den Alltag vergessen, sich lösen von vorausgegangenen Beschäftigungen! Das Engagement, das Auftreten und die Kunst des Animierens durch den Leiter sind in dieser Phase entscheidend wichtig.	Weichen stellen
	Einfache Übungen	• Schon einfache Übungen machen Spaß; die Frage ist nur, wie sie angeboten und durchgeführt werden. Zu lustbetonte Formen verfehlen oft den Zweck. Zu komplizierte Formen brauchen lange Erklärungen. Einfache Übungen vergisst man weniger!	Einfach
	Erfolgserlebnisse	• Auch beim Aufwärmen ist es schon möglich, kleine Erfolgserlebnisse zu vermitteln, z. B. beim Vergleich der Beweglichkeit heute und vor einigen Wochen, bei Koordinationsübungen, die vor einiger Zeit noch nicht ausgeführt werden konnten und nun, dank wiederholtem Üben, mühelos vollzogen werden.	Erfolg motiviert

Buchstabe	Absicht/Akzent	Didaktische Überlegungen und Konsequenzen	Leitidee
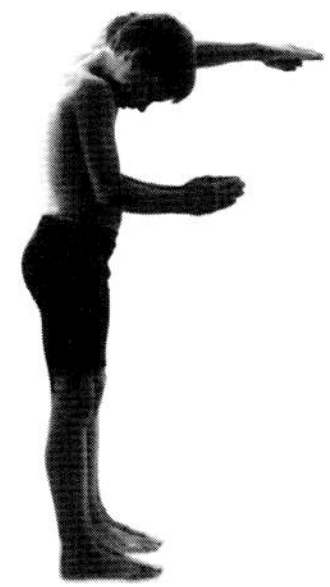	Förderung der Durchblutung	• Die Umstellung von Ruhe auf Arbeitsbereitschaft braucht seine Zeit. Deshalb zu Beginn der Sportstunde erst einmal 3–5 Minuten laufen, hüpfen, springen. Wenn möglich in einer Form, die allen Spaß macht (Variationen!).	Hoher Puls!
	Fröhlich	• Oft kann die Auswahl der Übungen diesbezüglich entscheidenden Einfluss haben. Das vorliegende Buch soll dazu anregen.	Sport ist eine Form des Spiels; also auch das Aufwärmen
	Fairness	• Schon einfachste Wettbewerbsformen beim Einlaufen können einen Beitrag zur Fairness-Erziehung leisten, z. B. • seine Übungszahl selber zählen, • einfachste Spielregeln einhalten.	Wir wollen fairen Sport
	Geschicklichkeit und Gewandtheit	• Der Schwierigkeitsgrad ist entscheidend für die Motivation der Teilnehmer. Alle sollten möglichst ihre Schwierigkeitsstufe wählen können.	Wer kann ...?
	Gemeinsam erarbeiten	• Anregungen genügen oft, um einen Denkprozess anzukurbeln. Es sollte immer wieder versucht werden, mit den Teilnehmern neue Formen zu erarbeiten.	Miteinander!

Buchstabe	Absicht/Akzent	Didaktische Überlegungen und Konsequenzen	Leitidee
	Gruppenweise	• Oft macht es mehr Spaß, in der Gruppe etwas zu tun.	Gemeinsam statt einsam!
	Gruppenbildung	• Häufig variieren nach Alter, Geschlecht, Größe, Interesse, Neigung, Können, Numerieren, Wählen, durch Zufall; Haarfarbe; Kleider-Farbe, usw.	Häufig die Art der Gruppenbildung ändern

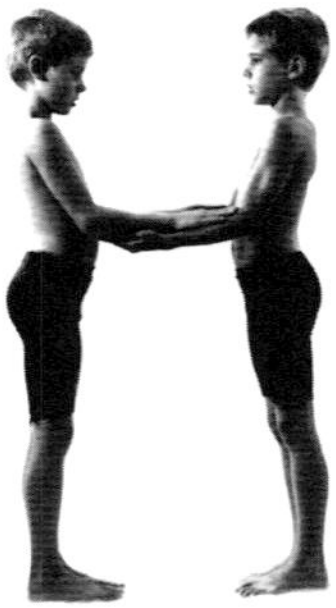	Haltungsförderung	• Durch die sitzende Lebens- und Arbeitsweise laufen wir Gefahr, auch die Haltungsmuskulatur verkümmern zu lassen. Durch die verschiedenen Muskelstrukturen ist ein Teufelskreis die Folge:
		Die Bauchmuskulatur erschlafft wegen mangelnder Beanspruchung. Die Rückenmuskulatur – eine tonische Muskelart – neigt durch Abschwächung noch kürzer zu werden. Durch dieses Ungleichgewicht der beiden großen Haltemuskelgruppen kommt es zu Verspannungen.
		• Als Regel: In jedes Aufwärmprogramm gehören
		  • Übungen zur Kräftigung der Bauchmuskulatur,
		  • Übungen zur Kräftigung, aber immer auch zur Dehnung der Rückenmuskulatur.
		(Siehe auch Kapitel „Wo dehnen?", „Wo kräftigen?").
			Muskuläre Dysbalance ...
			... muss nicht sein

	Hausaufgaben	• Schüler, die irgendeine Übung im Aufwärmprogramm nicht können (z. B. eine einfache Koordinationsübung, eine Kraftübung, usw.), sollten animiert werden, dies zu Hause zu üben! • Kleine Übungsfolge als Trainings-Hausaufgaben empfehlen.	Sport-Hausaufgaben

Buchstabe	Absicht/Akzent	Didaktische Überlegungen und Konsequenzen	Leitidee
	Instruktion	• „Ein Bild sagt mehr als tausend Worte!" Oft ist Vormachen – Nachmachen während des Aufwärmens am einfachsten. Wenn dies nicht möglich ist, dann muss die Information kurz und klar sein.	Mir nach! Vorbildwirkung
	Intensität	• Das „A und 0" des Aufwärmens ist die richtige Dosierung, das richtige Maß. Was für die eine Gruppe zu wenig, ist für eine zweite Gruppe zu viel und für eine dritte gerade recht. • Hören (z. B. Atemgeräusche), Sehen (z. B. Gesichtsausdrücke während den Übungen) und Fühlen (z. B. wie ist die Stimmung, sind noch alle voll mit dabei), all dies sind Signale, die den weiteren Verlauf bezüglich Belastung mitbestimmen sollen.	Wie (fast) bei allem: Allein die Dosis macht's!
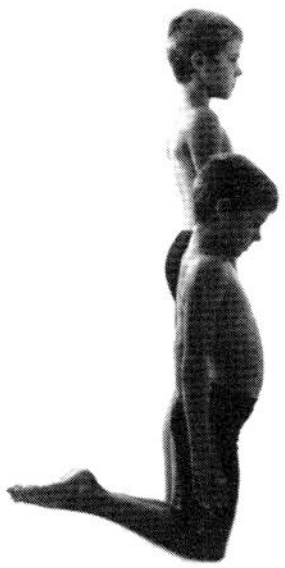	Jedermann	• Alle sollen sich bewegen. Vor allem bei Fang- und Laufspielen kann durch eine entsprechende Organisationsform (z. B. mehrere Fänger, mehrere Gruppen) das Herumstehen vermieden, bzw. unmöglich gemacht werden.	Alle sind in Bewegung!
	Kräftigen	• Während des Aufwärmens kann kaum mit einem großen Trainingsreiz im Bereich Kraft gerechnet werden; dazu ist die Zeit zu knapp. Trotzdem sollen in jedem Aufwärmprogramm Kräftigungsübungen vor allem von jenen Muskelgruppen durchgeführt werden, die zur Abschwächung neigen, so z. B. die Bauchmuskulatur. Anregung zu einem Verhaltensmuster, damit häufiger Kräftigungsübungen durchgeführt werden. Dies wäre im Alltag häufig möglich: Im Stehen, beim Sitzen, oder beim täglichen Gymnastik-Programm!	Bauch rein! Alltagstraining!

Buchstabe	Absicht/Akzent	Didaktische Überlegungen und Konsequenzen	Leitidee
	Kräftigen (Forts.)	• Wie beim Dehnen unterscheidet man auch beim Kräftigen zwischen statischen und dynamischen Formen: Bei der statischen Trainingsform kontrahiert sich der Muskel, ohne dass eine Bewegung im Gelenk stattfindet. Diese Form wird vor allem in der Rehabilitation nach Verletzungen, aber auch in der Haltungsschulung (z. B. Kräftigung der Bauch- und/oder Gesäßmuskulatur) verwendet. Bei der dynamischen Trainingsform ist immer Bewegung mit im Spiel. Dadurch wird – im Gegensatz zur statischen Form – auch die Koordination gefördert. (Siehe auch Kapitel „Wo dehnen?“, „Wo kräftigen?“)	
	Koordinieren	• Jede einfache Variation einer Übung kann einen Beitrag zur Verbesserung der Koordinationsfähigkeit leisten; schon beim Aufwärmen und jedem Alter.	Was Hänschen nicht lernt, lernt Hans viel mühsamer!
	Kooperieren	• Viele Formen des Aufwärmens eignen sich ausgezeichnet zur Förderung der Kooperationsbereitschaft. „Im Sport und im Spiel kommt man sich näher“, heißt es. Aber nur dann, wenn der Unterricht – also auch das Einlaufen – diesbezüglich angeboten wird.	Miteinander!
	Kreativität	• Oft genügt nur eine Anregung, ein gutes Beispiel, und schon (er)finden die Teilnehmer neue Formen.	Wer hat noch eine Idee?

Buchstabe	Absicht/Akzent	Didaktische Überlegungen und Konsequenzen	Leitidee
	Korrigieren	• Schon beim Aufwärmen kann und soll ab und zu die Bewegungsqualität im Zentrum stehen, z. B. Laufschulung, korrekt ausgeführte Dehn- und Kräftigungsübungen verlangen.	Mut zur Qualität!
	Keine Fehlbelastungen!	• Kein unkontrolliertes Kopfkreisen, keine zu großen Nackenbelastungen, wie Kopfstand o. Ä. • Keine zu großen Belastungen mit sehr langen Hebelwirkungen. • Keine zu schnellen Bewegungen in Hohlkreuzstellung. • Keine übertriebenen schwunghaften Bewegungen in Dehnstellungen (also kein schnelles Wippen). • Keine Kniebelastungen bei Beugewinkeln unter 90°, z. B.: Kosakentanz in zu tiefer Hocke.	Die 5 K's!
	Laufen	• Laufformen bringen am schnellsten die gewünschte Aufwärmung. Die Wahl der Laufform sollte den Voraussetzungen der Trainingsgruppe angepasst werden. Während bei Kindern und Jugendlichen alle Fangspielformen bezüglich Fehl- oder Überlastung unproblematisch sind, empfiehlt es sich, bei „älteren" Trainingsteilnehmern, insbesondere bei Erwachsenen, mit eher „gemütlichen" Lauf- und Hüpfformen zu beginnen und diese dann bezüglich Belastung allmählich zu steigern.	Angepasste Belastung!
	Lustbetont	• Alles was Lust und Spaß macht, macht man lieber. Es sollte immer wieder versucht werden, aus einer Übung, aus einer Laufform, eine spielerische, lustbetonte Formen zu gestalten, ohne dabei jedoch die klare Zielsetzung zu ändern!	Spaß!

Buchstabe	Absicht/Akzent	Didaktische Überlegungen und Konsequenzen	Leitidee
	Motivieren	• Dies ist beim Aufwärmen oft sehr schwierig, vor allem, wenn die Klasse in den Sportunterricht gehen „muss“. Das eigene Verhalten des Leiters, die Auswahl der Übungen, die Wahl des Sportgerätes, das Belastungsmaß; all das sind Faktoren, die zu einem guten Gelingen des Aufwärmens beitragen. Es lohnt sich in jedem Fall, den Einstieg (also das Aufwärmprogramm) gut vorzubereiten.	Komm, mach mit!
	Muskuläre Dysbalance (= Ungleichgewicht)	• Einzelne Muskelgruppen (z. B. die Lendenmuskulatur) haben die Tendenz, durch fehlende Belastungsreize oder durch Fehlbelastungen, sich zu verkürzen. Andere neigen aus denselben Gründen eher zur Abschwächung (z. B. Bauch- und Gesäßmuskulatur). Das natürliche Gleichgewicht des ganzen Muskelapparates am menschlichen Körper kann dadurch erheblich gestört werden. Deshalb sollte auch im Aufwärmprogramm ganz gezielt gedehnt bzw. gekräftigt werden. (Siehe auch Kapitel „Wo dehnen?“, „Wo kräftigen?“).	Muskuläres (Un-)Gleichgewicht
	Mindestzahl	• Einmal ist keinmal; zweimal nicht viel ... Als Faustregel gilt: Jede Übung mindestens 10 bis 15x ausführen (je nach Voraussetzungen). Grundsätzlich gilt: Erst dann, wenn eine Belastung leicht „schmerzhaft“ spürbar wird, setzt ein Trainingsreiz ein. Oder allgemein: wenn die ersten einer Trainingsgruppe eine Übungsform nicht mehr ausführen mögen, dann soll die Übung abgebrochen werden, denn während des Aufwärmens sollte die Grenze der Belastung (noch) nicht erreicht werden.	Einmal ist keinmal ...

Buchstabe	Absicht/Akzent	Didaktische Überlegungen und Konsequenzen	Leitidee
	Modellwirkung	• Saubere Demonstrationen motivieren mehr als theoretische Erläuterungen. Also: Zeig vor!	Lernen am Modell
	Musik	• Musik ist in den meisten Fällen ein guter Motivator, sollte aber gezielt eingesetzt werden; nämlich als rhythmische Unterstützung einer Übung und nicht nur als Geräuschkulisse!	Mit Musik geht's leichter
	Material	• Ist das Material bereit? Die Bälle gepumpt? Genügend Spielbänder vorhanden? Die Schränke und Türen offen? Der „Spick" (= Merkwörter) im Sack?	Material bereitstellen
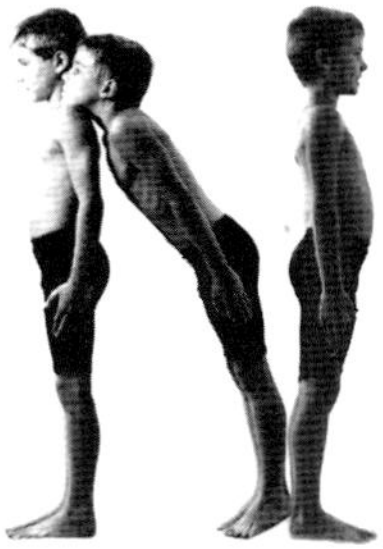	Normalprogramm	• Als Normalprogramm bezeichnen wir ein normales Aufwärmen vor dem eigentlichen Hauptteil der Lektion, also: 1. Einstimmen (2–4 Min.; 1–2 Formen) Lauf-, Hüpf-, Springformen, Fangenspielarten usw. mit dem Ziel, dass alle sofort in Bewegung und somit gut aufgewärmt sind. 2. Einbewegen (5–8 Min.; 4–5 Formen, je 15x) Dehnen, Kräftigen und Lockern der drei großen Muskelpartien Rumpf, Arme – Schultern, Beine, dazwischen Lockerungsübungen. Als Abschluss, bzw. Überleitung zum Hauptteil, einfache Formen des (friedlichen) Wettstreites allein, zu zweit, in Gruppen.	Faustregel

Buchstabe	Absicht/Akzent	Didaktische Überlegungen und Konsequenzen	Leitidee
	Normalprogramm (Forts.)	• Solche Programme können durchaus mehrmals durchgeführt werden. Gewisse Standard-Übungen sollten sich wiederholen (z. B. Kräftigungsübungen für die Bauchmuskulatur; Dehnübungen für die Lendenmuskulatur, usw.).	Öfter mal was Bekanntes!
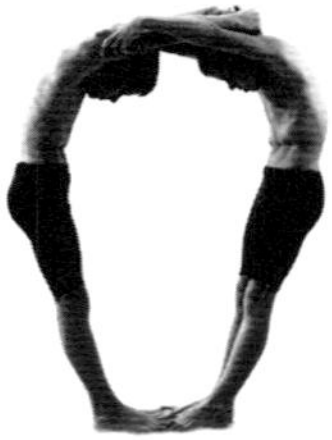	Organisieren	• Qualität und Intensität des Aufwärmens hängen weitgehend von einer entsprechend guten Organisation ab. So erfüllt eine Fangenspielform mit nur einem Fänger die Forderung einer guten Einstimmung ebenso wenig wie ein Spiel mit nur einem Ball bei einer großen Klasse.	Was? Wie? Wer? Wo? Was nachher?
	Partnerübungen	• Diese Organisationsform eignet sich gut für das Aufwärmen. In gewissen Klassen und Übungsgruppen sind sie aber nicht unproblematisch. Es empfiehlt sich, häufig die Zweiergruppen zu wechseln.	Miteinander geht's (meistens) besser
	Qualität und Quantität	• Es empfiehlt sich, die Aufwärmphase zu gewichten. Es soll Stunden geben, wo es vor allem um die Qualität geht (z. B. bei Übungen zur Haltungsschulung) oder eben um die Quantität (z. B. im Hinblick auf den Hauptteil der Trainingsstunde; gutes Aufwärmen an Geräten mit vielen Formen als Vorbereitung auf den folgenden Schulungsteil). (Siehe auch „Spezialprogramm").	Akzente setzen!

Buchstabe	Absicht/Akzent	Didaktische Überlegungen und Konsequenzen	Leitidee
	Rhythmisieren	• „Mit Musik geht's leichter!" Dies trifft in vielen Fällen zu. Häufig genügen jedoch ganz einfache Formen des Rhythmisierens, wie Klatschen, Stampfen, Trommeln usw., sowohl die Qualität als auch die Quantität einzelner Übungen zu erhöhen.	Tam-ta-tam!
	Raumaufteilung	• Für die ersten Formen des Aufwärmens empfiehlt es sich, möglichst den ganzen zur Verfügung stehenden Raum zu nutzen. Dadurch wird die gewünschte Intensität durch Laufen, Hüpfen und Springen eher gewährleistet. Bei gezielten gymnastischen Übungen ist es ratsam, die Teilnehmer übersichtlich zu verteilen, so dass einerseits keine gegenseitige Behinderung stattfindet, andererseits Korrekturen durch die Lehrperson gut möglich sind.	„Raumplanung"
	Spezialprogramm	• Als Spezialprogramm verstehen wir ein auf den Hauptteil der Sportstunde ausgerichtetes, gezieltes Aufwärmen. 1. <u>Einstimmen</u> (2–4 Min.; 1–2 Formen) Gleiche Zielsetzung wie im Normalprogramm, aber bereits mit dem Gerät, an dem in der Folge geübt oder trainiert wird. 2. <u>Zweckgymnastik</u> (5–8 Min.) Hier werden vor allem jene Muskelpartien aufgewärmt, gekräftigt und gedehnt, welche in der Folge besonders trainiert, bzw. gefordert werden. Dies erfolgt in der Regel bereits mit oder am entsprechenden Gerät.	Zweckgymnastik Von Anfang an ein ROTER FADEN

Buchstabe	Absicht/Akzent	Didaktische Überlegungen und Konsequenzen	Leitidee
	Spezialprogramm (Forts.)	• Solche Formen des Aufwärmens sollten die Teilnehmenden anleiten, auch außerhalb der Sportstunde sich jeweils gezielt aufzuwärmen vor einer sportlichen Tätigkeit (z. B. Tennis, Skilaufen, usw.).	Erst aufwärmen, dann Sport treiben!
	Stretching	• Sportwissenschaftliche Untersuchungen beweisen, dass ruckartige Dehnungsformen das Ziel verfehlen. Durch ruckartiges Dehnen reagiert der Muskel sogar entgegengesetzt: Durch einen Schutzreflex zieht er sich zusammen. Richtig stretchen heißt demnach: Langsam dehnen! Dem Muskel Zeit geben; den Dehnreflex weitgehend ausschalten. Es gibt verschiedene Arten des Dehnens! Dehnen gehört nicht nur ins Aufwärmprogramm, sondern sollte auch nach körperlichen Belastungen konsequent durchgeführt werden.	Stretchen ohne Stress!
	Schwunggymnastik	• Diese Gymnastikform hat im Sinne eines guten Aufwärmens durchaus weiterhin seine Berechtigung, ist aber dort fehl am Platz, wo ein Muskel gezielt gedehnt werden soll.	(Auch) mit Schwung durch's Leben!
	Selbst Vor- und Mitmachen	• Das Vorbild des Leiters kann oft entscheidend sein. Es wirkt motivierend(er), wenn die Lehrperson am Anfang selber mitmacht, gewisse Übungen vorzeigt.	Vorbild!

Buchstabe	Absicht/Akzent	Didaktische Überlegungen und Konsequenzen	Leitidee
	Selbst Vor- und Mitmachen (Forts.)	• Vor allem Kinder erwarten, dass die Lehrperson nicht nur organisiert, sondern eben auch mitmacht. Mit steigendem Alter und Können der Teilnehmenden verlagert sich die Erwartungshaltung in Richtung Organisation, Trainingsgestaltung, usw.	Vor- und Mitmachen!
	Spielerisch	• „Spielerisch" sollte die Grundhaltung jeglichen Sporttreibens sein. Sport soll Spaß machen, nicht (nur) ernst gemeint sein. Das, was man tut, sollte man gerne tun – und nicht tun müssen. Ob das gelingt, hängt einerseits von der Übungsauswahl, aber vor allem von der Darbietung des Leiters ab.	Spaß!
	Trainieren	• Das eigentliche Trainieren sollte erst nach dem Aufwärmen beginnen. Die Belastungshöhe sollte deshalb während des Aufwärmens noch nicht den Grenzbereich der persönlichen Leistungsfähigkeit erreichen. Aufwärmen heißt vorbereiten, und erst in zweiter Linie trainieren.	Aufwärmen heißt vorbereiten!
	Tageszeit	• Ein Aufwärmen sollte am Morgen langsamer beginnen und länger dauern als am Nachmittag oder am Abend, denn die körperliche Leistungsfähigkeit nimmt im Verlauf des Tages zu.	Alles zu seiner Zeit!

10

Buchstabe	Absicht/Akzent	Didaktische Überlegungen und Konsequenzen	Leitidee
	Umstellen	• Umstellen, umschalten! – Alle Teilnehmenden einer Sportstunde haben unmittelbar davor die verschiedensten Erlebnisse – positive und negative – gehabt. Nun gilt es, möglichst alle in kurzer Zeit zu „vereinen“, sie ein- bzw. umzustimmen auf die bevorstehende Sportstunde. Dies erfordert oft viel Geschick und Gespür! Deshalb: Halte die Augen und Ohren offen vor der Sportstunde. Was fällt auf? Wie kommt die Klasse? Was geschah vorher?	Umschalten!
	Vielseitig	• Routine ist – auch im Sport – nicht besonders motivierend, sowohl für die Lehrperson als auch für die Teilnehmenden. Schon kleinste Varianten bringen „neues Leben“ in die Sportstunde. Vielseitig heißt aber nicht immer etwas Neues, etwas anderes! Vielseitig sollen jedoch die Akzente bezüglich Belastung, Aufgabenstellung, usw. sein.	Altes in neuem Gewand Variation
	Verletzungsprophylaxe	• Ein aufgewärmter und gut durchbluteter Muskel lässt sich besser dehnen. Ein bereits gedehnter Muskel erträgt Belastungen besser als ein ungedehnter Muskel. Also: Erst aufwärmen, dann dehnen und erst danach stärker belasten!	Vorbeugen ist besser als ...

Buchstabe	Absicht/Akzent	Didaktische Überlegungen und Konsequenzen	Leitidee
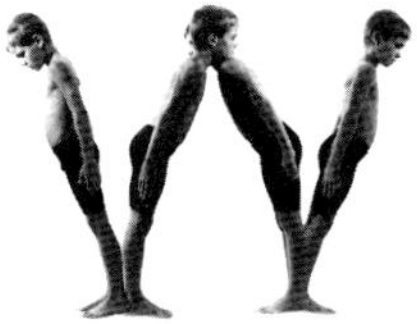	Wetteifern	• Kleine Wettbewerbe gegen sich selbst oder gegen andere eignen sich gut als Abschluss oder Abrundung eines Aufwärmprogrammes. Dabei sollte wiederum darauf geachtet werden, dass möglichst wenige organisatorische Vorkehrungen getroffen werden müssen; dass möglichst alle (ohne Ausscheiden oder lange Wartezeiten) intensiv daran teilnehmen, und dass der materielle Aufwand bescheiden bleibt.	Einer soll gewinnen!
	„Xundheit“	• Zwar „Schweizerdeutsch“, doch allen verständlich. Gesundheit allein ist – vor allem bei Kindern und Jugendlichen – (noch) kein zwingendes Motiv für lebenslangen Sport. Trotzdem sollte der Leiter, gerade beim Aufwärmen, immer wieder auf allgemein gültige Trainingshinweise und Trainingsgrundsätze aufmerksam machen.	Treib Sport – Bleib gesund!
	Young (engl.: jung)	• Kinder und Jugendliche sind viel schneller „startbereit“ als Erwachsene und Senioren. Dies hat für die Auswahl der Spiel- und Übungsformen, jedenfalls zu Beginn der Sportstunde, entsprechende Konsequenzen. Faustregel: Je jünger, desto schneller; je älter, desto gemächlicher.	Die „Startbereitschaft“ ist altersabhängig!

Buchstabe	Absicht/Akzent	Didaktische Überlegungen und Konsequenzen	Leitidee
	Zu zweit	• Viele Formen machen zu zweit viel mehr Spaß! Der Partner kann motivieren, animieren, aber auch korrigieren. Er kann mein Partner, aber auch mein Gegner sein.	Miteinander geht's besser!
	Zeit	• Geben wir unserem Körper ab und zu genügend Zeit, sich auf die bevorstehenden „Belastungsproben" einzustellen. Wenn wir dies zum Beispiel durch ein ungenügendes Aufwärmen nicht tun, so schlägt er Alarm. Im schlimmsten Fall mit einer Verletzung (z. B. Zerrung)! In vielen Sportstunden – so scheint es – hat man zu wenig Zeit, sich aufzuwärmen. Viele haben dies schon oft zu spät und schmerzlich eingesehen!	Aufwärmen „kostet" Zeit!
	Ziel	• Wird aufgewärmt, um vorbereitet zu sein z. B. • für einen Wettkampf, • für ein Training, • für eine Schulturnstunde. Als Konsequenz dieser Fragestellung ergeben sich Unterschiede bezüglich Umfang, Intensität und Übungsauswahl.	Aufwärmen soll zielgerichtet sein!

Planen mit der CD VIA 1000: gezielt – einfach – schnell

VIA – der Weg

„VIA 1000" besteht aus Spiel- und Übungsformen, die nach bestimmten Kriterien gesucht, geordnet, zu Lektionen zusammengestellt und schließlich ausgedruckt werden können. Dieses System erleichtert die mühsame Suche nach Spiel- und Übungsformen und ermöglicht Kombinationen innerhalb verschiedener Sportfachbereiche.

Der Herausgeber der Buchreihe „1000 Spiel- und Übungsformen in verschiedenen Sportarten" und Redakteur dieses Buches hat diese Idee zusammen mit dem Hofmann-Verlag in Schorndorf in den vergangenen Jahren schrittweise realisiert.

Wie geht's?

1. Suchkriterien anklicken

In allen Bänden gelten als Basis dieselben drei Suchkriterien:
V – I – A (= Suchweg).

V **Voraussetzungen:** Situation, Material, Zielgruppe, Organisation ... z. B. Halle, im Freien, mit Partner ... plus sportfachspezifische Voraussetzungen z. B. für Volleyball, Schwimmen, Gerätturnen, Leichtathletik, usw.

I **Inhalte / Idee:** Allgemeine Tätigkeiten wie Laufen, Hüpfen, Dehnen ... oder sportfachspezifische Tätigkeiten im Schwimmen (z. B. Kraul), im Volleyball (z. B. Oberes Zuspiel), im Gerätturnen (z. B. Klettern) und im Golf (z. B. Aufwärmen und Einspielen).

A **Akzent:** Mögliche Aktzentuierungen aus:

- 6 Sinnrichtungen wie z. B. „erfahren und entdecken" oder „üben und leisten" usw.
- 3 koordinative Anforderungen (gering – mittel – hoch)
- 3 konditionelle Belastungen (gering – mittel – hoch)
- 3 Lehr-Lernformen (fremd-, mit- oder selbstbestimmt)

2. Entscheiden – ausdrucken – umsetzen

Nach Eingabe dieser Suchkriterien und durch Anklicken präsentiert der PC eine ganze Palette passender Spiel- und Übungsformen, exakt zugeschnitten auf deine individuellen Wünsche.

Es können eine oder mehrere Freischaltungen der Bücher angefordert und mittels der entsprechenden Seriennummer geöffnet werden. Auch sind zusätzliche Freischaltungen zu einem späteren Zeitpunkt möglich.

Zu folgenden Themen gibt es ein VIA-Programm:

Aufwärmen
Leichtathletik
Gerätturnen
Fußball
Volleyball
Golf
Schwimmen
Sport mit Behinderten

Zu jedem Buch eine eigene Suchmaske

Gezielt vorbereiten heißt, die Voraussetzung abklären, die Inhalte festlegen und letztlich gewünschte Akzente setzen.

Dies ist mit Hilfe der Suchmaske – siehe S. 292 nebenan für das Aufwärmen – gezielt, einfach und schnell möglich.

So einfach:

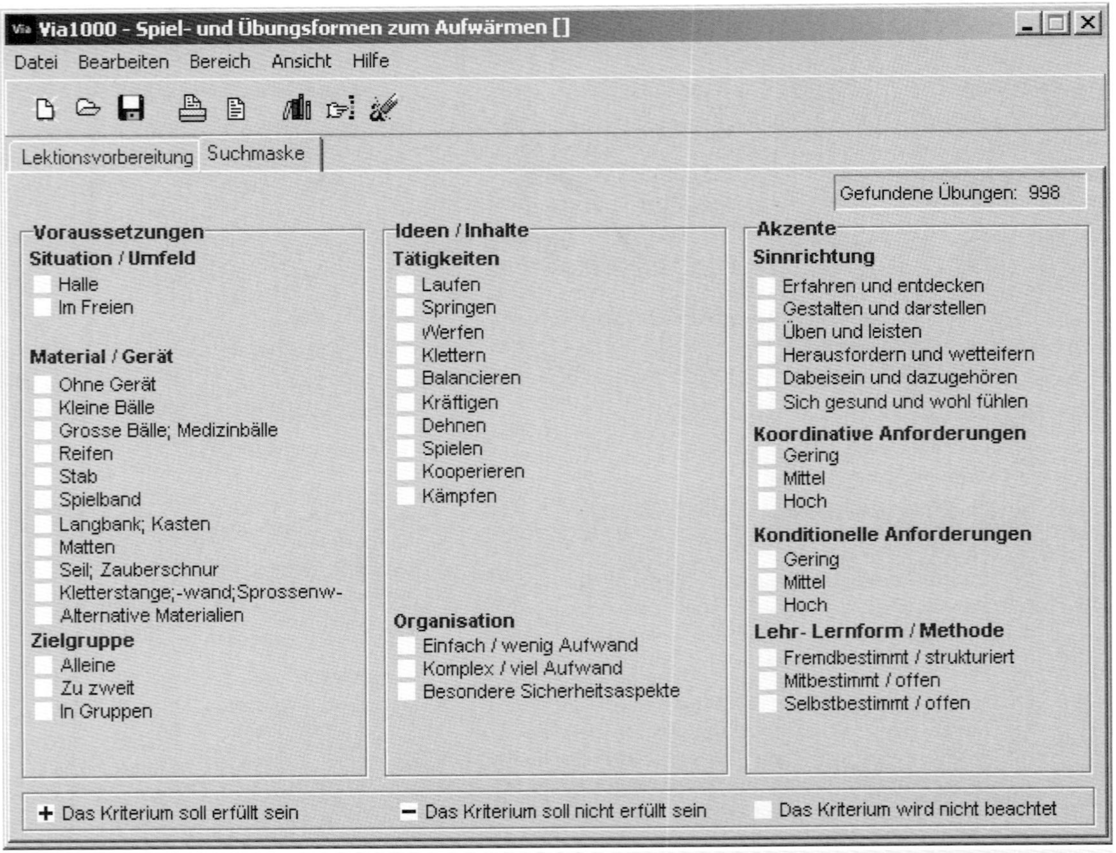

Gewünschte Kriterien

ANKLICKEN

SORTIEREN

AUSDRUCKEN!

Das Aufwärmen kann beginnen.

Gut aufwärmen und dann fair ringen, raufen und kämpfen – aber wie?

Fair ringen, raufen und kämpfen lernen – mit dieser umfangreichen Sammlung leicht gemacht.

Die beiden Autoren Frank Bächle und Steffen Heckele zeigen in überzeugender Weise mit ihren Spiel- und Übungsformen im Ringen, Raufen und Kämfen auf, wie auf spielerische Weise Berührungsängste abgebaut und zu fairem Zweikampfsport angeleitet werden kann.

Gut aufwärmen – und dann etwas Neues kennen lernen – aber was und wie?

Walter Bucher (Hrsg. & Red.)

777 Spiel- und Übungsformen für Anfänger in Schule, Verein und Freizeit

Die Buchreihe „Spiel- und Übungsformen" besteht mittlerweile aus 29 Bänden mit insgesamt 27 000 Anregungen! Doch welches Buch dieser umfangreichen Übungssammlung eignet sich am besten für Unterrichtende in Schule und Verein, die nur ab und zu einige Lektionen Fußball erteilen, nur zwei- bis dreimal Handball unterrichten, eine Einführung ins Tennis wagen möchten, zwischendurch mal Schwimmunterricht erteilen oder sogar einmal eine Schnupperlektion Golf anbieten möchten?

Für dieses Zielpublikum wurde das vorliegende Buch konzipiert mit gezielt ausgewählten Beispielen für den Anfangsunterricht aus allen Spiel- und Übungsformen der ganzen 1000er-Reihe. Es soll Mut machen, den Einstieg in noch wenig vertraute Bewegungs-, Spiel- und Sportarten zu wagen.

Verwendete und weiterführende Literatur

Wir haben auf die Auflistung der Literatur die älter ist als 25 Jahre verzichtet, da diese Bücher nicht mehr erhältlich sind.

Bucher, W. (Hrsg.): Reihe Spiel- und Übungsformen, Hofmann-Verlag Schorndorf 1980–2006

Bucher, W. (Hrsg.)
Reihe Spiel- und Übungsformen
1000... zum Aufwärmen; 1001... im Schwimmen; 1002 ... im Tennis; 1003 ... in der Leichtathletik; 1005 ... im Volleyball; 137 Basisspiele; 1006 ... im Basketball; 1007 ... im Eislaufen und Eishockey; 1008 ... im Gerätturnen; 1009... im Fußball; 766 ... für den Fußballtorhüter; 1020 ... im Kinderfußball; 1010 ... mit Behinderten; 1011 ... im Badminton; 1012 ... in der Freizeit; 1013 ... für Senioren; 1014 ... im Tischtennis; 1015 ... Kombinationsformen; 1016 ... mit Zukunft; 1017 ... für den Schneesport; 1018 ... auf Rollen und Rädern; 1019 ... mit dem Gymball; 741 ... Bewegtes Lernen 1.–4. Schuljahr; 814 ... Bewegtes Lernen 4.–6. Schuljahr; 1070 ... Bewegtes Lernen ab 9. Schuljahr; 999 ... zum Ringen, Raufen und Kämpfen

Schorndorf 1985–2007

Bucher, W. (Projektleiter) u. a.: Schweizerische Lehrmittel Sporterziehung, Bände 1–6, 1998–2004

Bezug:
Deutschland: info@hofmann-verlag.de
Schweiz: lehrmittelverlag@lmv.zh.ch

Hegner, J.: Training fundiert erklärt, Ingold/Baspo 2006
Jenny, E. et al.: Yoga Grundkurs für Anfänger, GU, Gräfe und Unzer, München 1990
Schneider, W. et al.: Beweglichkeit, Thieme-Verlag, Stuttgart 1989
Spring, H. et al.: Dehn- und Kräftigungsgymnastik, 6. Auflage, Thieme-Verlag, Stuttgart 2005
Spring, H. et al.: Kraft, Thieme-Verlag, Stuttgart 1990
Stewart, M. et al.: Kinder spielen Yoga, Kösel-Verlag, München 1994